RICERCHE DELL'ISTITUTO STORICO GERMANICO DI ROMA
17

Otto Hintze

Storia costituzionale e amministrativa degli Stati moderni: l'Italia medievale e moderna

Trascrizione del manoscritto in lingua tedesca e traduzione italiana
a cura di Gabriele Coltorti

viella

Prima edizione: novembre 2022
ISBN 979-12-5469-207-3

HINTZE, Otto
Storia costituzionale e amministrativa degli Stati moderni : l'Italia medievale e moderna / Otto Hintze ; trascrizione del manoscritto in lingua tedesca e traduzione italiana a cura di Gabriele Coltorti. - Roma : Viella, 2022. - 297 p. : ill. ; 23 cm. - (Ricerche dell'Istituto storico germanico di Roma ; 17)
Bibliografia: p. [281]-290
Indici dei nomi e dei luoghi: p. [291]-297
ISBN 979-12-5469-207-3
1. Stati italiani - Amministrazione pubblica I. Coltorti, Gabriele
342.029 (DDC 23.ed) Scheda bibliografica: Biblioteca Fondazione Bruno Kessler

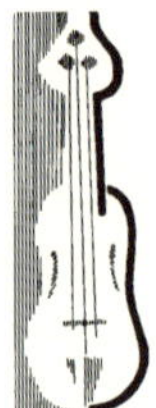

viella
libreria editrice
via delle Alpi 32
I-00198 ROMA
tel. 06 84 17 75 8
fax 06 85 35 39 60
www.viella.it

Indice

Sigle e abbreviazioni

ca.	circa
DBI	*Dizionario Biografico degli Italiani*
f., ff.	foglio/fogli
GStA PK	Geheimes Staatsarchiv Preußischer Kulturbesitz
HA	Hauptabteilung
NL	Nachlässe
HZ	*Historische Zeitschrift*
Jht.	Jahrhundert
sec.	secolo

1. Lo storico tedesco Otto Hintze in una fotografia risalente all'1/1/1915 (© Ullstein Bild / Archivi Alinari, foto 268147-0000).

Un capolavoro inedito dello storico Otto Hintze: la «Allgemeine Verfassungs- und Verwaltungsgeschichte der Neueren Staaten» relativa alle realtà politiche italiane

1. In un passo delle sue memorie lo storico tedesco Friedrich Meinecke, nel ricordare con una punta di nostalgia il periodo del primo soggiorno berlinese, tracciava un ritratto penetrante di Otto Hintze (1861–1940), che aveva conosciuto negli archivi prussiani già alla fine dell'Ottocento e al quale era legato da un'amicizia che si era fatta ancor più forte negli anni dell'insegnamento universitario, ai primi del Novecento. Per descrivere l'elevata statura scientifica dell'amico, Meinecke ricorreva a una metafora alpina:

> «Quando penso alla posizione di Hintze nella scienza, vedo sempre con gli occhi della mente la bella *Geisterspitze* nella zona dell'Ortler, che dalla valle non si può vedere. Egli fu sempre troppo orgoglioso per facilitare al mondo l'accesso al suo lavoro. Aveva inoltre delle inibizioni innate, che non poté né volle mai superare. Per quanto grandiosamente si allargasse, fin dai nostri rapporti giovanili, il suo senso universale della storia, conducendo a possenti prospettive, pure in lui, figlio del segretario circondariale di Pyritz, viveva tuttora qualcosa della pedanteria del burocrate prussiano. La rigidezza e il ferreo senso del dovere lo resero duro anche verso sé stesso. In quei tempi consultava e riconsultava, con tetro accanimento, negli "Acta Borussica", i grossi volumi di minute del Gabinetto fridericiano, per studiare l'industria della seta e l'amministrazione centrale; rovinandosi fin d'allora gli occhi. Quale professore universitario ha fatto un'impressione profondissima ai suoi allievi berlinesi. Appariva loro come un cavaliere coperto di corazza dalla testa ai piedi, che non apriva la propria visiera e non mostrava il suo volto umano. Era infatti molto difficile avvicinarlo di persona. Nel 1919 mi confidò che il suo male agli occhi presumibilmente lo avrebbe condotto alla cecità, e che quindi la sua attività accademica e scientifica doveva finire. Le cose andarono un po' meno male; ma egli dovette smettere di far lezione; e poté continuare a lavorare un po' con occhiali più forti; e ha ancora accresciuto *la macroscopia del suo pensiero storico, con l'estrema passione della vecchiezza, in grandiose indagini sulla morfologia delle forme statali*».[1]

1. Meinecke, *Esperienze 1862-1919*, p. 120. Corsivo mio.

In questo ritratto emergono le quattro caratteristiche fondamentali di Hintze: la sua passione per lo studio delle istituzioni politiche e amministrative interpretate storicamente con metodo analogico comparativo; la tendenza, ereditata da storici quali Leopold Ranke, ad alzare lo sguardo dal dato particolare per comprendere le tendenze generali dello sviluppo storico dei poteri pubblici; lo studio minuzioso delle carte d'archivio per ricostruire la storia di una istituzione: un metodo di lavoro che aveva tratto dal magistero di Johann Gustav Droysen e Gustav Schmoller; infine l'inflessibile rigore scientifico che lo portava a sottoporre a continue verifiche le sue ipotesi interpretative confrontandosi con i colleghi storici, sociologi, economisti, amministrativisti.

Eppure, a ben vedere, in questo ricordo di Meinecke traspaiono soprattutto le diverse vocazioni di Hintze: quella di scienziato della politica, di storico delle istituzioni e di storico dell'amministrazione; tre professioni ch'egli seppe coltivare in modo sistematico al fine di comprendere lo sviluppo, le tendenze generali, le ragioni di differenze o somiglianze nel raffronto tra le costituzioni degli Stati europei ed extra-europei. Un metodo storico, quello di Hintze, che partendo dall'analisi di un caso particolare procedeva a una sintesi, a una comparazione 'macroscopica' che si rifletteva nelle «grandiose indagini sulla morfologia delle forme statali» ricordate da Meinecke.

Se questa è la natura prevalente di Hintze, di storico delle istituzioni e scienziato della politica, non stupisce che il grande lavoro della sua vita sia consistito precisamente in una monumentale opera di storia costituzionale e amministrativa degli Stati europei in età medievale e moderna.[2]

L'origine della «Allgemeine Verfassungs- und Verwaltungsgeschichte der Neueren Staaten» (Storia generale costituzionale e amministrativa degli Stati moderni) risale a un periodo riconducibile alla fine dell'Ottocento e ai primi anni del Novecento, quando Hintze, conseguita l'abilitazione nel 1895, si dedicò a un vasto campo di ricerche. Nel suo discorso di presentazione all'Accademia Prussiana delle Scienze nel 1914, egli ricordava quale funzione primaria avesse lo studio delle istituzioni europee nei suoi corsi universitari: le lezioni di storia costituzionale e amministrativa comparata tra Medioevo ed età moderna costituivano il risultato diretto delle sue indagini.[3] Nell'ispirarsi in parte alla grande tradizione di Leopold Ranke, che prendeva in esame

2. Con il termine "costituzione" (*Verfassung*) Hintze non si riferiva alla legge fondamentale su cui si fonda il governo di una comunità politica (reso dal tedesco *Konstitution*), bensì al concreto ordinamento dei poteri pubblici storici. Costituzione, per dirla con Carl Schmitt, come «la concreta condizione generale dell'unità politica e dell'ordinamento sociale di un determinato Stato». Si veda, per questa distinzione, Schmitt, *Dottrina della costituzione*, pp. 16-25.

3. Sullo stretto rapporto che sussisteva tra le ricerche di Hintze e le sue lezioni universitarie sul medesimo tema insiste in particolare Wolfgang Neugebauer in un'approfondita biografia dedicata allo storico tedesco. Cfr. Neugebauer, *Otto Hintze*, p. 294.

la formazione e la politica degli Stati mettendola in relazione con i concreti rapporti di forza internazionali, Hintze intraprese un vasto progetto di storia delle istituzioni che attingeva contemporaneamente alla scienza della politica, alla storia costituzionale e alla storia dell'amministrazione pubblica. Nel già ricordato discorso all'Accademia Prussiana egli affermava:

> «il vero scopo che mi ha guidato fin dall'inizio nel mio lavoro scientifico fu una storia generale costituzionale e amministrativa comparata del mondo statale moderno, in particolare dei popoli romano germanici. La grande opera dell'intera vita di studioso di Ranke mi sembrò soprattutto sotto questo aspetto suscettibile di integrazione».[4]

Originario di Pyritz, un villaggio della Pomerania prussiana, Hintze si era laureato all'Università di Berlino sotto la guida del professor Julius Weizsäcker nel 1884 con una tesi sul governo di Guglielmo d'Olanda; aveva quindi proseguito gli studi seguendo il consiglio di un altro eminente storico conosciuto negli anni universitari, Georg Waitz, il quale lo aveva reso sensibile all'importanza degli studi giuridico costituzionali condotti con metodo sistematico. Risale a quel tempo – seconda metà degli anni Ottanta – il suo interesse per lo studio della storia amministrativa grazie soprattutto all'incontro, decisivo nella sua formazione di storico dell'amministrazione, con l'economista e «socialista della cattedra» Gustav Schmoller. In questo periodo furono condotte le sue ricerche negli archivi prussiani che portarono alla stesura dei primi saggi scientifici. Tali contributi vennero pubblicati all'interno degli «Acta Borussica»,[5] la prestigiosa collana di storia amministrativa fondata da Schmoller nella quale – come ricordava Meinecke – gli atti e documenti pubblici prodotti nei secoli dalle istituzioni amministrative prussiane furono editi con rigore filologico, corredati da studi storici. Inoltre il contributo di Hintze alla storia delle istituzioni degli Hohenzollern si era manifestato in tutto il suo rilievo nelle «Forschungen zur brandenburgischen und preussischen Geschichte» tra il 1898 e il 1912.

2. La posizione del giovane Hintze nella storiografia tedesca di fine Ottocento fu del tutto particolare. Egli continuò la stagione di profondo rinnovamento degli studi storici in Germania che, nota all'epoca come *Kulturgeschichte*, ebbe quali esponenti lo stesso Schmoller, Eberhard Gothein, Karl Wilhelm Nitzsch, Karl Lamprecht, Kurt Breysig. Tale storiografia, in-

4. Hintze, *Antrittsrede des Hrn. Hintze*, in *Sitzungsberichte der königlich preussischen Akademie der Wissenschaften*, cito dalla traduzione italiana: *Discorso di presentazione all'Accademia prussiana delle scienze*, in Id, *Storia, sociologia, istituzioni*, a cura di Di Costanzo, p. 38. Come ha ricordato lo storico austriaco Otto Brunner, Hintze risentì dell'influenza di Ranke laddove questi riteneva che la vita interna di uno Stato fosse influenzata dai suoi rapporti esterni, di politica estera. Si veda Brunner, *Terra e potere*, a cura di Schiera, pp. 203-226.
5. Hintze svolse diverse funzioni nella redazione degli «Acta Borussica» dal 1888 al 1938.

centrandosi sul metodo analitico, attenta all'analisi delle dinamiche sociali e materiali in un determinato territorio, mostrava di rispondere maggiormente all'interesse allora dirompente per la questione sociale; essa tuttavia era avversata dalla corrente tradizionalista della *Fachhistorie*, rappresentata da personalità quali Dietrich Schäfer, Max Lenz, Georg von Below, i quali ritenevano che lo storico dovesse limitare la sua attività allo studio dello Stato tedesco, alla storia politica, all'analisi dei fatti e delle grandi idee che informavano la vita umana (patria, popolo, Stato, Chiesa).[6]

Hintze, che si era formato nella *Kulturgeschichte*, innovò grandemente nel metodo e nei contenuti. Se la considerazione dei fenomeni economico-sociali e lo studio comparativo degli elementi storici in territori diversi dalla Germania costituivano un segno evidente dell'insegnamento di Schmoller, dall'altra parte lo studio delle istituzioni amministrative dei poteri pubblici europei nel loro divenire storico, l'analisi realistica delle lotte di potere con le loro ricadute sulla politica degli Stati, l'elaborazione di una raffinata tipologia delle istituzioni facevano del suo lavoro uno dei percorsi storiografici più originali nella Germania del primo Novecento. Non solo quindi storia comparativa sull'esempio di Lamprecht e Schmoller ma, diversamente soprattutto dal primo, attenzione al dato storico concreto mediante un'opera poderosa di studio delle fonti archivistiche. È a tal proposito significativo che i suoi studi sulla burocrazia e sulle istituzioni prussiane gli avessero procurato la stima degli storici conservatori;[7] questo lo pose al riparo dalla polemica che proprio in quegli anni Novanta dell'Ottocento vide opporsi duramente gli storici di entrambe le scuole che si sono accennate.[8]

Se esaminiamo la concezione dell'«Allgemeine Verfassungs- und Verwaltungsgeschichte der Neueren Staaten», Hintze, che dal 1902 era divenuto do-

6. Sull'aspra polemica che vide opporsi le due scuole, si veda Oestreich, *Die Fachhistorie und die Anfänge der sozialgeschichtlichen Forschung in Deutschland*; di questo saggio è disponibile anche una traduzione italiana, *Le origini della storia sociale in Germania.* Sulla posizione di Hintze, il cui metodo storiografico si rifaceva alle scienze sociali e alla lezione di Schmoller mentre sussistevano elementi di diversità rispetto a Lamprecht, si vedano le seguenti parti (cito dalla versione italiana): Oestreich, *Le origini della storia sociale in Germania*, pp. 330-336, ove è ben descritta l'originalità del suo impianto metodologico.
7. Gli studi di Hintze sulla storia delle istituzioni prussiane culminarono nell'opera monumentale *Die Hohenzollern und ihr Werk* (1915). Si tratta di una monografia dedicata ai cinquecento anni di governo della casa degli Hohenzollern nella marca del Brandeburgo e nel regno di Prussia.
8. Georg von Below criticò le opere di Schmoller e, ancor più duramente, il metodo positivistico di Lamprecht informato alle scienze sociali. Il conflitto con quest'ultimo storico, che ebbe ripercussioni anche sul piano personale, richiese l'intervento di un arbitrato e di un giurì d'onore. Si veda Oestreich, *Le origini della storia sociale in Germania*, pp. 295-336.

cente di Storia costituzionale, amministrativa, economica e di politica all'Università di Berlino,[9] aveva in mente un piano di lavoro che oltrepassava i confini della Germania, uno studio dei poteri pubblici europei (e non solo) presi in esame storicamente mediante un'accurata tipologia delle istituzioni. Si trattava della «morfologia delle forme statali», come Meinecke le definiva in riferimento all'attività scientifica del collega. Un lavoro a dir poco ambizioso, cui lo storico pomerano poté dedicarsi con un bagaglio di cultura e di conoscenze nel campo amministrativo che si era formato nei citati studi sulla storia prussiana. Se in alcuni casi lo storico tedesco si poneva in continuità con il metodo rankiano, per altri versi lo superava nello studio della costituzione (*Verfassung*) e dell'amministrazione (*Verwaltung*) degli Stati in età medievale e moderna, due campi d'indagine analizzati con metodo analogico comparativo: le istituzioni erano messe in relazione con i poteri pubblici coevi in un determinato periodo storico, ma l'attenzione restava centrata sul dato costituzionale e amministrativo interno.[10] Prese corpo in tal modo un piano di lavoro assai originale per l'epoca in cui fu concepito; un piano che, a partire dalle lezioni tenute nel semestre invernale 1896/97, sarebbe rimasto uno dei fili conduttori dell'attività didattica e scientifica di Hintze nel primo Novecento. Da quel semestre fino al 1920 le sue lezioni all'Università di Berlino furono incentrate sul tema della storia generale costituzionale e amministrativa degli Stati europei.[11]

Nel già ricordato discorso all'Accademia Prussiana delle Scienze, Hintze esponeva lucidamente le sue idee, mostrando di essersi già spinto avanti nei campi di ricerca che si era proposto di indagare:

> «Mi sono occupato delle istituzioni dell'Austria, della Spagna, dell'Olanda, della Svizzera, di singoli Stati italiani, ma soprattutto della Francia, dell'Inghilterra, dell'America, anche dei paesi scandinavi, dell'Ungheria, della Polonia, della Russia e di alcuni Stati esotici, per quanto è possibile senza la conoscenza della

9. Lo storico tedesco ricoprì tale cattedra fino al 1920, quando fu costretto a sospendere l'insegnamento a causa di un progressivo calo della vista. L'attività scientifica proseguì invece fino agli anni Trenta.
10. Come ha scritto Pierangelo Schiera, Hintze «esplicitamente si pose il compito di superare l'impostazione rankiana [...] rieleggendo il momento costituzionale della vita interna dello Stato a momento privilegiato di studio. Ma proprio in funzione di quel momento, gli appariva imprescindibile il ricorso a tutte le componenti esterne che avevano concorso alla formazione dei singoli Stati, al loro mantenimento e sviluppo e che, in ogni caso, continuavano a condizionarne la vita». Schiera, *Otto Hintze*, pp. 45-46. Sugli elementi fondanti del metodo scientifico seguito da Hintze si veda Hartung, *Zur Entwicklung der Verfassungsgeschichtsschreibung in Deutschland*, pp. 450-466, ove sono descritti in particolare gli elementi di novità all'epoca presenti nei saggi di Hintze sul feudalesimo (ove l'analisi oltrepassava i confini dell'Europa prendendo in esame le civiltà orientali), sulla tipologia delle costituzioni per ceti, sulle origini delle istituzioni rappresentative nell'Europa medievale e moderna.
11. Cfr. Neugebauer, *Otto Hintze*, pp. 300-301.

lingua. Da questi studi ho sviluppato, dapprima trattando in corsi speciali singoli Stati particolarmente importanti, un corso accademico più complessivo sulla storia costituzionale generale dei popoli moderni, che costituisce uno dei fulcri del mio insegnamento universitario e il cui contenuto essenziale spero in un futuro prossimo di poter concretizzare in un libro».[12]

Il pubblico degli scienziati e uomini di cultura che lo ascoltavano in quel 1914 aveva ben presente cosa intendesse Hintze in concreto. Nel celebre saggio sul «Commissario e la sua importanza nella storia generale dell'amministrazione», apparso quattro anni prima, Hintze aveva dimostrato come andasse effettuata una ricerca monografica su un istituto dell'amministrazione periferica dello Stato quale il commissario prussiano, preso in esame mediante un raffronto con altri coevi uffici della burocrazia europea del XVII secolo.[13]

3. Tornando alla «Allgemeine Verfassungs- und Verwaltungsgeschichte der Neueren Staaten», si capisce quindi come la sua stesura poggiasse su solide basi scientifiche. D'altra parte, finita la guerra, Hintze non fece che proseguire con maggior convinzione in questo genere di ricerche comparate, sollecitato dall'esempio di un sociologo assurto proprio in quel periodo a fama europea: Max Weber.[14]

Gli anni Venti e i primi anni Trenta corrispondono al periodo in cui furono scritti i grandi saggi sul feudalesimo,[15] sulla formazione degli Stati e l'amministrazione comunale,[16] sulla costituzione rappresentativa[17] e sulla tipologia delle costituzioni per ceti in Occidente:[18] il metodo scientifico era lo stesso che lo storico tedesco seguiva nella stesura della sua «Allgemeine Verfassungs-

12. Hintze, *Discorso di presentazione*, p. 39.
13. Hintze, *Il Commissario e la sua importanza nella storia generale dell'amministrazione: uno studio comparato*, in Id., *Stato e Società*, a cura di Schiera, pp. 1-26. Titolo originale: *Der Commissarius und seine Bedeutung in der allgemeinen Verwaltungsgeschichte* ora in Hintze, *Staat und Verfassung*, a cura di Oestreich, pp. 242-274.
14. Grande fu l'influenza del sociologo Max Weber: ci si riferisce soprattutto al Weber di «Economia e Società», un'opera che costituiva per Hintze un esempio di studio scientifico ove le istituzioni erano analizzate in via sincronica. Mancava però in Weber quell'attenzione ai mutamenti di funzioni nell'effettivo operare amministrativo di un ufficio pubblico nel corso dei secoli che era invece fondamentale per Hintze.
15. Hintze, *Essenza e diffusione del feudalesimo.* Titolo originale: Id., *Wesen und Wandlung des modernen Staats.*
16. Hintze, *Formazione degli Stati e amministrazione comunale.* Titolo originale: Id., *Staatenbildung und Kommunalverwaltung.*
17. Hintze, *Condizioni storiche generali della costituzione rappresentativa.* Titolo originale: Id., *Weltgeschichtliche Bedingungen der Repräsentativverfassung.*
18. Hintze, *Tipologia delle costituzioni per ceti in Occidente*, in Id., *Typologie der ständischen Verfassungen des Abendlandes.*

und Verwaltungsgeschichte der Neueren Staaten». Colpisce in proposito che i temi di questi saggi rientrino tutti nell'opera monumentale che egli andava scrivendo: segno che gli anni della stesura coincidono in larga parte con l'epoca in cui furono pubblicate queste ricerche.

All'inizio degli anni Trenta Hintze pensò a una possibile pubblicazione del suo capolavoro, ma il rapido evolversi della situazione in Germania finì con il far naufragare tali propositi. La nomina di Adolf Hitler alla cancelleria del Reich alla fine del gennaio 1933 e l'avvento del regime nazista produssero una profonda crisi nello storico tedesco, una crisi esistenziale da cui non si sarebbe più ripreso.

Ritiratosi dalla vita accademica, dimessosi dalle prestigiose associazioni culturali e scientifiche in seguito alle leggi razziali (la moglie Hedwig era ebrea), chiuso nella sua elegante abitazione berlinese sul Kurfürstendamm, l'anziano professore visse in ostinato silenzio, abbandonò progressivamente l'attività scientifica rinunciando ai suoi progetti editoriali. Il manoscritto della «Storia generale costituzionale e amministrativa degli Stati moderni» rimase inedito: le ultime limature e correzioni si fermano agli anni 1935/37. La morte di Hintze, avvenuta il 25 aprile 1940, lasciò incompiuta un'opera la cui pubblicazione avrebbe reso un contributo decisivo al progresso delle scienze storiche.[19]

4. Ventiquattro anni fa Wolfgang Neugebauer, Michael Erbe e Giuseppe Di Costanzo pubblicarono alcune parti del manoscritto in un volumetto edito dalla casa editrice italiana Palomar. Si trattava di un'edizione di notevole interesse, non foss'altro perché si presentava finalmente al pubblico la grande opera incompiuta di Hintze, di cui in passato si era addirittura ipotizzata la distruzione per volontà testamentaria nel 1940.[20] Il libro presentava tuttavia due limiti: anzitutto era pubblicata solo una parte dell'opera (i testi relativi alla Scandinavia, alla Danimarca, alla Svezia, alla Polonia nel Medio Evo, all'Ungheria e ai Paesi Bassi).[21] Mancavano le sezioni concernenti l'Italia, la Svizzera, la Spagna e l'Austria. Giuseppe Di Costanzo, in uno studio dedicato alla storiografia di Hintze, annunciava per gli anni 2000 la pubblicazione

19. Alla morte di Hintze seguì, due anni dopo, quella della moglie Hedwig Guggenheimer: la signora Hintze si suicidò nell'Olanda occupata dai nazisti, a Utrecht, il 19 giugno 1942.

20. Così Pierangelo Schiera scriveva nel 1974 a proposito della «Allgemeine Verfassungs- und Verwaltungsgeschichte der Neueren Staaten»: «Essa doveva esistere, ormai compiuta, in manoscritto, intorno al 1930; ma Hintze non poté apportarvi i tagli che gli erano stati richiesti dall'editore. Il manoscritto è andato perduto, trovandosi forse tra le carte di Hintze che egli stesso, con disposizione testamentaria, volle distrutte». Schiera, *Otto Hintze*, p. 67.

21. Hintze, *Allgemeine Verfassungs- und Verwaltungsgeschichte der Neueren Staaten. Fragmente.*

della seconda parte.[22] Occorre tuttavia rilevare che nulla è stato pubblicato a più di vent'anni di distanza da quel volume.[23] Uniche eccezioni: la ricordata biografia scritta da Wolfgang Neugebauer e un saggio di Pierangelo Schiera che è tornato ad occuparsi di Hintze mettendo in evidenza la caratteristica dei suoi lavori scientifici tra storia e sociologia.[24] In secondo luogo, i testi hintziani contenuti in quel libro edito nel 1998, se riproducevano fedelmente i manoscritti conservati presso l'Archivio di Stato di Berlino, non erano accompagnati da alcuna traduzione che ne facilitasse la consultazione per il lettore italiano.

Da qui ha avuto origine il presente progetto editoriale, un progetto teso a valorizzare la «Allgemeine Verfassungs- und Verwaltungsgeschichte der Neueren Staaten» mediante la pubblicazione delle parti rimaste inedite curandone inoltre la traduzione in lingua italiana.

5. In questa sede si porta all'attenzione degli storici il manoscritto relativo all'Italia, i cui testi erano stati ordinati da Hintze nelle seguenti aree storico-regionali: Piemonte nel Medioevo e nel XVI secolo, Regno di Sardegna, Alta Italia e Milano, Venezia, Firenze, Roma, Regno di Sicilia.

Ad essere presi in esame in un periodo storico compreso in prevalenza tra il basso Medioevo e la prima età moderna sono il Piemonte (poi Regno di Sardegna), la cui formazione sotto i Savoia avvenne per Hintze sul modello dello Stato per ceti nord-europeo (in particolar modo sull'esempio francese); Venezia, descritta nell'opera come un caso particolare di "reggimento politico" fondato su un'oligarchia a vocazione commerciale dotata di forte senso civico, chiusa a qualunque ipotesi di ammettere nelle istituzioni del Comune elementi della società che non fossero i patrizi veneziani; Firenze, tipo esemplare di governo "per gilde" o corporazioni popolari ammesse gradualmente nella costituzione del Comune: le istituzioni della repubblica fiorentina, il cui operato fu piegato a voleri della signoria medicea nel corso del XV secolo, furono soppresse del tutto nella prima metà del XVI secolo, sostituite da uno Stato territoriale toscano – sempre governato dai Medici – istituito per volontà dell'imperatore Carlo V; viene poi descritta Roma, ove l'esistenza di un potere ecclesiastico di tipo universale impedì l'autonomo svilupparsi di una forma di regime analoga a quella dei Comuni nel Nord Italia; Hintze si sofferma infine lungamente sul Regno di Sicilia, le cui istituzioni medievali sono state ana-

22. Scriveva Di Costanzo: «Il secondo e ultimo volume, che presenta, come il primo, notevoli difficoltà, soprattutto per quanto riguarda la decifrazione del manoscritto, dovrebbe apparire nel corso del 2000». Di Costanzo, *Lo storicismo realistico di Otto Hintze*, n. 57 a p. 40.

23. È probabile che la morte improvvisa di Giuseppe Di Costanzo, avvenuta a Berlino nel 2013, abbia influito sulla mancata pubblicazione della seconda parte dell'opera.

24. Schiera, *Costituzione come processo di legittimazione*.

lizzate in un periodo storico che attraversa la dominazione normanna, sveva e angioina. Nella monarchia di Federico II Hohenstaufen lo storico tedesco vedeva un modello di Stato amministrativo addirittura anticipatore di alcune istituzioni tipiche dell'assolutismo illuminato negli Stati di polizia settecenteschi in terra germanica (viene citata in proposito la Prussia di Federico il Grande, argomento che Hintze conosceva molto bene).[25]

6. In questa parte sull'Italia, come in altri lavori di Hintze, al fattore culturale, inerente alle caratteristiche economiche e sociali delle popolazioni, è associata l'attenzione, tipica della scienza dello Stato tedesca del XIX secolo, per le forze politiche interne, realtà vive e concrete, vere e proprie fonti di energia, "Kraftsquellen" (così le definisce P. Schiera), che condizionano la formazione della costituzione.[26] Del tutto indicativo il caso di Venezia, il cui ordinamento fu determinato dalle

> «aspirazioni e dalle incombenze di una politica commerciale e marittima di lungo raggio. Il tratto oligarchico nella costituzione fu in relazione con questo. Tale politica restò il principio vitale della natura dello Stato veneziano; essa dominò anche l'organizzazione della costituzione; fece in modo che i fermenti sociali interni, che altrove avevano spinto verso la democrazia, qui fossero il più possibile repressi e negati. Solo un ristretto circolo di uomini di Stato e uomini di affari lungimiranti, allenati nella gestione del potere, fu in grado di realizzare una simile politica, che rispondeva agli interessi della signoria marittima e commerciale; non fu in grado di fare questo la massa, che è più interessata all'uniforme distribuzione della ricchezza nazionale che al suo acquisto e incremento».[27]

Si vedano anche le riflessioni dello storico tedesco sulle forze interne segnate dallo scontro tra corporazioni e ceti che caratterizzò la costituzione di Firenze nel basso Medioevo; a seguire l'analisi della svolta autoritaria costituita dalla signoria medicea, presa in esame nei suoi elementi di diversità rispetto agli ordinamenti autoritari delle città del Nord Italia:

> «L'industria e l'attività finanziaria furono per la costituzione fiorentina di fondamentale importanza allo stesso modo di quel che per Venezia erano la politica marittima, commerciale e coloniale. I conflitti di classe prodotti

25. Basterà ricordare in proposito che, per gli «Acta Borussica», Hintze aveva curato l'edizione di un'imponente serie di fonti archivistiche relative all'organizzazione degli impieghi e cariche pubbliche in Prussia dopo il 1740. Come ha scritto Pierangelo Schiera, si trattava di «sei volumi di atti, pubblicati dal 1901 al 1910, ed un volume introduttivo, pubblicato nel 1901, che a tutt'oggi va considerato l'opera più convincente ed esauriente sulle condizioni costituzionali ed amministrative prussiane al tempo di Federico il Grande». Schiera, *Otto Hintze*, p. 35.
26. Schiera, *Costituzione come processo di legittimazione*, pp. 209-210.
27. Il passo è nella parte Venedig / Venezia, f. 8.

nelle manifatture e nelle grandi aziende commerciali erano stati il durevole fermento che rovesciò gli ordinamenti della vita cittadina dopo che questi erano stati appena costituiti, generando una condizione di perenne rivoluzione nella quale nulla era duraturo quanto il cambiamento delle forme di governo. Mancò qui l'azione decisa di un'arte di Stato lungimirante che riduce al silenzio il frastuono dei conflitti sociali mediante l'imperativo della necessità politica. Così in questo caso la costituzione si volse verso la democrazia con un progresso inarrestabile e spesso precipitoso; costituzione che dapprima si manifestò come dominio della borghesia, poi del proletariato per terminare in una tirannia che qui tuttavia non fu significativamente una signoria muscolare, bensì il morbido giogo del più grande potere finanziario, la casa bancaria dei Medici. E anche questo potere non riuscì a generare da se stesso alcun ordinamento politico durevole, perché esso fu appunto solo potere finanziario, non potere statale e militare».[28]

7. Pari attenzione è riservata alle condizioni di politica estera che influenzano la costituzione stessa di uno Stato secondo un criterio interpretativo che, già presente in Ranke come si è rilevato, Hintze perfezionò adattandolo alla sua analisi storica. Così, ad esempio, la formazione del Comune veneziano risalente all'inizio del XII secolo, viene messa in relazione con gli interessi commerciali e mercantili "esterni":

«L'aspirazione a conservare la sfera di dominio acquisita sull'Adriatico e nella costa dalmata di fronte al regno normanno in espansione e all'Ungheria; le complicazioni alle quali condusse l'epoca avente inizio con le Crociate per quanto concerneva le imprese commerciali e la fondazione di colonie nel Levante – in breve l'ingresso nelle più grandi rivalità politico-commerciali e nelle guerre d'interessi del mondo mediterraneo all'inizio del XII secolo suscitò a Venezia un movimento comunale come altrove nelle città dell'Italia».[29]

Di notevole interesse anche la riflessione sul ritorno del Papa a Roma dopo il lungo periodo avignonese: un evento che non fu dettato per Hintze da motivazioni di ordine religioso o spirituale; lo storico tedesco pone l'accento per converso sui concreti interessi del papa a conservare il suo dominio temporale nel Centro Italia e sulle peculiari condizioni di politica estera esistenti in quella fine anni Settanta del XIV secolo, quando molti comuni dello Stato pontificio si ribellarono ergendosi a poteri pubblici indipendenti sotto la protezione di Firenze: «il movimento pericoloso che assalì tutta l'Italia e nel corso del quale l'antica città guelfa di Firenze prese il comando (1375), fu la vera e propria ragione del ritorno dei Papi a Roma».[30]

28. Il passo è nella parte Florenz / Firenze, ff. 51-52.
29. Il passo è nella parte Venedig / Venezia, f. 6.
30. Il passo è nella parte Rom / Roma, ff. 36-37.

Nella parte sul Regno di Sicilia è ancor più significativa, di notevole spessore nella sua ricostruzione storica, la spiegazione della struttura burocratica e centralizzata dello Stato normanno ereditato dagli Staufer e da loro rafforzato: quella costituzione è messa in relazione da Hintze con la posizione geografica del regno e con un quadro internazionale in cui le condizioni esterne di politica estera influenzarono l'ordinamento interno:

> «Questa direzione verso un ordinamento per uffici assolutistico, centralizzato, che rese possibile una forte riunione di tutti i mezzi finanziari del territorio ai fini di uno spiegamento di forza militare, corrispose non solo alle tradizioni dei tipi di governo dei bizantini e degli arabi e al carattere di potenza sovrana della dinastia normanna, ma anche alla singolare posizione internazionale e alle condizioni di vita politica del nuovo Stato dei conquistatori nel Sud Italia... uno Stato che, oltre ad essere avamposto contro Bisanzio e l'Islam, era anche minacciato alle spalle da potenti rivali. Sempre sul punto di allungare le mani verso la prospiciente costa africana del regno degli Almohadi, verso la penisola balcanica, verso il Levante e soprattutto verso il regno di Gerusalemme, i Normanni dovettero difendersi allo stesso tempo contro l'imperatore e perfino contro il Papa, contro potenti città commerciali come Pisa e Genova. E quando con gli Staufer venne realizzato e rafforzato il legame del Regno sud-italiano con l'impero nonostante le azioni contrarie del Papa, allora la Sicilia – le cui entrate erano state aumentate enormemente all'epoca delle Crociate attraverso lo sviluppo del commercio nel Mar Mediterraneo – divenne il centro di una realistica politica di potenza di alto livello e di ampio respiro, che nei suoi momenti più alti prese in considerazione nientemeno che il dominio dell'intera Cristianità occidentale e comunque in sostanza combatté per l'unione di tutta l'Italia sotto un reggimento monarchico».[31]

Il metodo comparativo consente ad Hintze di operare raffronti tra istituzioni simili in ordinamenti diversi nel tempo e nello spazio. Egli coglie i nessi di somiglianza o gli elementi di diversità tra uffici pubblici esistenti nell'amministrazione degli Stati europei: questo gli consente di ricostruire, mediante il procedimento comparativo, lo sviluppo di un ufficio nel corso dei secoli risalendo al suo archetipo e alla forma originaria. Da rilevare ad esempio i forti elementi di somiglianza tra l'istituzione della *Dohana* nel Regno di Sicilia normanno e lo *Scaccarium* anglonormanno nel secolo XII; l'ipotesi di Hintze relativa a un'influenza siciliana sulle istituzioni finanziarie del regno inglese è legata al suo interesse nel ricostruire le tappe della carriera di Thomas Brown: questo funzionario, dopo aver lavorato per alcuni anni come *kaid* nella *Dohana* siciliana sotto il re Ruggero II, tornò a Londra dove esercitò incarichi importanti di controllo nell'amministrazione della tesoreria inglese.[32]

31. Il passo è nella parte Monarchia Sicula (Neapel-Sizilien) / Monarchia Sicula (Napoli-Sicilia), f. 6.
32. Il passo è nella parte Monarchia Sicula (Neapel-Sizilien) / Monarchia Sicula (Napoli-Sicilia), f. 24.

8. In questa parte sull'Italia Hintze insiste su un altro termine-concetto a lui particolarmente caro: lo Stato "per ceti".[33] Si tratta di un tipo di ordinamento, diffuso in Europa tra Medioevo ed età moderna (Spagna, Francia, Inghilterra, Stati tedeschi, Boemia, Ungheria, Polonia) fondato sulla coesistenza nell'esercizio delle funzioni pubbliche del polo signorile (*herrschaftlich*) da un lato e del polo consociativo (*genossenschaftlich*) dall'altro; nella costituzione degli Stati europei di quel periodo vi era da una parte l'amministrazione burocratica concentrata nella corte del principe e da quella ramificantesi nelle istituzioni periferiche con funzionari alle sue dipendenze; dall'altra operava un'amministrazione cetuale presente in alcune istituzioni della corte, dotata di autonomie politico amministrative nei diversi luoghi e culminante al vertice in un'assemblea in cui erano presenti i "rappresentanti" o elementi costitutivi (nobili, clero e città) delle varie comunità, distretti o unioni comunali entro i confini del regno.

Con l'eccezione del ducato di Savoia dove ci furono istituzioni rappresentative cetuali effettivamente operanti a fianco del principe tra il XV e la prima metà del XVI secolo similmente alla Francia, Hintze non vede negli altri territori italiani tra Medioevo e prima età moderna l'esistenza di uno Stato "per ceti" di modello europeo quale si è sopra accennato per sommi capi. Le istituzioni prese in esame nelle diverse aree della penisola erano molteplici e assai diverse le une dalle altre, ma nessuna di esse presentava a suo giudizio l'evoluzione costituzionale e amministrativa riconducibile allo Stato "per ceti" europeo.

Per alcuni territori Hintze ravvisa l'esistenza piuttosto di uno Stato «signorile» centrato sull'esistenza di un potere monocratico del principe e sulla sua amministrazione burocratica. È il caso dell'Alta Italia dove, rotto in sostanza il legame politico-costituzionale dei Comuni con l'impero germanico a partire dalla pace di Costanza del 1183, l'instabilità politica causata dalle lotte tra fazioni cittadine (alta e bassa nobiltà, borghesia dei commercianti e artigiani) favorì il formarsi di un potere che, dapprima concentrato nelle mani del Podestà, fu poi assunto dall'istituto della Signoria. Il signore, protetto da un apparato di guardie del corpo, fu colui che instaurò un regime autoritario piegando le istituzioni del Comune alla sua volontà e fondando nuovi uffici e dicasteri nei cui quadri operò una burocrazia di funzionari soggetta ai suoi voleri.

Un altro esempio, che secondo Hintze servì probabilmente da modello per le Signorie dell'Alta Italia, è costituito dal Regno di Sicilia, ove lo storico prussiano vede svilupparsi una poderosa amministrazione burocratica di origine arabo bizantina che, conservata dai re normanni, fu rafforzata e perfezio-

33. Hintze, *Tipologia delle costituzioni per ceti in Occidente*, in Id., *Typologie der ständischen Verfassungen des Abendlandes*.

nata da Federico II Hohenstaufen. Nel regno di questo sovrano Hintze "riconosce addirittura in piccolo" le fondamenta dello Stato assoluto con elementi di straordinaria somiglianza, in alcune norme amministrative, alle monarchie illuminate settecentesche: del tutto indicativo in proposito il divieto della vendita degli uffici pubblici introdotto da Federico II con le costituzioni del 1231 e il riferimento alle riforme prussiane del XVIII secolo con il richiamo all'opera del giurista von Cocceji, attivo alla corte di Federico II Hohenzollern.[34]

Gli Staufer convocarono diete o assemblee cetuali nel Regno di Sicilia ma queste non ebbero alcun peso costituzionale e servirono unicamente per finalità consultive giacché, come rimarca Hintze, tutto il potere era concentrato nel re e nell'amministrazione burocratica estremamente ramificata che da lui dipendeva.

Anche nel caso della repubblica di Venezia non si può parlare per Hintze di Stato "per ceti", perché la costituzione si fondava su istituzioni politico amministrative i cui membri provenivano in via esclusiva dal patriziato veneziano. Non esisteva un'assemblea composta da nobiltà, clero e città in rappresentanza dei territori facenti parte della repubblica.

A Firenze le origini di uno Stato toscano risalgono alla politica internazionale di Carlo V quando, per volontà dell'imperatore, la repubblica di Firenze fu trasformata in granducato, uno Stato principesco territoriale governato ancora dalla famiglia dei Medici, ma anche qui senza alcuna rappresentanza cetuale di tipo europeo. Piuttosto si trattò di un «conglomerato di formazioni politiche diverse aventi un predominante carattere municipale, con giurisdizioni e forme di governo differenti [...] tenute assieme solo dal comune sovrano».[35]

Costituzione del tutto peculiare fu quella di Roma nel corso del Medioevo e della prima età moderna, dove la presenza del potere temporale e universale del Papato ostacolò la formazione di istituzioni comunali sul modello di quelle cittadine dell'Italia centro-settentrionale, fossero queste di natura «democratica» (come nella Firenze prima dell'avvento al potere dei Medici) o «oligarchica» come il caso di Venezia. Nel corso del basso Medioevo il Comune romano oscillò tra una costituzione nobiliare e una costituzione popolare sul modello di Firenze, influenzate entrambe di volta in volta dal potere pontificio. Il trasferimento della sede papale ad Avignone parve favorire la forma di governo popolare. Il formarsi di uno Stato cittadino particolaristico sul modello di Firenze fu impedito a Roma anche durante il governo di Cola di Rienzo, che conquistò il potere come tribuno rappresentante del partito popolare. Il suo programma irrealistico e utopico di una Roma imperiale che fosse a capo

34. Il passo è nella parte Monarchia Sicula (Neapel-Sizilien) / Monarchia Sicula (Napoli-Sicilia), ff. 39-40.

35. Il passo è nella parte Florenz / Firenze, f. 50.

di una confederazione italiana di città mostrò l'impossibilità di fondare un regime solido e credibile. Solo il Papa, rientrato a Roma alla fine del Trecento dopo il periodo avignonese, ebbe successo nel formare uno Stato principesco, anche qui però senza alcuna esistenza significativa di istituzioni cetuali: ci fu soltanto una labile unione di baronie e comuni tenuti assieme dalla guida energica, crudele e senza scrupoli dei funzionari papali.

9. Un'altra caratteristica della storiografia di Hintze in queste lezioni sull'Italia risiede nella descrizione di alcune istituzioni amministrative prese in esame nel loro sviluppo storico, con una breve analisi sulle caratteristiche originarie e sulle diverse funzioni che assunsero con il passare del tempo nel concreto operare. Si tratta di un elemento di novità nella storiografia europea di fine Ottocento e del primo Novecento se si considera che Max Weber, nella sua opera «Wirtschaft und Gesellschaft», aveva descritto le istituzioni con metodo comparativo ma non si era spinto all'analisi della loro evoluzione storica nel corso dei secoli.[36] Si vedano ad esempio le analisi di Hintze sull'istituzione dell'*Amiratus* siciliano, un ufficio che i re normanni avevano ereditato dall'amministrazione araba (l'Emiro di Palermo) nelle sue ampie funzioni civili e militari di governo dell'isola: esso fu limitato progressivamente nelle sue attribuzioni e ristretto al comando della flotta sotto gli Staufer fino ad essere soppresso da Federico II (dal 1221).[37] Un altro caso, sempre nella Sicilia medievale, è legato all'istituzione della *Dohana*, introdotta anch'essa sotto il dominio arabo ma presente già nel periodo bizantino con il nome *Secretum*: istituzione centrale del regno siciliano, articolata in due uffici, fu conservata nel periodo normanno nelle sue larghe funzioni di amministrazione finanziaria e venne unificata in un unico dipartimento sotto Federico II. Sotto gli Angiò, prima del 1282, questo grande ufficio dell'amministrazione centrale scomparve del tutto e la parola *Dohana* si restrinse al significato ristretto che ha oggi, di dogana di confine.[38]

L'istituzione del prefetto dell'urbe nello Stato pontificio è descritta anch'essa in più punti nel suo sviluppo storico: ufficio dapprima imperiale, passato poi ai pontefici, il prefetto esercitava a Roma funzioni nella giurisdizione penale e nella giustizia civile tra X e XI secolo. Soppresso nelle rivoluzioni popolari che si susseguirono nel XII secolo, puntualmente reintrodot-

36. Su questo punto si sofferma anche Schiera, *Costituzione come processo di legittimazione*, p. 211. Lo sviluppo storico fu un elemento fondamentale per Hintze, la cui mancanza egli rilevò nella tipologia delle istituzioni di Max Weber.

37. Il passo è nella parte Monarchia Sicula (Neapel-Sizilien) / Monarchia Sicula (Napoli-Sicilia), f. 21.

38. Il passo è nella parte Monarchia Sicula (Neapel-Sizilien) / Monarchia Sicula (Napoli-Sicilia), ff. 22-23.

to alla ripresa del potere da parte del pontefice o dell'imperatore, il prefetto dell'Urbe vide mutare completamente le sue funzioni nel corso del XIII secolo: in questo periodo l'introduzione a Roma dell'ufficio del *Senator* sul modello dei podestà dell'Italia settentrionale provocò un cambiamento nelle funzioni del prefetto: la carica, resa ereditaria nella famiglia dei Vico, venne da quel momento esercitata nella Tuscia romana.[39]

Un'analisi di grande interesse per la storia delle istituzioni riguarda l'ufficio del segretario di Stato, un alto funzionario alle dirette dipendenze del principe diffuso nell'Europa del basso Medioevo, spesso estensore materiale delle leggi, anello di congiunzione tra la concreta volontà del sovrano e la macchina burocratica di cui era al vertice. Hintze ritiene che le sue origini potessero risalire al Regno di Sicilia all'epoca di Federico II Hohenstaufen, quando nella cancelleria alla corte del re l'ufficio del *Protonotarius* e del *Logotheta* furono unificati nel 1247 nella persona di Pier delle Vigne, notaio, letterato e giurista laico alle dipendenze del monarca.[40] Come lo storico tedesco precisa in altri punti delle sue lezioni, il segretario di Stato si affermò poi alla corte papale nel XIV secolo e in tutta l'Europa occidentale tra la fine del Medioevo e l'inizio dell'età moderna. Indicative le riflessioni di Hintze sul segretario di Stato nel ducato di Milano nel XV secolo o quelle sulla figura omonima nel ducato di Savoia negli stessi anni: si tratta di un segretario principale che costituiva – come si legge nella parte sul Piemonte – «il collegamento tra principe e consiglio» come un «ministro di gabinetto».[41] Tale ufficio continua ad essere menzionato nel ducato sabaudo sotto il regno di Emanuele Filiberto, dove il segretario principale Giovanni Fabri agiva da anello di congiunzione tra la persona del monarca e gli altri consiglieri.[42] Ancora nel ducato di Savoia sotto il regno di Vittorio Amedeo II è citato il marchese di San Tommaso come primo segretario di Stato finché nel 1717 la carica venne divisa in quelle di segretario di stato per l'estero e per l'interno. Hintze ritiene che il sovrano avesse preferito relazionarsi con un governo di gabinetto in cui i segretari erano ricevuti separatamente piuttosto che con un governo per consiglio quale era diffuso in altri poteri pubblici europei.[43]

39. Il passo è nella parte Rom / Roma, ff. 9, 19-20.
40. Il passo è nella parte Monarchia Sicula (Neapel-Sizilien) / Monarchia Sicula (Napoli-Sicilia), f. 22.
41. Il passo è nella parte Savoyen – Piemont im Mittelalter, Savoyen – Piemont 16-17 Jht. / Savoia – Piemonte nel Medioevo, Savoia – Piemonte XVI-XVII secolo, f. 8.
42. Il passo è nella parte Savoyen – Piemont im Mittelalter, Savoyen – Piemont 16-17 Jht. / Savoia – Piemonte nel Medioevo, Savoia – Piemonte XVI-XVII secolo, f. 25.
43. Il passo è nella parte Sardinien / Sardegna, ff. 8-9.

10. Un altro elemento di novità nel metodo storiografico di Hintze è la comparazione delle costituzioni in aree geograficamente distanti, diverse nelle condizioni concrete di singoli territori e culture, anche se soggette a un medesimo evento storico.

È di notevole rilievo storiografico a tal proposito la parte in cui Hintze spiega le ragioni della diversità nell'evoluzione degli ordinamenti costituzionali e amministrativi medievali tra Sicilia e Inghilterra nonostante la comune dominazione normanna. Se la natura insulare del territorio era una realtà comune ai due casi, le differenze emergevano subito nelle diverse società con cui i nuovi dominatori entrarono in contatto: in Inghilterra vivevano in larghissima parte popolazioni di stirpe germanica abituate a vivere in libertà e a gestire in autonomia l'amministrazione dei villaggi, in Sicilia era presente invece una popolazione governata per secoli da ordinamenti fortemente burocratici (l'impero bizantino, poi l'impero arabo), esclusa da qualsiasi tipo di intervento nel governo politico della comunità, soggetta a una tassazione regolare ad opera di funzionari specializzati. Tali differenti eredità del passato spiegano, secondo Hintze, per quale motivo nel corso del XIII secolo in Inghilterra la costituzione si fosse sviluppata nella forma dello Stato per ceti e del parlamentarismo, mentre in Sicilia si fosse conformata a un ordinamento monarchico centralizzato.[44]

11. Il manoscritto su cui ci si è basati per la traduzione è conservato presso il *Geheimes Staatsarchiv Preussischer Kulturbesitz* di Berlino. Riporto di seguito le segnature quali mi sono state trasmesse dagli archivisti tedeschi: GStA PK, VI. HA, *Familienarchive und Nachlässe*, NL Otto Hintze, Nr. 2, Bd. 1 *Sardinien* (15 ff.); Bd. 2 *Oberitalien* (22 ff.); Bd. 3 *Venedig* (31 ff.); Bd. 4 *Florenz* (73 ff.); Bd. 5 *Rom* (42 ff.); Bd. 6 *Sizilien* (66 ff.); Bd. 7 *Savoyen-Piemont* (28 ff.). Si avverte che in questa numerazione non sono contati alcuni fogli aggiuntivi di Hintze: tali fogli sono stati contrassegnati dall'autore con la lettera dell'alfabeto "a" dopo il numero (come nelle parti *Venedig* e *Florenz*)[45] oppure risultano sprovvisti di numerazione (come in *Sizilien*); in quest'ultimo caso sono stati da me contrassegnati con la parola "bis" associata al numero di pagina alla quale si riferiscono in base ai chiari rimandi forniti da Hintze nel testo.[46]

Riporto la breve nota descrittiva del manoscritto di Hintze che mi fu inviata nel 2018 dalla dottoressa Schnelling Reinicke, responsabile degli archivi di famiglia e delle carte personali del *Geheimes Staatsarchiv Preußischer Kulturbesitz*:

44. Il passo è nella parte Monarchia Sicula (Neapel-Sizilien) / Monarchia Sicula (Napoli-Sicilia), ff. 10-11.
45. È il caso ad esempio dei ff. 25a in *Venedig* e 24a in *Florenz*.
46. Sono i ff. 5bis, 17bis, 18bis, 20 bis, 29bis.

«Si tratta in grandissima parte di fogli sciolti, scritti su un lato solo (grandezza: 17 × 21 cm), inseriti in buste omogenee. Poche pagine sono scritte anche due volte. La scrittura è ben leggibile. Sono presenti in alcune parti cancellazioni. Su alcune pagine – ci si riferisce a fogli allegati – ci sono anche brevi indicazioni bibliografiche».[47]

Nella pubblicazione del manoscritto si è seguito il seguente ordine: Savoia – Piemonte, Sardegna, Milano e Alta Italia, Venezia, Firenze, Roma e Sicilia. Se l'analisi sul Regno di Sardegna riguarda il periodo dell'antico regime tra XVII e XVIII secolo, gli altri lavori interessano un periodo storico compreso tra il basso Medioevo e la prima età moderna.

Nella trascrizione dell'opera di Hintze, nella traduzione e nelle note si sono seguiti i seguenti criteri:

a) I numeri compresi tra parentesi quadre corrispondono ai numeri delle pagine del manoscritto originale.
b) In ciascuna delle sette parti del libro si è riportata la foto del primo foglio del manoscritto, preceduta dal riferimento alla collocazione archivistica dell'opera con l'indicazione del numero effettivo dei fogli trascritti e tradotti, compresi pertanto quelli aggiuntivi.
c) Sono stati compresi tra virgolette "…" tutti i termini che Hintze ha voluto contrassegnare in tal modo nel manoscritto.
d) In alcuni casi è stato usato il corsivo tra parentesi quadre per termini tedeschi che si è deciso di mantenere nel testo accanto alla parola tradotta per aiutare gli specialisti di storia delle istituzioni a percepirne il senso.
e) Si avverte che il tedesco scritto da Hintze presenta alcune particolarità rispetto alla lingua attuale. È tipico dell'autore usare ad esempio la consonante "c" anziché la "k" in parole come "Commissarien" (oggi Kommissarien). In altri casi i verbi sono scritti alla terza persona singolare con l'omissione di alcune consonanti e vocali: ad esempio "wird … controlirt" anziché "wird … kontrolliert".
   Occorre inoltre segnalare che la grafia dell'autore riflette formalmente il suo attaccamento a un modo di scrivere il tedesco che rimase diffuso in Germania fino all'epoca del Reich guglielmino: dato interessante se si considera che il manoscritto risale agli anni Venti-Trenta del Novecento, quando ormai la riforma dell'ortografia aveva modificato numerose parole. Ad esempio Hintze scrive "Thatsächlich" anziché "Tatsächlich", "in

47. Si riporta il testo tedesco: «Dabei handelt es sich um größtenteils einseitig beschriebene Blätter (Größe: 17 × 21 cm), die in einheitlichen Umschlägen lose eingelegt sind. Einige wenige Seiten sind auch doppelt beschrieben. Die Handschrift ist gut lesbar. Teilweise sind Streichungen vorhanden. Auf einigen Seiten bzw. Einlegeblättern sind auch nur knappe Literaturangaben vorhanden».

der That” anziché “in der Tat”, “gewaltthätigen” anziché “gewalttätigen”, “thätig” anziché “tätig”.

f) Ogni parte è corredata di brevi note di commento sui personaggi citati. Si è provveduto inoltre, per quanto possibile, ad inserire una rassegna essenziale degli studi storici apparsi sull’argomento preso in esame.

g) In alcuni casi le note spiegano il senso di espressioni tipiche di Hintze, che rinviano a teorie e analisi storico istituzionali presenti in altri suoi lavori.

h) Riportate in nota in lettere dell’alfabeto sono anche le parti del manoscritto che Hintze, intervenendo a posteriori, decise di cancellare con un tratto di penna, spesso correggendo o semplificando il contenuto in vista di una pubblicazione dell’opera.

i) In nota sono riportate alcune pagine scritte a matita nel caso in cui è stato possibile comprendere il testo.

j) Ancora in nota si trovano brevi profili degli storici tedeschi citati da Hintze nel corso della trattazione.
Si è provveduto a tradurre quasi tutte le parti del manoscritto. Non sono state pubblicate le seguenti pagine, scritte a matita e di difficile comprensione:
   – gli ultimi due fogli (pagine 14, 15 della parte *Sardinien*) ove Hintze ha appuntato date del primo Ottocento che sembrano riguardare la fondazione di istituzioni amministrative del regno sabaudo;
   – un foglio non numerato, del tutto indecifrabile, tra le pagine 3 e 4 della parte su *Venedig*;
   – i primi fogli (numerati in alto a destra: 1, 2, 3,) della parte *Florenz*: si tratta di un testo scritto a matita su entrambe le facciate (per un totale quindi di sei facciate): la grafia, poco leggibile, presenta citazioni di eventi e date in ordine cronologico che vengono descritti compiutamente nei fogli successivi. Sembra che queste pagine costituiscano una semplice bozza o schema della parte su Firenze che viene trattata nei fogli scritti a penna.
   – Ancora sulla parte *Florenz*, dopo la pagina 56 si trova un piccolo foglio con un appunto a matita che non si è riusciti a decifrare.
   – Lo stesso per il foglio 66 della parte *Sizilien*.

k) Nella bibliografia cumulativa finale sono segnati in asterisco i testi che Hintze probabilmente consultò e quelli che gli servirono di base nello svolgimento del suo lavoro.

l) Nell’indice finale sono inseriti esclusivamente gli storici e personalità citati da Hintze nel manoscritto, nonché gli autori che ho menzionato in questa introduzione.

Si avverte che il testo del manoscritto presenta imprecisioni; ad esempio, alcuni eventi storici sono ricondotti a date inesatte oppure vengono confusi nomi di papi o di sovrani. Si tratta, nei pochi casi in cui questo avviene, di er-

rori trascurabili, ove ad esempio l'anno in questione è anteriore o posteriore di pochissimo rispetto al dato effettivo. Si è provveduto ad informarne il lettore tutte le volte che questo avviene, in alcuni casi correggendo direttamente e segnalando in nota l'errore, in altri casi inserendo in nota il dato corretto.

La presenza di questo tipo di errori e di altri, come ad esempio la citazione di personalità con il solo cognome che vengono confuse in alcuni casi con membri della stessa famiglia,[48] indica lo stato di abbozzo del manoscritto, steso probabilmente di getto dall'autore, il quale confidava unicamente sulla memoria delle fonti o dei testi storici che aveva consultato negli anni precedenti. Correzioni e aggiunte nel testo di Hintze, come mostrano alcune foto qui allegate (figg. 2, 3, 4, 5, 6, 7), testimoniano un intervento posteriore di rifinitura che tuttavia non fu definitivo. Occorrevano ulteriori controlli e riletture ma, come s'è accennato, lo storico tedesco negli ultimi anni smise di lavorare alla «Allgemeine Verfassungs- und Verwaltungsgeschichte der Neueren Staaten», lasciando l'opera incompiuta.

Questo non toglie nulla alla profondità delle analisi storico istituzionali e politologiche in essa contenute: queste poggiano su solide basi documentarie e fanno di quest'opera un *unicum* nella storia costituzionale e amministrativa per la vastità dei campi esaminati, per la ricchezza dei dati istituzionali raccolti e per la sintesi magistrale con cui lo storico tedesco riuscì a cogliere le peculiarità dei poteri pubblici presi in esame.

48. Si veda ad esempio il caso degli Sforza, nella parte finale della sezione su Roma, ove si citano eventi in cui ebbero due ruoli distinti tanto Muzio Attendolo Sforza quanto Francesco Sforza: Hintze non chiarisce tuttavia nel dettaglio quale delle due personalità condusse l'azione descritta.

Ringraziamenti

Ringrazio il personale dell'Archivio di Stato di Berlino, in particolare il dottor Guido Behnke e la dottoressa Ingeborg Schnelling Reinicke per l'assistenza nei servizi di consultazione, descrizione e riproduzione del materiale.

Devo al dottor Eugenio Guerra e alla professoressa Helga Kirchner Guerra la premurosa assistenza nella comprensione della grafia di Hintze: senza i loro riscontri, puntuali e precisi, questo lavoro non sarebbe stato possibile. Come aveva rilevato a suo tempo Giuseppe Di Costanzo, la decifrazione del manoscritto non è semplice. In pochi casi non è stato possibile tradurre o comprendere alcune parole.

A Fulvio Tessitore e a Edoardo Tortarolo mi sono rivolto nelle fasi di concepimento di questo progetto nel 2014-2015, chiedendo un parere sulla sua fattibilità e sulle possibili vie atte a realizzarlo: li ringrazio per la cordialità professionale e la piena disponibilità. Tessitore mi ha aggiornato sullo stato delle operazioni di ricerca a Napoli e in Germania dopo la morte del dottor Di Costanzo.

Ricordo con gratitudine il professor Pierangelo Schiera che nel corso di un colloquio alla Fondazione Roberto Ruffilli di Forlì, avvenuto or son quasi sei anni, mi ha descritto l'origine dei suoi studi su Otto Hintze correndo con la mente agli anni Sessanta del secolo scorso, quando a Milano, nei locali della Fondazione Italiana per la Storia Amministrativa (FISA), egli intraprendeva quelle ricerche incoraggiato dai professori Gianfranco Miglio e Cinzio Violante, che all'epoca erano rispettivamente direttore e vicedirettore della FISA.

I professori Guido Melis e Franco Amatori hanno seguito da vicino l'evolversi di questa ricerca creando le condizioni perché giungesse in porto. Li ricordo con gratitudine per la fiducia che hanno riposto in me.

I miei più sentiti ringraziamenti vanno infine all'Istituto Storico Germanico di Roma per aver accolto nella sua collana «Ricerche dell'Istituto Storico Germanico di Roma» la parte della «Allgemeine Verfassungs- und Verwaltungsgeschichte der Neueren Staaten» che Hintze dedicò alla penisola italiana: al professor Martin Baumeister, direttore dell'istituto, sono grato per aver voluto fortemente la pubblicazione di questo lavoro. Desidero ricordare i professori Lutz Klinkhammer e Alexander Koller per avermi seguito costantemente nelle fasi di sviluppo, non facendomi mancare preziosi consigli e suggerimenti. Ringrazio il dottor Andreas Rehberg per l'assistenza nelle operazioni di revisione formale dell'opera e per averne gestito la pubblicazione nella collana «Ricerche dell'Istituto Storico Germanico di Roma» edita dalla casa editrice Viella.

Gabriele Coltorti
Milano, luglio 2022

1. Savoyen – Piemont im Mittelalter, Savoyen – Piemont 16.-17. Jht. / Savoia – Piemonte nel Medioevo, Savoia – Piemonte XVI-XVII sec.

GStA PK, VI. HA, *Familienarchive und Nachlässe*, NL Otto Hintze, Nr. 2, Bd. 7, *Savoyen-Piemont*, ff. 1-28

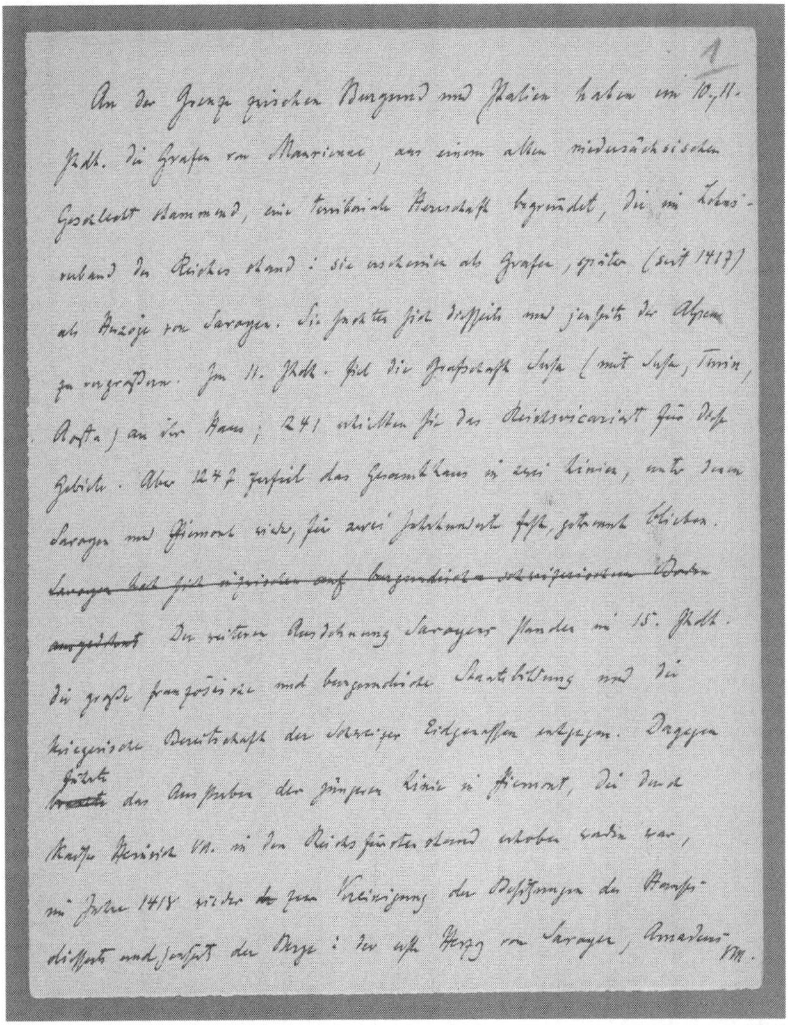

2. GStA PK, VI. HA, *Familienarchive und Nachlässe*, NL Otto Hintze, Nr. 2, Bd. 7, *Savoyen-Piemont*, f. 1 (© GStA PK).

Savoyen – Piemont Mittelalter

[1] An der Grenze zwischen Burgund und Italien haben im 10.-11. Jahrhundert die Grafen von Maurienne, aus einem alten niedersächsischen Geschlecht stammend, eine territoriale Herrschaft begründet, die im Lehnsverband des Reiches stand: sie erscheinen als Grafen, später (seit 1417) als Herzoge von Savoyen. Sie suchten sich diesseits und jenseits der Alpen zu vergrössern. Im 11. Jahrhundert fiel die Grafschaft Susa (mit Susa, Turin, Aosta) an ihr Haus; 1241 erhielten sie das Reichsvicariat für diese Gebiete. Aber 1247 zerfiel das Gesamthaus in zwei Linien, unter denen Savoyen und Piemont wieder, für zwei Jahrhunderte fast, getrennt blieben.[a]

Der weiteren Ausdehnung Savoyens standen im 15. Jahrhundert die grosse französischen und burgundische Staatsbildung und die kriegerische Bereitschaft der Schweizer Eidsgenossen entgegen. Dagegen führte das Aussterben der jüngeren Linie in Piemont, die durch Kaiser Heinrich VII. in den Reichsfürstenstand erhoben worden war, im Jahre 1418 wieder zur Vereinigung der Besitzungen des Hauses diesseits und jenseits der Berge: der erste Herzog von Savoyen Amadeus VIII. [2] (der spätere Papst Felix V.) ist auch zugleich Fürst von Piemont gewesen; auf der dauernden Verbindung der beiden Lande beruhte seitdem die Macht des Hauses, die aber ihren Schwerpunkt bis ins 16. Jahrhundert noch mehr diesseits als jenseits der Alpen fand. Der italienische Besitz blieb noch lange in der Hauptsache auf den alten Kern der Grafschaft Susa-Aosta beschränkt; kleine Territorien wie die Markgrafschaften Saluzzo und Montferrat blieben noch unabhängig neben Piemont bestehen; die erste ist erst zu Beginn des 17. (1601), die zweite erst im 18. Jahrhundert (1707) einverleibt worden.

Die Verbindung zwischen den beiden Ländern, der patria cismontana und der patria ultramontana, ging bis ins 16. Jahrhundert hinein nicht viel über eine blosse Personalunion hinaus. Jedes hatte seine besondere Verfassung und Verwaltung, Savoyen mehr nach französischer, Piemont nach italienischer Art, wie denn auch die Sprache in beiden verschieden war. Der Hof des Herzogs hatte noch keine feste Stätte, sondern zog wandernd umher; doch befand sich das Hoflager gewöhnlich in Savoyen, während in Piemont ein Statthalter regierte.[b] [3] Ganz für sich besonders stand in Verfassung und Verwaltung das Thal von Aosta, das nach eigenen Statuten regiert wurde, die im 16. Jahrhundert auch gedruckt worden sind; ebenso das 1388 von der savoyischen Linie erworbene

a. Segue una frase cancellata da Hintze: «Savoyen hat sich inzwischen auf burgundisch-schweizerischen Boden ausgedehnt» (La Savoia nel frattempo si è estesa in territorio svizzero-borgognone).

b. La parola «Statthalter» è scritta da Hintze in sostituzione del termine cancellato «Capitano».

Savoia – Piemonte nel Medioevo

[1] Ai confini tra Borgogna e Italia, nel X-XI secolo, i conti di Maurienne, provenienti da un'antica stirpe della bassa Sassonia, fondarono una signoria territoriale che si trovava in unione feudale con l'impero: essi fanno la loro comparsa come conti, più tardi (dal 1417) come duchi di Savoia. Essi cercarono d'ingrandirsi al di qua e al di là delle Alpi. Nell'XI secolo entrò nei domini della loro casa la contea di Susa (con Susa, Torino, Aosta); nel 1241 ricevettero il vicariato imperiale per questi territori. Ma nel 1247 la casata si spaccò in due linee, sotto le quali Savoia e Piemonte rimasero nuovamente separati per quasi due secoli.

Le grandi formazioni statali francese e borgognona e la bellicosità dei confederati svizzeri si contrapponevano nel XV secolo all'ulteriore espansione della Savoia. Tuttavia l'estinzione della più giovane linea in Piemonte, che era stata elevata dall'imperatore Enrico VII al ceto dei principi imperiali, portò nell'anno 1418 a riunire ancora i possessi della casa al di qua e al di là dei monti: il primo duca di Savoia, Amedeo VIII,[1] [2] (colui che più avanti sarebbe divenuto papa Felice V) è stato anche allo stesso tempo principe di Piemonte; sul duraturo legame dei due territori si fondò da allora la potenza della casa, che tuttavia trovò il suo centro, fino al XVI secolo, più al di qua che al di là delle Alpi. Il territorio italiano rimase limitato in sostanza ancora per lungo tempo all'antico nucleo della contea Susa-Aosta; piccoli territori come il marchesato di Saluzzo e del Monferrato rimasero ancora indipendenti a fianco del Piemonte; il primo è stato incorporato agli inizi del XVII secolo (1601), il secondo agli inizi del XVIII (1707).

Il legame tra le due parti di territorio, la patria cismontana e la patria ultramontana, fino al XVI secolo inoltrato non andò molto oltre una semplice unione personale. Ciascuno aveva la sua costituzione e amministrazione particolare, la Savoia più verso un modello francese, il Piemonte verso uno italiano, come peraltro anche la lingua era distinta in due parlate. La corte del duca non aveva una sede fissa, ma si spostava da un luogo all'altro; l'accampamento della corte si trovava di solito in Savoia, mentre in Piemonte governava un luogotenente. [3] Stava a sé nella costituzione e nell'amministrazione la Valle d'Aosta, che era governata da particolari Statuti, che erano stati anche dati alle stampe nel XVI secolo; allo stesso modo il territorio di Nizza, acquisito dalla linea

1. Amedeo VIII di Savoia (1383-1451), figlio di Amedeo VII e di Bona di Berry. Si veda Cognasso, *Amedeo VIII.*

Nizza. In Savoyen wurden im 13. Jahrhundert nach französischen Vorbilde die baliati als Verwaltungsbezirke eingerichtet, mit einem Bailli an der Spitze; später (14. Jahrhundert) hat sich dies Bezirksbeamtentum in der Weise differenziert, das neben dem Bailli oder Castellan besondere Richter und Receptoren erscheinen. Die Gerichtsbarkeit des Bailli erstreckte sich zunächst nur über die Immediatuntertanen des Fürsten; aber er nahm als Vertreter des Herzogs auch Appellationen aus den Gebieten der Seigneurs an und entwickelte bald eine mit der ihren concurrirende Jurisdiction in vielen Fällen.[c] In dem italienischen Gebiet bildeten das Thal von Susa und das von Aosta je eine besondere Ballei; das übrige Piemont zerfiel in Communen, die ihre alte Selbstverwaltung behielten; es stand anfangs unter einem Capitaneo (Landeshauptmann);[d] bald nach der Einverleibung (1418) erscheinen zwei Capitanei, für die Lande d'amont und d'aval (Ober- und Unter-Piemont); 1429 trat ein Prinz des herzoglichen Hauses [4] als Generalstatthalter (luogotenente generale) an die Spitze; die Capitanati wurden aufgehoben, statt ihrer zwei giudici generali als Einzelrichter in Pinerolo und Ivrea bestellt; ausserdem gab es einen ricevitor generale "deça les monts". Neben den ordentlichen Ortsobrigkeiten treten in Piemont wie in Savoyen seit dem 14. Jahrhundert und namentlich im 15. ausserordentliche Commissarien hervor, die von Hofe entsandt sind, um die fürstlichen Hoheitsrechte wahrzunehmen, namentlich auch im Jagd- und Forstwesen, um Untersuchungen gegen Friedensbrecher und Rebellen anzustellen, Bussen und Strafgelder, Lehnsgefälle und andere Recognitionsgebühren einzutreben, wichtige Prozesse an Stelle der ordentlichen Richter[e] zu entscheiden, Obrigkeiten und Gemeinden zur Besserung der Wege und Instandhaltung von Brücken und Dämmen anzuhalten und anderes mehr. Die Stände haben sich im 15. und 16. Jahrhundert häufig über sie beschwert und namentlich die Prüfung ihrer Vollmachten durch die ordentlichen Ortsobrigkeiten gefordert. Es war ein Mittel zur Durchsetzung fürstlicher Verwaltungshoheit wie in Frankreich, das aber zu starken Missbräuchen geführt zu haben scheint.

[5] Die Ausbildung der Hofbehörden, die über diesen Einrichtungen der Landesverwaltung bestanden, bietet fast eine Wiederholung der französischen Entwicklung dar, die offenbar in Savoyen ebenso stark wie in Burgund als Vorbild gewirkt hat. Aus dem wechselnden Personal von Geistlichen und Rittern,[f]

c. Segue una frase cancellata da Hintze: «Das Reichsvicariat bildete eine brauchbare Handhabe zur Ausdehnung der fürstlichen Gerichtsgewalt» (Il vicariato imperiale costituì un pretesto utile per l'ampliamento del potere giurisdizionale del principe).

d. Sono cancellate da Hintze le parole «später zwei Capitani; seit 1429» (più tardi due capitani; dal 1429).

e. Seguono le parole cancellate da Hintze: «Lehngefälle und andere Recognitionsbühren» (diritti feudali e altri diritti di autentica).

f. Seguono le parole «und Juristen» (e giuristi), cancellate da Hintze.

savoiarda nel 1388. In Savoia furono istituiti nel XIII secolo i baliati quali distretti amministrativi secondo il modello francèse, con un Baillì al vertice; più tardi (XIV secolo) questa burocrazia distrettuale si è differenziata nella misura in cui accanto al Baillì o castellano fanno la loro comparsa particolari giudici ed esattori (*Receptoren*). La giurisdizione del Baillì si estendeva per ora solo sopra i sudditi immediati del principe; tuttavia questi accettò anche, come rappresentante del duca, appelli dai territori dei Seigneurs (Signori feudali) e sviluppò presto una giurisdizione concorrente con quelli. Nel territorio italiano la Valle di Susa e la Valle d'Aosta formarono ciascuna un particolare baliato; il resto del Piemonte era articolato in Comuni, che mantennero la loro antica autonomia amministrativa; esso si trovava inizialmente sotto un Capitaneo (*Landeshauptmann*); subito dopo l'annessione (1418) compaiono due Capitani, per i territori d'amont e d'aval (alto e basso Piemonte); nel 1429 fu posto al vertice un principe della casa ducale come luogotenente generale; [4] i Capitanati furono aboliti; al loro posto furono nominati due giudici generali come giudici unici a Pinerolo e Ivrea; inoltre esisteva un ricevitor generale "deça les monts". Accanto alle autorità locali ordinarie compaiono in Piemonte come in Savoia, a partire dal XIV secolo e soprattutto nel XV, commissari straordinari, che sono inviati dalla corte per salvaguardare i diritti di sovranità del principe, in particolar modo nei diritti di caccia e di foresta, per compiere indagini contro i violatori della pace pubblica e i ribelli, per incassare multe in denaro e ammende, diritti feudali e altri diritti di autentica, per decidere in importanti processi al posto dei giudici ordinari, per sollecitare autorità e Comuni al miglioramento delle strade e alla manutenzione di ponti e argini e altro ancora. I ceti hanno spesso reclamato per i loro diritti nel XV e XVI secolo e soprattutto hanno preteso una verifica dei loro poteri tramite le ordinarie autorità locali. Questo fu uno strumento come in Francia per l'affermazione della potestà amministrativa del principe, strumento che tuttavia sembra aver portato a forti abusi.

[5] La formazione dei dicasteri di corte, preposti a queste istituzioni dell'amministrazione territoriale, presenta quasi una replica dello sviluppo francese, che ha agito come modello in modo evidentemente forte in Savoia come in Borgogna. Dal personale mutevole del clero e dei cavalieri, che

die dem Fürsten bei der Abhaltung der placita oder parlamenta zur Seite standen, entwickelt sich im 14. Jahrhundert ein festeres Ratspersonal, das auch noch grossenteils aus Prälaten und Vasallen zusammengesetzt ist, in dem aber nun die Juristen eine grosse Rolle spielen. Von diesem noch unorganisierten Ratspersonal splittet sich im Jahre 1326 endgültig ein Hofgericht ab, das die Bezeichnung "Consilium justitiae ordinarium"[g] führt, und für die ordentliche Hofgerichtsbarkeit, namentlich auch die Appellationen zuständig ist, mit festem Sitz in Chambery, während der übrige Teil des Rates (der im 15. Jahrhundert als "Consilium secretum seu Status" bezeichnet wird) der Person des Herzogs weiterhin folgt und von ihm in allen Angelegenheiten, die ihn interessieren, [6] zu Rate gezogen wird, auch dem Lande gegenüber die Person und Gewalt des Fürsten repräsentiert ("repraesentat principem et habet omnismodi potestatem" 1478). Ein ähnliches Consilium justitiae ordinarium wie in Savoyen ist bald nacher auch in Piemont eingerichtet worden, mit dem Sitz in Turin aber mit Rechtszug an den Justizrat in Chambery (bis 1459). Die beiden Höfe gleichen den französischen Parlamenten auch darin, dass ihnen die Befugnis zusteht, fürstliche Edicte auf ihre Gesetzlichkeit zu prüfen und ihnen durch die Eintragung in ihre Register (man nennt das in Piemont "interinare") erst die volle Gesetzeskraft zu verleihen. Gegenvorstellungen sind häufig vorgekommen; auch die Einrichtung des "letto di giustizia" findet sich erwähnt. Den Namen Parlament aber haben diese Höfe nie geführt; im 16. Jahrhundert ist ihnen die amtliche Bezeichnung "Senat von Savoyen" und "Senat von Piemont" beigelegt worden.

Schon Anfang des 14. Jahrhunderts sind als eine Gruppe des noch ungegliederten Ratspersonals die Maitres et [7] auditeurs des comptes nachzuweisen, die, zuweilen noch unter dem Vorsitz des Fürsten, die Rechnungen der Hofschatzmeister (trèsoriers) und der localen Einnehmer (receveurs) prüfen und mit allen Beamten, die eine Geldverwaltung zu führen haben, Abrechnung halten.[h] Im Jahre 1342 ist diese allmählich fester gewordene Gruppe von Räten zu einem Collegium formatum mit Vorsitzendem und Geschäftsordnung ausgestaltet worden, als Chambre des Comptes (Camera dei Conti) mit festem Sitz in Chambery. Im 15. Jahrhundert ist sie noch mehrmals reformiert worden. Sie bestand damals aus 6 Maitres et auditeurs, 14 Clerici und einem Archivar.

g. Hintze si riferiva allo sdoppiarsi del *Consilium* nei due organi del *Consilium iustitiae* e *Consilium secretum*. Fenomeno comune a molti Stati europei. Basti ricordare ad esempio il ducato di Milano, ove il principe era affiancato alla fine del XIV secolo da due istituzioni collegiali che portavano lo stesso nome di quelle savoiarde.

h. Segue una frase cancellata da Hintze che non è stato possibile comprendere integralmente: «[...] Vielfach reisten diese Leute auch im Lande umher, um die Controlle an Ort und Stelle auszuüben» ([...] Spesso questa gente viaggiava anche sul territorio per esercitare controlli sul posto).

assistevano il principe nella celebrazione dei placita o parlamenta, si sviluppa nel XIV secolo un più stabile personale consigliare, che è ancora composto in gran parte di prelati e vassalli, nel quale tuttavia i giuristi giocano ora un ruolo più grande. Da questo personale consigliare ancora non organizzato si separò in via definitiva nell'anno 1326 un tribunale di corte, che porta il nome di Consilium iustitiae ordinarium ed è competente per la giurisdizione ordinaria, soprattutto anche per gli appelli, con sede fissa a Chambery, mentre la parte restante del consiglio (che nel XV secolo è definito come "Consilium secretum seu status") segue ancora la persona del duca, da questi è consultata in tutti gli affari che lo interessano [6], rappresenta anche la persona e il potere del principe di fronte al territorio ("representat principem et habet omnismodi potestatem" 1478). Un analogo Consilium iustitiae ordinarium come in Savoia è stato istituito ben presto anche in Piemonte, con sede a Torino ma con via di ricorso al consiglio di giustizia di Chambery (fino al 1459). Le due corti di giustizia assomigliano ai parlamenti francesi anche in questo, che a loro spetta il compito di esaminare gli editti del principe per verificare la loro legalità e di conferirsi un pieno potere legale mediante la registrazione nel loro libro degli editti (Register) (in Piemonte si dice "interinare"). Petizioni sono avvenute spesso; si trova menzionata anche l'istituzione del "letto di giustizia". Queste corti non hanno portato tuttavia il nome di parlamenti; nel XVI secolo è stata attribuita ad essi la denominazione ufficiale: "Senato di Savoia" e "Senato di Piemonte".

Sono da documentare agli inizi del XIV secolo come un gruppo di personale consigliare ancora disarticolato, i Maitres et [7] auditeurs des comptes, i quali, talvolta ancora sotto la presidenza del principe, esaminano i rendiconti dei tesorieri di corte (trèsoriers) e degli esattori locali (receveurs) e curano la chiusura dei conti con tutti i funzionari che devono guidare l'amministrazione del tesoro. Nell'anno 1342 questo gruppo di consiglieri divenuto quasi stabile è stato organizzato in un Collegium formatum con un presidente e un regolamento interno, come Chambre des comptes (Camera dei conti) con sede fissa a Chambery. Nel XV secolo esso fu riformato ancora più volte. Era ormai formato da 6 Maitres et auditeurs, 14 Clerici e un archivista.

Piemont hat eine ähnliche Rechenkammer bis zum 16. Jahrhundert noch nicht erhalten, doch wird man bezweifeln dürfen, ob es der Kammer in Chambery unterstanden hat, da später eine ähnliche Einrichtung auch in Turin getroffen worden ist. Die im Prozesswege zu behandelnden Streitsachen fiscalischer und demanialer Natur, die bei diesen Rech[8]nungsprüfungen sich ergaben, wurden anfangs im Geheimen Rat des Herzogs entschieden, gegen Ende des 15. Jahrhunderts aber an die Kammer überwiesen, so dass diese zugleich auch als Gerichtshof erscheint. Auch diese Rechenkammer hatte die Befugnis Vorstellungen gegen ungesetzliche oder unzweckmässige landesherrliche Verfügungen zu machen.[i]

Die typische Gliederung der Hofbehörden in Staatsrat, Hofgericht und Rechenkammer tritt also auch hier mit grosser Schärfe und Deutlichkeit hervor. Der geheime Rat oder Staatsrat scheint sich bis ins 16. Jahrhundert hinein nicht weiter gespalten zu haben; doch traten auch hier wie in Frankreich, seit dem 14. und 15. Jahrhundert die persönlichen Secretäre des Fürsten bedeutend hervor, die anfänglich als notarii ducis bezeichnet worden waren, und an deren Spitze im 15. Jahrhundert bereits ein Principalsecretär erscheint, der wie eine Art von Cabinettsminister die Verbindung zwischen Fürst und Rat herstellt.

[9] Feste, ausreichende Gehälter erhalten die Räte bei Hofe noch so wenig wie die Bezirksbeamten; sie waren neben den zum Teil bedeutenden Naturalbezügen in der Hauptsache auf die Gerichtssporteln und sonstigen Emolumente angewiesen, was natürlich mancherlei Unzuträglichkeiten mit sich brachte und vielfach die Ämter als ein nutzbares Recht erscheinen liess. Daher hat auch hier sich früh die Unsitte eingebürgert, die Ämter geradezu zu verkaufen, was namentlich im 15. und 16. Jahrhundert stark im Schwange war, ein Zeichen für die noch mangelhaft entwickelte Finanzverwaltung.

Die Geldverwaltung am Hofe lag nicht in der Hand der Rechenkammer, sondern in der landesfürstlichen Kammer selbst, bei der schon Ende des 13. Jahrhunderts ein Generalempfänger erscheint, der im 14. Jahrhundert als Tresorier général und im 15. Jahrhundert schlechtweg als "Général des finances" (generale delle finanze) bezeichnet wird. Dieser Generalschatzmeister wird ebenso wie die localen Einnehmer von der Rechenkammer controlirt; er hatte auch in erster Linie die Zahlungen zu leisten. [10] Hof- und Staatshaushalt fielen natürlich auch hier wie anderswo noch durchaus zusammen.

i. Seguono le parole cancellate da Hintze: «Räte der Hofbehörde noch. Feste Gehälter empfingen diese Beamten der Kammer und der Justizräte so wenig wie die Bezirksbeamten; sie waren auf die Gerichtssporteln und andere Emolumente angewiesen, was natürlich manche Unzuträglichkeiten mit sich brachte» (consigli delle autorità di corte. Questi funzionari della Camera e i consiglieri di giustizia ricevevano retribuzione fisse così poco come gli impiegati distrettuali; ad essi erano assegnate le sportule giudiziarie e altri emolumenti, il che naturalmente portava con sé alcuni danni).

Il Piemonte non ha ottenuto una simile Camera dei Conti fino al XVI secolo, anche se si può dubitare che fosse sottoposto alla Camera di Chambery, dal momento che anche a Torino si è trovata più tardi un'analoga istituzione. Le controversie di natura fiscale e demaniale da trattare nei processi, che risultavano da questi esami sui rendiconti, [8] furono decise inizialmente nel Consiglio Segreto del duca; tuttavia, verso la fine del XV secolo, furono trasferite alla Camera, cosicché questa appare allo stesso tempo anche come una corte giudiziaria. Anche questa Camera dei Conti era autorizzata a fare petizioni contro le ordinanze illegali o inadeguate dei signori territoriali.

La tipica articolazione degli uffici di corte nel Consiglio di Stato, nel Tribunale di Corte e nella Camera dei Conti si manifesta dunque anche qui con grande nitidezza e chiarezza. Il Consiglio Segreto o Consiglio di Stato non sembra essersi scisso ulteriormente fino al XVI secolo inoltrato; anche qui come in Francia, dal XIV e XV secolo, emergono in modo significativo i segretari personali del principe, che inizialmente erano stati chiamati notarii ducis, e al cui vertice già nel XV secolo fa la sua comparsa un Segretario principale che, come una specie di ministro di gabinetto (Cabinettsminister), costituisce il collegamento tra principe e consiglio.

[9] Né i consiglieri di corte né i funzionari distrettuali ricevettero stipendi fissi e sufficienti. A parte le rendite in natura, in parte ragguardevoli, essi dipendevano in sostanza dalle sportule giudiziarie e da altri emolumenti, il che naturalmente portava con sé dei conflitti e spesso lasciava apparire gli impieghi come un diritto da sfruttare. Di qui si affermò presto anche in questi territori il malcostume di vendere addirittura gli uffici, il che accadde spesso in particolar modo nel XV e XVI secolo – un segno dell'amministrazione finanziaria ancora scarsamente sviluppata.

L'amministrazione del tesoro presso la corte non si trovava nelle mani della Camera dei Conti, bensì nella stessa Camera del principe territoriale, presso la quale fa la sua comparsa già alla fine del XIII secolo un ricevitore generale, che nel XIV secolo acquisisce la denominazione di trésorier général, e nel XV secolo semplicemente quella di "général des finances" (generale delle finanze). Questo maestro generale del Tesoro viene controllato dalla Camera dei Conti allo stesso modo dei locali esattori; in prima linea egli doveva anche effettuare i pagamenti. [10] Il bilancio della corte e quello dello Stato (*Hof- und Staatshaushalt*), naturalmente qui come altrove, coincidevano ancora del tutto.

Man unterschied auch hier die Einkünfte in ordentliche, die in der Hauptsache aus den Domänen und Regalien flossen und ausserordentliche, die namentlich in den Subsidien des Landes bestanden.[j] Aber eine gesonderte Verwaltung dieser beiden Quellen von Einkünften findet sich nicht. Die Stände brachten die von ihnen bewilligten Summen selbst auf und der Generalschatzmeister nahm sie dann gegen Quittung in Empfang. Es war im grossen und ganzen leidlich dafür gesorgt, dass alle Einkünfte, die dem Fürsten zustanden, richtig eingingen; aber im Ausgabewesen herrschte die an den mittelalterlichen Höfen allgemein übliche Anarchie.[k] Wir sind hier darüber besonders gut unterrichtet durch die Krisis in der Finanzverwaltung, die bei der Abdankung des zum Papst gewählten Herzogs Amadeus VIII. 1439 einsetze. Damals sind in einem Jahre 4 oder 5 Tresoriers nach einander ange[11]nommen und wieder entlassen worden und es fiel schwer einen Mann für den verantwortungsvollen Posten zu bekommen, dessen Inhaber damals doch noch gar nicht in der Lage war die Gesamtheit der Einkünfte und Ausgaben zu übersehen und zu controlieren, der aber immer im Fall des Bedürfnisses Geld schaffen sollte, in der Regel grosse Vorschüsse leisten musste und leicht der rächenden Hand der fürstlichen Justiz verfiel, wenn er auch durch allerhand Praktiken bei seinen Geschäften sich schadlos zu halten versuchte. Im Jahre 1452 nahm der Generalschatzmeister Stefano Rosset das Amt nur unter einer Reihe von Bedingungen an, deren wichtigste folgende sind: Vereinigung der gesamten Einnahme in seine Hand; Abschaffung aller fürstlichen Anweisungen auf die provinziellen Ämter ohne Wissen des Schatzmeisters; Absetzung aller Einnehmer im Land und Neubesetzung der Stellen mit Vertrauensmännern des Schatzmeisters; keine Gnadenerweisungen, Verleihungen von Gütern und Ämtern ausser im Staatsrat; schliesslich keine Zahlverpflichtung des Schatzmeisters über den Betrag der Einnahmen hinaus. [12] Es sind Bedingungen, die damals zugestanden worden sind, die 1456 ähnlich wieder erneuert wurden; aber zur Durchführung sind die darin ausgesprochenen Grundsätze noch nicht gekommen; eine dauernde Ordnung in den Finanzen hat es vor Emmanuele Filiberto nicht gegeben.

j. La parola territorio sostituisce quella precedente, cancellata, «der Landstände» (dei ceti territoriali).

k. Segue una parte di testo cancellata da Hintze: «was [?] sie ja überhaupt für die mittelalterliche Finanzverwaltung an den mittelalterlichen Höfen allgemein charakteristisch war. Man hatte noch keinen Überblick über die Summe der Einnahmen Von [?]». (Che [?] fu caratteristica in generale per l'amministrazione finanziaria medievale nelle corti dell'Età di Mezzo. Non si trova ancora alcuna visione d'insieme sulla totalità delle entrate di [?]).

Anche in questi territori si distinguevano le entrate in ordinarie – che in prevalenza affluivano dai beni demaniali e dalle regalie – e in straordinarie, che consistevano soprattutto nei sussidi del territorio. Non si trova però un'amministrazione separata di queste due fonti di entrate. I ceti reperivano essi stessi le somme autorizzate da loro e il Maestro generale del Tesoro le incassava rilasciandone ricevuta. Per questo nel complesso si provvide in modo accettabile a che tutte le entrate che spettavano al principe arrivassero regolarmente; ma nelle spese dominava un'anarchia generale, consueta nelle corti del Medioevo. Su di ciò noi siamo informati particolarmente bene per la crisi nell'amministrazione finanziaria che ebbe inizio nel 1439 in seguito all'abdicazione del duca Amedeo VIII eletto papa. All'epoca vennero assunti e licenziati in un anno 4 o 5 tesorieri uno dopo l'altro [11] ed era difficile trovare un uomo per un posto di responsabilità il cui titolare ormai non poteva più supervisionare il complesso delle entrate e delle uscite e di controllarle;[2] il titolare, che tuttavia doveva sempre procacciare denaro in caso di necessità, era di regola tenuto a pagare ingenti anticipi e cedeva facilmente alla mano vendicatrice della giustizia del principe quando nei suoi affari cercava di restare indenne mediante manovre di ogni sorta. Nell'anno 1452 il maestro generale del tesoro Stefano Rosset[3] ricevette l'ufficio solo a una serie di condizioni, le più importanti delle quali sono le seguenti: accentramento di tutte le entrate nelle sue mani; abolizione di tutti ordini di pagamento impartiti dal principe agli uffici provinciali all'insaputa del maestro del tesoro; deposizione di tutti gli esattori nel territorio e nuova assegnazione degli uffici a uomini di fiducia del maestro del tesoro; nessun provvedimento di grazia, nessun conferimento di beni e uffici se non nel Consiglio di Stato; infine nessun obbligo di pagamento del maestro del tesoro che fosse al di sopra dell'importo delle entrate. [12] Sono condizioni che ormai erano dovute, le quali nel 1456 furono nuovamente rinnovate in modo simile; tuttavia non sono ancora giunti a realizzazione i principi espressi in esse; uno stabile ordinamento delle finanze non è esistito prima di Emanuele Filiberto.[4]

2. Questo verbo è preceduto dalla parola, cancellata da Hintze, «die sämtlichen», trad. «il complesso».
3. Si tratta di Etienne Rosset, nominato maestro generale del tesoro con lettere patenti risalenti al 5 settembre 1452. Rosset aveva già ricoperto l'ufficio di tesoriere generale dieci anni prima. In seguito alla nomina del 1452 Rosset predispose un piano di riforma – le cui linee essenziali sono ben descritte da Hintze – informato a un accentramento delle entrate. Si veda sul progetto Rosset: Barbero, *Il ducato di Savoia*, pp. 110-114; Castelnuovo, *Quels offices, quels officiers? L'administration en Savoye au milieu du XVe siècle*.
4. Emanuele Filiberto (1528-1580), duca di Savoia dal 1553.

Wie die monarchische Verwaltung so weist auch die landständische Verfassung in Savoyen-Piemont grosse Ähnlichkeit mit den französischen Einrichtungen auf, obwohl hier von eigentlicher Entlehnung nicht wird gesprochen worden können. Der Ursprung der Landstände liegt auch hier in den Versammlungen der Prälaten und Barone, die den Fürsten auf den Hoftagen des 13. und 14. Jahrhunderts umgaben. Gelegentlich sind dabei wohl schon einmal im Ausgange des 13. Jahrhunderts Deputierte der Communen zugezogen worden; aber noch im 14. Jahrhundert verhandelten die Räte des Königs in Piemont mit den Abgeordneten der Communen in finanziellen und wirtschaftspolizeilichen Angelegenheiten meist besonders; erst im [13] letzten Decennium des 14. Jahrhunderts, in der Minorität Amadeus' VIII., erscheinen die 3 Stände in ihrer Gesamtheit, um dann im 15. und 16. Jahrhundert zu einem wichtigen Faktor des Staatsleben sich auszubilden. Amadeus VIII. versammelte, um Subsidien zu erhalten, noch häufig die Nobili und Deputierten der Communen in kleineren Bezirken; auch besondere Versammlungen der städtischen Abgeordneten finden sich noch im 15. Jahrhundert. Aber die Regel wurde dort die Versammlung der drei Stände in Savoyen und in Piemont; nur selten und in Ausnahmefällen wie zum Beispiel 1478/9 und 1490 sind Generalstände beider Lande (status patriae citra et ultramontanae, status universae patriae) zusammengetreten, wobei sich aber das Thal von Aosta ausschloss, das seine besondere Ständeversammlung hatte. Die Edelleute waren sämtlich zum Besuch der Landtage berechtigt; der soziale Unterschied, der zwischen dem grossen und dem kleinen Adel, der Barone und den Bannerherren (banderesi) bestand, hatte keine politische Bedeutung und hat auf die Zusammensetzung der Landtage principiell [14] keinen Einfluss geübt. Doch drängte man sich nicht eben zum Besuch der Landtage und die Versammlungen waren im allgemeine nicht sehr zahlreich; 1551 fand der piemontesische Landtag Raum genug in der Sacristei des Doms von Turin. Von selbst durften die Stände nicht zusammentreten; es bedurfte immer einer Berufung durch des Landesherrn, und diese hing von dem Bedürfnis ab. Periodicität der Landtage gab es also auch hier nicht: sie waren häufig in Jahren politischer Stürme und unter Minoritätsregierungen, selten dagegen, wenn Ruhe und Frieden herrschten. Die Stände sahen sich als die Vertreter des Landes an. Sie hatten das Steuerbewilligungsrecht und brachten die bewilligten Steuern nach dem beschlossenen Modus selbst auf, ohne dass sich aber bei ihnen eine besondere ständische Finanzverwaltung gegenüber der fürstlichen ausgebildet hatte. Sie trugen regelmässig bei jedem Landtag ihre Gravamina und Desiderien vor, deren Gewährung auch wohl als Bedingung für die Bewilligungen aufzufassen ist, und die nicht nur zur Controle der landesfürstlichen Beamtenverwaltung, sondern auch zur Anregung gesetzgeberischer Massregeln diente. [15] Sie bestanden auf dem alten Herkommen, dass der Fürst seine Räte und Beamten aus den Landeseingesessenen wähle: dieses jus indigenatus ist auch hier anerkannt worden, ohne dass es aber an gelegentlichen Durchbre-

Come l'amministrazione monarchica così anche la costituzione territoriale dei ceti in Savoia-Piemonte presenta forti somiglianze con le istituzioni francesi, sebbene in questo campo non si poté parlare di un vero e proprio prestito. L'origine dei ceti territoriali risiede anche qui nelle assemblee dei prelati e baroni che stavano attorno al principe nelle diete di corte del XIII e XIV secolo; già una volta vennero convocati in via occasionale, alla fine del XIII secolo, deputati dei Comuni; ma ancora nel XIV secolo i consiglieri del re in Piemonte trattavano per lo più di questioni afferenti ai provvedimenti di polizia finanziaria ed economica con i delegati dei Comuni; solo [13] nell'ultimo decennio del XIV secolo, durante la minorità di Amedeo VIII, i tre ceti fanno la loro comparsa nel loro insieme, per poi costituirsi come un importante elemento della vita dello Stato nel XV e XVI secolo. Per ottenere i sussidi, Amedeo VIII riuniva ancora con frequenza i nobili e i deputati dei Comuni in minori distretti; inoltre a partire dal XV secolo si trovano particolari assemblee di delegati cittadini. Ma la regola fu quella di assemblee dei tre ceti separatamente tenute in Savoia e in Piemonte; solo raramente e in casi eccezionali, come per esempio nel 1478/79 e nel 1490 si riunirono adunanze generali di ceti di entrambi i territori (status patriae citra et ultramontana, status universae patriae), mentre si escluse la Valle d'Aosta che aveva la sua propria assemblea di ceti. I nobili erano tutti autorizzati a frequentare le diete territoriali; la differenza sociale, che sussisteva tra grande e piccola nobiltà, i baroni e i signori di bandiera (banderesi), non aveva alcuna importanza politica e non ha esercitato alcun influsso significativo sulla composizione della dieta territoriale. [14] In effetti non c'era la corsa per partecipare alla dieta del territorio e le riunioni non erano in genere molto affollate; nel 1551 la dieta territoriale piemontese trovò spazio sufficiente nella sagrestia del Duomo di Torino. I ceti non potevano riunirsi da soli; occorreva sempre una chiamata da parte del signore del territorio e questa dipendeva dal bisogno. Non esisteva dunque neppure qui una cadenza periodica della dieta territoriale: queste avvenivano di frequente in anni di turbolenze politiche e durante governi di reggenza per la minore età del re, al contrario si tenevano raramente quando dominavano tranquillità e pace. I ceti si vedevano come i rappresentanti del territorio. Avevano il diritto di approvare le imposte e le riscuotevano secondo la procedura decisa da loro stessi, senza che tuttavia si fosse sviluppata attraverso di loro una particolare amministrazione finanziaria di tipo cetuale a fronte di quella del principe. Riferivano di regola in ciascuna dieta i loro Gravamina e richieste il cui accoglimento, oltre ad essere inteso come condizione per l'approvazione delle imposte, serviva non solo per il controllo dell'amministrazione burocratica del principe territoriale ma anche per sollecitare l'adozione di misure legislative. [15] I ceti riposavano sull'antica tradizione in base alla quale il principe elegge i suoi consiglieri e funzionari dai nativi del territorio: questo jus indigenatus è stato riconosciuto anche qui, senza che fossero mancate saltuarie violazioni, le quali appartengono per lo più al XVI secolo. Del resto già sussisteva tra le due regio-

chungen gefehlt hätte, die allerdings meist erst dem 16. Jahrhundert angehören. Übrigens bestand zwischen den beiden Landen Savoyen und Piemont insofern bereits eine engere Verbindung, als die Stände damit einverstanden waren, dass Savoyarden in Piemont und Piemontesen in Savoyen angestellt wurden; nur forderten sie in der Verteilung der Ämter unter beiderlei Landsleute eine gewisse Parität. [16] Von einem regelmässigen Anteil der Stände an der Gesetzgebung lässt sich nicht reden. Die Gesetzgebung übte der Herzog in seinem Rat zugleich mit Rechtsprechung und Verwaltung aus; aber bei gewissen Anlässen wurden doch auch die Stände, namentlich die Abgeordneten der Communen um ihre Meinung befragt; übrigens hatten die Communen selbst in Piemont ausser anderen Rechten der Selbstverwaltung auch das, eigene Statuten zu machen, die sogenannten "Reformationen", die der grosse Rat erliess. In den Feudalgebieten herrschte meist ungeschriebenes Gewohnheitsrecht (coutumes). Über diese Localrechte trat dann die ergänzende Landesherrliche Gesetzgebung, die an Umfang und Bedeutung aber noch nicht sehr erheblich war. Mehrfach sind die Stände auch bei grossen politischen Angelegenheiten beteiligt gewesen, wo es sich um Krieg und Frieden, um die Landesverteidigung, um die Aufrechterhaltung der katholischen Religion, um die Einschränkung der geistlichen Gerichtsbarkeit, um die Verheiratung eines Fürsten, um die Bestellung einer Regentschaft handelte; auch die Frage, ob Amadeus VIII. die Papstwahl annehmen sollte, ist mit ihnen erörtert worden. Man zog dann [17] gewöhnlich nicht den vollen Landtag, sondern einen Ausschuss von 45-50 Personen zu (Prälaten, Barone, Juristen aus den Städten), eine Versammlung, die auch wohl als gran consiglio bezeichnet wird. Bei manchen Gelegenheiten, haben die Stände eine opferwillige patriotisch-loyale Haltung bewiesen, wie zum Beispiel 1476 in dem Conflict mit Karl dem Kühnen von Burgund, wo sie 12.000 Mann aufbrachten; in anderen Fällen freilich, namentlich im 16. Jahrhundert, haben sie auch wieder versagt. Als Karl III[1] im Jahre 1517 die Mittel forderte, um eine stehende Schutztruppe von 10 000 Mann aufzustellen, zur Verhinderung der Räubereien durchmarschierender Schweizer, Landesknechte, Spanier und Franzosen, waren die Stände von Piemont kurzsichtig genug, um dies Begehren, allerdings unter den loyalisten Versicherungen, abzulehnen – eine Unterlassungssünde, die unabsehbares Elend über das Land gebracht hat.

Im Ganzen wird man sagen dürfen, dass die Stände in Savoyen und Piemont mehr eine Stütze als eine Schranke für die monarchische Regierung gewesen sind – ähnlich wie in Frankreich während des Mittelalters.

1. Hintze scrisse erroneamente Carlo III.

ni di Savoia e Piemonte un legame assai stretto, dal momento che i ceti erano d'accordo in questo: che Savoiardi fossero impiegati in Piemonte e Piemontesi in Savoia; nella distribuzione degli uffici richiedevano peraltro una certa parità tra le popolazioni dei due territori. [16] Non si può parlare di una partecipazione regolare dei ceti nella legislazione. Il duca la esercitava valendosi allo stesso tempo di poteri giuridici e amministrativi nel suo consiglio; ma in certe occasioni anche i ceti, soprattutto i delegati dei Comuni, erano richiesti di un loro parere; del resto persino in Piemonte gli stessi Comuni avevano, oltre agli altri diritti di auto-amministrazione, anche quello di farsi i propri Statuti, le cosiddette "Riformazioni", che il gran consiglio emanava. Nei territori feudali vigeva per lo più il diritto consuetudinario non scritto (coutumes). Oltre ai diritti locali vigeva, completandoli, la legislazione della signoria territoriale, la quale tuttavia non era molto rilevante per dimensioni e importanza. Più volte i ceti sono stati anche coinvolti in notevoli questioni politiche, dove si trattava di guerra e di pace, di difesa del territorio, del mantenimento della religione cattolica, della limitazione della giustizia ecclesiastica, del matrimonio di un principe, della nomina di una reggenza; pure la questione se Amedeo VIII dovesse accettare l'elezione a Papa, è stata discussa con loro. [17] Si interpellava inoltre abitualmente non l'intera dieta territoriale, bensì una commissione di 45-50 persone (prelati, baroni, giuristi dalle città), un'assemblea che è anche chiamata gran consiglio. Per alcune questioni, i ceti hanno dimostrato un atteggiamento di fedeltà patriottica disposta al sacrificio, come per esempio nel 1476 nel conflitto con Carlo il Temerario di Borgogna,[5] quando riuscirono a mettere assieme 12.000 uomini; in altri casi tuttavia, soprattutto nel XVI secolo, hanno fallito più volte. Quando Carlo II[6] nell'anno 1517 richiese i mezzi per formare una truppa stanziale di difesa di 10.000 uomini per impedire le rapine degli Svizzeri in marcia, Lanzichenecchi, Spagnoli e Francesi, i ceti del Piemonte furono abbastanza miopi da rifiutare questa richiesta, anche se dietro assicurazioni di lealtà – una imperdonabile mancanza che ha portato ad un'imprevedibile miseria sul territorio.

Nel complesso si può dire che i ceti in Savoia e in Piemonte siano stati più un sostegno che un limite per il governo monarchico, in modo simile a quanto accadde in Francia durante il Medioevo.

5. Carlo il Temerario (1433-1477), duca di Borgogna, conte di Fiandra e di Artois.
6. Carlo II, (1486-1553), duca di Savoia dal 1504 al 1553. La bocciatura, compiuta dai ceti, dei finanziamenti chiesti dal duca per armare 10.000 fanti – episodio ricordato da Hintze nel testo – avvenne a Chieri nel 1517. Sulle riforme in campo amministrativo di Carlo II si veda Patriarca, *La riforma legislativa di Carlo II di Savoia.*

Savoyen – Piemont 16.-17. Jht.

[18] Die Kriege zwischen Karl V. und Franz I. haben für die Verfassungsgeschichte von Savoyen und Piemont eine ähnliche Bedeutung gehabt wie die hundertjährigen englischen Kriege für Frankreich oder der dreissigjährige Krieg für Österreich und Preussen. Der Herzog von Savoyen (es war der schwache Karl III.)[m] vermochte sich zwischen den beiden übermächtigen Gegnern, nicht aufrecht zu erhalten;[n] seine Länder wurden von den Franzosen besetzt und Piemont geradezu seit 1537 in Frankreich einverleibt; erst sein Nachfolger Emmanuele Filiberto (1553-1580) hat sie im Frieden von Cateau Cambresis zurückerhalten, aber in fürchterlich ausgesogenem, völlig ruiniertem Zustande. Er musste gleichsam wieder von vorn anfangen: er ist der Neubegründer der savoyischen Monarchie geworden,[o] [19] die er bereits in der Weise des reformierenden Absolutismus regiert hat. Er folgte dabei den Ratschlägen, die ihm ein alter erfahrener Beamter, Niccolò Balbo (m.1559), der Präsident des Senats und der Kammer von Savoyen, in einer grossen Denkschrift bald nach seinem Regierungsantritt vorgetragen hatte. Aber die Umsicht, Consequenz und Willensstärke bei der Ausführung sind sein eigenes Verdienst; ihn charakterisiert der Beiname, den man ihm gab: testa di ferro.

Die Stände hatten sich in beiden Landschaften, insbesondere in dem von Frankreich annectierten Piemont, dem Joche der Fremdherrschaft fügen müssen; neben einem weiteren Ausschuss der drei Stände war ein engerer von 9 Personen, die sogenannten "eletti di patria", den Franzosen bei der Verwaltung des Landes zur Hand gegangen. [20] Aber auch die den Franzosen feindlich gesinnte Partei war damals mehr spanisch, als piemontesisch oder savoyisch gesinnt, so das Emanuel Philibert bei seinem Bestreben, die savoyische

m. Come si è già accennato, Hintze scrisse erroneamente «Carlo III».

n. Seguono alcune parole cancellate da Hintze: «zwischen denen seine Länder in der Mitte lagen» (in mezzo ai quali si trovavano i suoi territori).

o. Segue una parte cancellata da Hintze: «die unter ihm nun aber bereits in absolutistischer Weise regiert worden ist. Die Stände hatten sich dem französischen Joche fügen müssen; ein engerer Ausschuss von 9 "eletti della patria" und daneben ein weiterer Ausschuss der drei Stände von Piemont waren von der französischen Regierung bei den Landesangelegenheiten zugezogen worden» ([riferito alla monarchia sabauda] […] che ora sotto di lui è stata tuttavia governata in modo assolutistico. I ceti avevano dovuto piegarsi al giogo francese; una più stretta commissione di 9 "eletti della patria" e inoltre un'altra commissione dei tre ceti del Piemonte erano state consultate dal governo francese sugli affari del territorio) in GStA PK, VI. HA, *Familienarchive und Nachlässe*, NL Otto Hintze, Nr. 2, Bd. 7, *Savoyen-Piemont*, f. 18 (ultime cinque righe) e ibid., f. 20 (prime due righe).

Savoia – Piemonte XVI-XVII sec.

[18] I conflitti tra Carlo V[7] e Francesco I[8] hanno avuto per la storia costituzionale di Savoia – Piemonte un'importanza simile a quella che fu la Guerra inglese dei Cent'Anni per la Francia o la Guerra dei Trent'Anni per Austria e Prussia. Il duca di Savoia (era il debole Carlo II) non fu in grado di reggere tra i due nemici strapotenti; i suoi territori furono occupati dai Francesi e il Piemonte fu addirittura annesso alla Francia a partire dal 1537; solo il suo successore Emanuele Filiberto[9] (1553-1580) lo riebbe indietro nella pace di Cateau Cambrésis,[10] ma in condizioni del tutto rovinose, sfruttato in modo terribile. Egli dovette in certo qual modo ripartire da zero: perciò divenne il nuovo fondatore della monarchia sabauda, [19] colui che ha governato già nello stile dell'assolutismo riformatore. Egli seguì in questo i consigli che un vecchio esperto funzionario, Niccolò Balbo[11] (morto nel 1559), il presidente del Senato e della Camera di Savoia, gli aveva subito presentato in un grande memoriale all'insediamento del suo governo. Ma l'oculatezza, la fermezza e grande forza di volontà nella realizzazione dei suoi obiettivi sono il suo vero e proprio merito: lo caratterizza il soprannome che gli si diede: testa di ferro.

I ceti di entrambi i territori, soprattutto nel Piemonte annesso dalla Francia, si erano dovuti piegare al giogo del dominio straniero; a fianco di una più ampia commissione dei tre ceti aveva assistito i francesi nell'amministrazione del territorio una più ristretta di 9 persone, i cosiddetti "eletti di patria". [20] Ma anche il partito disposto in senso ostile verso i Francesi era ormai informato a una politica più spagnola che piemontese o savoiarda, sicché Emanuele Filiberto, nel

7. Carlo V d'Asburgo (1500-1558), re di Spagna e imperatore del Sacro Romano Impero Germanico.
8. Francesco I di Valois Angouleme (1494-1547), re di Francia.
9. Emanuele Filiberto (1528-1580), duca di Savoia. Si veda la voce curata da Stumpo, *Emanuele Filiberto duca di Savoia*. Inoltre varrà la pena ricordare la biografia, scritta dal letterato Giovanni Tosi su commissione del duca Carlo Emanuele I: Tosi, *Della vita d'Emmanuel Filiberto*.
10. La pace di Cateau-Cambrésis, firmata il 3 aprile 1559 tra il re di Francia Enrico II e il re di Spagna Filippo II, segnò la fine della guerra tra i due Stati europei per l'egemonia in Italia. La Francia perse i territori che aveva conquistato nella penisola. Il re di Francia dovette cedere anche La Bresse e il Bugey al duca di Savoia, al quale venne restituito il suo Stato a cavallo delle Alpi. La Spagna, che già dominava in Italia attraverso il controllo del Ducato di Milano e del Vicereame di Napoli, ottenne un ulteriore rafforzamento con lo Stato dei Presidi.
11. Niccolò Balbo, giureconsulto e funzionario sabaudo (1480-1552). Nel testo Hintze commette un errore: Balbo morì nel 1552, non nel 1559. Non fu quindi l'autore del «Memoriale sulle condizioni dello Stato sabaudo» risalente agli anni 1559-1560. Gli storici ritengono che l'opera possa essere di Tommaso di Langosco di Stroppiana o di Cassiano dal Pozzo. Sul Balbo si veda Busino, *Balbo Niccolò*.

Monarchie wieder aufzurichten, auf eine patriotische Unterstützung der Stände nicht rechnen könnte. Er hat daher von Anfang an ohne die Stände regiert, die zwar im Jahre 1560 noch einmal berufen, aber wie es scheint nicht zusammengetreten sind; nur in dem Thal von Aosta blieb die dort ungefährliche ständische Verfassung erhalten; die Stände durften sich dort, aber nur mit Erlaubnis und auf Berufung des Landesherrn, jährlich einmal versammeln bis zum Jahre 1700. In dem übrigen Teil der Monarchie hat es seit 1560 keine Landtage mehr gegeben, abgesehen von den Huldigungslandtagen, die beim Regierungsantritt eines neuen Herrschers noch zusammentraten, die aber ganz ohne politische Bedeutung waren.

Den Hintergrund dieser Wendung zum Absolutismus bildet [21] ausser der politischen Lage auch die confessionelle Spaltung des Landes, in dem reformatorische Sekten, namentlich die der Waldenser, eine grosse Verbreitung gefunden hatten. Emanuel Philiberts absolutistische Politik ist getragen vom Geist der Gegenreformation, die ja überall in den katholischen Ländern dem ständischen Prinzip entgegengesetzt war. Er hat 1561 die Unruhen der Waldenser gewaltsam unterdrückt, hat ihnen dann zwar die Toleranz ihres Cultus zugestanden, aber zugleich doch seine Massregeln zur Herstellung der ausschliesslichen Herrschaft des Katholizismus unbeirrt fortgesetzt. 1567 erging ein Edict, das die Ausweisung aller reformatorisch gesinnten Einwohner verfügte, das aber nicht mit Strenge ausgeführt worden ist; man ist im allgemeinen ohne scharfe Gewaltmassregeln zum Ziel gelangt.

Die dictatorische Stellung, die Emmanuel Philibert einnahm, fand ausser in den katholischen Sympathien der Bevölkerung eine starke moralische Unterstützung auch in dem allgemeinen Wunsche nach Ruhe und Frieden und in den bald sichtbar werdenden Wirkungen der Fürsorge, die der neue Herrscher den wirtschaftlich-sozialen Interessen der breiteren Volks[22]schichten zuwandte. Mit ihm beginnt in diesen Landen eine planmässige innere Verwaltung von demselben Stil, wie sie nach ihm Heinrich IV. in Frankreich eingeführt hat, gerichtet auf Herstellung von Ordnung und Sicherheit und auf die Beförderung von Landwirtschaft und Gewerbe. Er hat in Piemont die Seidenindustrie eingeführt; und er hat vor allem in Savoyen seit 1561 die Befreiung der Hörigen, und zwar nicht nur ihrer Personen, sondern auch ihres Eigentums durchgesetzt, wobei freilich an die bisherigen Grundherren 40 Prozent des Ertrages der Bauernwirtschaften abgegeben werden musste.

suo sforzo di risollevare la monarchia sabauda, non poté contare su un sostegno patriottico dei ceti. Per questo egli ha governato fin dall'inizio senza i ceti, i quali sono convocati certamente nel 1560 ma, come sembra, non si riuniscono; solo nella Valle d'Aosta si conservò la costituzione per ceti, là non pericolosa; i ceti poterono riunirvisi annualmente fino all'anno 1700 ma solo con il permesso e su chiamata del signore territoriale. Nella parte restante della monarchia dal 1560 non si è più tenuta alcuna dieta territoriale, a parte le diete di omaggio (*Huldigungslandtagen*) che si riunirono ancora in occasione dell'insediamento di un nuovo regnante, le quali tuttavia erano del tutto prive di importanza politica.

Lo sfondo di questa svolta verso l'assolutismo è dato [21], oltre che dalla situazione politica, anche dalla spaccatura confessionale del territorio, nel quale sette riformate, soprattutto quella dei Valdesi, avevano trovato un'assai larga diffusione. La politica assolutista di Emanuele Filiberto è sostenuta dallo spirito della Controriforma, che certamente dappertutto nei territori cattolici era opposto al principio cetuale. Nel 1561 egli ha represso nel sangue i disordini dei Valdesi, ha poi concesso loro la tolleranza del culto ma allo stesso tempo ha ripreso imperterrito le sue disposizioni sulla realizzazione di una signoria esclusiva del cattolicesimo. Nel 1567 fu emanato un editto che ordinava l'espulsione di tutti gli abitanti di tendenze riformatrici, editto che però non fu messo in pratica rigorosamente; in generale si è riusciti nello scopo senza duri provvedimenti di forza.

La posizione autoritaria di Emanuele Filiberto trovò, al di fuori delle simpatie cattoliche della popolazione, un forte sostegno morale anche nel desiderio generale di pace e di quiete e negli effetti – che sarebbero divenuti presto visibili – delle cure che il nuovo regnante volgeva agli interessi economico sociali dei più larghi strati popolari. [22] Con lui inizia in questi territori un'amministrazione interna sistematica, dello stesso tipo di quella che dopo di lui Enrico IV[12] introdusse in Francia, finalizzata alla realizzazione di ordine e sicurezza e alla promozione dell'agricoltura e delle manifatture. Il duca introdusse in Piemonte l'industria della seta; impose soprattutto in Savoia dal 1561 la liberazione dei servi e precisamente non solo delle loro persone, ma anche delle loro proprietà, per quanto tuttavia dovesse essere ceduto ai signori feudali cui erano stati legati il 40 per cento delle aziende contadine.

12. Enrico IV di Borbone (1553-1610), re di Navarra dal 1572, re di Francia dal 1589. Enrico IV, per opera del ministro delle finanze Sully, riformò in modo incisivo l'amministrazione dello Stato francese assicurando un accentramento delle funzioni negli organi centrali della monarchia grazie all'istituzione di funzionari periferici dello Stato quali gli intendenti. In tale veste è ricordato da Hintze.

Diese Massregel bildet sogleich die Voraussetzung für die Schaffung einer militärischen Macht, ohne die das neue Regiment weder im inneren noch nach aussen sich auf die Dauer hätte aufrechterhalten können. Sie konnte bei der traurigen Finanzlage, die der lange Krieg zurückgelassen hatte, nicht anders bewerkstelligt werden, als in Form einer Bauernmiliz, zu der die Dienstfähigen und abkömmlichen Leute im Alter von 18 bis 50 Jahren verpflichtet waren, und die eine stehende [23] Fusstruppe von 23.000 Mann lieferte; dazu kamen 4 Compagnien schwerer Reiterei und eine Compagnie Chevaux legers; ausserdem die Besatzungen in den hergestellten und neu gebauten Festungen. Für den Kriegsfall hielt der Herzog zugleich noch eine Anzahl ausländischer Obristen in seinem Solde, die dazu bestimmt waren, geworbene Regimenter nach Bedarf zu errichten und zu commandieren. Die für diese Zwecke notwendigen Mittel verschaffte sich Emmanuel Philibert teils durch die Lehnpfandgelder, die die Vasallen von jetzt an bezahlen mussten, teils nach besonderen Verhandlungen mit den einzelnen Communen, durch eine neue direkte Steuer, die sogenannte Taxe (Tasso), die 1561 an die Stelle der zunächst im Jahre vorher verfügten starken Erhöhung der Salzgabelle trat. Diese Steuer wurde zunächst von Zeit zu Zeit durch die Communen bewilligt und ist dann seit 1590 zu einer dauernden Auflage geworden. Dazu kam 1568 eine Consumtionssteuer auf Wein, Fleisch und Käse, 1604 unter seinem Nachfolger auch eine solche auf Getreide, die besonders ertragreich war; auch die Ein- und Ausfuhrzölle wurden seit 1593 neu geregelt und durchweg erhöht. Ein venetianischer Gesandter sagt, dass Emmanuel Philibert die Einkünfte seines Reiches, die vor ihm kaum 100.000 Scudi betragen hätten, [24] auf 500.000 erhöht habe; die Schatzrechnungen zeigen in seinem Todesjahr (1580) ein Gesamteinkommen von mehr als 1,2 Mill. Lire (400.000 Scudi). Diese Einkünfte wurden nicht vollständig verbraucht; es wurde der Anfang zur Sammlung eines "Vorrats" gemacht, wie es die "Epargne" in Frankreich und Burgund war. Erst durch Emmanuel Philibert ist Ordnung in die Finanzverwaltung seines Staates gekommen. Er stellte 1563 einen Genuesen, Negron di Negro, als Generale delle finanze an die Spitze der Geldverwaltung in beiden Ländern; diesem stand ein Controllore generale zur Seite, gleichfalls ein Genuese, der nach Negrons Tode 1581 in seine Stellung einrückte (Lorenzo Grimaldo).

Questa disposizione normativa formò subito il presupposto per la creazione di una potenza militare, senza la quale il nuovo ordine non si sarebbe potuto conservare a lungo né all'interno né all'esterno. Per la misera situazione finanziaria che aveva lasciato la lunga guerra, tale potenza militare non si poté realizzare solo come forma di una milizia contadina, alla quale era obbligata gente libera e idonea al servizio in età dai 18 ai 50 anni e che fornì una truppa di fanteria stanziale di 23.000 uomini; [23] a questi si aggiungevano 4 compagnie di cavalleria pesante e una compagnia di cheveaux legers; oltre a ciò le guarnigioni nelle fortezze preesistenti e in quelle di nuova edificazione. Per le evenienze della guerra il duca teneva allo stesso tempo anche una quantità di colonnelli stranieri al suo soldo, i quali erano incaricati di costituire e comandare reggimenti reclutati a seconda del fabbisogno. Emanuele Filiberto si procurò i mezzi necessari a questi fini, in parte mediante i soldi dei feudi dati in pegno che i vassalli dovevano pagare da quel momento in poi, in parte attraverso particolari trattative con i singoli Comuni in merito a una nuova imposta diretta, la cosiddetta Taxe (tasso), che nel 1561 subentrò al forte aumento della gabella del sale deciso in un primo tempo nell'anno precedente.[13] Questa imposta fu concordata all'inizio in modo saltuario con i Comuni e divenne poi dal 1590 un vincolo permanente. Inoltre nel 1568 arrivò una tassa sul consumo di vino, carne e formaggio, nel 1604 sotto il suo successore anche una simile sui cereali che fu particolarmente redditizia; anche i dazi di importazione e di esportazione dal 1593 furono nuovamente regolati e aumentati. Un inviato veneziano disse che Emanuele Filiberto aveva aumentato a 500.000 scudi le entrate del suo regno, che prima di lui ammontavano a malapena a 100.000. [24] I rendiconti del tesoro mostrano nell'anno della sua morte (1580) un reddito complessivo di più di 1,2 milioni di lire (= 400.000 scudi). Queste entrate non furono spese completamente; venne fatto il primo passo verso la costituzione di "provviste" (riserve) come fu l'"Epargne" in Francia e Borgogna. Solo con Emanuele Filiberto si mise ordine nell'amministrazione finanziaria del suo Stato. Nel 1563 egli nominò un genovese, Negron di Negro,[14] come Generale delle Finanze al vertice dell'amministrazione delle entrate in entrambi i territori; questi era assistito da un Controllore generale, anch'egli un genovese, che dopo la morte di Negron nel 1581 fu chiamato a lavorare al suo posto (Lorenzo Grimaldo).[15]

13. Si tratta di un'imposta diretta simile alla taglia francese.
14. Negrone di Negro (1530ca-1581), funzionario genovese. Si veda la voce curata da Stumpo, *Di Negro, Negrone*.
15. In realtà si tratta di Lorenzo Grimaldi, funzionario genovese. Fu designato dallo stesso Negrone Di Negro quale suo successore nell'ufficio di Generale delle Finanze. Grimaldi fu investito di tale ufficio solo due anni dopo la morte del Di Negro, nel 1583.

Neben dem generale delle finanze, der auch den Titel sovraintendente führt, war noch ein besonderer contador generale für die Militärverwaltung angestellt, ein Spanier, der schon Karl V. in dieser Stellung gedient hatte, Diego Hortis de Pros (1560), also eine Art von General-Kriegscommisar. Die beiden Zweige der Finanzverwaltung, der civile und der militärische, sind auch später getrennt geblieben. An der Spitze der gesamten Finanzverwaltung [25] stand ausserdem ein Primo presidente delle finanze.

Die eigentliche oberste Leitung aber der Finanzverwaltung wie der gesamten Staatsregierung lag in der Hand des Herzogs selbst und seines geheimen Rates. Es scheint dass unter ihm eine engere Gruppe von Räten für die wichtigsten und geheimsten Geschäfte aus dem bisherigen Staatsrat ausgesondert worden ist. Zu dem Staatsrat zog er, gewissermassen als Ersatz für die fortgefallenen Ständeversammlungen, eine Anzahl von Notabeln aus dem Adel hinzu, so dass die Versammlung, Beamte und Notabeln zusammen, 30 Personen umfasste. Er hörte sie, aber er entschied dann nach eigenem Ermessen. Der Principalsecretär (Giovanni Fabri) als Bindeglied zwischen der Person des Monarchen und den Räten fuhr fort wie eine Art von Cabinettminister zu functionieren. Unter Karl Emanuel I. ist dann im Jahre 1588 ein besonderer Finanzrat wie in Frankreich vom Staatsrat abgesondert worden, in dem von da an der Schwerpunkt der Finanzleitung lag; natürlich waren hier auch die obengenannten Spitzen des Schatzamtes vertreten. Diese Einrichtung ist aber später wieder in Verfall geraten.

[26] Ähnlich wie in Frankreich die Parlamente nach dem Verschwinden der Generalstände so nahmen auch in der savoyischen Monarchie die Senate in Chambery und Turin (die alten Justizräthe oder Hofgerichte) die Stellung von Hütern der Gesetze und der Landesverfassung für sich in Anspruch. Ein Edict von 1568 wies sie noch einmal ausdrücklich an, bei Erlass von Verordnungen, die im Widerspruch mit den Gesetzen ständen, und ebenso bei erschlichenen Gnadenakten Gegenvorstellung zu tun; und eben dieses altherkömmliche Recht wurde jetzt auch häufiger von den Rechenkammern geübt, die ja zugleich Verwaltungsgerichtshöfe in finanziellen Streitsachen waren (mit besonderen juristischen Mitgliedern, die seit dem 16. Jahrhundert den Namen

A fianco del generale delle finanze, che portava anche il titolo di sovraintendente, fu impiegato anche un particolare contador generale per l'amministrazione militare, uno spagnolo, che già aveva servito in questo ufficio sotto Carlo V, Diego Hortis de Pros[16] (1560), dunque un tipo di commissario generale di guerra. I due rami dell'amministrazione finanziaria, quella civile e quella militare, sono rimasti separati anche più tardi. Al vertice dell'intera amministrazione finanziaria [25] si trovava inoltre un Primo presidente delle finanze.

L'autentica suprema direzione dell'amministrazione finanziaria come tutto il governo dello Stato risiedeva nelle mani del duca stesso e del suo Consiglio Segreto. Sembra che sotto di lui sia stato selezionato dall'allora Consiglio di Stato un più ristretto gruppo di consiglieri per gli affari più importanti e riservati. Per il Consiglio di Stato egli ricorse, in certo qual modo in sostituzione delle abolite riunioni cetuali, a un certo numero di notabili provenienti dalla nobiltà, cosicché l'assemblea comprendeva 30 persone, funzionari e notabili assieme. Egli la ascoltava, ma poi decideva a propria discrezione. Il segretario principale (Giovanni Fabri)[17] continuò ad operare come anello di congiunzione tra la persona del monarca e i consiglieri, alla stregua di un ministro di gabinetto (*Kabinettsminister*). Sotto Carlo Emanuele I[18] nell'anno 1588 è stato poi selezionato dal Consiglio di Stato un particolare consiglio di finanza come in Francia nel quale da quel momento risedette il baricentro della direzione finanziaria; naturalmente furono rappresentati anche qui i vertici della burocrazia del tesoro. In seguito tuttavia questa istituzione cadde in rovina.

[26] Similmente ai parlamenti della Francia in seguito alla scomparsa degli Stati generali (*Generalstände*), così anche nella monarchia sabauda i Senati di Chambery e di Torino (gli antichi consigli di giustizia e tribunali di corte) assorbirono su di sé il ruolo di custodi delle leggi e della costituzione del territorio. Un editto del 1568 li incaricava, ancora una volta in modo esplicito, di assumere l'impugnativa nel caso di ordinanze che si trovavano in conflitto con le leggi e allo stesso modo nel caso di atti di clemenza ottenuti con l'inganno; e proprio questo antico diritto tradizionale fu esercitato, ora anche in modo più frequente, dalle Camere dei Conti, che erano allo stesso tempo corti giuridico-amministrative in controversie finanziarie (con giudici particolari che dal

16. Diego Hortis de Pros, funzionario spagnolo. Accenni su di lui in Cibrario, *Origini e progresso delle istituzioni della monarchia di Savoia*, p. 316.

17. Giovanni Fabri, (1530?-*ante* 1575) funzionario aostano, segretario della cancelleria ducale dal 1559. Dal 1562 fu 'primo secretario di Stato e di finanze'. Il suo ufficio riprendeva i tratti di quelli omonimi istituiti presso le maggiori monarchie europee del tempo, in Francia come in Spagna. Il Segretario di Stato andava assumendo un ruolo centrale nel rapporto tra il principe e i consiglieri. Sul Fabri si veda Rosso, *Fabri, Giovanni*.

18. Per Carlo Emanuele I, duca di Savoia (1562-1630), si veda Castronovo, *Carlo Emanuele I*.

senatori camerlenghi führten). Freilich hat Emmanuel Philibert solche Demonstrationen öfters ungnädig abgewiesen und sich in seinem wohlbeachten Wissen dadurch niemals beirren lassen. Es lebt aber in diesen hohen Höfen ein ähnlicher Geist wie in der französischer "Magistratur". Eine besondere Rechenkammer für [27] Piemont ist erst im Jahre 1577 eingerichtet worden. Zu einer Centralisation im Behördenwesen war die Regierung, wie daraus zu ersehen, noch nicht geneigt. Die Eigenart und besondere Verwaltung der beiden Länder blieb noch bestehen, auch in den unteren Regionen.[p] Aber eine gewisse Annährung an die Verwaltungseinteilung von Savoyen mit seinen Balleibezirken war es doch, dass Karl Emanuel I. im Jahre 1590 in Piemont, wo bisher die Communen unmittelbar unter der Regierung gestanden hatten, eine Einteilung in 12 Provinzen durchführte. In jeder dieser Provinzen wurde ein Oberrichter (giudice maggiore) als Mittelinstanz angestellt (übrigens eine Einrichtung, die vereinzelt schon seit dem 14.-15. Jahrhundert auftritt), und neben diesem ein Referendario für die Verwaltung und die Domänengerichtsbarkeit. Es ist nicht unwahrscheinlich, dass dieser [28] Referendario, dessen Amtsbezeichnung ja auf etwas ähnliches wie einen Maître des requêtes weist, aus den früher vom Hofe entsandten reisenden Commissarien sich entwickelt hatte, eine Vermutung, die umso näher liegt, als er später den Titel und die Stellung des französischen Intendanten erhalten hat.

Der Schwerpunkt des politischen Interesses hat sich in diesem Zeitraum von Savoyen nach Piemont verschoben. Turin wurde die Residenz. Im Norden der Alpen war jetzt vollends kein Raum mehr für die Ausdehnung des Staates: Genf und das Waadtland hatten 1559 der sich consolidierenden Eidgenossenschaft überlassen werden müssen; die Bresse und ein paar andere französische Landschaften mussten an Heinrich IV. abgetreten werden. Dagegen eröffnete sich in Norditalien die Aussicht auf Landzuwachs: 1601 wurde vorläufig die Markgrafschaft Saluzzo einverleibt. Das Haus Savoyen wuchs mit seiner erstarkenden Staatsbildung mehr nach Italien hinein.

p. Segue una frase incompiuta, cancellata da Hintze: «In Piemont hat Carl Emanuel I im Jahre 1590 eine Einteilung in 12 Provinzen» (In Piemonte Carlo Emanuele I nell'anno 1590 ha … [?] una divisione in 12 province).

XVI secolo portavano i nomi di senatori camerlenghi). Di certo Emanuele Filiberto ha spesso respinto in modo sdegnoso simili manifestazioni e non si è mai lasciato fuorviare da questo nella sua meditata saggezza. Aleggiava invece in queste alte corti uno spirito simile a quello delle “magistratur” francesi. Una particolare Camera dei Conti [27] per il Piemonte è stata istituita solo nell’anno 1577. Come si desume da ciò, il governo non era ancora incline a centralizzare l’amministrazione, le cui peculiarità continuarono ad esistere in entrambi i territori, anche nelle regioni inferiori. Tuttavia un certo avvicinamento alla struttura amministrativa della Savoia con i suoi distretti di baliaggio si ebbe certamente quando Carlo Emanuele I, nell’anno 1590, realizzò in Piemonte una divisione in 12 province, mentre fino a quel momento i Comuni si erano trovati in immediata dipendenza dal governo. In ciascuna di queste province fu nominato un giudice superiore (giudice maggiore) come istanza intermedia (del resto una istituzione che comparve a tratti già dal XIV e XV secolo), e a fianco di questi un referendario per l’amministrazione e la giurisdizione demaniale. Non è improbabile che questo [28] referendario, la cui denominazione dell’ufficio rinvia proprio in modo simile a un Maître des Requêtes, sia derivato dai commissari itineranti inviati un tempo dalla corte, un’ipotesi che è ancor più verosimile perché questi più tardi ha ottenuto il titolo e il ruolo degli intendenti francesi.

Il baricentro degli interessi politici si era spostato in questo periodo storico dalla Savoia al Piemonte. Torino divenne la residenza del duca. A Nord delle Alpi ormai non c’era più alcuno spazio per l’espansione dello Stato: Ginevra e il territorio di Vaud si erano dovuti cedere nel 1559 alla Confederazione Svizzera che andava consolidandosi; la regione di Bresse e un paio di altre terre francesi dovettero essere cedute ad Enrico IV [re di Francia]. Invece si aprì nel Nord Italia la prospettiva per un incremento del territorio: nel 1601 fu incorporato in via provvisoria il marchesato di Sàluzzo. La casa di Savoia si estese ulteriormente in Italia mediante la sua formazione statale che andava rafforzandosi.

2. Sardinien / Sardegna

GStA PK, VI. HA, *Familienarchive und Nachlässe*, NL Otto Hintze, Nr. 2, Bd. 1, *Sardinien*, ff. 1-15

3. GStA PK, VI. HA, *Familienarchive und Nachlässe*, NL Otto Hintze, Nr. 2, Bd. 1, *Sardinien*, f. 1 (© GStA PK).

Sardinien

[1] Das Haus Savoyen in seiner schwierigen Stellung zwischen den beiden grossen in beständigem Gegensatz lebenden Militärmächten Frankreich und Spanien-Österreich, als "Pförtner der Alpen" hineingezogen in all die Kämpfe, die in den Ebenen Oberitaliens ausgefochten wurden, hat es verstanden, durch seine gewandte ränkevolle und doppelzüngige Politik, die scrupellos nach der Staatsräson verfuhr, sich beständig zu vergrössern und eine angesehene europäische Machtstellung zu gewinnen, die schon im 18. Jahrhundert das Schwergewicht der italienischen Politik nach dem Nordwesten verlegte.

Drei tüchtige Regenten haben dabei Hand angelegt: Karl Emmanuel II. (1638-1675) mit seinem Finanzminister Truchi, den man wohl den piemontesischen Colbert genannt hat – eine Vergleichung, die freilich seine Verdienste weit übertreibt –, vor allem Victor Amadeus II. (1675-1730) der erste König der als Politischer, Feldherr und Finanzreformer grosses geleistet hat mit seinen Minister Groppello conte di Borgone und marchese d'Ormea, und zuletzt noch Victor Amadeus III. (1773-1796), einer der arbeitsamsten Monarchen seine Zeit, der letzte bedeutende Herrscher der älteren Linie des Hauses.

[2] Die Erweiterungen des Staatsgebietes unter Victor Amadeus II. sind bekannt: er hat nicht allein Sardinien mit dem sizilianischen Königstitel erworben, sondern hat auch auf dem Festland um sich gegriffen nach den bekannten Worten: Italien sei wie Artischocken, die man blattweise verzehren müsse. Er ist der eigentliche Begründer des Militarismus in seinem Land gewesen; aber die Anfänge einer stehenden Armee neueren Stils hatte schon sein Vorgänger geschaffen.

Sardegna

[1] La casa di Savoia, nella sua difficile posizione tra Francia e Spagna-Austria – due potenze militari entrambe in persistente contrasto "guardiana delle Alpi", coinvolta in tutte le guerre che furono combattute interamente nelle pianure dell'Italia superiore, mediante la sua abile e ambigua politica spregiudicata condotta senza scrupoli secondo la ragion di Stato, riuscì ad ingrandirsi in modo continuo e ad acquisire una rispettata posizione di forza in Europa; posizione che nel diciottesimo secolo spostò il baricentro della politica italiana nel Nord Ovest.

Tre abili uomini di governo ci misero mano, uno dopo l'altro: Carlo Emanuele II[1] (1638–1675) con il suo ministro delle finanze Truchi[2] che è conosciuto come il Colbert[3] piemontese, un confronto certamente assai esagerato nel merito; soprattutto Vittorio Amedeo II[4] (1675-1730), il primo Re che come politico, comandante militare e riformatore nel ramo delle finanze realizzò grandi cose con i suoi ministri Groppello conte di Borgone e con il marchese d'Ormea; da ultimo Vittorio Amedeo III[5] (1773-1796), uno dei monarchi più laboriosi del suo tempo, l'ultimo importante dei sovrani appartenenti all'antico ramo del casato.

[2] Gli ampliamenti del territorio statale sotto Vittorio Amedeo II sono noti: egli non solo acquisì la Sardegna con il titolo regio siciliano, ma estese anche i suoi domini sul continente secondo il noto aforisma: l'Italia è come un carciofo che si deve consumare foglia per foglia. Vittorio Amedeo II fu il vero e proprio fondatore dello spirito militare nel suo territorio; ma il suo predecessore aveva già posto in essere i primi provvedimenti di un corpo militare permanente di nuovo modello.

1. Carlo Emanuele II (1634-1675), duca di Savoia. Si veda la voce curata da Castronovo, *Carlo Emanuele II*.
2. Giambattista Truchi (1617-1698), ministro delle finanze. Il soprannome 'Colbert piemontese' – ricordato da Hintze – gli fu attribuito dall'ambasciatore veneto Caterino Belegno e gli derivò dalle misure mercantiliste adottate dal governo sabaudo su suo impulso. Cfr. Bianchi, *Truchi, Giambattista*, e da ultimo Bianchi, Merlotti, *Storia degli Stati sabaudi*, pp. 161-162.
3. Jean Baptiste Colbert (1619-1683), celebre ministro, controllore generale delle finanze sotto il regno di Luigi XIV di Francia. Cfr. Minard, *La fortune du colbertisme*; Aimé, *Colbert et le colbertisme*.
4. Vittorio Amedeo II (1666-1732), re di Sardegna. Si veda Symcox, *Vittorio Amedeo II: l'assolutismo sabaudo 1675-1730*; Merlotti, *Storia degli Stati sabaudi*, pp. 82-84, 94-97.
5. Vittorio Amedeo III (1726-1796), re di Sardegna. Difficile comprendere il giudizio di Hintze su questo sovrano, più adatto per descrivere il padre Carlo Emanuele III (1701-1773). In realtà, come si vedrà più avanti, di Vittorio Amedeo III Hintze apprezzò soprattutto i metodi di addestramento dell'esercito, informati al modello prussiano. Su questo sovrano si veda la voce curata da Bianchi, *Vittorio Amedeo III*.

Nachdem jene Milizeinrichtung aus der Zeit des Emmanuel Philibert in Verfall geraten war, hatte Karl Emmanuel II. in der Epoche nach dem 30jährigen Krieg Linienregimentern errichtet und die militärische Finanzverwaltung auf eine neue Grundlage gestellt; diese Anfänge hat Victor Amadeus II. zu einer ansehnlichen Militärmacht fortgebildet, die er im spanischen Erbfolgekriege als ein brauchbares politisches Instrument zu handhaben verstanden hat. Hand in Hand mit diesem militärisch politischen Aufschwung ging mit dem Kriege eine umfassende Finanzreform, deren [3] Einrichtungen im wesentlichen bis 1816 in Geltung geblieben sind.

Die Domänenverwaltung wurde auf völlig neue Grundlagen gestellt, eine Menge von altem verdunkeltem und verschleudertem Besitz der Krone dem Adel aus den Händen genommen, die Zölle und Gabellen wurden reformiert, das schon 1649 begründete Branntwein – und Tabakmonopol samt dem Lotto neu geordnet, die "Taxe", jene Grundsteuer des 16. Jahrhunderts, die sehr unvollkommen in der Anlage war, nach manchen vergeblichen Anläufen 1698-1731 zunächst in Piemont, dann 1728-1738 auch in Savoyen und später in allen übrigen Teilen der Monarchie unter Herstellung neuer Kataster im Sinne einer "Peräquation" gleichmässiger und gerechter auf die Steuerpflichtigen verteilt, wobei man nun auch begann, Adel und Clerus allmählich und ohne viel Geräusch heranzuziehen. Die Einkünfte der Monarchie wuchsen bis 1730 auf 15 Millionen Lire und stiegen in den nächsten Jahren noch bedeutend: – ein nicht unbedeutender Erfolg in einem Staat, dessen Bevölkerung kaum über 2 ½ Millionen zählte. Eine ruhige mercantilistische Wirtschaftspolitik war die Ergänzung dieses [4] das Land natürlich stark belastenden Militär- und Finanzsystems.

Die neu erworbene Insel Sardinien, die sich in einem sehr heruntergekommenen Zustand befand, wurde durch die neue Verwaltung, an deren Spitze ein Vicekönig stand, auf eine höhere Kulturstufe gehoben. Diese Inselverwaltung blieb also abgesondert von der der festländischen Monarchie; aber in dieser selbst zeigt die Verwaltungsorganisation einen Fortschritt zur Centralisation, der ein Zeichen für die zunehmende Consolidierung des Staatsgebietes ist.[a]

a. Segue una parte, cancellata da Hintze, che l'autore ha inserito senza grandi mutamenti al in GStA PK, VI. HA, *Familienarchive und Nachlässe*, NL Otto Hintze, Nr. 2, Bd. 1, *Sardinien*, f. 6. «Namentlich in der Finanzverwaltung ist dieser Fortschritt zu spüren. Die besonderen Rechenkammern für Savoyen und Piemont – und auch die für Montferrat, die bei der Erwerbung dieses Gebiets 1701 noch neu begründet worden war, wurden 1719/20 aufgehoben und an ihrer Stelle eine einzige Camera de' Conti für den ganzen Staat eingerichtet, die zugleich auch eine allgemeine Aufsicht über die Domänenverwaltung zu führen hatte. Die administrative, finanzielle Gerichtsbarkeit wurde zugleich einem Domänen-Tribunal überwiesen,» (Si deve rintracciare questo progresso particolarmente nell'amministrazione finanziaria. Le par-

Dopo che l'allestimento dell'esercito era andato in rovina fin dal tempo di Emanuele Filiberto, Carlo Emanuele II aveva inizialmente formato cinque reggimenti di linea nel periodo seguente alla Guerra dei Trent'Anni e aveva costituito un'amministrazione finanziaria su modello militare secondo nuovi presupposti; Vittorio Amedeo II proseguì in queste prime misure per creare una notevole potenza militare che seppe impiegare come utile strumento politico nella guerra di successione spagnola. Di pari passo con questo slancio politico militare e con la guerra fu attuata una vasta riforma finanziaria, le cui [3] linee portanti rimasero in vigore sostanzialmente fino al 1816.

L'amministrazione demaniale venne strutturata su basi completamente nuove, un gran numero di antiche proprietà della Corona che si trovavano oscurate e svendute furono tolte dalle mani della nobiltà; le tasse e i dazi doganali furono riformati; il monopolio dei tabacchi e dell'acquavite, già costituito nel 1649, venne nuovamente riordinato assieme al Lotto; la "Tassa", quell'imposta fondiaria del sedicesimo secolo che risultò molto imperfetta nell'impianto, fu applicata ai contribuenti ai sensi di una "perequazione" proporzionata e giusta mediante l'elaborazione di nuovi catasti dapprima in Piemonte con qualche sforzo inutile tra il 1698 e il 1731, poi anche in Savoia tra il 1728 e il 1738 e più tardi in tutte le parti della monarchia; nello stesso tempo si iniziò a tassare la nobiltà e il clero, in modo graduale e senza troppo rumore. Le entrate della monarchia crebbero nel 1730 a una cifra pari a 15 milioni di Lire e salirono ancora in modo significativo nell'anno seguente: risultato non irrilevante in uno Stato la cui popolazione superava di poco i due milioni e mezzo di abitanti. Il completamento [4] di questo sistema militare e finanziario, naturalmente oneroso per il territorio, fu una ferma politica economica mercantilista.

L'isola di Sardegna da poco acquistata, che si trovava in una condizione assai degradata, fu portata a un più alto livello culturale mediante una nuova amministrazione al cui vertice si trovava un Viceré. Questa amministrazione insulare rimase cioè separata dai territori continentali della monarchia; ma in questi stessi territori l'impianto amministrativo mostrò un progresso verso la centralizzazione, che è un segno del crescente consolidamento del territorio statale.

[5] Nur die beiden Senate zu Turin und Chambery (wozu auch noch der von Nizza kam) erinnerten noch im 18. Jahrhundert an die alte Sonderverwaltung der Länder; sie waren zu Oberappellationsgerichten geworden, teils mit französischer, teils mit italienischer Amtssprache. Seit dem 16. Jahrhundert waren auch feste Gehälter für die Mitglieder eingeführt worden; aber sie reichten nicht aus und der Bezug der Sporteln blieb daneben bestehen. Diese und andere Ämter wurden übrigens seit 1681 und dann nach kurzer Unterbrechung namentlich wieder seit 1696 käuflich, ja vererblich und veräusserlich gemacht, wobei natürlich die Erwerber gewisse Bedingungen erfüllen mussten, wie in Frankreich; Kauf und Verkauf der Ämter war eine ergiebige Geldquelle für die Regierung aber das System stärkte andererseits auch das Unabhängigkeitsgefühl der Senate, die noch 18. Jahrhundert mehrfach Demonstrationen gegen königliche Verordnungen gewagt haben. Seit 1632 war den Senaten auch die Aufsicht über die Patrimonialgerichte samt der Bestallung der Richter bei denselben übertragen, eine Ein[6]richtung, die bestehen blieb, bis im Jahre 1797 die feudale Gerichtsbarkeit überhaupt ihr Ende fand.

Am deutlichsten ist der Fortschritt zur Einheit und Centralisation in der Finanzverwaltung zu spüren, in der natürlich das Bedürfnis danach sich in erster Linie geltend machte. Die besonderen Rechenkammern für Savoyen und Piemont – zu denen bei der Erwerbung von Montferrat 1701 noch eine dritte für dieses Gebiet hinzugekommen war – wurden 1719 und 1720 aufgehoben und an ihrer Stelle eine einzige Camera de' Conti für den ganzen Staat begründet, die fortan zugleich auch eine allgemeine Aufsicht über die Domänenverwaltung zu führen hatte.

Die administrative Gerichtsbarkeit wurde zugleich einem besonderen Domänentribunal übertragen, in welches die Senatori camerlenghi, oder, wie man sie jetzt nannte, collaterali übertraten und das die Grundlage des späteren Oberverwaltungsgerichtes geworden ist; dabei war auch ein Generalgovernator angestellt, der die fiscalischen Interessen zu wahren hatte.

[7] Das Kassen- und Etatswesen blieb getrennt für die Civil- und die Militärverwaltung; an der Spitze der ersteren stand der Generale delle finanze, jetzt Chef einer bureaumässig eingerichteten Behörde, die als Uffizio generale oder Generalato delle finanze bezeichnet wurde; an der Spitze der Militärverwaltung der Contador generale mit dem Uffizio generale del soldo. Man nann-

ticolari Camere dei Conti della Savoia e del Piemonte – e anche quella del Monferrato, che era stata introdotta con l'acquisto di questo territorio nel 1701 – furono soppresse nel 1719/20 e al loro posto venne costituita un'unica Camera de' Conti per l'intero Stato, che doveva allo stesso tempo esercitare un controllo generale sull'amministrazione demaniale. La giurisdizione amministrativa, finanziaria fu trasferita nel contempo a un Tribunale demaniale); la virgola inserita da Hintze dopo "überwiesen" potrebbe indicare che l'autore abbia proseguito il periodo in un altro foglio o avesse avuto intenzione di farlo.

[5] Solo i due senati di Torino e di Chambery (da cui dipendeva ancora quello di Nizza) richiamavano alla memoria ancora nel XVIII secolo l'antica amministrazione separata dei territori; essi divennero corti di appello superiori con una lingua ufficiale in parte francese, in parte italiana. Dal XVI secolo anche gli stipendi introdotti per i membri dei senati divennero fissi, ma non bastavano e continuarono ad essere affiancati dal reddito derivante dalle sportule. Del resto questi e altri uffici furono convertiti in venali dal 1681 e poi, dopo breve interruzione, vennero resi anzi alienabili ed ereditari dal 1696, mentre naturalmente gli acquirenti dovevano adempiere a un certo numero di condizioni come in Francia; la compravendita degli uffici fu una redditizia fonte di guadagno per il governo ma il sistema rinvigorì d'altra parte anche il senso d'indipendenza dei senati, i quali ancora nel XVIII secolo si esposero ad organizzare molteplici rimostranze contro le ordinanze della Corona. Dal 1632 anche il controllo sulle corti di giustizia patrimoniali assieme alla nomina dei giudici al loro interno fu trasferita ai senati, una [6] istituzione, la giurisdizione feudale, che continuò ad esistere fino a scomparire nell'anno 1797.

Il progresso verso l'unità e la centralizzazione si riscontra nel modo più chiaro nel settore dell'amministrazione finanziaria, nel quale questa tendenza si fece valere in prima linea. Nel 1719 e nel 1720 furono abrogate le Camere dei Conti particolari per la Savoia e il Piemonte – alle quali era stata aggiunta, con l'acquisizione del Monferrato nel 1701, una terza per questo territorio – e al loro posto fu istituita un'unica 'camera dei conti' per l'intero Stato, la quale d'ora innanzi dovette anche esercitare contemporaneamente un controllo generale sopra l'amministrazione demaniale.

La giurisdizione amministrativa allo stesso tempo fu trasferita in uno specifico tribunale demaniale, in cui passarono i senatori camerlenghi o, come ora si chiamarono, i collaterali e questo divenne la base del successivo tribunale amministrativo superiore; contemporaneamente fu assunto un governatore generale, il quale aveva il compito di tutelare gli interessi fiscali.

[7] Le casse e il bilancio restarono divisi per l'amministrazione civile e per quella militare; ai vertici della prima si trovava il generale delle finanze, ora capo di un dicastero strutturato per uffici che fu definito Ufficio generale o Generalato delle finanze; ai vertici dell'amministrazione militare, il Contador generale con l'uffizio generale del soldo. Questi uffici finanziari si chiamarono

te diese Finanzbehörden nach spanischem Vorgang auch aciende; zu den beiden grossen kamen noch eine Reihe kleinerer aciende, wie die für Artillerie-Militärbau – und Fortificationswesen und die für den Hofhaushalt, der seit Victor Amadeus II. vom Staatshaushalt geschieden war und unter der Aufsicht von drei grossen Hofbeamten stand. Die oberste Finanzleitung concentrierte sich in dem Consiglio delle finanze, der nach längerer Unterbrechung im Jahre 1717 wiederhergestellt und neu eingerichtet worden war. Es bestand aus den beiden Chefs der Geldverwaltung, dem Generale delle finanze und dem Contador generale samt dem Controllore generale und den Chefs der selbstständigen Departments (aciende minori); [8] auch der Staatssekretär für den Krieg, dessen Posten 1692 geschaffen worden war, gehörte zu diesem obersten Finanzrat, der über die Etats, die Finanzoperationen, die Contracte mit den Pächtern der indirekten Steuern und der Monopole und andere Hauptangelegenheiten der Finanzverwaltung zu beraten hatte; die endgültige Entscheidung hatte natürlich der König, der wie es scheint nicht persönlich in diesem Rat erschien, sondern sich von den Ministern berichten liess; die Chefs der beiden grossen Finanzzweige galten als Staatsminister und hatten direkten Vortrag beim Monarchen. Die übrigen Minister sind teils aus den alten Hofämtern hervorgegangen, wie der Grosskanzler für die Justiz; teils aus dem Staatssecretariat. Eben im Jahre 1717 ist der Posten des Primo Segretario di Stato geteilt worden in die eines Staatssecretärs für das Äussere und das Innere; es gab also seitdem mit dem Kriegssecretär zusammen drei Minister-Staatssecretäre. Ihre Vereinigung mit den Finanzchefs und einigen anderen Vertrauenspersonen und hohen Würdenträgern wird das Consiglio segreto di Stato gebildet haben, das aber im 18 Jahrhundert keine grosse Bedeutung mehr gehabt zu haben scheint. [9] 1690 bestand es aus dem Erzbischof von Turin, einem Prinzen des herzoglichen Hauses, dem Grosskanzler, zwei Rittern des Annunciata-Ordens, dem damals noch amtierenden Ersten Präsidenten der Finanzen (Truchi) und dem ersten Staatssecretär (marchese von S. Tommaso, aus einer Familie, die im 17. Jahrhundert durch vier Generationen hindurch die Inhaber dieses wichtigen Amtes gestellt hatte; eine ähnliche Erscheinung wie sie unter Ludwig XIV. in Frankreich begegnet). Später scheint Vittorio Amedeo II. mehr vom Cabinet aus als im Rat regiert zu haben: er liess die einzelnen Minister zum Vortrage zu sich kommen und sah es nicht ungern, wenn Eifersucht und Uneinigkeit unter ihnen herrschten; umso fester behielt er selbst die Zügel in der Hand.

anche – con espressione spagnola – aciende; da entrambi questi uffici più importanti derivarono anche una serie di più piccole aciende, come quella per l'artiglieria-costruzioni militari-fortificazioni e quella per il bilancio che fu separata dal bilancio dello Stato sotto Vittorio Amedeo II e posta sotto il controllo di tre influenti funzionari di corte. La più alta direzione finanziaria si concentrò nel Consiglio delle finanze, che era stato ricostituito dopo un'assai lunga interruzione e fondato su nuove basi nel 1717. Esso era costituito da entrambi i capi dell'amministrazione delle finanze, il generale delle finanze e il contador generale, insieme con il controllore generale e i capi dei dipartimenti autonomi (aciende minori); [8] Anche il segretario di stato per la guerra, la cui carica era stata istituita nel 1692, fece parte di questo Consiglio Superiore delle Finanze, che doveva deliberare sui bilanci, sulle operazioni finanziarie, sui contratti con gli appaltatori delle imposte indirette, dei monopoli e degli altri affari principali dell'amministrazione finanziaria. La decisione finale spettava naturalmente al Re, il quale – come sembra – non compariva personalmente in questo collegio ma si faceva fare un resoconto dai ministri; i capi di ambedue i più importanti rami finanziari erano considerati come ministri di stato e avevano udienza diretta davanti al monarca. Gli altri ministri derivarono in parte dagli antichi funzionari di corte, come il gran cancelliere per la giustizia; in parte dal segretariato di stato. A tal proposito, nell'anno 1717 la carica di primo segretario di stato fu divisa in quelle rispettive di segretario di stato per l'estero e per l'interno; quindi, con il segretario per la guerra, ci furono da allora tre ministri-segretari di stato. La loro riunione con i capi finanziari, con alcune altre persone di fiducia e con gli alti dignitari costituisce il Consiglio Segreto di Stato, il quale tuttavia nel XVIII secolo non sembra aver più avuto grande importanza. [9] Nel 1690 esso era formato dall'arcivescovo di Torino, un principe della casa ducale, dal gran cancelliere, due cavalieri dell'ordine dell'Annunciata, dal primo presidente delle finanze allora ancora in carica (Truchi) e dal primo segretario di stato (marchese di San Tommaso,[6] proveniente da una famiglia alla quale, nel corso del XVII secolo, per quattro generazioni erano appartenuti i titolari di questa importante carica; un fenomeno simile che ricorse anche in Francia sotto Luigi XIV). Nel periodo successivo sembra che Vittorio Amedeo II governò per avere più un tipo di governo di gabinetto che un governo per consiglio: egli ammetteva in udienza i ministri uno alla volta e vedeva malvolentieri come fra di loro covassero gelosia e disaccordo; così teneva lui stesso le briglie in mano assai più fermamente.

6. Hintze si riferisce alla famiglia Carron, di origine borghese, ascesa alla nobiltà sotto Carlo Emanuele I, che rivestì per diverse generazioni la carica di primo segretario di Stato. Si riferisce in particolar modo a Carlo Giuseppe Vittorio Carron, marchese di San Tommaso. Manca uno studio su questo funzionario subalpino. Sull'uso di affidare l'incarico di primo segretario di Stato a questa famiglia, come ricordato da Hintze, si sofferma Enrico Stumpo trattando del figlio di Carlo Giuseppe Vittorio, Giueppe Gaetano Giacinto. Cfr. Stumpo, *Carron, Giuseppe Gaetano Giacinto.*

Das Hauptwerkzeug dieser monarchisch-centralistischen Regierung in den Provinzen waren die Intendanten, die sich aus den früher erwähnten Referendarien entwickelt hatten. Sie standen an der Spitze der gesamten Provinzialverwaltung und übten zugleich eine administrative Gerichtsbarkeit erster Instanz aus mit Rechtszug an das Domänentribunal. Eine ganz gleichmässige Einteilung in Provinzen [10] über den ganzen Staat hin ist erst 1749 geschaffen worden. Neben den Intendanten gab es in jeder Provinz noch einen Oberrichter, von dem an die Senate appelliert werden konnten und einen Tesoriere, der unter dem Generale delle Finanze stand. Man sieht, dass hier durchaus das französische Prinzip der Einzelbeamten im Gegensatz zu dem deutschen der Collegialbehörden durchgeführt worden ist.

[11][b] Die communale Selbständigkeit der Städte erfuhr eine empfindliche Einschränkung dadurch, dass seit 1704 die Bürgermeister (Sindaci*),* die früher von der Commune gewählt waren, vom Herzog ernannt wurden, mit dem Titel eines Rettore perpetuo und mit Adelsrang. Die Ernennung geschah auf Lebenszeit aber mit dem Recht der Veräusserung des Amtes, das natürlich der Erwerber teuer hatte bezahlen müssen; es war im Grund mehr eine finanzielle als eine administrative Einrichtung, aber sie zeigt noch, wie stark die monarchische Regierung sich auf Kosten der communalen Selbstständigkeit entwickelt hatte. Es ist ein Seitenstück zu den fiscalischen Massregeln, denen die Städte eben damals in Frankreich unterworfen waren. Im Jahre 1733 ist übrigens dieses veräusserliche Bürgermeisteramt wieder beseitigt worden.

Die Beziehungen von Staat und Kirche sind lange unklar gewesen. Emanuel Philibert hatte die Ernennung des Bischofs von Turin, die lange bestritten gewesen war, in seine Hand gebracht; über die Grenzen [12] der übermässig ausgedehnten geistlichen Gerichtsbarkeit ist nach langem Schwanken und Streiten erst in dem Concordat Karl Emanuels III. mit Papst Benedikt XIV. vom Jahre 1741 ein für die weltliche Gewalt befriedigender Abschluss erreicht worden.

Die Universität Turin, 1405 mit kaiserlichem und päpstlichem Privileg begründet, erfreute sich mancher Förderung durch die Landesherren; das Schulwesen blieb bis in das 18. Jahrhundert hinein ganz in den Händen der Geistlichkeit, aber seit 1728 begann man auch weltliche Schulen einzurichten, neben denen freilich die der Jesuiten (die anderen Orden waren seit 1728 davon ausgeschlossen) eine sehr bedeutende Rolle spielten.

Die Lirawährung hatte schon Emanuel Philibert eingeführt; eine abschliessende Münzreform erfolgte 1755.

b. Tra f. 11 e f. 12 è inserito un foglio, da me contrassegnato come f. 11a, ove Hintze scrisse alcune parole e concetti completamente slegati tra loro, che rimandano ad argomenti già affrontati nelle pagine precedenti. GStA PK, VI. HA, *Familienarchive und Nachlässe*, NL Otto Hintze, Nr. 2, Bd. 1, *Sardinien*, f. 11a.

Lo strumento principale di questa politica di governo monarchico-centralistica furono gli intendenti nelle province, i quali si erano sviluppati dai referendari menzionati prima. Essi si trovavano al vertice dell'intera amministrazione provinciale ed esercitavano contemporaneamente una giurisdizione amministrativa di primo grado con ricorso al tribunale demaniale. Una regolare suddivisione in province [10] di tutto lo Stato venne realizzata per la prima volta nel 1749. Accanto agli intendenti c'era in ogni provincia anche un giudice superiore, dal quale si poteva fare appello al senato, e un tesoriere dipendente dal generale delle finanze. Si vede che qui il principio francese dei singoli funzionari è stato realizzato pienamente contrapposto a quello tedesco dei dicasteri collegiali.

[11] L'autonomia comunale delle Città subì una sensibile limitazione quando dal 1704 i borgomastri (sindaci), che prima erano eletti dal Comune, furono nominati dal duca con il titolo di "Rettore perpetuo" e con grado nobiliare. La nomina era a vita ma con il diritto di alienazione dell'ufficio che naturalmente l'acquirente doveva aver pagato a caro prezzo; fu in fondo più una istituzione finanziaria che amministrativa, ma essa mostra certamente quanto si fosse sviluppato fortemente il governo monarchico a spese dell'autonomia comunale. È il pendant delle misure fiscali alle quali propria allora le città furono soggette in Francia. Del resto nell'anno 1733 questo ufficio di sindaco alienabile fu eliminato.

I rapporti tra Stato e Chiesa furono per molto tempo poco chiari. Emanuele Filiberto aveva portato nelle sue mani la nomina del vescovo di Torino che era stata a lungo controversa; sui confini [12] della giurisdizione spirituale, eccessivamente ampia, solo nel 1741 dopo lunga oscillazione e contese venne raggiunta una conclusione soddisfacente per il potere secolare col Concordato stretto in quell'anno tra Carlo Emanuele III[7] e il papa Benedetto XIV.[8]

L'Università di Torino, fondata nel 1405 con privilegio imperiale e papale, godé di qualche aiuto grazie ai sovrani; fino al XVIII secolo le scuole rimasero interamente nelle mani del clero, ma dal 1728 si cominciò ad istituire anche scuole secolari accanto alle quali quelle dei Gesuiti (gli altri ordini furono espulsi del tutto nel 1728) giocarono un ruolo molto importante.

Emanuele Filiberto aveva già introdotto il sistema valutario della lira; seguì una riforma monetaria conclusiva nel 1755.

7. Carlo Emanuele III (1701-1773), re di Sardegna. Su Carlo Emanuele III si veda la voce curata da Castronovo, *Carlo Emanuele III*.
8. Papa Benedetto XIV (1675-1758), papa Lambertini. Cfr. Rosa, *Benedetto XIV* (*DBI*); Id., *Benedetto XIV* (*Enciclopedia dei papi*).

Für den Bau von Strassen und Brücken wurde viel getan; die mercantilistische Fürsorge für Gewerbe und Manufakturen, namentlich in Wolle und Seide, hatte gute Resultate.

Die Staatseinnahmen stiegen bis 1798 auf 85 Millionen. Das Militärwesen behielt eine grosse Bedeutung für die gesamte Staatsverwaltung; seit 1775 führte Victor Emanuel III.[c] die preussische Disziplin und Exerziermethoden ein, wie es kurz vorher auch in Frankreich geschehen war. Die Haupt[13]leistung des Absolutismus war aber auch hier die Consolidierung des Staates, die Sicherung der Grenzen, die Behauptung der Unabhängigkeit in dem in diesen Ländern ganz besonders scharf zu spürenden Rivalitätskampf der grossen Mächte und die Erhebung des Königreichs Sardinien zu einer angesehen Stellung in der europäischen Staatsgesellschaft, die für die politische Regeneration Italiens im 19. Jahrhundert eine unentbehrliche Voraussetzung gebildet hat.[d]

c. Hintze, colto probabilmente da un lapsus, scrisse erroneamente Vittorio Emanuele III (1869-1947) re d'Italia dal 1900 al 1945. Si riferiva invece a re Vittorio Amedeo III (1726-1796).

d. GStA PK, VI. HA, *Familienarchive und Nachlässe*, NL Otto Hintze, Nr. 2, Bd. 1, *Sardinien*, ff. 14 e 15: seguono due pagine di difficile comprensione, ove sono presenti annotazioni a matita relative a nomi, date, brevi concetti sul governo sabaudo e sulla sua struttura amministrativa nel XIX secolo. Sono presenti anche note che rimandano ad argomenti già affrontati in precedenza.

Per la costruzione delle strade e dei ponti molto fu fatto; la cura politica mercantilista sui tessuti e le manifatture, soprattutto della lana e della seta, diede buoni risultati.

Le entrate dello Stato salirono fino al 1798 a 85 milioni. L'esercito conservò una grande importanza nell'amministrazione complessiva dello Stato; dal 1775 Vittorio Amedeo III introdusse la disciplina prussiana e i metodi di addestramento, come era avvenuto poco prima anche in Francia. [13] Tuttavia il rafforzamento dello Stato, la sicurezza dei confini, l'affermazione dell'indipendenza nel terreno di contesa delle più grandi potenze rivali, terreno sentito in modo particolarmente duro in questi territori; l'innalzamento del Regno di Sardegna a una posizione stimata nella società degli Stati europei che è stata una premessa indispensabile nella rigenerazione politica dell'Italia nel XIX secolo: questi furono anche qui i maggiori risultati dell'Assolutismo.

3. Oberitalien – Mailand / Alta Italia – Milano

GStA PK, VI. HA, *Familienarchive und Nachlässe*, NL Otto Hintze, Nr. 2, Bd. 2, *Oberitalien*, ff. 1-22

4. GStA PK, VI. HA, *Familienarchive und Nachlässe*, NL Otto Hintze, Nr.2, Bd.2, *Oberitalien*, f. 1 (© GStA PK).

Oberitalien – Mailand

[1] Die politische Entwicklung in Ober- und Mittel-Italien gleicht der in Deutschland darin, dass sich Sonderbildungen erheben, die sich aus dem Reichsverband herauszulösen trachten; aber während es in Deutschland die Landesfürsten sind, die diese Bildungen geschaffen haben, sind sie in Italien im Anschlusse an die Stadtgemeinden und ihre communale Freiheit entstanden.

Die italienischen Städte des Mittelalters sind bekanntlich in ihrem äusseren Bestande aus den römischen Municipien hervorgegangen; aber ob und inwieweit die municipale Verfassung sich durch die Stürme der Völkerwanderung hindurch erhalten hat, ist noch heute zweifelhaft. Jedenfalls aber kann der Gemeindeverbund, wenn er sich erhielt, nur schwach gewesen sein. Die wichtigsten obrigkeitlichen Rechte lagen in den civitates seit dem 9. Jahrhundert und namentlich seit den Privilegien der Ottonen in der Hand des Bischofs, und die städtische [2] Bevölkerung war aus rechtlich ungleich gestellten Elementen zusammengesetzt: neben den rittermässigen Einwohnern von höherem oder geringerem Rang (valvassores majores oder capitanei und valvassores minores oder valvassores schlechthin) – neben dieser feudalen Klasse der milites standen die einfachen Freien, meist Kaufleute und Gewerbetreibende mit Grundbesitz, die als Arimanni oder cives im engeren Sinne bezeichnet wurden; und unter beiden, ursprünglich ohne Anteil am Gemeindeleben, die hörigen oder zinspflichtigen Handwerker und Tagelöhner. Erst am Ende des 11. Jahrhunderts tritt ein starker und bewusster Gemeindeverband hervor, sei es in gewaltsamer Auflehnung gegen den bischöflichen Stadtherrn und seine Capitanei, sei es auf einem mehr friedlichen und vertragsmässigen Weg.

Jedenfalls tritt die bischöfliche und gräfliche Gewalt überall in den Hintergrund und die Gemeinde regiert sich durch selbstgewählte Obrigkeiten, die Consules. Dieser Gemeindeverband, das Commune, umfasste aber nur die Capitanei, Valvassores und Arimanni, [3] die nun insgesamt als cives bezeichnet wurden, noch nicht die kleinen Handwerker. So ist es namentlich in Mailand gewesen, wo die Gemeinde, das Commune civitatis, zuerst als eine bloss vertragsmässige Verbindung der verschiedenen Stände erscheint, die sich aber bald in ein wirklich einheitliches Gemeinwesen verwandelt hat, so dass die Consuln nicht mehr, wie vielleicht anfangs, nach den Ständen, sondern nach den Stadtvierteln gewählt wurden, und zwar ohne ängstliche Rücksicht auf ständische Parität, vielmehr, dem Einfluss und auch wohl der geschäftlichen Gewandtheit entsprechend, vornehmlich aus den adligen Kreisen.

Alta Italia – Milano

[1] L'evoluzione politica nell'Italia del Nord e del Centro rassomiglia a quella tedesca nell'emergere di entità speciali che cercano di staccarsi dall'unione imperiale; tuttavia mentre in Germania sono i principi territoriali che hanno creato queste entità, in Italia esse si sono sviluppate in simbiosi con le città e la loro libertà comunale.

Le città italiane del medioevo sono derivate notoriamente nella loro consistenza esterna dai municipi romani; ma se e fino a che punto la costituzione municipale si sia conservata attraverso le tempeste delle migrazioni dei popoli, è cosa ancora oggi problematica. Ad ogni modo tuttavia l'unione comunale, qualora si sia conservata, può essere stata solo debole. Nelle civitates i più importanti diritti di governo risiedevano dal IX secolo, e in special modo dai privilegi degli Ottoni, nelle mani del vescovo, e la popolazione [2] cittadina fu composta di elementi diseguali secondo il diritto: accanto agli abitanti appartenenti alla condizione dei cavalieri nobili di rango più alto o minore (valvassori maggiori o capitanei e valvassori minori o valvassori per antonomasia) accanto a queste classi feudali dei Milites si trovavano i semplici liberi, per lo più commercianti e artigiani con proprietà terriera, che furono definiti come Arimanni o cives in senso stretto; e al di sotto di entrambi, in origine senza alcuna parte nella vita comune, i servi della gleba o gli artigiani soggetti al pagamento del censo e i lavoratori a giornata. Una più forte e consapevole unione comunale si manifestò solo alla fine dell'undicesimo secolo, sia in una rivolta violenta contro la signoria cittadina del vescovo e dei suoi capitanei, sia attraverso un sistema più pacifico e contrattuale.

Ad ogni modo il potere comitale e vescovile passò dappertutto in secondo piano e il Comune si governò attraverso autorità scelte da esso stesso, i consoli. Questa unione comunale, il Comune, abbracciò tuttavia solo i Capitanei, i Valvassori e gli Arimanni [3], che ora furono designati nel complesso come cives, non ancora i piccoli artigiani. Così è stato in special modo a Milano dove il Comune, il Commune civitatis, dapprima si presenta come una sola unione contrattuale di ceti diversi, che presto si è trasformata tuttavia in una effettiva comunità unitaria: così i consoli non furono scelti più – come forse all'inizio – tra i ceti bensì tra i quartieri cittadini; non più con quel riguardo scrupoloso per la parità tra i ceti, ma piuttosto per l'influenza e per l'abilità dimostrate nell'esercizio delle loro funzioni; essi erano tratti principalmente dalle cerchie nobiliari.[1]

1. Hintze definisce il Comune alla sua nascita come «unione contrattuale di ceti diversi», «unione comunale». Non si spinge a ritenere che le sue origini fossero privatistiche, come fece Gioacchino Volpe nei suoi saggi su Pisa medievale pubblicati nei primi anni del Nove-

Anderswo, wie z. B. in Mantua, wo es keine Klasse von milites gab, bestand der Gemeindeverband auch wohl lediglich aus den altfreien Elementen der Arimanni; noch anderswo, wie in Pisa und Genua, wo sich 1099 eine Compagna, zunächst auf 3 Jahre, mit 6 Consulen an der Spitze bildete, war dieser dem Commune entsprechender Gemeindeverband zunächt wohl nur ein aristokratischer Schutzverband aus den Kreisen der milites und der Kaufleute, entsprechend den auf Krieg und Seehandel [4] begründeten Interessen dieser Städte. Ob die Consules, wie Leo und Ficker gemeint haben, aus den alten Schöffen, die dem Bischof zur Seite standen[a] oder aus den Häuptern der Ständecorporationen (Hegel) oder gar aus den alten römischen quatuor viri

a. Segue una frase cancellata a matita: «oder aus den "boni homines", wie in Florenz (Davidsohn)» (oppure dai "boni homines", come a Firenze). Robert Davidsohn, storico (1853-1937), pubblicò una monumentale storia della città di Firenze dalle sue origini fino al periodo dantesco, *Geschichte von Florenz* (4 voll., 1896-1927), che fu uno dei testi di riferimento per Hintze.

Altrove, come per esempio a Mantova, dove non c'era alcuna classe dei Milites, l'unione comunale fu composta in sostanza dagli antichi liberi elementi degli Arimanni; anche in altri luoghi, come a Pisa e a Genova, dove si formò nel 1099 una compagnia, all'inizio per tre anni, con sei consoli al vertice, ci fu questa unione comunale corrispondente al Comune: all'inizio solo una unione di difesa aristocratica (derivata) dalle cerchie dei Milites e dei commercianti, conformemente agli interessi [4] di queste città fondati sulla guerra e il commercio marittimo.[2] Difficilmente si potrà mai stabilire con sicurezza se i consoli abbiano avuto origine – come hanno creduto Leo[3] e Ficker[4] – dagli antichi giudici popolari che aiutavano il vescovo oppure dai vertici delle organizzazioni cetuali (Hegel)[5] oppure addirittura dagli antichi quadrum-

cento che Hintze non sembra aver consultato. La cautela dello storico tedesco nel descrivere le caratteristiche delle istituzioni comunali alle loro origini gli consente di mettere in relazione i legami di natura giuridica dei vari ceti cittadini con il potere pubblico vescovile, il che è stato confermato dalla critica storica. La tesi volpiana sull'origine privatistica del Comune è stata definitivamente superata dagli storici, come ha sottolineato Cinzio Violante. Cfr. Violante, *Gioacchino Volpe e gli studi storici su Pisa medievale*, pp. 117-166.

2. L'analisi è stata confermata per Pisa da Cinzio Violante che, prendendo in esame l'importante saggio di Gioacchino Volpe, *Studi sulle istituzioni comunali a Pisa* (1902), ha così descritto quel comune in età consolare: «Il Comune pisano [...] è retto essenzialmente da una classe intraprendente di armatori e di mercanti che operano sul mare. Questa aristocrazia consolare, che è emersa durante il secolo XI nelle vicende politiche cittadine e nelle imprese marinare, risiede e ha interessi particolari in città, dove innalza torri e costruisce chiese, ma pure possiede terre e – a volte – anche feudi (il più spesso vescovili) nel contado, donde parecchi suoi membri provengono. Forte delle sue tradizioni militari e delle esperienze marinaresche, questa aristocrazia ha una condizione intermedia tra la classe propriamente feudale e quelle che con termine moderno si direbbe borghese». Cfr. Violante, *Gioacchino Volpe e gli studi storici su Pisa medievale*, p. 131.
3. Heinrich Leo, storico (1799-1878). I suoi studi su Machiavelli, pubblicati nella seconda metà degli anni Venti, suscitarono un'accesa polemica con lo storico Leopold von Ranke. Tra i suoi lavori più importanti, noti a Hintze, occorre ricordare *Geschichte der italienischen Staaten* e *Zwölf Bücher niederländischer Geschichte*. Collaborò alla «Kreuzzeitung» aderendo al gruppo dei giornalisti conservatori. Per l'argomento che qui interessa, merita di essere ricordata la sua tesi di abilitazione, *Die Entwicklung der Verfassung der lombardischen Städte*.
4. Julius von Ficker, storico (1826-1902), fu un celebre storico del Medioevo e studioso di diplomatica. Con i suoi *Beiträge zur Urkundenlehre* e le sue *Forschungen zur Reichs- und Rechtsgeschichte Italiens* divenne uno dei fondatori della critica diplomatica storica. Tra le sue pubblicazioni occorre ricordare *Deutsches Königtum und Kaisertum* ove, prendendo in esame la storia del potere imperiale, espresse il punto di vista dei cattolici 'grandi tedeschi' favorevoli all'unificazione della Germania estesa ai territori germanici soggetti all'Impero d'Austria.
5. Karl Friedrich Wilhelm Hegel, storico (1813-1901), figlio del celebre filosofo Friedrich Wilhelm Hegel, insegnò storia a Rostock e ad Erlangen. La sua opera più importante, nota ad Hintze, è la *Geschichte der Städteverfassung von Italien*.

(E. Mayer) hervorgegangen, oder aber ganz frei von solchen Anknüpfungen als Vertrauensmänner der Gemeinde neu gewählt worden sind, wird sich schwerlich je mit Sicherheit ausmachen lassen; ihre Zahl schwankt; oft sind es 4, oft 12, aber auch mehr oder weniger, 8, 18, 20. Jedenfalls sind sie die gewählten jährlich wechselnden Vorsteher einer sich autonom fühlenden Gemeinde und immer in der Mehrzahl. Sie üben die Funktionen der Regierungsgewalt aus, unterstützt von besonderen judices, die wohl als Urteilsfinder aufzufassen sind und von sapientes, oder consiliatores, die auch als credenza bezeichnet wurden, und aus denen sich im Lauf der Zeit ein Ratscollegium herausgebildet hat, während die gesamte Bürgerschaft der Commune in einem Parlamentum von Zeit zu Zeit zusammentritt. Für die eigentliche "Justiz", die Civilgerichtsbarkeit, erscheinen im Laufe der Zeit neben den Consules de communi besondere Consules de placitis.

[5] Einen gewissen Abschluss des ganzen Prozesses der Communalisierung der Städte bildet das Entstehen von neuen Statuten, förmlichen Stadtrechten, die eine gemeinsame Norm für das Zusammenleben der geeinten und befreiten Bürgerschaft darstellen.

[6] Diese communale Bewegung, die in den ersten Jahrzehnten des 12. Jahrhunderts sich auf alle nord- und mittelitalienischen Städte ausdehnte, bedeutete mit der Zurückdrängung der bischöflichen Stadtherren natürlich auch eine Herauslösung aus dem Reichsverband; denn im Namen des Reiches und auf Grund kaiserlicher Verleihung hatten die Bischöfe jene obrigkeitlichen Rechte ausgeübt, die nun von den Gemeinden selbst usurpiert worden waren. Während des Investiturstreits und unter Lothar und Konrad III. liess man von Reichswegen den Dingen ihren Lauf; aber Friedrich I. hat dann

viri romani (E. Mayer),[6] oppure d'altra parte se siano stati scelti di nuovo come rappresentanti del Comune del tutto liberamente da tali origini. Il loro numero varia; spesso sono 4, spesso 12, ma anche più o meno 8, 18, 20. Ad ogni modo sono i capi mutevoli scelti ogni anno da un Comune che si sente autonomo e (sono) sempre al plurale. Essi esercitano i poteri del governo, assistiti da giudici particolari – che sono da intendere come 'cercatori di sentenze' – e dai sapientes o consiliatores, che furono designati anche come Credenza, e dai quali si è formato con l'andar del tempo un collegio di consiglieri, mentre l'intera cittadinanza del Comune si riuniva di volta in volta in un parlamento. Per la giustizia vera e propria, la giurisdizione civile, fanno la loro comparsa con il passare del tempo, accanto ai Consules de communi, speciali Consules de placitis.

[5] Il formarsi di nuovi statuti, i diritti cittadini ufficiali, costituisce una chiusura certa dell'intero processo relativo al formarsi del Comune nelle città, statuti che rappresentano una norma generale di convivenza della cittadinanza unita e affrancata.

[6] Questo movimento comunale, che si estese nel primo decennio del XII secolo a tutte la città dell'Italia settentrionale e centrale, assieme al contenimento delle signorie vescovili sulle città comportò anche uno scioglimento dall'unione imperiale; perché quei diritti di autorità che i vescovi avevano esercitato in nome dell'impero e in base a una concessione imperiale, ora erano stati usurpati dai Comuni stessi. Durante la lotta per le investiture, nonché sotto Lotario[7] e Corrado III,[8] si lasciò che gli affari dell'impero prendessero il loro corso; tuttavia Federico I[9] ha poi nuovamente compiuto un tentativo ener-

6. Ernst Mayer, storico del diritto (1862-1932), insegnò storia del diritto tedesco all'università di Würzburg dal 1887 all'età del pensionamento. Tra i suoi studi spicca una *Italienische Verfassungsgeschichte von der Gothenzeit bis zur Zunftherrschaft*, che può essere stata consultata da Hintze.
7. Lotario II di Suplimburgo (Lotario III come re di Germania e d'Italia) (1060-1137). Duca di Sassonia, fu eletto re di Germania nel 1125.
8. Corrado III (1093-1152), duca di Franconia, cercò di farsi riconoscere re dei Romani nell'impero germanico opponendosi a Lotario II, di cui non condivideva la politica filo papale. Nel 1127 riuscì ad essere eletto re dei Romani e nel 1128 fu incoronato re del regno italico longobardo a Milano.
9. Federico I Hohenstaufen (1123 ca-1190), duca di Svevia alla morte del padre, successe allo zio Corrado III sul regno di Germania (1152). Disceso nella penisola, incoronato re del regno italico a Pavia e imperatore a Roma, Federico non riuscì ad imporre ai Comuni italiani la sua ambiziosa politica di unità imperiale che prevedeva la restituzione all'imperatore delle regalie di cui i Comuni si erano impadroniti nei secoli. Come ricorda Hintze, Federico non poteva condividere la teoria che il potere dell'imperatore derivasse da un'investitura popolare a Roma, fedele com'era all'opposto principio della derivazione divina dell'ufficio regale. Qui ci si limita a ricordare gli studi più recenti di Cardini, *Il Barbaros-*

wieder einen kräftigen Versuch gemacht, die Rechte des Reiches gegenüber den lombardischen Städten zur Geltung zu bringen. Es ist bekannt, dass dieser Versuch nach heftigem und wechselvollem Kampfe mit einem Compromiss geendet hat. In dem Konstanzer Frieden von 1183 behaupteten die lombardischen Städte das Recht, die Obrigkeit, die Consuln, nach wie vor frei zu wählen; aber die Regalien mussten diesem erst [7] direkt oder indirekt vom Reich verliehen werden und die hergebrachten finanziellen Leistungen an das Reich blieben bestehen oder wurden wiederhergestellt.

Die völlige Ablösung der Städte vom Reich wurde also noch verhindert, aber andererseits verzichtete doch auch der Kaiser auf seine ursprüngliche Absicht, die wohl auf eine beamtenmässige Regierung der Städte von Reichswegen gerichtet war, wie sie zeitweise durch die von ihm bestellten Podestàs ausgeübt worden ist.

Der Podestà (Potestas) war keine neue Institution: er findet sich mit obrigkeitlichen Befugnissen, namentlich als Criminalrichter, schon zur Zeit der Bischöflichen Stadtherrschaft; er war ursprünglich wohl ein Missus Comitis, der zum ständigen Beamten geworden war, von dem die Grafenrechte ausübenden Bischof bestellt. Friedrich I. hat ihn als beständigen königlichen Commissar mit direkter königlicher Ernennung beibehalten wollen. Das ist nicht nun nicht gelungen. Die lombardischen Städte behielten das bereits seit längerer Zeit geübte Recht ihre Obrigkeit selbst zu bestellen, und sie haben auch nach dem Conflict vielfach wieder Consuln gewählt. Aber die Zukunft gehört dennoch dem [8] Podestà als Einzelbeamten an der Spitze der Gemeinde, nur ist er am Ende des 12. Jahrhunderts aus einem kaiserlichen zu einem Communalbeamten geworden. Das hing wohl mit einer doppelten Richtung in der städtischen Politik zusammen, die seit dem 12. Jahrhundert hervortritt: einmal mit dem Streben der Städte, ihr Gebiet zu einem grösseren Territorium zu erweitern, durch Unterwerfung und Eingliederung benachbarter Grundherren und kleinerer Gemeinden, durch Aneignung von Reichsgut und von Besitzungen, die früher dem Stadtherrn gehört hatten. Durch diese vielfach zu kriegerischen Verwicklungen führende Macht- und Ausdehnungspolitik, die überall starke Gegensätze zwischen einzelnen Städten und Städtebünden

gico per far valere i diritti dell'impero nei confronti delle città lombarde.[10] È noto che questo tentativo dopo uno scontro violento e alterno si concluse con un compromesso. Nella pace di Costanza del 1183 le città lombarde mantennero il diritto, l'autorità pubblica, i consoli da eleggere liberamente come prima; ma le regalie [7] dovevano essere prima concesse a queste in via diretta o indiretta dall'impero e i tradizionali contributi finanziari a quest'ultimo continuarono ad esistere o furono ristabiliti.

Dunque il pieno distacco delle città dall'impero fu ancora impedito, ma d'altra parte anche l'imperatore rinunciò al suo proposito originario, il quale era rivolto in senso imperiale a un governo delle città mediante funzionari pubblici, come alle volte è stato fatto dai podestà di sua nomina.

Il podestà non fu una nuova istituzione: lo si trova con poteri di autorità pubblica, in particolar modo come giudice criminale, già ai tempi della signoria cittadina del vescovo; esso fu all'inizio un missus comitis, un magistrato permanente nominato dal vescovo nell'esercizio dei diritti di contea. Federico I volle conservarlo come commissario regio stabile di nomina diretta. Questo però non gli riuscì. Le città lombarde conservarono il diritto, già da lungo tempo esercitato, di istituire in via autonoma le pubbliche autorità e spesso hanno eletto i consoli anche in seguito al conflitto con l'impero. Ma il futuro appartiene ciononostante al [8] podestà come funzionario unico al vertice del Comune; esso si è trasformato alla fine del XII secolo mutando la sua natura da quella di funzionario imperiale a quella di funzionario comunale. Nella politica cittadina quale si manifestò fin dal XII secolo, ciò fu in relazione con un doppio processo: da un lato con l'aspirazione delle città ad estendere maggiormente il loro territorio attraverso la sottomissione e l'incorporamento delle signorie terriere e delle città minori più vicine, nonché con appropriazione dei beni e possedimenti imperiali che anticamente erano appartenuti alla signoria cittadina. Da questa politica di potenza e di espansione, che conduceva spesso a complicati scontri bellici, politica che causò ovunque forti contrasti tra singole città e leghe di città, la mag-

sa: vita, trionfi e illusioni di Federico I imperatore e, per l'esercizio del potere pubblico, Quaglioni, Dilcher (a cura di), *Gli inizi del diritto pubblico*.

10. La rottura dei Comuni con l'istituzione pubblica del vescovo e il progressivo indebolimento del legame giuridico che teneva unite le città lombarde all'impero viene ben spiegato da Hintze e gli consente di mostrare efficacemente la successiva politica di restaurazione dell'autorità imperiale in Italia compiuta dagli Staufer. Manca però del tutto l'attenzione alla specialità di alcuni casi durante lo scontro dei Comuni con l'imperatore. Ad esempio nulla viene detto di quei Comuni lombardi il cui potere e dominio sul contado furono legittimati da Federico I Hohenstaufen, segno che la politica dell'imperatore non fu di opposizione a tutti i Comuni italiani. Del tutto indicativo il caso di Pisa con il diploma imperiale del 6 aprile 1162. Tale documento era citato dallo storico Gioacchino Volpe nel già citato saggio *Studi sulle istituzioni comunali a Pisa* (1902), che Hintze non sembra aver consultato. Si veda Violante, *Condizioni esterne e processi costituzionali*, pp. 167-170.

hervorrief, sahen sich wohl die meisten Gemeinden zu einer strafferen, militärisch-politisch kräftiger wirkenden Organisation mit einheitlicher Spitze gedrängt.

Dazu kam dann im Inneren die Umgestaltung und Verschärfung der Parteiverhältnisse, die eine Folge des Eintritts der Handwerker in den Verband der Bürgerschaft war. Dieser zu [9] immer grösserer wirtschaftlicher Bedeutung gelangte Teil der städtischen Bevölkerung, der dem alten Communalverband noch nicht angehörte, hatte im Beginn des 12. Jahrhunderts, zugleich mit der Befreiung von der Stadtherrschaft, die alte Hörigkeit abgestreift und an den Versammlungen der Gemeinde Anteil genommen.

Die Organisation in Zünften (artes) mit besonderen Vorstehern (priores, rectores) an der Spitze, stärkte die Bedeutung und den Einfluss dieses Teils der Bürgerschaft, so dass sie am Ende des 12. Jahrhunderts bereits Anteil am Stadtregiment verlangten und hier und da auch erhielten. Ihre Bestrebungen wurden begünstigt durch die Spaltungen, die eben damals in den alten Commune hervorgetreten waren, namentlich auch unter den feudalen Adelsfamilien, die damals vielfach ihre Wohnhäuser in der Stadt zu burgartigen Türmen ausbauten.

Wo die Handwerker auf besonders starken Widerstand stiessen, da organisierten sie sich auch wohl als eine besondere Gemeinde gegenüber dem alten Commune. In Mailand wurde [10] so, etwa hundert Jahre nach der Errichtung der Commune, 1198, eine von dieser abgesonderte Gemeinde der neuen Bürger begründet, die aus Zünften der Bäcker, Schlächter und der übrigen Handwerker zusammengesetzt war, mit festen Türmen in der Stadt und mit einem besonderem Rat, der Credenza des heiligen Ambrosius. Auch diese inneren Gegensätze und sie vor allem machten ein starkes unparteiisches Stadthaupt wünschenswert, wie man es in dem Podestà zu finden glaubte.

Der Podestà, der seit dem Ende des 12. Jahrhunderts an der Spitze der meisten Städte erscheint, war ein auf Jahresfrist gewählter hochbesoldeter Beamter, ein ritterlicher Herr von auswärts, der dem Parteitreiben der städtischen Geschlechter entrückt unparteiische Gerechtigkeit handhaben und die Interessen der Stadt auch nach aussen kräftig wahrnehmen sollte; er brachte meist zum Regiment auch sein Unterpersonal mit, Juristen und Ritter. Die judices, die dem Podestà zur Seite standen, waren aber nicht mehr urteilfindende Schöffen nach Art der [11] germanischen Gerichtsverfassung, sondern Gehilfen des obersten Richters, Assessores, wie sie auch genannt wurden; die germanische Gerichtsverfassung verfiel; das römische Einzelrichtertum trat mit dem Siege der Municipalgewalt und mit der Wiederbelebung des römischen Rechts in dem Podestà als Communalbeamter und seinen Assessoren, die wohl meist schon aus der Schule der Legisten stammten, als eine zukunftsreiche Neubildung hervor; nur im Lehnsrecht hat sich das alte Mannengericht noch längere Zeit erhalten.

Unter dem Regiment der Podestàs hat sich im 13. Jahrhundert die städtische Verfassung im allgemeinen schärfer mit ihren körperschaftlichen Orga-

gior parte dei Comuni si vide spinta verso una organizzazione politico militare attiva, più forte e robusta, con un vertice unitario.

Dall'altro lato si giunse all'interno alla trasformazione e all'accentuazione delle relazioni tra i partiti che fu una conseguenza dell'ingresso degli artigiani nell'associazione cittadina. Questa [9] parte della popolazione ascesa a una sempre maggiore importanza economica, che non aveva ancora fatto parte della vecchia associazione comunale, all'inizio del XII secolo, contemporaneamente alla liberazione dalla signoria cittadina, si sottrasse all'antica servitù e prese parte alle riunioni del Comune.

L'organizzazione in corporazioni con propri capi particolari ai vertici rafforzò l'importanza e l'influenza di questa parte della cittadinanza, cosicché già alla fine del XII secolo tali corporazioni pretesero una parte nel governo cittadino e la ottennero in alcuni casi. I loro sforzi furono favoriti dalle divisioni che proprio allora si erano manifestate nel Comune antico, specialmente nelle cerchie delle famiglie della nobiltà feudale che a quel tempo trasformarono spesso le loro abitazioni cittadine in eleganti torri fortezze.

Laddove gli artigiani incontrarono una forte resistenza, qui si organizzarono anche come una particolare comunità di fronte all'antico Comune. A Milano accadde [10] così: all'incirca cento anni dopo la formazione del Comune nel 1198, fu creata una di queste comunità separate di nuovi cittadini, la Credenza di Sant'Ambrogio, con solide torri nella città e uno speciale consiglio, che era formata dalle corporazioni dei panettieri, dei macellai e degli altri artigiani. Per questi contrasti interni si rese auspicabile una guida cittadina più forte, imparziale, che si credette di trovare nel podestà.

Il podestà, che fece la sua comparsa nella maggior parte delle città dalla fine del XII secolo, fu un funzionario altamente retribuito, in carica per un anno; un cavaliere venuto da fuori che doveva amministrare una giustizia imparziale, sottratta alle attività di partito delle famiglie cittadine, e tutelare con forza gli interessi della città anche verso l'esterno; di regola portava con sé al governo il suo personale subordinato, giuristi e cavalieri. Tuttavia i giudici che aiutavano il podestà non erano più gli scabini cercatori di sentenze secondo la natura [11] della costituzione giudiziaria germanica, ma assistenti di giudici superiori, assessori come venivano chiamati. L'organizzazione giudiziaria germanica decadde; con il trionfo del potere municipale e la rinascita del diritto romano nel podestà come funzionario del Comune e nei suoi assessori – i quali già nella maggior parte dei casi provenivano dalla scuola dei legisti – apparve il nuovo sistema di tribunali romano basato su un giudice unico; solo nel diritto feudale si sarebbe conservato ancora per lungo tempo l'antico giudizio dei pari (*Mannengericht*).

Sotto il governo dei podestà si formò nel XIII secolo la costituzione cittadina più forte in generale con i suoi organi corporativi. Forse si volle evitare

nen herausgebildet. Man wollte offenbar verhindern, dass der Podestà nicht etwa aus einem obersten Beamten zu einem Stadtherrn würde. Er war verfassungsmässig nach allen Seiten eingeschränkt, in allen wichtigen Angelegenheiten an die Mitwirkung des Rates gebunden, der sich nun in der Regel differenziert in einen engeren und einen weiteren Rat: der erste wirkte als Regierungsbehörde, der andere trat als Ausschuss der Bürgerschaft [12] an die Stelle der alten Volksversammlungen (parlamenta, conciones), die nur noch selten und meist nur zum Zweck der Kundmachung von neuen gesetzlichen Bestimmungen oder wichtigen Ratsbeschlüssen abgehalten wurden.

Das städtische Beamtentum, das unter der Leitung des Podestà stand, bildete sich reicher und schärfer aus: wir finden meist einen Kämmerer (camarlingus) für die communale Finanzverwaltung, 1-2 Castaldi (eine alte langobardische Bezeichnung) für die Markt- und Gewerbepolizei, gewählte Vorsteher der einzelnen Stadtbezirke, die eine grosse Bedeutung für Politik und Verwaltung besassen, ebenfalls gewählte Syndici, denen alle Beamten einschliesslich des Podestà Rechenschaft abzulegen hatten u.a.m.

Aber die Parteikämpfe hörten nicht auf und die Podest*às* waren ihnen gegenüber oft machtlos. In Mailand und ebenso in vielen anderen Städten verband sich im 13. Jahrhundert die alte Bürgerschaft, wenigstens soweit sie nicht zu Macht und Reichtum gelangt [13] und zu ritterlicher Lebensführung übergegangen war, mit den aufstrebenden Handwerkerzünften und beide zusammen bildeten nun die Partei des populus gegenüber den milites, die meist das Stadtregiment in Händen hatten.

Beide Teile sahen sich als die eigentliche Gemeinde an; dem Podestà, der es mit der herrschenden Klasse hielt, ward wohl ein Podestà des Volkes entgegengestellt oder auch ein Kriegshauptmann, ein capitano del popolo. Unter den herrschenden Geschlechtern selbst kam es aus Eifersucht und anderen rein persönlichen Anlässen zu erbitterten Familienfehden, die sich durch Generationen fortsetzten und seit dem Kampf der beiden Gegenkaiser Otto IV. und Friedrich II. sich mit politischen Gegensatz der Guelfen und Ghibellinen verquickten.[b] Oft arteten diese Parteifehden in blutigen Bürgerkrieg aus; die besiegte Partei musste dann die Stadt räumen und setzte sich entweder an einem Platze des [14] weiteren Stadtgebiets fest oder siedelte in eine benachbarte, meist feindliche Stadt über, auf die Gelegenheit harrend, in die Heimat zurückzukehren und den Gegnern die erlittene Unbill zu vergelten.

Fast jede grössere Gemeinde hatte im 13. und 14. Jahrhundert zu Zeiten ausser den Herrschenden innerhalb der Mauer die Vertriebenen oder Verbannten

b. Segue un periodo cancellato: «Mit dem Sturze der Staufer lösten sich vollends alle Bande; die mächtigeren Gemeinden griffen rücksichtslos um sich» (Con la caduta degli Staufer si sciolsero tutti i legami; i Comuni più potenti si estesero senza riguardo).

chiaramente che il podestà da funzionario supremo divenisse un signore cittadino. Egli fu limitato costituzionalmente in tutte le parti delle sue funzioni, fu legato alla cooperazione del consiglio in tutte le questioni importanti, consiglio che ora normalmente si articolava in un consiglio ristretto e in uno allargato: il primo operò quale ufficio di governo, l'altro come commissione della cittadinanza prese il posto [12] delle antiche adunanze popolari che erano convocate di rado e per lo più solo al fine di annunciare nuove determinazioni di legge o importanti deliberazioni consiliari.

La burocrazia cittadina, che si trovava sotto la direzione del podestà, si sviluppò più ricca e solida: troviamo per lo più un tesoriere (camarlingus) per l'amministrazione finanziaria del Comune, 1-2 Castaldi (un'antica denominazione longobarda) per il controllo sui mercati e sulle professioni, i capi eletti dei singoli distretti cittadini che avevano una grande importanza per la politica e l'amministrazione, allo stesso modo i Syndici eletti, ai quali tutti i funzionari dovevano rendere conto compreso il podestà.

Ma le lotte di partito non cessarono e i podestà furono spesso impotenti di fronte ad esse. A Milano ed egualmente in molte altre città nel XIII secolo l'antica cittadinanza, quella almeno che non era arrivata al potere e alla ricchezza [13] ed era passata a una condotta di vita cavalleresca, si unì con le ambiziose corporazioni degli artigiani e le due insieme costituirono ora il partito del popolo di fronte ai milites che nella maggior parte dei casi avevano nelle mani il governo della città.

Entrambe le parti, si considerarono il vero Comune; al podestà, che prendeva le parti della classe dominante, fu contrapposto un podestà del popolo o anche capitano della guerra, un capitano del popolo. Tra le famiglie dominanti si giunse lo stesso per gelosia e altre pure ragioni personali ad accanite faide familiari che continuarono per generazioni e, dalla guerra dei due opposti imperatori Ottone IV e Federico II,[11] si combinarono con i contrasti politici tra guelfi e ghibellini. Spesso queste faide di partito degenerarono in sanguinose guerre civili; il partito vinto doveva poi abbandonare la città e prendeva dimora o in un altro luogo del [14] territorio cittadino o si trasferiva in uno confinante, per lo più una città nemica, in attesa dell'occasione di rientrare in patria e far pagare agli oppositori l'ingiustizia subita.

Pressoché ognuno dei Comuni maggiori nel XIII e XIV secolo aveva di volta in volta, al di fuori dei dominanti, all'interno delle mura profughi o esilia-

11. Ottone IV di Brunswick (1175 o 1182-1218) fu re di Germania tra il 1198 e il 1212 e imperatore dal 1209 al 1218. Federico II (1194-1250), figlio di Enrico VI di Svevia e di Costanza d'Altavilla, divenne re di Sicilia nel 1197 e di Germania nel 1212. A Federico II Hintze dedicò una parte notevole dell'*Allgemeine Verfassungs und Verwaltungsgeschichte der neueren Staaten*, quella relativa al Regno di Sicilia.

vor den Thoren und in der Fremde. Und die benachbarten Städte selbst waren eine wider die andere: die grossen griffen rücksichtlos um sich, die kleinen suchten ihre Unabhängigkeit zu erhalten und ihre Interessen zu schützen. Nach dem Sturze der Staufer lösten sich vollends alle Bande und es begann jene Anarchie, die Italien reif zur Tyrannis und zur Fremdherrschaft gemacht hat.

Die eigentümliche Form der Tyrannis, die aus diesen Verhältnissen mit einer gewissen Notwendigkeit hervorging, wird in dem Italien des 13. und 14. Jahrhunderts als "Signoria" bezeichnet: die Gemeinden selbst, müde des aufreibenden Bürgerkampfes, setzen sich einen Herrn (Signore); oder ein Parteihaupt und entschlossener Machthaber [15] usurpiert die Stellung eines solchen Stadtherrn für sich, wobei dann die Bevölkerung sich meist beruhigt. Die Art der Entstehung dieser Signorie ist so mannigfaltig verschieden wie die örtlichen Einrichtungen und die begleitenden Umstände; aber der allgemeine wirksame Drang nach einer solchen Entwicklung der entarteten Stadtverfassungen ist nicht zu verkennen. Mehrfach ging der neue Machthaber wie in Ferrara und Ravenna aus einem Podestà hervor, der, wie es schon im 13. Jahrhundert vielfach geschah, nicht mehr bloss auf ein Jahr, sondern auf längere Zeit, ja wohl auf Lebenszeit gewählt war; oft waren auch mehrere Podestà-Stellen verschiedener benachbarter Gemeinden in eine Hand gekommen, was ihrem Inhaber natürlich schon eine die verfassungsmässigen Schranken leicht überspringende Macht verlieh; anderswo wie in Mailand und Verona ist das Volkspodestat oder die Kriegshauptmannschaft oder die Stellung eines Potestas mercatorum der Ausgangspunkt gewesen. Dazu kam dann häufig [16] die Verleihung des päpstlichen oder des Reichsvicariats, wodurch die Usurpatoren ihrer rein thatsächlichen Machtstellung eine freilich nicht immer hoch bewertete Rechtsgrundlage zu geben suchten. Das Regiment Friedrichs II. in der apulisch-sizilianischen Monarchie wird im allgemeinen dabei als Vorbild gewirkt haben: einer der ersten Tyrannen, die in Oberitalien emporkamen, war der berüchtigte Ezzelino da Romano, der Vicarius und Schwiegersohn des Kaisers, dessen Ruchlosigkeit zwar von den Späteren kaum je erreicht worden ist, aber doch den Ton angab für die scrupellose Art, in der hier der Kampf um die Macht geführt worden ist. Über ein Dutzend solcher Stadtherrschaften bildeten sich im Laufe des 13. und 14. Jahrhunderts in Oberitalien heraus, die bedeutendsten in Mailand, Verona, Padua, Mantua und Ferrara, die mehr oder weniger von den benachbarten kleinen Stadt- und Landgebieten in sich verschlangen. Die republicanischen Formen der alten Stadtverfassung blieben dabei erhalten: die Räte, die Volksversammlung, die städtischen Ämter. Aber eine politische Bedeutung hatten sie in allgemeinen nicht mehr. Die Wehrhaftigkeit der Bürgerschaften [17] und das politische Interesse der früheren Zeit verschwanden; das militärische Bedürfnis wurde durch die von Condottieren geworbenen und geführten Soldtruppen bestritten und die politischen Ge-

ti davanti alle porte e in terra straniera. E le stesse città vicine erano l'una contro l'altra: le maggiori si estesero senza riguardo, le minori cercarono di conservare l'indipendenza e difendere i loro interessi. In seguito alla caduta degli Hohenstaufen si sciolsero tutti i legami con l'autorità imperiale ed ebbe inizio quell'anarchia che ha reso l'Italia matura per la tirannide e le signorie straniere.

La tipica forma della tirannide che da queste situazioni emerse con una certa necessità è chiamata "Signoria" nell'Italia del XIII e XIV secolo: il Comune stesso, stanco delle logoranti lotte intestine, si diede un signore (Signore); oppure un capo partito e uomo di potere risoluto [15] usurpò per sé la carica di un simile signore cittadino, mentre la popolazione si era per lo più pacificata. Il modo di formazione di questa signoria è così molteplice come le istituzioni locali e le circostanze che le accompagnano; ma l'impulso generale, efficace verso un simile sviluppo delle degenerate costituzioni cittadine, non è da disconoscere. Più volte il nuovo uomo di potere proveniva da un podestà come a Ferrara e a Ravenna, che, come accadde spesso proprio nel XIII secolo, non fu più eletto semplicemente per un anno, ma per un tempo più lungo, addirittura a vita; spesso anche diverse cariche podestarili nei più diversi Comuni confinanti erano riunite in una mano, il che diede naturalmente al loro titolare un potere capace di saltare facilmente i limiti costituzionali; altrove, come a Milano e a Verona, il punto di partenza è stato il podestà del popolo o il capitano della guerra oppure la carica di un Potestas Mercatorum. A ciò si aggiunse frequentemente [16] il conferimento della carica di vicario papale o imperiale, mediante la quale gli usurpatori cercarono di dare un fondamento legale alla loro pura posizione di potere, certo non sempre considerata positivamente. Il governo di Federico II nella monarchia apulo-siciliana avrà operato contemporaneamente come modello in generale: uno dei primi tiranni che emersero nell'Italia superiore fu il famigerato Ezzelino da Romano,[12] il vicario e genero dell'imperatore, la cui scelleratezza non è stata mai raggiunta dai successori ma che tuttavia diede una misura del metodo spregiudicato con cui fu condotta a quel punto la lotta per il potere. Oltre una dozzina di simili signori cittadini si formarono nel corso del XIII e XIV secolo, i più importanti a Milano, Verona, Padova, Mantova e Ferrara, che divorarono parti più o meno estese delle piccole città e dei territori confinanti. Le forme repubblicane dell'antica costituzione cittadina rimasero inalterate: i consigli, le adunanze popolari, gli uffici cittadini. Ma non avevano più importanza politica in generale. Le difese della cittadinanza [17] e la partecipazione politica del tempo precedente scomparvero; l'apparato militare fu sostenuto attraverso i mercenari arruolati e comandati dai condottieri; il principe sbrigò gli affari politici come sue proprie incombenze segrete mediante l'aiuto di

12. Ezzelino da Romano (1194-1259), signore di Vicenza, Verona e Padova.

schäfte besorgte der Fürst als seine eigene geheime Angelegenheit mit Hilfe seiner persönlichen Diener, unter denen im 14. und 15. Jahrhundert der Staatssecretär als eine Figur von besonderer Wichtigkeit hervortritt. Anfangs wurde, wenn ein Regierungswechsel eintrat, der neue Signore noch vom grossen Rat gewählt und von der Volksversammlung bestätigt; indessen das war eine blosse Form, die dem Mangel an Legitimität zu Hilfe kam, da in der Regel der Nachfolger von dem Vorgänger schon bei dessen Lebzeiten auf irgend eine Weise designiert worden war. Der Mangel an Festigkeit in der Nachfolge hat sich, wie es der rechtlosen und gewalttätigen Begründung dieser Fürstenherrschaften nicht anders sein konnte, noch lange störend bemerkbar gemacht: Familienzwist, Mord und Gewalttat waren in diesen Fürstenhäusern an der Tagesordnung. Aber endlich gelang es doch eine feste Erbfolge nach dem Grundsatz der Erstgeburt durchzuführen und in Verbindung damit stand die wenigstens grundsätzlich festgestellte Unteilbarkeit des Staatsgebietes. [18] So sind die Häuser der Scaliger in Verona, der Carrara in Padua, der Gonzaga in Mantua, der Este in Ferrara, der Visconti in Mailand begründet worden. Anfänglich war in Mailand der Führer der Volkspartei Martin della Torre als Podestà des Volks auf Lebenszeit ans Regiment gelangt (1259); später behaupteten die Visconti, aus deren Hause zwei bedeutende Erzbischöfe, Otto und Johann, hervorgegangen waren, von einer Reaktion des Adels gestützt, die Signoria der Stadt, deren Herrschaftsgebiet sich erst unter ihnen zu einem ganz grossen lombardischen Territorium ausweitete, das fast ganz aus Stadtgemeinden zusammengesetzt war. Giangaleazzo, der eigentliche Begründer der grossten Stellung des Hauses, erwarb von Kaiser Wenzel 1395 den Titel eines Herzogs von Mailand: er ist der Urheber der Certosa von Pavia

suoi servitori personali, dai quali emerse nel XIV e XV secolo il Segretario di Stato come una figura di particolare importanza. All'inizio, quando sopraggiungeva un cambiamento di governo, il nuovo Signore veniva ancora scelto dal Consiglio maggiore e confermato dall'adunanza popolare; tuttavia ci fu un metodo semplice che venne in aiuto alla mancanza di legittimità, dal momento che di regola il successore era designato dal predecessore in certo modo già durante la vita di quest'ultimo. La mancanza di stabilità nella successione aumentò ancora a lungo in modo evidentemente dannoso, il che non poté essere diversamente data la fondazione illegale e violenta di questi principati signorili: liti familiari, omicidi e atti di violenza in queste case principesche erano all'ordine del giorno. Ma alla fine si riuscì ad assicurare una solida successione mediante il principio della primogenitura e in relazione a questo stava almeno la fondamentale indivisibilità del territorio statale. [18] Così sono state fondate le case degli Scaligeri a Verona, dei Carrara a Padova, dei Gonzaga a Mantova, degli Este a Ferrara, dei Visconti a Milano. All'inizio a Milano il capo del partito popolare, Martino della Torre, era arrivato al governo a vita come podestà del popolo (1259);[13] più tardi, appoggiati da una reazione della nobiltà, i Visconti – dalla cui casa si segnalarono due importanti arcivescovi, Ottone[14] e Giovanni[15] – ressero la Signoria della città, il cui dominio si estese sotto di loro a un territorio lombardo più ampio, costituito quasi interamente da Comuni cittadini. Gian Galeazzo,[16] il vero fondatore della maggiore posizione di potere raggiunta dalla casata, acquistò dall'imperatore Venceslao[17] nel 1395 il titolo di duca di Milano: egli fu l'iniziatore della Certosa di Pavia

13. Martino della Torre, divenne podestà nel 1256. Fu acclamato dal popolo signore di Milano nel 1259. Morì nel 1263. Hintze non cita personalità importanti della casata dei Della Torre, quali ad esempio Napoleone (detto Napo, morto nel 1278), zio di Martino che, com'è noto, venne investito dall'imperatore Rodolfo d'Asburgo del vicariato imperiale nel 1274 ottenendo la legittimazione giuridica del suo potere personale.
14. Ottone Visconti (1207-1295), arcivescovo di Milano dal 1262, entrò in città solo nel 1277 quando i Torriani – nemici dei Visconti e capi del partito popolare – furono sconfitti nella battaglia di Desio. Esercitò il potere spirituale e temporale nella città di Ambrogio, riprendendo in parte le orme dei vescovi altomedievali. Come capo temporale, nominò il podestà, il capitano del popolo e il podestà dei mercanti.
15. Giovanni Visconti (1290-1354). Vescovo e signore di Novara dal 1332, ottenne la signoria di Milano nel 1339 assieme al fratello Luchino. Nel 1342 fu riconosciuto dal papa arcivescovo di Milano. Morto il fratello nel 1349, fece riconoscere dal consiglio generale di Milano il diritto alla successione non al figlio di Luchino, ma ai nipoti Matteo II, Galeazzo II e Bernabò.
16. Gian Galeazzo Visconti (1351-1402), ottenne l'investitura dell'imperatore a duca di Milano nel 1395.
17. Venceslao IV (1361-1419), figlio dell'imperatore Carlo IV, fu eletto re di Germania nel 1376 e, due anni dopo, di Boemia.

und des Doms von Mailand und strebte schon nach einem allgemeinen italienischen Königtum, als ihn 1402 ein frühzeitiger Tod ereilte.

Nach dem Erlöschen dieses noch in dem alten grausam gewaltthätigen Tyrannenstil herrschenden Hauses kam es noch einmal auf kurze Zeit (1447-1450) zu einem Wiederaufleben der [19] republicanischen Staatsform; aber das bürgerliche Regiment war den Schwierigkeiten der Lage nicht gewachsen; eine Volksbewegung zwang den grossen Rat, abermals die Herrschaft über die Stadt in die Hand eines absoluten Fürsten zu legen: das war der Condottiere Francesco Sforza, der 1450-66 eine mehr friedlich und gesetzliche Regierung geführt hat, wie sie überhaupt für die grösseren wenigstens unter den italienischen Tyrannenstaaten im 15. Jahrhundert vorbildlich geworden ist.

Das Herzogtum Mailand ist im 15. und 16. Jahrhundert der ausgeprägteste Typus eines oberitalienischen Fürstenstaats. Wie anders ist es gestaltet als die deutschen Territorien oder gar das französische Reich, das aus ähnlichen territorialen Gebieten zusammengefügt war! Das Wesentliche ist, dass dieser Staat in der Hauptsache aus Communen zusammengesetzt ist, die ihre frühere politische Selbstständigkeit verloren aber ihre Autonomie in Gericht und Verwaltung in weiten Grenzen behalten haben. Es gab hier keine ständischen Körperschaften und Zusammenkünfte. Die Geistlichkeit [20] bildete keine politische Corporation; alle ihre Bedeutung fasste sich in der Person des Erzbischofs zusammen, die vor der Macht der neuen Gewalthaber weit zurücktrat. Der Adel als solcher war verschwunden und in der städtischen Bürgerschaft aufgegangen. Es blieben nur die Communen, die ihre alte Verfassung beibehalten hatten. Überall finden wir noch den grossen Rat, der in Mailand im Jahre 1512 aus 900 Personen bestand,

e del Duomo di Milano e aspirò fortemente a un regno italico universale, ma nel 1402 lo colse una morte troppo precoce.

In seguito all'estinzione di questa casa, che dominò ancora secondo il vecchio stile tirannico crudele e violento, si giunse ancora una volta per breve tempo (1447-1450) a una resurrezione della [19] forma di stato repubblicana; ma il governo popolare non fu all'altezza della situazione; un movimento di popolo costrinse il consiglio maggiore a consegnare di nuovo la signoria sulla città nelle mani di un principe assoluto: questi fu il condottiero Francesco Sforza che dal 1450 al 1466 ha diretto un governo pacifico e giusto, divenuto assolutamente esemplare almeno per i più grandi tra gli Stati tirannici italiani del XV secolo.[18]

Il ducato di Milano nel XV e XVI secolo è il tipo più marcato di Stato principesco dell'Italia settentrionale. Quanto diversamente esso è organizzato rispetto ai territori tedeschi o addirittura al regno francese che era costituito da territori simili! La cosa fondamentale è in sostanza che questo Stato si è costituito dai Comuni, i quali persero la loro indipendenza politica ma conservarono la loro autonomia entro ampi confini nella giustizia e nell'amministrazione. Non ci fu qui alcun ente pubblico o riunione di tipo cetuale. Il clero [20] non formò alcuna istituzione politica di diritto; tutto il ruolo politico si concentrò nella persona del vescovo, che poi passò in secondo piano davanti al potere dei nuovi uomini di governo. La nobiltà come tale era scomparsa e fu assorbita nella comunità cittadina. Rimasero solo i Comuni, che avevano conservato la loro antica costituzione. Ovunque noi troviamo ancora il Consiglio maggiore, che a Milano nel 1512 era composto da 900 persone,[19]

18. Francesco Sforza (1401-1466), condottiero di ventura, duca di Milano dal 1450 alla morte. Hintze tornerà ad occuparsi di lui nella parte della sua opera relativa a Roma. Su Francesco Sforza si veda Menniti Ippolito, *Francesco I Sforza.*

19. Il Consiglio generale – che Hintze chiama «Consiglio maggiore» – era il massimo organo rappresentativo del Comune di Milano, risalente al XII secolo: i suoi componenti, eletti dai capifamiglia che abitavano nei quartieri delle sei porte cittadine, erano divisi nelle classi dei *capitanei*, dei *valvassores* e dei *cives*. Nel periodo signorile, soprattutto a partire dal 1330, il numero dei componenti si stabilizzò a 900. Fino al 1388 i capifamiglia di ciascuna delle sei porte eleggevano 150 consiglieri ciascuna. Da quell'anno, per volontà di Gian Galeazzo Visconti, fu deciso che fosse l'ufficio di provvisione (il Vicario e i XII di provvisione, magistratura comunale nominata dalla signoria) a decidere la nomina dei 900. Sull'istituzione del Consiglio Generale nel Medioevo e nell'antico regime si veda Santoro, *Gli offici del Comune di Milano e del dominio visconteo-sforzesco*; Annoni (a cura di), *Stato di Milano e Lombardia austriaca 1535-1796.* Si veda anche l'analisi introduttiva del libro di Zanetti, *La demografia del patriziato milanese nei secoli XVII, XVIII e XIX.* Sulla formazione dello Stato rinascimentale nel Nord Italia a seguito della crisi degli ordinamenti comunali, si veda Chittolini (a cura di), *La crisi degli ordinamenti comunali e le origini dello Stato del Rinascimento.*

und als eigentlichen Inhaber der städtischen Verwaltungsbefugnisse eine engeren Ausschuss, den kleinen Rat.

Daneben bestehen wohl, wie in Como, besondere richterliche Collegien, aus eingeborenen Doctoren und Causidici zusammengesetzt, aus denen halbjährlich die vier Consuln für die Rechtspflege (consules de justitiis, de placitis) die obersten Richter der Commune, durch das Loos bestimmt wurden. An der Spitze der Commune stand wie früher ein Podestà, der aber nicht gewählt, sondern vom Herrscher ernannt war, auf 1-2 Jahre; neben ihm ein Vicar, ein Capitano, mancherlei Commissarien, Referendarien für die Supplicationen und Fiscale zur Wahrnehmung der fürstlichen Interessen; sie alle und auch die unteren Richter vom Herzog ernannt.

[21] Jede Commune sandte alljährlich im Mai einen reisenden Richter aus, der die Dörfer und Ortschaften zur Besserung ihrer Wege, Brücken und Dämme auszuhalten hatte. Es stand der Commune frei, das auf sie entfallende Steuerquantum, das monatlich eingefordert wurde (mensuale) so aufzubringen, wie es ihr angemessen schien. Jede Commune bildet einen geschlossenen Verband, in dessen Gebiet noch im 16. Jahrhundert den Bürgern einer anderen Commune des Herzogtum der Erwerb von Grundbesitz nicht erlaubt war.[c]

Am herzoglichen Hofe halten die Communen ihre Oratori, die dort im Interesse ihrer Auftraggeber als Advocaten, Procuratoren, Sollicitatoren thätig sind, auch wohl unter dem Vorsitze des Mailänder Orators zu einer Congregation zusammentreten, um gemeinsame Interessen wahrzunehmen und zu fördern. Eine repräsentative Befugnis, freilich mit sehr bescheidener Art, ist wohl erst später, in der spanischen Zeit, daraus geworden.

Die herzogliche Gewalt im 14. und 15. Jahrhundert ist absolut. Sie stützt sich auf die persönliche Leibwache des Fürsten, auf die [22] geworbenen Truppen, deren Commando unter den Sforza schon von den Condottieri auf den

c. Segue un periodo cancellato: «Dem Ganzen gegenüber haben sie gewisse repräsentative Befugnisse, freilich sehr bescheidener Art. Sie senden ihre Oratori nach Mailand an dem herzöglichen Hof» (Di fronte all'assieme dispongono di alcuni poteri rappresentativi, di natura peraltro molto modesta. Essi mandano i loro oratori a Milano presso la corte ducale).

e il Consiglio minore come un comitato ristretto vero e proprio titolare dei poteri amministrativi cittadini.

Inoltre esistevano, come a Como, i supremi magistrati del Comune, speciali collegi giudiziari composti di Dottori e Causidici del luogo, dai quali ogni semestre erano estratti a sorte i quattro consoli per l'amministrazione della giustizia. Al vertice del Comune si trovava come prima un Podestà, il quale tuttavia non era eletto ma veniva nominato dal Signore per 1-2 anni; accanto a lui un vicario, un capitano, diversi commissari, referendari per le suppliche e un fiscale per l'esame degli interessi del principe; tutti loro e anche i giudici subordinati erano nominati dal duca.

[21] Ogni Comune inviava ogni anno in missione, a maggio, un giudice itinerante il quale doveva fermarsi nei paesi e villaggi per far riparare le strade, i ponti e gli argini. Il Comune era libero di levare la quota d'imposta, richiestagli mensilmente, in modo tale da sembrare di averla determinata esso stesso. Ciascun Comune forma un'associazione chiusa, nel cui territorio ancora nel XVI secolo non era permesso l'acquisto di terre ai cittadini di un altro Comune del ducato.

Alla corte del duca i Comuni avevano i loro oratori, che vi lavorano nell'interesse dei mandanti come avvocati, procuratori, sollecitatori; si riuniscono anche in una congregazione sotto la presidenza di un oratore milanese, per svolgere e promuovere interessi comuni. Da qui, solo più tardi nel periodo spagnolo, è derivato un potere rappresentativo, in forma certamente assai modesta.[20]

Il potere ducale nel XIV e XV secolo è assoluto. Esso si fonda sul sistema di guardie del corpo personali del Principe, su [22] truppe reclutate, il cui comando passa sotto gli Sforza dai condottieri al Principe, che ha fatto carriera

20. Hintze si riferisce alla Congregazione dello Stato: la sua istituzione servì inizialmente per favorire la cooperazione tra i Comuni del ducato e gli organi di governo nella redazione dell'estimo voluto dall'imperatore Carlo V nel 1543. La congregazione finì con il tempo per consolidarsi nel diritto ducale: essa era composta da oratori eletti dai consigli delle città lombarde in rappresentanza dei loro interessi. Nella ripartizione dei carichi fiscali, la congregazione si poneva l'obiettivo di sgravare le comunità del territorio ottenendo una distribuzione delle quote meno sfavorevole alle varie comunità del ducato in un contesto in cui la città dominante (Milano) fruiva di una posizione privilegiata. Come accenna vagamente Hintze, Milano presiedeva questa assemblea attraverso il vicario di provvisione. Nel periodo della dominazione spagnola, a partire dalla metà del Cinquecento, fecero parte della congregazione anche i sindaci delle comunità rurali e, dal 1594, i conservatori del patrimonio in rappresentanza della città ambrosiana. I membri si radunavano negli uffici del vicario di provvisione solo dietro autorizzazione del governatore, rappresentante del duca durante il dominio dei re di Spagna e degli imperatori asburgici. La Congregazione dello Stato fu soppressa con le riforme dell'imperatore Giuseppe II di Asburgo Lorena nel 1786. Su questa istituzione occorre ricordare il già citato lavoro di Annoni, *Stato di Milano*, p. 26. Si veda inoltre Sella, *Sotto il dominio della Spagna*, p. 56.

Fürsten, der selbst als Grosscondottiere emporgekommen ist, übergeht, und auf ein ausgebildetes Goldsteuersystem, bei dem Grund- und Verbrauchssteuern die Grundlage bilden; dazu kommen die Einkünfte aus Domänen und Regalien wie Zöllen und Münze. Die fürstliche Finanzverwaltung liegt in den Händen zweier Kammerbehörden, die als Magistrati bezeichnet werden, eine für die ordentlichen, die andere für die ausserordentlichen Einkünfte und die darauf begründeten Ausgaben bestimmt. Daneben gibt es einen Justizrat, als Organ der obersten fürstlichen Gerichtsbarkeit und einen Geheimen Rat für die allgemeinen Staats- und Regierungsangelegenheiten; das Amt des Staatssecretärs tritt im 15. Jahrhundert schon bedeutend hervor. Die Organisation dieser Hofbehörden zeigt eine unverkennbare Ähnlichkeit mit der des französischen und spanischen Hofes, deren Grundlagen aber entschieden die älteren sind, wenn auch Neuerungen, wie die des Staatssecretariats, aus Italien stammen mögen.

lui stesso come gran condottiero; si fonda ancora su un sistema di tassazione finanziaria sviluppato, del quale l'imposta fondiaria e di consumo costituiscono l'ossatura. Ad esse si sommano le entrate del demanio pubblico e regalie quali dogane e moneta. L'amministrazione finanziaria del Principe risiede nelle mani di due dicasteri camerali, che erano definiti Magistrati, uno per le entrate ordinarie, l'altro per quelle straordinarie e per le uscite alle medesime correlate. Accanto si trova un consiglio di giustizia quale organo della suprema giurisdizione del Principe e un consiglio segreto per gli affari generali di Stato e di governo; la carica di segretario di stato appare già rilevante nel XV secolo. L'organizzazione di questi uffici di corte mostra una evidente somiglianza con quella della corte francese e spagnola, le cui basi tuttavia sono decisamente più antiche, quando anche innovazioni come quella del segretariato di stato derivano probabilmente dall'Italia.[21]

21. La descrizione di Hintze si riferisce all'amministrazione del ducato di Milano quale si era venuta assestando con Gian Galeazzo Visconti; nelle sue linee portanti, essa rimase immutata in parte rilevante fino alla fine dell'antico regime (1796). I supremi collegi che assistevano il duca nel periodo visconteo sforzesco citati da Hintze (Consiglio di Giustizia e Consiglio Segreto) furono sostituiti con l'editto di Vigevano, emanato nel 1499 dal re di Francia Luigi XII, dal Senato di Milano, la suprema istituzione giuridico amministrativa del ducato che operò fino alla soppressione avvenuta con le riforme di Giuseppe II nel 1786. Gli organi centrali di amministrazione del ducato, al tempo di Gian Galeazzo i Maestri delle Entrate Ordinarie e Straordinarie, continuarono a sussistere in antico regime (XVI, XVII e buona parte del XVIII secolo) come Magistrato Ordinario e Magistrato Straordinario. Non sopravvisse invece l'ufficio del segretario ducale milanese – il Segretario di Stato menzionato da Hintze – che negli anni della dinastia sforzesca era stato rivestito da una personalità di alto profilo come il calabrese Cicco Simonetta. Alla fine dell'indipendenza politica e all'avvento delle dominazioni straniere, l'ufficio scomparve. Su queste istituzioni si veda Santoro, *Gli Offici*; Annoni, *Stato di Milano*.

4. Venedig / Venezia

GStA PK, VI. HA, *Familienarchive und Nachlässe*, NL Otto Hintze, Nr. 2, Bd. 3, *Venedig*, ff. 1-33

5. GStA PK, VI. HA, *Familienarchive und Nachlässe*, NL Otto Hintze, Nr. 2, Bd.3, *Venedig*, f. 1 (© GStA PK).

Venedig

[1] Das Venezianische Staatswesen, wie es sich bis zum 16. Jahrhundert ausgebildet hat, als die beherrschende Handelsmacht an beiden Küsten der Adria, Handelsprivilegien im Ost- und Westreich, mit seinen Colonien in Morea, Negroponte, Korfu, Candia, Cypern ist eine Staatsbildung ganz eigener Art, aber in seinem Kern und Hauptgebiet (Venedig selbst) doch von der typischen Form eines zum Territorium ausgerichteten italienischen Stadtstaates; namentlich die im ersten Viertel des 15. Jahrhunderts erworbene Terra ferma, wo Venedig als Nachfolger der Carrara von Padua, der della Scala in Verona und anderer Stadttyrannen auftrat, die Grundlage des später als "Venetien" bekannten compakten Landgebietes, gibt ihm diesen Charakter. Das Ganze ist ein Conglomerat von abhängigen Gemeinden und Landschaften, die sich um die Hauptstadt gruppieren, und von ihr aus durch Provveditoren, Rettoren oder Podestàs regiert werden, mit communaler Selbstverwaltung, wo sie hergebracht war, aber ohne politische Selbständigkeit und ohne Anteil am Regiment. Die Staatsgewalt über das ganze Reich concentriert [2] sich seit dem 11. Jahrhundert durchaus in der herrschenden Stadt am Rialto, dem Kern einer Anzahl von Lagunenstädten, deren Gesamtheit früher eine byzantinische Provinz, den Ducat, gebildet hatte.

Noch bis ins 9. Jahrhundert hinein hat der Kaiser in Byzanz seine Hoheitsrechte hier geltend gemacht; der Dux (Doge) war ursprünglich ein byzantinischer Militär- Beamter, der in der frühesten Zeit von den Gemeindevorstehern der Inselgemeinden (den Tribunen) gewählt wurde; die Nachkommen dieser casi elettorali, die bei dem Synoikismos des 9. Jahrhunderts nach dem Rialto übergesiedelt waren, machten die erste und angesehenste Klasse unter der venetianischen Aristokratie aus. Im Laufe der Zeit hat sich Venedig[a] von dem byzantinischen Einfluss frei gemacht, ohne aber unter die Botmässigkeit

a. Segue una riga cancellata: «seit dem 11 Jahrhundert die Beherrscherin der Adria» (dall'undicesimo secolo la dominatrice dell'Adriatico).

Venezia

[1] La natura dello Stato veneziano, come si formò fino al XVI secolo, nella sua qualità di potenza commerciale dominante su entrambe le coste dell'Adriatico – per i privilegi commerciali nell'impero d'occidente e d'oriente – con le sue colonie in Morea, Negroponte, Corfù, Candia, Cipro, fu una formazione statale di tipo assai particolare, ma nel suo nucleo centrale (Venezia stessa) appartiene alla forma tipica di uno Stato cittadino italiano territorialmente esteso; specialmente diede ad esso questo carattere la Terraferma acquisita nel primo quarto del XV secolo, dove Venezia si presentò quale successore dei Carrara a Padova, dei Della Scala a Verona e di altri tiranni cittadini e fu la base di quel solido territorio regionale conosciuto più tardi come "Veneto". L'intero territorio fu un conglomerato di Comuni soggetti e di signorie territoriali che si raccoglievano nella capitale ed erano controllati da questa mediante provveditori, rettori o podestà; con autonomia amministrativa comunale delle Comunità subordinate dove questa era introdotta, ma senza indipendenza politica e senza alcuna parte nel governo generale. Il potere politico su tutto l'impero si concentrò [2] interamente fin dall'XI secolo nella città dominante presso Rialto, il nucleo centrale di un gruppo di città lagunari il cui insieme aveva formato anticamente una Provincia bizantina, il Ducato.

Ancora fino al IX secolo inoltrato l'imperatore di Bisanzio fece valere qui i suoi diritti di sovranità; il Dux (Doge) fu in origine un funzionario militare bizantino che, secondo la tradizione, nei primissimi tempi era eletto dai capi delle popolazioni che facevano parte delle comunità insulari (i Tribuni); i discendenti di questi casi elettorali, i quali, con il sinecismo 'Synoikismos' del IX secolo,[1] si erano trasferiti a Rialto, costituirono la prima e più stimata classe dell'aristocrazia veneziana. Nel corso del tempo Venezia si rese libera dall'influenza bizantina senza tuttavia finire sotto il dominio dell'impero ro-

1. Hintze scrisse *Synoikismos* servendosi dell'antico significato del termine per il caso medievale della città di Rialto: sinecismo è la concentrazione di popolazioni abitanti in territori o borgate diverse in un'unica città, preesistente o di nuova fondazione. Hintze, che scriveva nei primi decenni del Novecento, poteva ricorrere a un'opera importante su questo tema: Kuhn, *Die Enstehung der Städte der Alten. Komenverfassung und Synoikismos.* Il sinecismo avvenuto a Venezia nel IX secolo è stato ricordato dagli storici del Medioevo in diversi lavori apparsi nella seconda metà del secolo scorso. Schmiedt, *I porti italiani nell'Alto Medioevo*, pp. 247-248: «Lungo la cimosa costiera della laguna di Venezia in età tardo antica gli scali di Padova (Eurone, Lova, Ad Portum) ed il porto di Altino sono ancora utilizzabili, ma dopo l'invasione longobarda sono abbandonati ed i profughi, provenienti anche da altre città del retroterra, danno vita nelle isole della laguna ad una collana di centri (Chioggia, Malamocco, Luprio, Rialto, Murano, Mazzorbo, Jesolo, Civitas Nova). Nel IX secolo il consolidamento della sede del Ducato a Rialto darà origine al processo di sinecismo che porterà alla nascita di Venezia».

des römisch-deutschen Reichs zu kommen; noch der Doge Enrico Dandolo (gestorben 1205) hat zwar den byzantinischen Titel "Protosebastos" geführt; aber der venetianische Staat war damals bereits längst eine unabhängige Macht.

[3] Die aristokratische Verfassung, die später mit dem Begriff Venedig untrennbar zusammenhing, ist nicht von Anfang an vorhanden gewesen und auch nicht, wie eine konstruirende spätere Überlieferung will, durch eigene Gesetzgebungsakte in den Jahren 1272-1279 gleichsam mit einem Schlage geschaffen worden. Die Verfassungsentwicklung Venedigs fügt sich vielmehr im grossen und ganzen in das typische Bild der italienischen Stadtverfassung ein, wie es die anderen oberitalienischen Gemeinden darbieten.[b]

[4] Vom 9. bis zum 11. Jahrhundert haben die Dogen eine noch nicht verfassungsmässig beschränkte Herrschaft von patriarchalischem Charakter geführt;[c] der Doge wurde damals wohl als Senior bezeichnet aber zum "Signore" ist er nicht geworden. Es ist bemerkenswert, dass die feudale Grundlage des Staatsleben, wie sie anderswo in Italien vorhanden war, im venezianischen Ducat gefehlt hat: die venetianische Aristokratie hat keinen feudalen Ursprung, und der Doge war nicht von einem Lehnshof umgeben. Er führte die Regierung über die Stadt und den Ducat, in dem als Nachfolger der früheren selbstherrlichen Tribunen jetzt "Gastalden" von minder selbständiger Stellung, als der Centralregierung im Rialto untergeordnete Lokalbehörden walteten, im Einvernehmen mit einer noch nicht fest organisierten Versammlung, dem publicum placitum, zu dem vor allem die Prälaten und die obrigkeitlichen Personen [primates] erschienen, die zugleich die urteilfindenden Richter (judices) waren; als Neustand traten die drei Klassen des Volkes hinzu, [5] wobei die Mitwirkung des Adels, dem auch die Richter angehörten, besonders hervorgehoben wird.

An Parteiung und Widerstand gegen den Dogen hat es bei dieser älteren patriarchalischen Verfassungsform nicht gefehlt. Peter IV. Candiano, der um die Mitte des 10. Jahrhunderts regierte, musste seinen Versuch zur Begründung einer Gewaltherrschaft mit dem Tode büssen; aber der Dogat erhielt sich trotzdem in dieser monarchischen Stellung zwei Jahrhunderte hindurch, weil er eine

b. Seguono alcuni periodi cancellati, ripresi più avanti nel testo: «Zweifellos haben die Dogen im 11. Jahrhundert und auch später noch versucht, eine dynastische Herrschaft zu begründen: ein Gesetz, das im Jahre 1032 nach dem Sturz der Orseoli unter dem Dogen Domenico Flonrenigo erlassen wurde, besagt dass kein Doge fortan seinen Nachfolger selbst ernennen oder bei seinen Lebzeiten wählen lassen solle; die Familie der Orseoli blieb vom Dogenamt ausgeschlossen. Die Wahl des Dogen erfolgte damals in einer Volksversammlung der Rialtostadt, wahrscheinlich aber schon unter dem massgebenden Einfluss der mächtigeren Elemente». Segue un periodo interrotto, anch'esso cancellato.

c. Segue un periodo cancellato che ripete in parte alcuni concetti esposti nel paragrafo successivo: «[...] unter anderem auch durch den Titel Senior, der damals dem Dogen zukam, bezeichnet wird» ([signoria la cui natura patriarcale] tra l'altro è contrassegnata dal titolo 'Senior' che allora spettava al doge).

mano germanico; anche il doge Enrico Dandolo (morto nel 1205) ebbe il titolo bizantino di “Protosebastos”, ma lo Stato veneziano era una potenza indipendente ormai da moltissimo tempo.

[3] La costituzione aristocratica, che più tardi fu in relazione inseparabile con il concetto di Venezia, non esistette fin dall’inizio e nemmeno – come vuole una tradizione affermatasi più avanti nel tempo – fu inventata per così dire tutta d’un tratto mediante alcuni atti legislativi negli anni 1272-79. Lo sviluppo costituzionale di Venezia si inserisce piuttosto nel suo complesso entro il quadro tipico della costituzione cittadina italiana come si presentava negli altri Comuni dell’Italia settentrionale.

[4] Dal nono all’undicesimo secolo i dogi condussero una signoria di natura patriarcale non ancora costituzionalmente limitata; il doge era designato allora come senior ma non era divenuto “Signore”. È degno di nota che la base feudale della vita statale, come era presente in altre parti d’Italia, mancò nel ducato veneziano: l’aristocrazia veneziana non aveva alcuna origine feudale e il doge non era circondato da una corte feudale. Egli reggeva il governo sulla città e sul ducato nel quale ora i “Gastaldi”, discendenti dei precedenti tribuni autoritari, governavano da una posizione meno autonoma come autorità locali subordinate al governo centrale di Rialto; (questo) in accordo con un’assemblea organizzata in modo non ancora definitivo, il publicum placitum, ove comparivano i prelati e le persone che facevano parte delle autorità superiori (primates) che erano allo stesso tempo giudici cercatori di sentenze (judices); come nuovo ceto si aggiunsero inoltre le tre classi del popolo [5] ove spiccava particolarmente il contributo della nobiltà, alla quale appartenevano anche i giudici.

Non mancarono in questa antica forma costituzionale patriarcale divisioni e resistenze contro i dogi. Pietro IV Candiano, che governò verso la metà del X secolo, dovette pagare con la morte il suo tentativo di fondare un potere signorile;[2] ma il Dogado si mantenne ciononostante in questa posizione monarchica per due secoli, perché era una necessità politica; si può parlare di

2. Su Pietro IV Candiano, doge di Venezia, morto nel 976 nel corso di un’insurrezione popolare), si veda la voce curata da Bertolini, *Candiano, Pietro*.

politische Notwendigkeit war; man kann von förmlichen Dynastien der Particiaci (9. Jahrhundert), der Candiani und Orseoli (10.-11. Jahrhundert) reden. Eine Tendenz zur Erblichkeit der Stellung war vorhanden, aber sie ist nicht durchgedrungen. Ein Gesetz, das im Jahre 1032 nach dem Sturz der Orseoli unter dem Dogen Domenico Flarenigo erlassen wurde, besagt, dass fortan kein Doge seinen Nachfolger selbst ernennen oder bei seinen Lebzeiten wählen lassen solle; das Wahlprinzip behielt also die Oberhand über das Streben nach Erblichkeit, aber ohne dass noch eine festere Regelung der Wahl stattfand.

[6] Eine bedeutsame Wendung tritt um die Wende des 11. und 12. Jahrhunderts durch die Einwirkung der auswärtigen Handels- und Marktinteressen ein. Das Bestreben, gegenüber dem sich ausdehnenden Normannenreich und gegenüber Ungarn die gewonnene Herrschaftssphäre auf der Adria und an der dalmatinischen Küste zu behaupten, die Verwicklungen, zu denen die mit den Kreuzzügen anbrechende Epoche der Handelsunternehmungen und Coloniegründungen in der Levante führt – kurz der Eintritt in die grossen politisch-kommerziellen Rivalitäts- und Interessenkämpfe der Mittelmeerwelt hat in Venedig zu Anfang des 12. Jahrhundert eine communale Bewegung wie anderswo in den Städten Italiens hervorgerufen. Ein Zeugnis aus dem Jahre 1143 beweist, dass damals eine Comune Veneziarum bestand, das mit seinen Anfängen wahrscheinlich bis an den Anfang des Jahrhunderts zurückreicht, erst allmählich zur Ausbildung festerer Formen gelangt ist. Es umfasst wohl kaum die gesamte Bevölkerung, aber jedenfalls die massgebenden Schichten der Rialtostadt, (omnis communis populus Venetiae), als eine grosse [7] Schutz- und Eidgenossenschaft mit gemeinsamen Handelsinteressen und gemeinsamer Verpflichtung zu Abgaben und Kriegsdienst. Es war nicht blos eine engere Verbindung der Reichen und Vornehmen; aber zweifellos hat der Adel, der schon früher massgebend auftrat, bei dieser Bewegung die Führung und den politischen Gewinn gehabt: die fideles und boni homines, die angesehene Oberschicht, tritt seitdem sichtbar vor den übrigen Volksklassen hervor und nimmt entscheidenden Anteil an den Geschäften unter fortschreitender verfassungsmässiger Beschränkung der Dogengewalt. Es ist wie wenn eine grosse geschäftliche Unternehmung, die durch einen einzelnen und seine Nachfolger begründet und in Flor gebracht worden ist, bei zunehmender Ausdehnung und Verwicklung der Geschäfte in die Form einer Gesellschaft übergeht.

Es ist von Wichtigkeit, dass der Impuls, der diese venezianische Communalverfassung geschaffen hat, aus den Bestrebungen und Aufgaben einer weltschauenden See- und Handelspolitik ent[8]springt. Der oligarchische Zug in der Verfassung hängt damit zusammen. Diese Politik blieb das Lebensprincip

dinastie vere e proprie per i Partecipazio, i Candiani e gli Orseoli (X-XI secolo). Una tendenza all'ereditarietà della carica fu presente, ma non prevalse. Una legge, che fu emanata nell'anno 1032 dopo la caduta degli Orseoli sotto il doge Domenico Flabanico,[3] indicava che da quel momento in avanti nessun doge potesse nominare egli stesso o far eleggere mentre era in vita il suo successore; il principio dell'elezione mantenne dunque la supremazia sull'aspirazione all'ereditarietà, senza tuttavia che ancora avesse luogo una solida disciplina concernente l'elezione.

[6] Una svolta significativa sopraggiunse nei cambiamenti dell'XI e XII secolo per l'effetto degli interessi commerciali e mercantili esterni. L'aspirazione a conservare la sfera di dominio acquisita sull'Adriatico e nella costa dalmata di fronte al regno normanno in espansione e all'Ungheria; le complicazioni alle quali condusse l'epoca avente inizio con le Crociate per quanto concerneva le imprese commerciali e la fondazione di colonie nel Levante – in breve l'ingresso nelle più grandi rivalità politico-commerciali e nelle guerre d'interessi del mondo mediterraneo all'inizio del XII secolo suscitò a Venezia un movimento comunale come altrove nelle città dell'Italia. Una testimonianza dell'anno 1143 dimostra che allora esisteva un Comune Veneziarum, il quale risale con i suoi inizi probabilmente al principio del secolo; esso pervenne, agli inizi gradualmente, allo sviluppo di forme più solide. Esso abbracciava appena l'intera popolazione, ma comunque gli strati determinanti della città di Rialto (omnis communis populus Venetiae), come una grande [7] comunità giurata e di difesa con comuni interessi commerciali e un obbligo più stretto sulle imposte e sul servizio militare. Non era soltanto una più stretta relazione dei ricchi e dei nobili; ma senza dubbio la nobiltà, che già in precedenza era stata determinante, ebbe in questo movimento la guida e l'utile politico: i fideles e boni homines, gli strati superiori rispettabili vennero fuori da allora in modo evidente dalle altre classi del popolo e presero una parte cruciale nelle questioni politiche durante la progressiva limitazione costituzionale del potere dogale. È come se una grande impresa d'affari, fatta fiorire dal fondatore e dai suoi successori, si fosse trasformata in società per effetto dell'espansione e della complessità degli affari.

È significativo che l'impulso che produsse questa costituzione comunale veneziana scaturì [8] dalle aspirazioni e dalle incombenze di una politica commerciale e marittima di lungo raggio. Il tratto oligarchico nella costituzione fu in relazione con questo. Tale politica restò il principio vitale della natura dello

3. Hintze scrisse erroneamente «Flarenigo» intendendo però il celebre doge Domenico Flabanico (morto nel 1042). Hintze ricorda la legge, emanata sotto il suo governo, che vietava al doge di nominare un collega e di scegliersi un successore nella carica. L'intento era di evitare che una famiglia potesse trasmettere l'ufficio di doge in via ereditaria.

des venetianischen Staatswesens; sie hat auch die Gestaltung seiner Verfassung beherrscht; sie hat dazu geführt, dass die inneren sozialen Gährungen, die anderswo zur Demokratie gedrängt haben, hier soviel wie möglich unterdrückt und abgelehnt wurden.

Nur ein enger Kreis herrstehender und weitblickender Staats- und Geschäftsmänner konnte eine solche Politik, die den Interessen der See- und Handelsherrschaft entsprach, durchführen; die Masse, die mehr an der gleichmässigen Verteilung als an der Erwerbung und Vermehrung des Nationalreichtums interessiert ist, hätte das nicht vermocht. Es entsprach dieser praktisch-geschäftlichen Richtung des Staatslebens, dass auch die kirchlichen Gewalten hier frühzeitig ihren Platz in der Staatsverfassung verloren haben. Die Geistlichkeit – der Patriarch von Grado und seine Suffragane – die eben damals in Folge des Investiturstreits von der Einwirkung des Dogen befreit und [9] auf die kanonische Wahl gestellt wurden, blieben seitdem von jedem aktiven Anteil an dem weltlichen Regiment ausgeschlossen. Die Wahl des Dogen erfolgte in einer Volksversammlung der Rialtogemeinde. Ihm zur Seite erscheinen ausser den alten judices, die er ernannte, jetzt auch die sogenannten Sapientes, eine Vertretung der Commune, nach den Stadtbezirken (trentaciae) gewählt, mit grosser Autorität gegenüber der Gemeinde ausgestattet, die diesen ihren erwählten Führern einen Gehorsamseid zu leisten hatte. Es ist der Keim des späteren grossen und kleinen Rates.

Seit 1148 (Domenico Morosini) wird auch ein förmlicher Verfassungseid des Dogen üblich. In der Folgezeit lässt sich deutlich eine doppelte Tendenz in dem Verfassungsleben der Stadt wahrnehmen, die mit den gesteigerten politischen Anforderungen seit der Zeit Friedrichs I. und Heinrichs VI. zusammen[10]hängt und dem Bedürfnis der herrschenden Kreise nach verfassungsmässiger Befestigung ihres Einflusses und nach Einführung wirksamer Finanzcontrollen entspringt: einerseits die fortschreitende Beschränkung der Amtsgewalt des Dogen [11], andererseits die allmähliche Zurückdrängung der Volksversammlung. Der Doge wird in allen politischen Verhandlungen an die Zustimmung der Sapientes gebunden, die selbstständige Verwaltung der Colonien wird ihm entzogen, ebenso die Verfügung über das Staatsgut; er wird auf bestimmte Einkünfte beschränkt, die camera ducis wird von der camera com-

Stato veneziano; essa dominò anche l'organizzazione della sua costituzione; fece in modo che i fermenti sociali interni, che altrove avevano spinto verso la democrazia, qui fossero il più possibile repressi e negati.

Solo un ristretto circolo di uomini di Stato e uomini di affari lungimiranti, allenati nella gestione del potere, fu in grado di realizzare una simile politica, che rispondeva agli interessi della signoria marittima e commerciale; non fu in grado di fare questo la massa, che è più interessata all'uniforme distribuzione della ricchezza nazionale che al suo acquisto e incremento. Corrispose a questo senso pratico professionale della vita statale che i poteri ecclesiastici avessero perso qui ben presto il loro posto nella costituzione dello Stato. Il clero – il patriarca di Grado e i suoi suffraganei – che proprio allora, in seguito alla lotta per le investiture, si era liberato dall'influenza del doge [9] e si era posto sotto l'elezione canonica, rimase escluso da allora da ogni parte attiva nel governo secolare. L'elezione del doge avveniva in un'assemblea popolare della comunità di Rialto. Lo assistevano, oltre agli antichi judices, da lui nominati, ora anche i cosiddetti sapientes, una rappresentanza del Comune, eletta mediante i distretti cittadini (trentaciae) provvisti di grande autorità di fronte alla comunità, che doveva rendere un giuramento di obbedienza a questi loro capi scelti. È il germoglio di quel che più tardi sarebbe stato il Grande e il Piccolo Consiglio.

Dal 1148 (Domenico Morosini)[4] fece parte della tradizione anche un giuramento costituzionale del doge. Nel periodo successivo si poté percepire chiaramente una duplice tendenza nella vita costituzionale della città, che fu in relazione con le accresciute pretese politiche dal tempo di Federico I[5] e di Enrico VI[6] [10] e scaturì dal bisogno dei circoli dominanti di guadagnare un rafforzamento costituzionale della loro influenza e di introdurre controlli finanziari più efficaci: da un lato la limitazione progressiva del potere della carica del doge [11], dall'altro la graduale soppressione delle assemblee popolari. Il Doge era legato in tutte le trattative politiche al consenso dei Sapientes, l'autonoma amministrazione delle colonie gli era tolta, allo stesso modo le disposizioni sul demanio; il suo ufficio era limitato ad entrate prestabilite, la Camera ducis era separata rigorosamente dalla Camera communis, per l'amministrazione di quest'ultima venivano nominati speciali camerarii communis

4. Domenico Morosini, doge di Venezia, morto nel 1156. Si veda la voce curata da Ravegnani, *Morosini, Domenico*.
5. Federico I Hohenstaufen (1123 ca-1190).
6. Enrico VI Hohenstaufen (1165-1197), figlio di Federico I Barbarossa, imperatore, re dei romani, sposò Costanza d'Altavilla ottenendo il diritto alla successione sui regni normanni di Sicilia e Puglia. Questo avvenne però nel 1195, quando morì l'ultimo re normanno, Tancredi di Lecce. Nell'Italia meridionale governò reprimendo le rivolte baronali, riuscì a superare le ostilità del papa e dei feudatari tedeschi. Fallì nel tentativo di unire i suoi domini in un solo regno. Si veda la voce curata da Kölzer, *Enrico VI di Svevia*.

munis streng geschieden, zur Verwaltung der letzteren werden besondere camerarii communis bestellt, denen advocatores communis zur Seite stehen. Ende des 12. Jahrhunderts wird ihm auch das Recht zur Ernennung der Richter und der Verwaltungsbeamten genommen zu Gunsten von Rat und Commune.[d]

Auf der anderen Seite verlor die Volksversammlung vor allem das Recht der Dogenwahl. 1172 wurden 11 nobiles electores mit der Vornahme der Wahl beauftragt, 1178 40 viri sine suspicione, die [12] ihrerseits wieder von 4 electores gewählt waren; der Volksversammlung blieb nur das Recht der Acclamation; die Auslosung der Wahlmänner (der electores) ging später im grossen Rat vor sich, wobei zugleich das Wahlverfahren selbst immer complicirter gestaltet wurde, um den Einfluss von Cliquen auszuschliessen. Im 13. Jahrhundert lag die Wahl des Dogen in den Händen von 41 Wählern, die aus einfach abgefasster indirekter Wahl hervorgingen, wobei jedesmal ein Teil der Wähler ausgeschieden und die von den einzelnen Wählern Ernannten durch Ballottirung von den übrigen bestätigt werden mussten; dazu war schliesslich noch die Bestätigung der 41 Wähler durch den grossen Rat nötig. Wer von diesen 41 Stimmen 25 auf sich vereinigte, war zum Dogen erwählt und wurde in der Marcuskirche dem dort versammelten Volk zur Acclamation vorgestellt. Die Volksversammlung, die früher unter der unbestimmteren Bezeichnung multitudo, plenitudo populi, populus auftritt, wird seit dem 13. Jahrhundert mit dem auch sonst in Italien üblichen Namen concio oder arengo bezeichnet. Ihre Zustimmung (laudatio) galt auch bei Verträgen, bei der Entscheidung über Krieg und Frieden, bei militärischen Anforderungen, bei der Schaffung [13] neuer Beamtenstellen noch im 12. und 13. Jahrhundert als notwendig; aber allmählich verlor dies Zustimmungsrecht jede politische Bedeutung; und zu Anfang des 15. Jahrhunderts kam es ganz in Wegfall.

Ungefähr gleichzeitig mit der Veränderung des Verfahrens bei der Dogenwahl hatte sich die Differenzierung der sapientes in einen grossen und einen kleinen Rat vollzogen, die seit 1187 sicher nachweisbar ist. Der kleine Rat bestand 1189 aus 6 Personen, die als Vertreter der 6 grossen Stadtbezirke galten; ihre Wahl sowie die des grossen Rates selbst wurde durch ein Decret von 1207 (unter dem Dogen Pietro Ziani) näher geregelt. Die Wahl geschah auch

d. Seguono alcune righe cancellate dall'autore: «Man unterschied jetzt zwei Arten von höheren Richtern: die älteren judices palatii, die namentlich in Criminalsachen zuständig waren und die neuen judices communis, die nicht vom Dogen ernannt waren und die anfänglich namentlich die Commune vor Gericht zu vertreten hatten» (Si distinsero ora due specie di giudici superiori: gli antichi judices palatii, che erano competenti soprattutto nelle cause criminali e i nuovi judices communi, i quali non erano nominati dal doge e inizialmente dovevano rappresentare soprattutto il Comune in tribunale).

i quali erano assistiti dagli advocatores communis. Alla fine del XII secolo gli fu tolto anche il diritto sulla nomina dei giudici e dei funzionari amministrativi in favore del Consiglio e del Comune.

Dall'altro lato l'assemblea popolare perse soprattutto il diritto ad eleggere il doge. Nel 1172 undici nobiles electores furono incaricati di eseguire l'elezione, nel 1178 quaranta viri sine suspicione, i quali [12] a loro volta erano scelti da quattro electores; all'assemblea popolare restava solo il diritto di acclamazione; il sorteggio dei delegati elettori (gli electores) fu trasferito più tardi nel Gran Consiglio, nel quale allo stesso tempo il medesimo metodo di elezione fu modellato in modo sempre più complicato per escludere l'influsso delle cricche. Nel XIII secolo l'elezione dei dogi risiedeva nelle mani di quarantuno elettori, i quali derivavano da una elezione indiretta formulata in modo semplice, per cui ogni volta doveva essere scartata una parte degli elettori e quelli nominati dai singoli votanti dovevano essere confermati dagli altri mediante ballottaggio; a questo punto era necessaria la conferma dei quarantuno elettori anche da parte del Gran Consiglio. Chi riuniva sul proprio nome venticinque di queste quarantuno voci era eletto doge e veniva portato nella chiesa di San Marco davanti al popolo, radunato colà per l'acclamazione. L'assemblea popolare, che prima era comparsa con l'assai vaga denominazione di plenitudo populi, populus, dal XIII secolo fu chiamata anche in modo diverso con i nomi correnti in Italia di concio o arengo. La loro approvazione (laudatio) era ritenuta necessaria per i trattati, per le dichiarazioni di guerra e di pace, per le richieste militari, per la creazione [13] di nuovi uffici pubblici ancora nel XII e XIII secolo; ma questo diritto di approvazione perse gradualmente ogni importanza politica; e all'inizio del XV secolo esso venne meno completamente.

Pressappoco negli stessi tempi del mutamento del metodo per l'elezione del doge, si verificò la differenziazione dei sapientes in un Grande e in un Piccolo Consiglio, che è documentabile con sicurezza dal 1187. Il Piccolo Consiglio era costituito nel 1189 di sei persone, le quali fungevano da rappresentanti dei sei maggiori distretti cittadini; la sua elezione, come quella del Grande Consiglio, era regolata essa stessa in modo dettagliato da un decreto del 1207 (sotto il doge Pietro Ziani).[7] L'elezione avveniva anche qui mediante elettori e precisamente

7. Pietro Ziani, doge di Venezia, morto nel 1229.

hier durch Wahlmänner und zwar aus den kleineren Stadtbezirken (trentaciae) und galt für ein Jahr; die Zahl der Mitglieder des grossen Rates wird nicht angegeben, sie war wahrscheinlich ein Vielfaches von 30.[e]

Es fand noch keine gesetzliche [14] Beschränkung der Wahl auf bestimmte Volkskreise statt, aber thatsächlich hat dies Wahlverfahren, das von einer Cooptation nicht weit entfernt war, zur Auslese einer patricischen Minderheit geführt, die durch Reichtum und Ansehen, sicherlich auch durch geschäftliche Tüchtigkeit und Leistungen für den Staat allmählich den massgebenden Einfluss gewinnen und die Macht des Dogen ebenso wie die der Volksversammlung zu beschränken wusste. Der Doge Enrico Dandolo musste beim Antritt seines Amtes 1192 in seinem Verfassungseid bereits anerkennen, dass ein einmütiger Beschluss des kleinen Rates, der die Zustimmung der Mehrheit des grossen Rates finde, auch gegen den Willen des Dogen dessen verfassungsmässige Gewalt verändern könne, und mit der "promissione" des Jacob Tiepolo 1229 beginnt die lange Reihe förmlicher Wahlcapitulationen, die den Dogen trotz der Beibehaltung des Treueides der Bürger und trotz der fürstlichen Ehrenrechte und der immer noch gesteigerten Pracht und [15] Würde seines äusseren Auftretens nur als den obersten Beamten der Republik erscheinen lassen, der zwar lebenslänglich an der Spitze von Heer und Flotte, Justiz und Verwaltung stand und den Staat nach aussen repräsentierte, der aber in all diesen Funktionen durch die ihm beigeordneten Räte aufs engste eingeschränkt und überwacht wurde: "seiner Kleidung nach ein König, seiner Macht ein Ratsherr, in der Stadt ein Gefangener, ausserhalb ein Privatmann".

e. Seguono alcune righe cancellate dall'autore: «Der grosste Rat wurde nun zum eigentlichen Träger der Souveranität obersten [?] Staatsgewalt, der kleine im Verein mit dem Dogen das Hauptorgan zur Ausübung der Regierungsfunktionen war. Der Doge blieb das Haupt dieses Regierungscollegiums» (Il Consiglio Maggiore era come il vero portatore del supremo [?] potere statale, il Piccolo in unione con il doge l'organo di vertice per l'esercizio delle funzioni di governo. Il doge restava il capo di quest'ultimo collegio).

dai più piccoli distretti cittadini (trentaciae) e valeva per un anno; il numero dei membri del Gran Consiglio non era fissato, era probabilmente un multiplo di 30.

Non aveva luogo alcuna limitazione legislativa [14] dell'elezione per determinati circoli cittadini, ma effettivamente questo metodo di elezione, che non era molto lontano da una cooptazione, portò alla selezione di una minoranza patrizia che per ricchezza e credito, certamente anche per l'abilità e il profitto negli affari, seppe conseguire gradualmente un'influenza determinante per lo Stato e limitare il potere del doge come quello dell'assemblea popolare. Già all'ingresso della sua carica nel 1192 il doge Enrico Dandolo[8] dovette riconoscere nel suo giuramento costituzionale che una risoluzione unanime del Piccolo Consiglio, che avesse trovato il consenso della maggioranza del Gran Consiglio, poteva cambiare anche contro la volontà del doge il potere costituzionale di quest'ultimo; con la 'promissione' di Jacopo Tiepolo[9] nel 1229 iniziò la lunga serie di solenni capitolazioni elettorali che fecero apparire il doge solo come il supremo funzionario a vita della Repubblica nonostante [15] la conservazione del giuramento di fedeltà dei cittadini, nonostante i diritti onorifici di signoria, nonostante il lusso sempre accresciuto e il decoro del suo contegno verso l'esterno; questi cioè si trovava al vertice dell'esercito e della flotta, della giustizia e dell'amministrazione; rappresentava lo Stato verso l'esterno; egli tuttavia nell'esercizio di tutte queste funzioni veniva limitato e controllato nel modo più stretto possibile dai consigli associati a lui: «A giudicare dal vestito un re, a giudicare dal suo potere un consigliere, nella sua città un prigioniero ingabbiato, al di fuori un privato cittadino».[10]

8. Enrico Dandolo, ammiraglio e doge di Venezia (1107-1205). I primordi della sua attività risalgono alle missioni diplomatiche dapprima presso l'imperatore romano d'Oriente Manuele Comneno, poi presso il re di Sicilia Guglielmo II. Al 1192 risale la sua elezione al dogado: il Dandolo fu il primo doge ad effettuare una "promissione ducale" – accennata da Hintze – in cui giurava di rispettare i limiti del suo ufficio e le consuetudini della repubblica. Sul Dandolo si veda la voce curata da Cracco, *Dandolo, Enrico*.
9. Jacopo Tiepolo, doge di Venezia, morto nel 1249. Conosciuto anche come Giacomo Tiepolo, fu doge dal 1229 alla morte. Prima di diventare doge, aveva servito la repubblica come duca di Creta e per due volte come podestà di Costantinopoli (1218-1220; 1224-1227).
10. Questa citazione è presente in Stahr, *Herbstmonate in Oberitalien*, p. 487, dove la frase è riportata in latino e tradotta: "Rex in purpura, Senator in curia, in urbe captivus, extra urbem privatus". Si trova anche nel secondo volume dell'opera di Kretschmayr, *Geschichte von Venedig. Die Blüte*, p. 90, ma solo in latino. Questa massima è ricordata d'altra parte in molte opere pubblicate dal XVI secolo in avanti, a partire da Montaigne. Ringrazio il dottor Andreas Rehberg per questi rilievi critici. È probabile che Hintze avesse consultato l'opera di Stahr perché, dall'elenco delle fonti storiche presente negli ultimi due fogli del manoscritto su Venezia, è citato solo il primo volume dell'opera di Kretschmayr, quello del 1905, mentre il passo in esame è contenuto solo nel secondo volume risalente al 1920. Non si può escludere d'altra parte che Hintze, qui come in altri casi, avesse consultato altre fonti storiche e saggi senza citarli espressamente nel manoscritto.

Der grosse Rat umfasste im 13. Jahrhundert 3-500 Personen und darüber; er war eine zu grosse Körperschaft, um Regierungsgeschäfte zu führen. Daher sondern sich früh aus seiner Mitte feste Ausschüsse ab, die mit der Staatsregierung zusammenwirken. Ein solcher Ausschuss aus dem grossen Rat und zwar der älteste, ist vermutlich die Quarantia, eine Körperschaft von 40 Personen mit 3 Capi an der Spitze, die später als ein Appellationsgerichtshof wirkte, zu Anfang aber (z. B. 1201) vielmehr bei politischen Geschäften zugezogen worden war. Ein [16] anderer Ausschuss aus dem grossen Rat sind die Pregadi, oder Rogati, aus denen der spätere Senat hervorgegangen ist. Anfangs wohl auf Veranlassung des Dogen zu den Regierungsgeschäften, und zwar wie es scheint zunächst in zoll- und handelspolitischen Angelegenheiten als sachverständiger Beirat zugezogen, sind sie seit 1229 ein fester vom grossen Rat gewählter Ausschuss von 60 Personen geworden, der dauernden Anteil an der Regierung genommen hat; ihnen ist später noch eine gleiche Anzahl von Vertretern des Patriciats unter dem Namen der Gionta (Zonta) beigefügt worden: diese 120 Personen bilden den Grundstock des Senats, in dem mit der Zeit der Schwerpunkt der Regierungsgewalt ruhte.

Die Pregadi waren im grossen Rat von erlosten Electoren erwählt; die Adjuncti aber auf Vorschlag der Senatoren von der Gesamtheit des Grossen Rates; alle zunächst auf 1 Jahr, aber unter Zulassung der Wiederwahl, die in der Regel stattfand; mehr als 3 Mitglieder einer Familie sollten übrigens dabei nicht zugelassen werden. Ausser diesen 120 Senatoren und Adjuncten hatten das Recht an den [17] Senatssitzungen teilzunehmen noch das Collegium der Quarantia, der Doge mit seinen Räten und den gleich noch zu besprechenden Savii, endlich auch die Spitzen des städtischen Beamtentums und die Patricier, welche Statthalter- und Gesandtschaftsposten bekleidet hatten, so dass im 16. Jahrhundert die Zahl der Senatsmitglieder auf mehr als 220 im ganzen stieg.

Der Senat war die beschliessende Regierungsbehörde: für die Ausführung der Beschlüsse aber und die laufende Verwaltung in den wichtigsten Geschäftszweigen bestanden engere Ausschüsse des Senats, deren Mitglieder als die "savii" (sapientes) oder seniores, praeconsulti bezeichnet wurden. Sie waren anfangs nur ad hoc commissarisch bestellt worden, sind aber im Lauf der Zeit zu ständigen Commissionen mit in der Regel halbjährlicher Amtsdauer geworden. Die älteste und wichtigste dieser Commissionen war die der 6 Savii grandi, die hauptsächlich mit den grossen Staatsangelegenheiten zu tun hatten, die auswärtige Correspondenz führten und die Anträge über dergleichen Sachen vorbereiteten und im Senat begründeten.

[18] Dazu kamen 5 Savii dagli ordini, ein Admiralitätscollegium, dessen Mitglieder alle Angelegenheiten der Kriegsflotte zu bearbeiten und vorzutragen hatten; endlich ebensoviele Savii di terra ferma, denen die Aufsicht über die Verwaltung des festländischen Staatsgebietes oblag.

Il Gran Consiglio era composto nel XIII secolo da 300-500 persone e oltre; era uno dei corpi più grandi per condurre gli affari di governo. Dal suo interno si isolarono presto commissioni permanenti che concorrevano al governo dello Stato. Una commissione simile, formata dai membri del Gran Consiglio, e precisamente la più antica, fu probabilmente la Quarantia, un corpo di 40 persone con 3 capi al vertice che più tardi operò come corte di giustizia di appello, ma all'inizio (per esempio nel 1201) era stato interpellato soprattutto per gli affari politici. [16] Un'altra commissione derivata dal Gran Consiglio furono le Pregadi o Rogati, dalle quali derivò il più tardo Senato. All'inizio, interpellate su iniziativa del doge negli affari di governo e soprattutto – come sembra – inizialmente come consiglio esperto in questioni doganali e commerciali, le Pregadi divennero dal 1229 un'autorevole commissione permanente scelta dal Gran Consiglio, composta di 60 persone, che assunse una parte durevole nel governo; ad esse fu aggiunto più tardi anche un pari numero di rappresentanti del patriziato sotto il nome di Gionta (Zonta): queste 120 persone formavano il nucleo originario del Senato, sul quale poggiò con il tempo il baricentro del potere di governo.

Le Pregadi erano scelte nel Gran Consiglio da elettori sorteggiati; gli Adjuncti invece, su proposta dei Senatori, erano scelti dalla totalità del Gran Consiglio; tutti all'inizio per un anno ma con la possibilità di essere rieletti, il che normalmente aveva luogo; tra l'altro non potevano essere ammessi contemporaneamente più di tre membri di una famiglia. Oltre a questi 120 Senatori e Adjuncti avevano il diritto [17] di partecipare alle riunioni del Senato il Collegio della Quarantia, il Doge con i suoi consiglieri, i Savii, che sono ancora da trattare, infine anche i vertici degli uffici cittadini ed i patrizi che avevano ricoperto posti di governatore e ambasciatore, cosicché nel XVI secolo il numero dei membri del Senato aumentò a più di 220 in tutto.

Il Senato era il dicastero di governo deliberativo; tuttavia per l'attuazione delle delibere e per l'amministrazione corrente nei più importanti settori esistevano commissioni ristrette del Senato, i cui membri come i Savii o Seniori, erano definiti Praeconsulti. Inizialmente essi erano stati scelti come commissari solo temporanei ad hoc, tuttavia nel corso del tempo divennero membri di commissioni permanenti, di norma con una durata della carica semestrale. La più antica e la più importante di queste commissioni era quella dei 6 Savii grandi, che dovevano sbrigare soprattutto i più importanti affari di Stato, gestivano la corrispondenza con l'estero, preparavano le istanze su simili affari e le motivavano in Senato.

[18] Oltre a ciò venivano 5 Savii degli ordini, un Collegio dell'ammiragliato i cui membri dovevano esporre e motivare tutte le pratiche relative alla flotta da guerra; infine altrettanti Savii di terraferma, ai quali spettava il controllo sull'amministrazione dei territori statali della Terraferma.

Diese Commissionen des Senats, die man als eine Art von Fachministerien bezeichnet könnte, waren nun in eine organische Verbindung mit der Regierung gebracht. Als oberstes Regierungscollegium erscheint die Serenissima Signoria, zusammengesetzt aus dem Dogen, den 6 Oberräten und den 3 Vorstehern der Quarantia, die gewissermassen als Justizministerium betrachtet werden können. Mit dieser Signoria, die die beständige amtliche Umgebung des Dogen bildete und im Senat wie im Grossen Rat auf einem erhöhtem Estrich Platz zu nehmen pflegte, traten nun die 16 Savii zu regelmässigen geheimen Beratungen zusammen über alle Angelegenheiten, die vor dem Senat [19] gebracht und durch dessen Beschluss entschieden werden sollten. Das war das "Collegio", ein Geheimer Staatsrat, vor dem auch die Verhandlungen mit den auswärtigen Gesandten und der Vortrag der Depeschen und Relationen der Vertreter Venedigs stattfand; der Doge führte dabei den Vorsitz.

So war die eigentliche Regierung des Staates in der Hand der patricischen Geschlechter, ihrer Versammlungen und Ausschüsse getreten; als der eigentliche Träger der Souveränität hatte sich der Grosse Rat an die Stelle der Volksversammlung geschoben. Diese Entwicklung erhielt ihren Abschluss und ihre gesetzliche Sanction durch die sogenannte "Schliessung des Grossen Rates" im Jahre 1297. Dass der Grosse Rat schon vorher, im 13. Jahrhundert, im wesentlichen eine Patricierversammlung war, ist ziemlich klar, wenn man erfährt, dass im 1261 in ihm 27 Familien mit 242 Mitgliedern vertreten waren: die Contarini mit 20, die Querini und Dandolo mit 19, die Morosini mit 15, die Michieli mit 12, die Falieri mit 11 u.s.w. [20] Die Gesamtzahl betrug im Jahre 1264: 317 und 1275: 567. Es machte sich offenbar bereits die Tendenz geltend, möglichst viele von den Angehörigen der patricischen Geschlechter in diese Körperschaft aufzunehmen, sie aus einem Ausschuss zur Gesamtvertretung der aktiven Bürgerschaft zu machen; die jährlichen Wahlen liessen wohl den Hauptbestand der Versammlung ziemlich unberührt und folgten im wesentlichen nur den Veränderungen des Personalbestandes in den massgebenden Familien. Immerhin aber war dem Zutritt neuer Elemente aus den emporsteigenden Schichten kein gesetzlicher Riegel vorgeschoben. Nun regte sich aber mit der Zeit in dieser regierenden Bürgerschaft der Wunsch nach einem formellen Abschluss der privilegierten Familien: im Jahre 1286 beantragten die 3 Häupter der Quarantia eine Beschränkung der Wahlen auf solche Bürger, deren Väter oder Ahnen bereits der Versammlung angehört hatten; der Doge Andrea Dandolo hat damals noch diesen Antrag zu Fall zu bringen vermocht. Aber nach seinem Tode (1289) spitzen sich bei der neuen Dogenwahl die Gegensätze der popularen und der Patricierpartei zu einem drohenden Conflict zu: [21] das Volk verlangte, dass Jacopo Tiepolo zum Dogen gewählt werden

Queste commissioni del Senato, che si potrebbero definire come una specie di ministeri per materia, furono ora portate in una relazione organica con il governo. Quale supremo collegio di governo si presentava la Serenissima Signoria, composta dal doge, da 6 consiglieri superiori e da 3 rappresentanti della Quarantia, che in certo qual modo può essere considerata come un ministero di giustizia. Con questa Signoria, che formava la solida cerchia amministrativa del doge ed era solita occupare un posto rialzato dal pavimento in Senato come nel Gran Consiglio, si riunirono ora i 16 Savii per periodiche consultazioni segrete su tutti gli affari che dovevano essere portati [19] davanti al Senato e decisi mediante autorizzazione di questo. Questo era il "Collegio", un Consiglio di Stato segreto, dinanzi al quale avevano luogo tutti i negoziati con gli inviati esteri e la lettura dei dispacci e relazioni dei rappresentanti di Venezia; il doge teneva contemporaneamente la presidenza.

Così il vero e proprio governo dello Stato era nelle mani delle stirpi patrizie, delle loro riunioni e commissioni; il Gran Consiglio aveva preso il posto dell'assemblea popolare come autentico detentore della sovranità. Questo processo ricevette il suo compimento e la sua sanzione legale con la cosiddetta "Serrata del Gran Consiglio" nell'anno 1297. Che il Gran Consiglio fosse già prima, nel XIII secolo, essenzialmente un'assemblea patrizia, è abbastanza chiaro quando si apprende che nel 1261 erano rappresentate al suo interno 27 famiglie con 242 membri: i Contarini con 20, i Querini e i Dandolo con 19, i Morosini con 15, i Micheli con 12, i Falieri con 11 ecc. [20] Il numero complessivo ammontava nell'anno 1264 a 317 e nel 1275 a 567. Già si fece sentire in modo evidente la tendenza ad includere il maggior numero possibile di membri delle stirpi patrizie, a costituire essi in una commissione la rappresentanza complessiva della cittadinanza attiva; le elezioni annuali lasciavano abbastanza intatta la componente principale dell'assemblea e i cambiamenti nel numero delle persone riflettevano in sostanza le variazioni nella consistenza delle sole famiglie influenti. Però non era messo alcun paletto legale all'accesso di nuovi elementi dalle classi in ascesa. Ora, con il tempo, in questa cittadinanza governante si manifestò il desiderio di realizzare un accordo formale di queste famiglie privilegiate: nell'anno 1286 i 3 capi della Quarantia chiesero di limitare le elezioni ai cittadini i cui padri o antenati avevano già fatto parte dell'assemblea; a quel tempo il doge Andrea Dandolo[11] ebbe ancora la capacità di mandare a monte questa richiesta. Ma dopo la sua morte (1289), in occasione della nuova elezione per il doge, i contrasti del partito popolare e di quello patrizio si riacutizzarono in un conflitto minaccioso: [21] il popolo pretese che fosse eletto al dogato Jacopo

11. In realtà Giovanni Dandolo, doge dal 1280 al 1289.

sollte, ein Sprössling einer jener ganz grossen Familien, denen die Masse einen erfolgreichen Widerstand gegen die oligarchischen Gelüste des Patriciats zutraute. Aber Tiepolo versagte sich; er beschwichtigte die Menge und riet zur Beibehaltung der hergebrachten Wahlordnung. An seiner Stelle wurde Pietro Gradenigo gewählt, ein Mann nach dem Sinne der Oligarchen; der hat unter dem Druck eines gefährlichen Krieges mit Genua, in dem die Opferwilligkeit der patricischen Familien sich glänzend zum Wohl des Staates bewährte, im Jahre 1297 die berühmte Wahlreform durchgesetzt, die man nicht ganz zutreffend als die "Serrata di Maggior Consiglio" zu bezeichnet pflegt. Es wurde dadurch angeordnet dass die Quarantia durch Ballottage diejenige Personen bezeichnen sollte, die seit 4 Jahren Mitglieder des Grosses Rates gewesen waren und dass dann 3 Electores weitere geeignete Mitglieder bezeichnen sollten. Danach wurde in den nächsten Jahren verfahren. Es war also eigentlich keine [22] Schliessung, sondern mehr nur eine Consolidierung des Rates in seinem bisherigen Bestande und zugleich eine Ausdehnung in dem schon oben angedeuteten Sinne, dass er das ganze Patriciat, die ganze aktive Bürgerschaft umfassen sollte, womit allerdings die Aussicht auf eine exclusive Stellung dieser Privilegierten und auf eine endgültige Entrechtung der Volksgemeinde verbunden war. Es hat daher auch nicht an Versuchen gefehlt, das oligarchische Regiment der Nobili zu stürzen, ehe es sich vollends gesetzlich befestigen konnte. Der erste dieser Versuche ging bezeichnender Weise von einer Gruppe reicher Bürger aus, die nicht die Zulassung zum Grossen Rat erlangt hatten; aber dieser Aufstand des Bocconio war schlecht vorbereitet und fand keine wirksame Unterstützung bei den Volksmassen, so dass er mit leichter Mühe niedergeschlagen wurde (1299). Viel schwerer war der Bestand der neuen [23] Staatsordnung bedroht durch einen zweiten Umsturzversuch, der

Tiepolo,[12] rampollo di una di quelle famiglie assai importanti che la massa credeva capace di una forte resistenza contro i voleri dell'oligarchia. Ma Tiepolo venne meno alle attese; egli placò la moltitudine e consigliò di conservare il sistema elettorale tradizionale. Al suo posto fu scelto Pietro Gradenigo,[13] un uomo di sentimenti oligarchici; questi, sotto la pressione di una grave guerra con Genova nella quale il senso di sacrificio delle famiglie patrizie si dimostrò brillante per il bene dello Stato, impose nell'anno 1297 la celebre riforma elettorale che si è soliti definire – in modo non del tutto pertinente – come "Serrata del Maggior Consiglio". In tal modo fu disposto che la Quarantia dovesse indicare mediante ballottaggio quelle persone che da quattro anni erano state membri del Gran Consiglio e che poi 3 elettori dovessero segnalare ulteriori membri adatti. Così si procedette negli anni successivi. Non vi fu dunque alcuna [22] chiusura, piuttosto soltanto un consolidamento del Consiglio nella sua consistenza esistente a quei tempi e allo stesso tempo una estensione nel senso già accennato sopra, cioè che esso doveva comprendere l'intero patriziato, tutta quanta la cittadinanza attiva, cosa per la quale era legata certamente la prospettiva di una posizione esclusiva di questi privilegiati e di una definitiva privazione di diritti della comunità popolare. Per questo motivo non mancò anche il tentativo di rovesciare il governo oligarchico dei nobili prima che esso potesse consolidarsi del tutto per via legale. Il primo di questi tentativi derivò in modo assai caratteristico da un gruppo di ricchi cittadini che non avevano ottenuto l'ammissione nel Gran Consiglio; ma questa rivolta del Bocconio[14] fu preparata male e non trovò alcun appoggio efficace presso la massa del popolo, cosicché essa venne soffocata con poca difficoltà (1299). Più gravemente fu minacciata la stabilità del nuovo [23] ordinamento dello Stato da un secondo tentativo di rovesciamento rivoluzionario che provenne

12. In realtà Giacomo Tiepolo: proposto dal popolo per il dogado, fuggì a Treviso nel 1289.
13. Pietro Gradenigo (1251-1311), doge della repubblica di Venezia dal 1289 al 1311. Eletto doge in opposizione a Jacopo Tiepolo, esponente del partito popolare, orientò la sua politica in senso aristocratico promuovendo risolutamente la riforma costituzionale nota come "serrata del Maggior Consiglio", in base alla quale erano esclusi dal governo veneziano i cittadini non nobili e quanti non avevano rivestito cariche pubbliche negli ultimi cinque anni (1297). Durante il suo dogato, furono represse le rivolte di Marin Bocconio (1300) e Baiamonte Tiepolo (1310). Cfr. Rossi, *Gradenigo, Pietro*.
14. Marin Bocconio (morto nel 1299), nobile veneziano, fu autore della congiura contro l'oligarchia veneziana cui accenna Hintze. Non si può escludere che il Bocconio avesse ordito una trama per conto della fazione dei Tiepolo per abbattere il potere del gruppo dirigente che si muoveva attorno al doge Gradenigo. Alcuni sostennero che il Bocconio si fece portatore di istanze democratiche in opposizione agli ideali aristocratici del governo veneziano. Bocconio e i suoi due complici finirono giustiziati. Cfr. Cessi, *Bocconio, Marin*.

aus den Kreisen des Patriciats selbst kam, die Verschwörung der Querini und Tiepolo, die sich im Jahre 1310, bei Gelegenheit einer Verwickelung der Republik mit Papst Clemens V. als Guelfenpartei mit ihrem Anhang in und ausserhalb der Stadt gegen die herrschenden Ghibellinen erhoben mit dem Ziel, den Dogen Gradenigo zu stürzen und seine Wahlreform abzuschaffen. Dieser Aufstand, der auch nach Dalmatien und der Terra ferma übergriff, konnte nur mit grosser Mühe bewältigt werden, und er hat bleibende Spuren in der venetianischen Verfassungsgeschichte hinterlassen. Erst jetzt schloss sich die Aristokratie der etwa 200 privilegierten Familien formell ab. Im Jahre 1315 wurde ein Buch angelegt, in dem alle die Personen verzeichnet standen, die das Recht zum Eintritt in den Grossen Rat besassen: es ist das berühmte, seit 1506 so genannte "goldene Buch". In diesem Verzeichnis wurden alle Eheschliessungen und Geburten der ratsfähigen Familien eingetragen, so dass es zu einer förmlichen Matrikel des herrschenden Patriciats wurde. Ausserdem aber ist die [24] Verschwörung des Tiepolo die Veranlassung geworden zur Einführung einer Institution, die dazu bestimmt war, ähnliche Vorkommnisse für die Zukunft auszuschliessen und die mehr als irgend eine andere für den Geist der venezianischen Aristokratie charakteristisch geworden ist als die Organisation des gegenseitigen Misstrauens innerhalb dieser herrschenden Klasse: das ist der Rat der Zehn (Consiglio dei Dieci), eine vom Grossen Rat eingesetzte, seit 1355 dauernd gewordene, alljährlich neu gewählte Commission, die mit ausserordentlichen Gewalten ausgestattet war, und das Leben und Treiben der einzelnen Bürger wie die Führung der Staatsgeschäfte zu überwachen hatte, mit der Befugnis, in jedem Moment, wo es nötig schien, mit diktatorischer Machtvollkommenheit einzugreifen, sei es um Gericht zu halten sei es um Regierungs- und Verwaltungshandlungen auszuüben.[f] An der Spitze stand auch hier nicht ein einzelner Präsident sondern 3 Capi, die [25] gewöhnlich monatlich wechselten. Über den Verhandlungen schwebte das tiefste Geheimnis, doch nahm der Doge mit den 6 Oberräten sowie einem der Avvogadoren an den Sitzungen teil; in besonders wichtigen Fallen wurde noch eine "Zonta" (giunta) von 20 Personen zugezogen. Seine volle politische Bedeutung hat der Rat der Zehn eigentlich erst im 16. Jahrhundert erhalten; aber seine Aufgabe, die Staatsverfassung und die Herrschaft des Patriciats gegen Parteiung und Ehrgeiz einzelner zu sichern, hat er seit seinem Bestehen vollkommen erfüllt. [25a] Die Gefahr einer dauernden Spaltung der Oligarchie in zwei sich feindlich gegenüberstehenden Parteien (Guelfen und Ghibellinen) wie sie in der Verschwörung von 1310 hervorgetreten war, und wie sie anderswo in den italieni-

f. Seguono alcune righe cancellate: «Ihre volle Bedeutung hat diese Institution allerdings erst im 16. Jhdt entfaltet, aber die Verhandlungen der» (Tuttavia questa istituzione ha rivestito tutta la sua importanza nel XVI secolo, ma gli atti dei).

esso stesso dagli ambienti del patriziato: la congiura dei Querini e Tiepolo[15] che nell'anno 1310, sfruttando l'occasione di una complicazione nei rapporti della Repubblica con il papa Clemente V,[16] agendo come partito guelfo con il suo seguito all'interno e all'esterno della città contro i ghibellini dominanti, insorse con lo scopo di far cadere il doge Gradenigo ed eliminare la sua riforma elettorale. Questa rivolta, che si propagò anche nelle Dalmazie e nella Terraferma, poté essere superata solo con grandi sforzi e lasciò tracce durevoli nella storia costituzionale veneziana. Solo in questo momento l'aristocrazia delle circa 200 famiglie privilegiate si isolò formalmente. Nell'anno 1315 venne redatto un libro ove erano registrate tutte quelle persone che avevano diritto all'ingresso nel Gran Consiglio: era il famoso 'Libro d'Oro', così definito dal 1506. In questo elenco furono segnati tutti i matrimoni e le nascite delle famiglie adatte per il Gran Consiglio cosicché esso divenne una matricola formale del patriziato dominante. Inoltre [24] la congiura di Tiepolo divenne l'occasione per introdurre un'istituzione che fu stabilita a questo scopo, tesa ad escludere per l'avvenire eventi simili ed essa fu tipica dello spirito dell'aristocrazia veneziana più di qualunque altra come organismo del reciproco sospetto all'interno di questa classe dominante: è il Consiglio dei Dieci, una commissione istituita dal Gran Consiglio, divenuta permanente dal 1355, rinnovata ogni anno, che era dotata di poteri straordinari e che doveva vigilare sulla vita e sull'attività di ogni singolo cittadino così come sulla conduzione degli affari di Stato, con l'autorità d'intervenire con potere assoluto dittatoriale sia per giudicare sia per esercitare gli atti di governo e di amministrazione in ogni momento, dove sembrava necessario. Al vertice si trovava anche qui non un singolo presidente, bensì 3 capi, che [25] cambiavano di solito ogni mese. Sugli atti pendeva il più profondo segreto; certo prendevano parte alle sedute il doge con sei alti consiglieri come pure uno degli Avvogadori; negli affari particolarmente importanti era consultata anche una "Zonta" (Giunta) di 20 persone. Il Consiglio dei Dieci conseguì per la prima volta in modo significativo una piena importanza politica nel XVI secolo; ma fin dalla sua fondazione esso assolse pienamente alla sua funzione, che consisteva nel salvaguardare la costituzione dello Stato e la signoria del patriziato contro le fazioni e l'ambizione di alcuni. [25a] Il pericolo di una persistente spaccatura dell'oligarchia in due fazioni ostili l'una all'altra (guelfi e ghibellini), come si era manifestato nella congiura del 1310 e come altrove, nelle città italiane, aveva

15. La congiura fu organizzata nella notte tra il 14 e il 15 giugno 1310. Ebbe quali capi principali Marco Querini (1245 ca-1310), Bajamonte Tiepolo (morto nel 1328) e Badoero Badoer.

16. Clemente V (morto nel 1314), fu il primo papa avignonese. Si veda la voce di Paravicini Bagliani, *Clemente V*.

schen Städten das Aufkommen eines demokratischen Regiments befördert hat, ist hier zu Gunsten der Consolidierung der aristokratischen Interessen, die sich mit den grossen Handelsinteressen und mit den Herrschaftsbestrebungen an der Adria und in der Levante deckten, vermieden worden. Auch eine [25] Tyrannis, die sich auf die Volksmassen gestützt und die Herrschaft der Oligarchie gebrochen hätte, hat sich hier nicht erheben können. Der einzige Versuch, der in dieser Richtung gedenkt werden konnte, die in ihren Motiven nicht ganz klare Verschwörung des Dogen Marin Falieri (1355), wurde durch die Wachsamkeit und Entschlossenheit der Decemvires im Keim erstickt und endete mit der Hinrichtung des grossen Würdenträgers, der doch wohl nicht blos aus persönlicher Rachsucht, sondern aus politischen Beweggründen gehandelt hätte.

[26] So hatte die venetianische Aristokratie sich zu einem festen System abgeschlossen: das im Grossen Rat vereinigte Patriciat als Inhaber der obersten Staatsgewalt, der Doge mit der Signoria und den Savii als leitende, beratende und ausführende, der Senat als beschliessende und disponierende Regierungsbehörde, und über allen als oberster Bevollmächtigter der souveränen Adelsgemeinde, der Rat der Zehn mit seiner ausserordentlichen dictatorischen Gewalt.

Der Bestand des Patriciats selbst, der bei der Anlegung des goldenes Buches 1212 Personen umfasste, stieg bis 1510 auf 1671. Man unterschied drei Klassen nach dem Alter der Familien; aber diese Unterscheidung begründete nur eine sociale Rangordnung: staatsrechtlich waren alle Nobili gleichberechtigt und man suchte alles zu vermeiden, was Eifersucht und Parteiung unter den Familien dieses Patriciats hätte befördern können.[g]

[27] Der junge Patricier, der das 20. Jahr erreicht hatte, musste vor den Avvogadori und in zweifelhaften Fällen vor dem Dogen und der Signoria seine adlige Herkunft und eheliche Geburt sowie das vorschriftsmässige Alter beweisen. Ein Teil dieser 20jährigen wurde dann auf Grund einer Loosentscheidung bereits in diesem Alter zu den Versammlungen des Grossen Rates zugelassen; die übrigen traten nach erreichtem 25. Lebensjahr ein. Auch nach Anlegung der Matrikel sind ausnahmsweise, im Gnadenwege oder wegen grosser Leistungen für die Republik ansehnliche Leute [28][h] in die Reihe der herrschenden Bürgerschaft aufgenommen worden (sie bildeten eine besondere Klasse, die dritte); aber im grossen und ganzen ist das aristokratische Princip der Ausschliessung streng aufrechterhalten worden so lange der venetianische Staat bestand.

g. Segue una riga, cancellata dall'autore, di cui non è stato possibile ricostruire il senso.

h. In GStA PK, VI. HA, *Familienarchive und Nachlässe*, NL Otto Hintze, Nr. 2, Bd. 3, *Venedig*, f. 28 (prima parte) sono presenti alcune frasi, cancellate dall'autore, alcune non legate tra loro da un nesso logico, altre non coordinate tra loro e quindi non sempre comprensibili. Si tratta di temi già toccati in f. 26.

favorito il ristabilimento di un governo democratico, qui fu evitato grazie al consolidamento degli interessi aristocratici che collimarono con i grandi affari commerciali e con le aspirazioni di dominio verso l'Adriatico e il Levante. [25] Anche un tiranno che si fosse appoggiato sulla massa del popolo e avesse rotto il dominio dell'oligarchia, non avrebbe potuto levarsi qui. Il solo tentativo che poté essere ricordato in questa direzione, la congiura del doge Marin Falieri (Marino Falier)[17] (1355), non del tutto chiara nei suoi motivi, fu soffocata in nuce grazie alla vigilanza e alla risolutezza dei Decemviri e terminò con l'esecuzione capitale dei maggiori dignitari che avevano agito non solo per vendetta personale, ma anche per motivi politici.

[26] In questo modo l'aristocrazia veneziana si isolò in uno stabile ordinamento: il patriziato unito nel Gran Consiglio come titolare del supremo potere di Stato; il doge con la Signoria e i Savii in veste di uomini di governo, consulenti ed esecutori; il Senato come autorità deliberativa e dispositiva e al di sopra di tutte, come supremo delegato della comunità nobiliare sovrana, il Consiglio dei Dieci con il suo potere straordinario di natura dittatoriale.

La consistenza dello stesso patriziato, che alla formazione del Libro d'Oro comprendeva 1212 persone, salì a 1510 nel 1671. Si riconoscevano tre classi per ordine di età delle famiglie; questa differenziazione tuttavia fondò solo una gerarchia sociale: secondo il diritto pubblico erano tutte nobili con pari diritti e si cercò di evitare in ogni cosa che gelosia e spirito di fazione potessero aleggiare tra le famiglie di questo patriziato.

[27] Il giovane patrizio, che avesse raggiunto i 20 anni di età, doveva dimostrare davanti agli Avvogadori e nei casi controversi davanti al doge e alla Signoria la sua nobile origine e la sua nascita legittima, come anche l'età prescritta. Una parte di questi ventenni era poi ammessa mediante sorteggio alle riunioni del Gran Consiglio già in questa età; gli altri entravano dopo i 25 anni compiuti. Anche nella compilazione della matricola era ammessa in via eccezionale nelle fila della cittadinanza dominante gente ragguardevole [28] in via di grazia o in forza di ingenti contributi finanziari per la Repubblica (essa formava una classe particolare, la terza); ma in sostanza il principio aristocratico della esclusione, conservato in modo rigoroso, fu la ragione per cui lo Stato veneziano esistette così a lungo.

17. Marino Falier (1285-1355), svolse una brillante carriera negli uffici dell'amministrazione centrale e periferica della Repubblica di Venezia. Eletto più volte nel Consiglio dei Dieci tra il 1315 e il 1330, fece parte degli inquisitori. Come membro dei Dieci fu incaricato di procurare la morte a Bajamonte Tiepolo e Marco Querini, i maggiori responsabili della congiura del 1310. Fu anche membro dei "Savii agli ordini". Eletto doge nel 1354, allestì una congiura per abbattere il potere aristocratico servendosi dell'aiuto di numerosi esponenti del popolo, ove spiccavano soprattutto i marinai. La congiura fallì. Cfr. Ravegnani, *Falier, Marino*.

Gaspare Contarini hat in seiner berühmten Darstellung der venetianischen Verfassung des 16. Jahrhunderts die ethisch-politischen Gedanken, auf denen dies Princip beruhte, zu wirksamen Ausdruck gebracht. Vollberechtigter Bürger eines Gemeinwesens kann seiner Ansicht [29] nach nur sein, wer wirtschaftlich unabhängig genug ist, um sein Hauptinteresse den öffentlichen Angelegenheiten zu widmen. Krämer, Handwerker, Tagelöhner und Dienstboten besitzen diese Selbstständigkeit nicht: sie sind von ihren Arbeitgebern oder vom Publicum abhängig. Ausserdem sind die artes sordidae keine Beschäftigung, die einem freien Bürger geziemt; nur Grundbesitz, Grosshandel und die artes liberales passen für einen solchen. Aber die venetianische Aristokratie ist keineswegs plutokratisch: sie schliesst auch die reichgewordenen Leute der unteren Stände vom Regiment aus, weil dieser Reichtum oft aus Quellen stammt, die eines Nobile nicht würdig sind, und weil bei Zulassung solcher Elemente die alten Familien, die etwa im Dienst des Staates ihre Vermögensumstände vernachlässigt haben und mehr dem Interesse für das gemeine Wohl als der Sorge für ihren Privathaushalt leben, von Emporkömmlingen verdrängt werden würden, deren Herkunft und Geschäftsbetrieb keine Bürgschaft für uneigennützige Staatsgesinnung bietet. Und in der That wird man der venetianischen [30] Aristokratie in ihren guten Tagen das Zeugnis nicht versagen können, dass sie in der Hingabe an das Staatswohl eine gewisse Berechtigung für ihr ausschliessliches Regiment, das doch auch den unteren Ständen in der Förderung der materiellen Interessen zu gute kam, nachgewiesen hat; nur freilich war es kein Princip, das sich durch Jahrhunderte hin bewähren konnte und sich als Vorbild für anders geartete Staaten empfahl.[i]

i. Segue una riga cancellata dall'autore: «Naturalmente non sono mancati tentativi di rovesciare il governo aristocratico dei nobili».

Gaspare Contarini,[18] nella sua celebre descrizione della costituzione veneziana del XVI secolo, espresse efficacemente le idee etico-politiche su cui si fondava questo principio. A suo giudizio cittadino di pieno diritto di una comunità poteva [29] essere soltanto chi era economicamente autosufficiente in misura tale da dedicare il suo interesse principale agli affari pubblici. Commercianti di bottega, artigiani, lavoratori giornalieri, domestici non avevano questa indipendenza: essi erano subordinati ai loro datori di lavoro o al pubblico. Inoltre le artes sordidae non davano alcuna occupazione che si addicesse ad un libero cittadino; solo la proprietà terriera, il commercio all'ingrosso e le artes liberales erano adatte ad un cittadino simile. Ma l'aristocrazia veneziana non fu per niente plutocratica: escluse dal governo anche la gente divenuta ricca dei ceti sottostanti perché questa ricchezza spesso proveniva da fonti che non erano degne di un nobile; perché attraverso l'ingresso di simili soggetti, le antiche famiglie, che avevano trascurato la loro condizione patrimoniale ad esempio per il servizio dello Stato e vivevano più nell'interesse per il bene comune che nella cura dei loro affari domestici privati, sarebbero state soppiantate dagli arrivisti, la cui origine e la cui attività negli affari non avevano alcuna cittadinanza per un senso dello Stato disinteressato. In effetti non si può negare all'aristocrazia veneziana dei giorni migliori [30] l'attestato che essa, nell'abnegazione per il bene pubblico, abbia dimostrato di avere un certo diritto al suo governo esclusivo che però tornò utile anche ai ceti sottostanti nella cura degli interessi materiali; certamente non fu un principio che potesse affermarsi nel corso dei secoli ed essere preso a modello per altri Stati di differente natura.

18. Gasparo Contarini (1483-1542), cardinale, appartenente a una famiglia dell'antica nobiltà veneziana. Rivestì numerosi incarichi quale ambasciatore presso la corte dell'imperatore Carlo V e presso il papa Clemente VII. Hintze si riferisce qui alla celebre opera sulla costituzione di Venezia, scritta tra il 1524 e il 1534: Contarini, *De magistratibus et Republica Venetorum libri V* (prima edizione, Paris 1543). Si veda la voce curata da Fragnito, *Contarini, Gasparo.*

[31][j]
Heinrich Kretschmayr Gesch. v. Venedig, I Bd, Gotha 1905
(Heeren – Ukert, Gesch. d. eur. Staaten)
Annales u.Chroniken w. Simonsfeld in M.g.h. SS.14
Andrea Dandolo, doge 1343-54
(Simonsfeld A.D., u. seine Geschichtswerke 1876)
Annales 1280 Muratori Scr. rer. Ital. XII
Kl [?] Chronik…[?]…XII…[?]
Sammlung von Staatsverträgen: liber albus [?],
liber blancus [?]
Das Archiv häufig durch Brand zerstört, namentlich 976 alles *ältere* verloren gegangen
(Monticolo in Nuov. Arch. Venet. XVIII)
Tafel und Thomas, Urkunden zur älteren Handels-Staatsgeschichte der Rep. Venedig. Font. rer. Austr. II, Diplomataria, 12-14
(3 Bände 1856-58 Ohne Register!)

j. Ibid., ff. 31 e 32 Hintze ha inserito riferimenti bibliografici alle fonti edite e alla letteratura specialistica consultata per la stesura di questa parte.

[31]
Heinrich Kretschmayr Gesch. v. Venedig, I Bd, Gotha 1905
(Heeren – Ukert, Gesch. d. eur. Staaten)[19]
Annales u.Chroniken w. Simonsfeld in M.g.h. SS.14[20]
Andrea Dandolo, doge 1343-54
(Simonsfeld A.D., u. seine Geschichtswerke 1876)[21]
Annales 1280 Muratori Scr. rer. Ital. XII[22]
Kl [?] Chronik…[?]…XII…[?]
Sammlung von Staatsverträgen: liber albus [?], liber blancus [?]
Das Archiv häufig durch Brand zerstört, namentlich 976 alles *ältere* verloren gegangen[23]
(Monticolo in Nuov. Arch. Venet. XVIII)[24]
Tafel und Thomas, Urkunden zur älteren Handels-Staatsgeschichte der Rep. Venedig. Font. rer. Austr. II, Diplomataria, 12-14
(3 Bände 1856-58 Ohne Register!)[25]

19. Hintze consultò solo il primo tomo dell'opera di Kretschmayr, *Geschichte von Venedig bis zum Tode Enrico Dandolos*, che nel 1905 era stato pubblicato – come indicato dall'autore – all'interno della monumentale collana «Geschichte der europäischen Staaten» fondata nel 1829 dagli storici Arnold Hermann Ludwig Heeren e Friedrich August Ukert; nel corso del XIX secolo ai fondatori erano subentrati nella direzione della collana Wilhelm von Giesebrecht e Karl Lamprecht. Tornando all'opera di Kretschmayr, nel 1920 venne pubblicato il secondo volume intitolato *Die Blüte*. Il terzo volume, *Der Niedergang*, apparve nel 1934.
20. Per gli annali e cronache Hintze rinviava agli *Annales Venetici breves* curati dallo storico Henry Simonsfeld (1852-1913): Simonsfeld (a cura di), *Annales Venetici breves*. Tale fonte continua ad essere un punto di riferimento per la storiografia internazionale. Si trova citata infatti nel libro di Madden, *Enrico Dandolo and the rise of Venice*.
21. Sul doge Andrea Dandolo, il rinvio era alla celebre opera di Simonsfeld (a cura di), *Andrea Dandolo und seine Geschichtswerke*.
22. Muratori, *Rerum Italicarum Scriptores*, tomo XII, ove la prima parte verte su alcune cronache veneziane: Dandolo, *Chronicon Venetum*.
23. Si riferisce alle raccolte di atti diplomatici e di patti, conservate presso l'Archivio di Stato di Venezia, Fondo 4920, denominate *Pacta e aggregati*, *Libri pactorum*, sec. XIII-XVII, con documenti in copia dall'anno 579, consistenti in 29 registri. All'interno si trovano altre fonti antiche quali il *Liber Albus* e il *Liber Blancus* citati da Hintze. Segue la notazione «Das Archiv häufig durch Brand zerstört, namentlich 976 alles älteres verloren gegangen» (L'archivio distrutto spesso dalle fiamme, soprattutto nel 976, tutto il più antico andato perduto).
24. Si riferisce al saggio di Monticolo, *Il testo del patto giurato dal doge Domenico Michiel al Comune di Bari*.
25. Il riferimento è alla raccolta di documenti Tafel, Thomas (a cura di), *Diplomataria et Acta*.

[32]
W. Lenel, Die Entstehung der Vorherrschaft in der Adria (1897) mit einem Anhang über Verfassungsgeschichte
"Verfassungsgeschichte Städten" (Anfänge des grossen Rats etc.)
Dazu Simonsfeld HZ 84
Besta, Nuov. Arch. Venet. 14
Schmeidler, Der Dux und das comune Venetiarum v. 1141-1229
Beiträge zur Verfassungsgesch. Venedigs vornehmlich im 12. Jht.

[32]
W. Lenel, Die Entstehung der Vorherrschaft in der Adria (1897) mit einem Anhang uber Verfassungsgeschichte
"Verfassungsgeschichte Städten" (Anfänge des grossen Rats etc.)[26]
Dazu Simonsfeld HZ 84[27]
Besta, Nuov. Arch. Venet. 14[28]
Schmeidler, Der Dux und das comune Venetiarum v. 1141-1229
Beiträge zur Verfassungsgesch. Venedigs vornehmlich im 12. Jht.[29]

26. Sulle origini del Gran Consiglio Hintze rinviava all'opera di Lenel, *Die Entstehung der Vorherrschaft Venedigs an der Adria mit Beiträgen zur Verfassungsgeschichte*.
27. Simonsfeld, *Zur Geschichte Venedigs*.
28. Il rinvio è qui probabilmente al saggio di Besta, *Intorno a due opere recenti sulla costituzione e sulla politica veneziana*.
29. Il rinvio era all'opera di Schmeidler, *Der dux und das Commune Venetiarum von 1141-1229*.

5. Florenz / Firenze

GStA PK, VI. HA, *Familienarchive und Nachlässe*, NL Otto Hintze, Nr. 2, Bd. 4, *Florenz*, ff. 4-56

6. GStA PK, VI. HA, *Familienarchive und Nachlässe*, NL Otto Hintze, Nr. 2, Bd. 4, *Florenz*, f. 4 (© GStA PK).

Florenz

[4] Die Communal- und Consularverfassung hat sich in Florenz wahrscheinlich aus der alten Gemeindeverfassung verschiedener Nachbarverbände entwickelt, aus denen die Stadt sich zusammensetzte; in den Consuln sieht Davidsohn die alten Vorsteher dieser Verbände (boni homines). Ihre Zahl (4-6, später 12) entspricht der Zahl der Stadtbezirke, die nach den Thoren bezeichnet wurden. Die Abhängigkeit von der markgräfischen Gewalt, die im 11. Jahrhundert durch die grosse Gräfin Mathilde ausgeübt wurde, hat sich bald nach deren Tode ohne eine plötzliche Revolution ganz allmählich gelockert; im Laufe des 12. Jahrhunderts bildete sich eine selbständige städtische Gerichtsbarkeit heraus, die seit der Doppelwahl von 1197 vom Reich nicht mehr beanstandet worden ist.

Einer von den 12 Consuln erscheint seit 1201 als lebenslänglich thätiger Oberrichter (consul justitiae); im übrigen war dies Collegium der Consuln, das jährlich erneuert wurde, das ausführende Organ in Regierung und Verwaltung; neben ihm stand als Vertretung der Bürgerschaft eine beratende und beschliessende Körperschaft, die sich früh in einen engeren und weiteren Rat sonderte, [5] und ausserdem noch eine Versammlung der gesamten Bürgerschaft, die wie anderswo in Italien als Parlamentum oder concio oder arringum bezeichnet wird.

Die Consularverfassung wurde auch hier im 13. Jahrhundert von dem Podestat abgelöst. Der Podestà, der schon früher hin und wieder als ausserordentliches Stadthaupt in Kriegszeiten erscheint, steht seit 1207 ganz regelmässig in der Person von Jahr zu Jahr wechselnd an die Spitze der gesamten städtischen Verwaltung, als oberster Richter, Polizeiherr und Führer der Bürgermiliz auch hier ein Edelmann aus einer fremden Gemeinde, meist Rom oder Mailand, ein Mann von hohen persönlichen Eigenschaften, der mit Wort und Feder wie mit dem Schwert umzugehen wusste, der während seiner kurzen Amtswaltung mit dem bürgerlichen Faktions- und Cliquenwesen nichts zu tun haben sollte und nach Ablauf seines Amtsjahres einer eingehenden Rechenschaft (Syndi…[?]) unterlag. Die alten Consuln erscheinen noch hin und

Firenze

[4] La costituzione comunale e consolare di Firenze si è sviluppata probabilmente dall'antica costituzione comunale di diverse unioni di vicinato, delle quali era composta la città; nei consoli Davidsohn[1] vede gli antichi capi di queste unioni (boni homines). Il loro numero (4-6, più tardi 12) corrisponde a quello dei quartieri cittadini che erano definiti in base alle porte. La dipendenza dal potere marchionale, che era stato esercitato nell'XI secolo attraverso la grande contessa Matilde,[2] si dissolse rapidamente dopo la morte di questa, senza che vi fosse una rivoluzione improvvisa, in modo tutto graduale; nel corso del XII secolo si sviluppò una giurisdizione cittadina autonoma che dalla doppia elezione del 1197 non è stata più contestata dall'impero.

Dal 1201 uno dei 12 consoli compare come giudice superiore attivo a vita (consul justitiae); per il resto questo Collegium dei consoli, che era rinnovato ogni anno, era l'organo esecutivo per il governo e l'amministrazione; accanto ad esso, in rappresentanza della cittadinanza, operava un corpo consultivo e deliberativo, che presto si separò in un consiglio più ristretto e in uno allargato: [5] c'era inoltre un'assemblea dell'intera cittadinanza, che come altrove in Italia era chiamata parlamentum o concio o arringum.

Anche qui, nel XIII secolo, la costituzione consolare fu seguita dall'istituzione podestarile. La funzione di podestà, che già prima appare di quando in quando come capo cittadino straordinario in tempi di guerra, dal 1207 è ricoperta in modo del tutto regolare da una persona soggetta a cambiare di anno in anno, al vertice dell'intera amministrazione cittadina come giudice supremo, signore responsabile dell'ordine pubblico e comandante della milizia cittadina – anche qui un nobile proveniente da un Comune straniero, per lo più da Roma o da Milano, un uomo di alte qualità personali che sapeva servirsi della parola e della penna così come della spada, che non doveva aver a che fare con il mondo delle cricche e delle fazioni cittadine durante il suo breve mandato e che si sottoponeva, al termine del suo ufficio annuale, a un accurato rendiconto. Gli antichi consoli compaiono ancora accanto a lui di quando in

1. Robert Davidsohn, (1853-1937), storico. Pubblicò un'imponente serie di fonti archivistiche concernenti la storia di Firenze (*Forschungen zur älteren Geschichte von Florenz*). Fu autore inoltre di una storia della città di Firenze dalle sue origini fino al periodo dantesco (*Geschichte von Florenz*).
2. Matilde di Canossa (1045/46?-1115), figlia di Bonifacio feudatario di Canossa e marchese di Toscana e di Beatrice di Lorena, fu contessa in numerosi territori dell'Italia centro-settentrionale (comitati di Bergamo, Brescia, Mantova, Arezzo, Siena, Corneto e per alcuni anni fu marchesa di Toscana), nonché in Lorena. Nella lotta per le investiture tra papato e impero sostenne le ragioni del papa. Su Matilde di Canossa si veda la voce curata da Golinelli, *Matilde di Canossa*.

wieder neben ihm, verschwinden aber allmählich; der Podestà waltete bald ausschliesslich an ihren Platz über Rat und Bürgerschaft.

[6] Die Aktivbürgerschaft der Commune bestand aus zwei scharf gesonderten Ständen, einem ritterlich lebenden Stadtadel, der in der Bürgerwehr den Rossdienst leistete (milites) und einem kaufmännischen Patriciat, dessen Angehörige (mercatores) zu Fuss dienten wie die übrigen Einwohner. Die Handwerker, die wohl noch früher als die Kaufleute, in Zünfte (arti) gegliedert waren, hatten ursprünglich keinen Anteil an der Verwaltung des Commune. Milites und mercatores hatten für sich noch ihre besondere Organisation (commune militum und commune mercatorum) mit besonderen Consuln an der Spitze, die von den consules majores der Stadtcommune ausdrücklich unterschieden wurden. Die Grundlage dieses ältesten Aktivbürgertums war offenbar der Grundbesitz; die Scheidung der beiden bürgerlichen Stände aber beruhte in der Hauptsache auf Besitz [7] und Lebenshaltung. Allerdings sind in früherer Zeit Feudalherren aus der Umgegend (contado) in die Stadt gezogen, um dort bequemer und angenehmer als auf ihren Burgen zu leben; auch ist in einem oder dem andern Falle besiegten ritterlichen Widersachern der Stadt zur grösseren Sicherung der Bürgerschaft die Wohnpflicht innerhalb des Mauerrings zwangsweise auferlegt worden; aber diese ursprünglich Stadtfremden, feudalen Elemente,[a] hatten sich im 12.-13. Jahrhundert wahrscheinlich längst mit den höheren Schichten des Bürgertums vermischt, so dass die verschiedene Herkunft aus Stadt oder Landschaft nicht als das eigentliche Unterscheidungsmerkmal zwischen Adel und Bürgerschaft im engeren Sinne anzusehen ist: der Adel war ein Stadtadel, der sich allerdings von den eigentlichen Bürgern durch seine ritterlich-kriegerische Lebens- und Wohnweise merklich unterschied: diese ritterlichen Familien wohnten [8] in festen Häusern mit hohen und starken Türmen, die zu förmlichen verteidigungsfähigen Stadtburgen ausgebaut waren, und pflegten Prunk und Waffenwerk, wie sie anderswo an den Fürstenhöfen im Schwange waren.

Die mit Burgen übersäte Landschaft um die Stadt herum gehörte grösstenteils diesem Adel, aber zum Teil auch dem kaufmännischen Patriciat; die Bauern des Contado (die contadini) waren meist zinspflichtige Hörige; sie waren zum Kriegsdienst verpflichtet, aber ohne politische Rechte; ebenso die in Zünfte gegliederten Handwerker, unter denen die Metzger, die Maurer und Zimmerleute, die Schmiede und Schuster, die Trödler eine gewisse Vorzugsstellung behaupten, während die Bäcker auf der socialen Stufenleiter untenan standen. Im 13. Jahrhundert entwickelte sich nun in Florenz ein reiches

a. Righe cancellate: «dürfen nach den Ergebnissen der Forschungen Davidsohns schwerlich» (possono difficilmente trovarsi [?] tra i frutti delle ricerche di Davidsohn).

quando, ma scompaiono gradualmente; presto il podestà governa in via esclusiva nel suo posto al di sopra del consiglio e della cittadinanza.

[6] La cittadinanza attiva del Comune era formata da due ceti nettamente separati, una nobiltà cittadina dedicata alla vita cavalleresca che prestava servizio a cavallo nella difesa della città[3] e un patriziato del commercio i cui membri (mercatores) servivano a piedi come gli altri abitanti. Gli artigiani, che erano divisi in corporazioni (arti) ancora prima dei mercanti, non avevano in origine alcuna parte nell'amministrazione del Comune. I milites e i mercatores avevano per sé i loro particolari organismi (commune militum e commune mercatorum) con speciali consoli al vertice che erano distinti espressamente dai consules majores del Comune cittadino. Il fondamento di questa antica cittadinanza attiva era in modo evidente la proprietà terriera; tuttavia la separazione di entrambi i ceti cittadini si fondava in sostanza sulle proprietà terriere [7] e sullo stile di vita. È un fatto che nel tempo precedente i signori feudali si erano trasferiti dai dintorni (contado) in città per vivere in modo più comodo e piacevole rispetto alle loro fortezze; in un caso o nell'altro si tratta però di cavalieri sconfitti, che erano stati nemici della città, ai quali per maggiore sicurezza della cittadinanza fu imposto in modo coercitivo l'obbligo di residenza all'interno della cerchia delle mura; questi cittadini che originariamente erano forestieri, questi elementi feudali si mescolarono nel XII e XIII secolo, probabilmente per molto tempo, con i più alti strati della cittadinanza, cosicché la diversa origine, dalla città o dalla regione circostante, non è da considerare l'autentico tratto distintivo tra nobili e cittadini in senso stretto: la nobiltà era una nobiltà urbana, la quale tuttavia si distingueva in modo percettibile dai veri e propri cittadini in forza del suo modo di vivere e di abitare, informato a uno stile cavalleresco-militare: queste famiglie nobili abitavano [8] in case fortificate con torri alte e ben munite, trasformate in autentiche fortezze cittadine capaci di difesa e coltivavano lo sfarzo e il mestiere delle armi come altrove di moda presso le corti dei principi.

Tale territorio disseminato di castelli intorno alla città apparteneva per la massima parte a questa nobiltà, ma in parte anche al patriziato del commercio; i contadini del Contado erano per lo più servi soggetti al pagamento di un censo; essi erano obbligati al servizio militare, ma senza diritti politici; ugualmente gli artigiani suddivisi in corporazioni, nelle quali conservavano una certa posizione privilegiata i macellai, i muratori e i falegnami, i fabbri e i calzolai, i rigattieri, mentre i panettieri si trovavano in fondo alla scala sociale. Ora nel XIII secolo si sviluppò a Firenze una ricca vita industriale nelle forme

3. La nobiltà era l'ordine medievale specializzato nella guerra mediante il servizio a cavallo.

gewerbliches Leben in den Formen der Hausmanufactur und des Verlagssystems mit wachsendem Export und einer zahlreichen Arbeiterbevölkerung, die nicht in Zünften gegliedert und ganz von den kaufmännischen Unternehmern abhängig war; damals bildeten [9] sich die grossen Fabrikantenzünfte aus, die das Florentiner Gewerbe beherrschten: die der Wollweber, die feine einheimische Tücher verfetigten, die der sog. Calimala, die fremde Halbfabrikate veredelten, färbten oder sonst zubereiteten und als Florentiner Waren in den Handel brachten, die der Seidenindustrie in ihren verschiedenen Zweigen; dazu kamen die Pelzhändler und Kürschner, die Wechsler, die als Bankiers des päpstlichen Stuhls den Geldverkehr des ganzen christlichen Abendlandes beeinflussten, dem die berühmte Florentiner Goldmünze, der Florin, eine solide Grundlage gab, ferner die Richter und Notare, die Ärzte und Apotheker, die zugleich den Handel mit Spezereiwaren in Händen hatten. Alle diese bürgerlichen Berufsstände waren in Form von Zünften organisirt mit Vorstehern (priori) an der Spitze: sie bildeten die sieben alten oder grossen Zünfte (Arti Maggiori), den Kern der Activbürgerschaft, dem die 14 kleinen Zünfte der eigentlichen Handwerker in untergeordneter [10] Stellung zunächst noch ohne politische Berechtigung gegenüberstanden.

Bis zur Mitte des 13. Jahrhunderts war aber auch die politische Macht der grossen Zünfte noch sehr gering; der Adel dominirte durchaus im Stadtregiment; erst seine Spaltungen und Parteikämpfe haben dem eigentlichen Bürgertum zu seiner späteren Machtstellung verholfen.

Der Streit der Guelfen und Ghibellinen beginnt in Florenz im Jahre 1215 als ein Privatzwist unter adligen Familiengruppen, der aber durch die Verflechtung mit dem damals ausbrechenden Kampf zwischen den beiden Gegenkaisern Otto IV. und Friederich II. einen politischen Hintergrund erhielt. Der Kern dieses Parteigegensatzes ist immer die natürliche Rivalität zweier um die Herrschaft kämpfenden Gruppen einer meisterlosen Aristokratie geblieben; Ghibellinen wie Guelfen wollten die Adelsherrschaft und die republicanische Unabhängigkeit des florentinischen Gemeinwesens behaupten und weiter ausbilden; nur [11] suchten dabei die einen Anlehnung an den Kaiser, die anderen an den Papst; und mit der päpstlichen Partei verbanden sich ganz natürlicherweise die bürgerlichen Vertreter der Interessen des Geldgeschäftes

della manifattura domestica e del verlag system[4] con export crescente e una popolazione cittadina lavorativa numerosa che non era articolata in corpi organizzati e dipendeva interamente dagli imprenditori mercantili; a quel tempo si svilupparono [9] le grandi corporazioni industriali che dominarono l'economia fiorentina: quella dei tessitori della lana, che fabbricavano i panni di qualità del luogo, quella dei cosiddetti Calimala, che nobilitavano i semilavorati stranieri tingendoli o altrimenti preparandoli per poi immetterli in commercio come prodotti fiorentini, quelli dell'industria serica nei suoi diversi rami. Oltre a questi venivano i pellettieri e i pellicciai, i cambiavalute che come banchieri della sede apostolica influenzarono il mercato monetario di tutto l'occidente cristiano, mercato cui la celebre moneta d'oro fiorentina, il Fiorino, garantì una base solida; poi i giudici e i notai, i medici e i farmacisti che gestivano assieme il commercio delle spezie. Tutti questi ceti cittadini delle professioni erano organizzati in forma di corporazioni con capi (priori) ai vertici: formavano le sette antiche o più grandi corporazioni (Arti maggiori), il nucleo della cittadinanza attiva, [10] di fronte al quale si trovavano in posizione subordinata – per il momento ancora senza diritti politici – le quattordici piccole corporazioni dei veri e propri artigiani.

Fino alla metà del XIII secolo tuttavia la forza politica delle grandi corporazioni era ancora molto ristretta; la nobiltà dominava completamente nel governo cittadino; solo le divisioni interne e le guerre di partito hanno aiutato il nerbo della cittadinanza a conseguire in tempi successivi la sua posizione di forza.

La lotta tra Guelfi e Ghibellini inizia a Firenze nell'anno 1215 come un dissidio privato tra gruppi di famiglie nobili, dissidio che tuttavia assume uno sfondo politico nell'intreccio con lo scontro verificatosi a quel tempo tra i due opposti imperatori Ottone IV e Federico II.[5] Il cuore di questi contrasti di partito è sempre rimasta la naturale rivalità di due gruppi appartenenti a un'aristocrazia priva di capi in lotta per la signoria; i Ghibellini come i Guelfi volevano affermare il dominio della nobiltà e l'indipendenza repubblicana della comunità fiorentina e ampliarla ulteriormente. Solo che [11] gli uni cercarono appoggio presso l'imperatore, gli altri presso il papa; e con il partito papale si legarono in modo del tutto naturale i rappresentanti cittadini degli interessi afferenti alla finanza

4. Sistema di produzione industriale in base al quale il mercante forniva all'artigiano la materia prima pagandogli metà del compenso che avrebbe saldato al ritiro del prodotto finito.
5. Ottone IV di Brunswick (1175 o 1182-1218) fu re di Germania tra il 1198 e il 1212 e imperatore dal 1209 al 1218.
Federico II (1194-1250), figlio di Enrico VI di Svevia e di Costanza d'Altavilla, divenne re di Sicilia nel 1197 e di Germania nel 1212. A Federico II Hintze dedicò una parte notevole dell'«Allgemeine Verfassungs- und Verwaltungsgeschichte der neueren Staaten», quella relativa al Regno di Sicilia.

und des Handels, so dass die guelfische Partei, obwohl auch sie ursprünglich eine Adelspartei war, doch allmählich mehr und mehr in die bürgerliche Interessensphäre hineinwuchs. Ein politisches Parteiwesen von modernem Schlage ist aber weder dieses Treiben der Guelfen und Ghibellinen noch die weiterhin daraus entspringende und in mannigfaltigen Formen sich fortbildende Zerklüftung der Bürgerschaft gewesen: es war und blieb ein Kampf auf Tod und Leben zwischen zwei feindlichen Faktionen, von denen jede den ganze Staat zu repräsentieren beanspruchte, ohne dem Gegner eine politische Existenzberechtigung zuzugestehen; ein Kampf, der nicht in staatsrechtlichen Formen, sondern als ein Bürgerkrieg geführt wird, mit Hinrichtungen, Confiscationen und [12] Verbannungen für die unterliegende Partei; in seinen späteren Stadien ein Kampf der bürgerlichen Klassen und Berufsstände untereinander, der niemals zu verfassungsmässig befestigten Zuständen, sondern zu immer neuen Erschütterungen und Umwälzungen geführt hat, bis dieser anfänglich aus der feudalen Anarchie entsprungene bürgerliche Klassenkampf, nachdem er die Republik zersprengt hatte, schliesslich in den Formen eines monarchischen Regiments zur Ruhe gekommen ist.

Der erste verfassungsgeschichtlich bedeutsame Wendepunkt in dem Kampf der Guelfen und Ghibellinen ist der Sturz des Ghibellinenregiments im Jahre 1250,[b] der durch eine Erhebung der mit den Guelfen verbündeten bürgerlichen Volkspartei herbeigeführt war und die Begründung einer volksmässigen Verfassung zur Folge hatte. Die Volkspartei, des "popolo vecchio", die damals das Regiment ergriff, stand unter der Führung der in den Hauptzünften organisirten Bürgerschaft und ging auf eine Befestigung des durch seine Parteikämpfe geschwächten Adelsregiments aus. Die neue Verfassung (Costituto del popolo) beruhte auf einer neuen [13] militärischen Organisation der Bürgerschaft, während zugleich die alte Organisation der städtischen Ritterschaft, die durch den Parteikampf längst untergraben war, vollends zersprengt wurde. Der Rossdienst (die cavallata) wurde damals aus einer persönlichen Leistung der privilegirten Adelsklasse zu einer rein finanziellen Last, die den wohlhabendsten Schichten der Bürgschaft auferlegt wurde, ein Dienst, der nicht persönlich geleistet zu werden brauchte, sondern abgelöst werden konnte, wobei bereits das Soldrittertum eine Rolle zu spielen begann.

Den Kern der Bürgermiliz bildeten die Fusstruppen, die in 20 (später 16) städtischen Volkskompanien auf Grund der kleineren Stadtbezirke gegliedert waren; jeder dieser Kompanien hatte ihr Banner (gonfalon) mit einem besonderen Abzeichen und ihren Bannerherrn (gonfaloniere), dem je 4 Rektoren und ein Rat von je 24 Bürgern zur Seite standen. An der Spitze dieser bewaffneten Bürgerschaft stand der Capitano del popolo, der zugleich wie ein Volks-

b. Segue una riga cancellata: «kurz vor dem Tode des Kaisers Friedrich II» (poco prima della morte di Federico II).

e al commercio cosicché il partito guelfo, sebbene fosse all'origine anche un partito della nobiltà, si estese gradualmente alle sfere degli interessi urbani. Partiti politici di tipo moderno non sono stati tuttavia né tale movimento dei Guelfi e dei Ghibellini né l'organizzazione frastagliata della cittadinanza proveniente da questo e perfezionatasi in molteplici forme; ciò fu e rimase una battaglia per la vita e la morte tra due fazioni nemiche, ciascuna delle quali pretese di rappresentare l'intera città senza riconoscere all'avversario un diritto all'esistenza politica; una battaglia che non è condotta nelle forme del diritto statale, bensì in quelle di una guerra civile con esecuzioni capitali, confische e [12] confino per il partito perdente. Nei suoi stadi più avanzati una battaglia delle classi cittadine e dei ceti professionali fra di loro, che non ha mai portato a condizioni costituzionalmente solide, ma a sempre nuove scosse e rivoluzioni, finché questa lotta di classe scaturita agli inizi dall'anarchia feudale, dopo che ebbe mandato in frantumi la repubblica, trovò alla fine un momento di pace nelle forme di un governo monarchico.

La prima svolta significativa dal punto di vista della storia costituzionale nello scontro tra Guelfi e Ghibellini fu la caduta del governo ghibellino nell'anno 1250 che era provocata da una sollevazione del partito popolare cittadino unito con i Guelfi e che ebbe come conseguenza la fondazione di una costituzione popolare. Il partito del popolo, del "popolo vecchio", che allora prese il governo, si trovava sotto il comando della cittadinanza organizzata nelle principali corporazioni e mirò a un rafforzamento del governo nobiliare indebolito dalle sue lotte interne di fazione. La nuova costituzione, (Costituto del popolo), si fondava su una nuova [13] organizzazione militare della cittadinanza, mentre allo stesso tempo l'antica organizzazione della cavalleria cittadina, che era stata indebolita per lungo tempo nelle guerre di partito, fu completamente soppressa. Il servizio a cavallo, la cavallata, si trasformò allora da una prestazione personale della classe nobiliare privilegiata a un puro carico finanziario che fu imposto agli strati più abbienti della cittadinanza; un servizio che non occorreva gravasse sulle singole persone ma poteva essere riscattato pagando per farsi sostituire, mentre la cavalleria mercenaria iniziava già ad avere un ruolo.

La fanteria, che era articolata in venti (successivamente in sedici) compagnie del popolo sulla base dei minori distretti urbani, costituiva il cuore della milizia cittadina; ognuna di queste compagnie aveva il suo stendardo (gonfalone) con una particolare insegna e un portabandiera (gonfaloniere), ciascuna era assistita rispettivamente da quattro rettori e da un consiglio di ventiquattro cittadini. Al vertice di questa cittadinanza armata si trovava il Capitano del Popolo, il quale doveva salvaguardare contemporaneamente come tribuno del

tribun die Rechte der Volksgemeinde gegenüber dem Adel in allen Vorfällen des bürgerlichen Lebens, im Gericht wie in der Verwaltung wahr[14]zunehmen hatte. Die vom Adel abgesonderte Volksgemeinde gewann damit eine besondere politisch-militärische Organisation[c] gleichsam als ein Staat im Staate, während der Podestà an der Spitze des gesamten, den Adel einschliessenden Gemeinwesens blieb. Der Podestà hatte die Vertretung der Stadt nach aussen, die militärische Führung im Felde bei auswärtigen Kriegen, die allgemeine Aufsicht über Justiz und Verwaltung im ganzen, während der Capitano del popolo überall da eintrat, wo es sich um einen Conflict der Volksrechts mit der überlieferten Adelsmacht handelte, namentlich auch um deren Verteidigung mit den Waffen bei inneren Unruhen in der Stadt selbst. Das Centrum der bürgerlichen Regierung lag in dem neugeschaffenen Collegium der 12 Anziani (*Ältesten*), die aus den 6 Thorbezirken der Stadt erwählt waren und auch bei Conflicten zwischen Podestà und Volkskapitän die Entscheidung gaben. Sie hatten wieder einen geheimen Rat (Credenza) von 36 Bürgern neben sich, zu deren Beratungen auch die Vorsteher der [15] Hauptzünfte, sowie die Bannerträger und Rektoren der städtischen Volkskompanien zugezogen wurden. Die Vertretung der gesamten Bürgerschaft bestand in einem Generalrat von 300 und einem Spezialrat von 90 Bürgern, die aus Mitgliedern des Adels und des Volkes zusammengesetzt waren; diese Ratskörperschaften hatten die Mitwirkung bei Gesetzgebung und Verwaltung, wobei aber die Initiative ausschliesslich von dem regierenden Collegium der Anzianen ausging. Die der Stadt gehörige Landschaft (der Contado) war ähnlich wie die Stadt selbst auf Grund der Kirchspiele (pievi) in 96 Kompanien gegliedert, die mit den städtischen Kompanien das Bürgerheer, das auf das Zeichen der Kriegsglocke (martinella) um den Fahnenwagen (carroccio) geschart, in kurzen meist nur eintägigen Expeditionen, gegen die Feinde der Stadt zu Felde zog. In der Stadt selbst mussten die Türme des Adels von 120 auf 50 Ellen erniedrigt werden. In dem Palazzo del popolo schuf sich die neue Volksgemeinde seit 1255 einen stattlichen Mittelpunkt der bürgerlichen Regierung.

[16] Dieses bürgerliche Regiment hat aber nicht länger als 10 Jahre gedauert. Nach der Niederlage bei Monte Aperti im Jahre 1260 verliessen die Guelfen die Stadt und die vertriebenen Ghibellinen kehrten zurück und restaurirten das Adelsregiment, bis die grosse politische Wendung, die mit der Schlacht von Benevent (1265) eintrat, ihrer Herrschaft ein Ende machte. Eine

c. Segue una breve nota a matita: «ähnlich der altrömischen plebs» (similmente alla plebe dell'antica Roma).

popolo i diritti della comunità di fronte alla nobiltà in tutti gli avvenimenti della vita cittadina, nei tribunali come nell'amministrazione. [14] In questo modo la comunità del popolo, isolata dalla nobiltà, ottenne una speciale organizzazione politico militare, un po' come se fosse uno Stato nello Stato, mentre il Podestà restava al vertice dell'intera collettività legata al ceto nobiliare. Al Podestà competeva la rappresentanza della città verso l'esterno, il comando militare sul campo nelle guerre esterne, la generale sorveglianza sui rami della giustizia e dell'amministrazione nel complesso, mentre il Capitano del Popolo interveniva in tutti i casi in cui si trattava di un conflitto del diritto popolare con il potere tradizionale della nobiltà, anche quando si trattava della difesa dei nobili con le armi negli interni sommovimenti della città stessa. Il centro del governo cittadino risiedeva nel collegio nuovamente ristabilito dei dodici Anziani (i più anziani) che erano eletti dai sei distretti della città facenti capo alle rispettive porte e decidevano mediante sentenze anche sui conflitti tra Podestà e Capitano del Popolo. Essi avevano ancora un Consiglio segreto (Credenza) di trentasei cittadini accanto a loro, alle cui adunanze [15] partecipavano anche i capi delle maggiori corporazioni, così come i portabandiera e i rettori delle compagnie del popolo cittadine. La rappresentanza dell'intera cittadinanza risiedeva nel consiglio generale dei 300 e in un consiglio speciale di 90 cittadini, che erano composti da esponenti della nobiltà e del popolo; questi corpi consiliari davano il loro contributo nella legislazione e nell'amministrazione, mentre l'iniziativa proveniva esclusivamente dal collegio governante degli Anziani. Il territorio appartenente alla città (il Contado), in modo simile allo stesso centro urbano, era suddiviso sulla base delle parrocchie (pievi) in 96 compagnie, che assieme alle compagnie cittadine costituivano la milizia civica; questa, riunita presso il Carroccio ai rintocchi della campana di guerra (martinella), per lo più soltanto in brevi spedizioni giornaliere, scendeva in campo contro i nemici della città. Nel Comune stesso le torri della nobiltà dovevano essere abbassate da 120 a 50 braccia. Con il Palazzo del Popolo la nuova comunità popolare si diede dal 1255 un'imponente sede di governo cittadino.

[16] Tuttavia questo regime non è durato più a lungo di dieci anni. Dopo la sconfitta di Montaperti nell'anno 1260[6] i Guelfi abbandonarono la città, i profughi Ghibellini poterono far ritorno e restaurarono il governo nobiliare fino alla grande svolta politica che, iniziata con la battaglia di Benevento (1265)[7]

6. La battaglia di Montaperti si svolse il 4 settembre 1260.
7. La battaglia di Benevento si svolse in realtà il 26 febbraio 1266. Carlo d'Angiò, figlio del re di Francia Luigi VIII e di Bianca di Castiglia, aveva ricevuto l'invito del Papa a conquistare il Regno di Sicilia per cacciarne gli Svevi. Manfredi, succeduto al padre Federico II come re di Sicilia in seguito all'incoronazione avvenuta a Palermo nel 1258, difese il regno meridionale opponendosi alla politica filoangioina del papa; in Italia fu a capo del movimento ghibellino. Lo scontro tra l'esercito di Carlo d'Angiò e quello di Manfredi,

Volksbewegung im November 1266 leitete den Umschwung ein, der sich dann unter dem Einfluss Karls von Anjou, dem das Podestat übertragen wurde, im Jahre 1267 vollzog.

Diese Verfassungsänderung war aber keine Wiederherstellung der Volksherrschaft. Der Capitano del popolo verschwand auf eine Reihe von Jahren; an seine Stelle traten als leitende militärische Behörde 12 Kriegskapitäne aus den 6 Stadtteilen. Die Anziani wurden durch einen Executivausschuss von 12 buonuomini ersetzt, die dem von Karl von Anjou gesandten Podestà-Stellvertreter zur Seite traten, der [17] General- und Spezialrat als Vertreter der Bürgschaft blieb, nur ein neuer geheimer Rat (Credenza) aus 80 Bürgern wurde zur Beratung der Regierungsbehörden gebildet. In diesen Ratskörperschaften befanden sich neben Mitgliedern des Adels auch solche aus dem Volke aber eine besondere Vertretung hatte der Popolo in dieser Verfassung nicht. Die wichtigste und eigentümlichste Neubildung dieses Jahres war die Begründung der Parte Guelfa, einer festen welfischen Parteiorganisation von anerkannten öffentlich-rechtlicher Stellung, die bald einen grossen Teil der Staatsleitung an sich zog. Sie hatte eine staatsähnliche Organisation mit 6 Capitänen und Prioren an der Spitze, die nur aus Edelleuten der guelfischen Partei bestanden und mit einer Credenza von 14, einem grossen Rat von 60 Bürgern, unter denen auch Popolanen sich befanden. Um sie mit den nötigen Mitteln zu versorgen wurde ihr ein Drittel der massenhaften Confiscationen zugewandt, die bei der Verbannung der ghibellinischen [18] Parteihäupter verfügt worden waren. Eine völlige Ausrottung der Ghibellinen war nicht thunlich gewesen; die, welche in der Stadt blieben, behielten nun ebenfalls eine Art von Organisation, standen aber unter misstrauischer Aufsicht und waren häufigen Verfolgungen ausgesetzt, wozu ein besonderer "Ankläger der Ghibellinen" bestellt war. Es war also alles in allem eine scharf guelfische, aber nicht eine volksmässige Verfassung, entsprechend den Neigungen Karls von Anjou, dessen Einfluss noch lange nachher die Stadt beherrscht hat. Die vornehmsten Popolanen versöhnten sich mit dieser Wendung, weil die Bank- und Handelsinteressen mehr denn je auf die Verbindung mit der päpstlich-angioinischen Partei hinwiesen.

Erst durch die neuen Verfassungsänderungen von 1282 und 1292 ist wieder ein volksmässiges Regiment in scharfem Gegensatz zum Adel begründet worden. Die erstarkten grossen Zünfte wurden jetzt geradezu zum [19] Rahmen des staatlichen Lebens. Nur wer ihnen angehörte, hatte das volle aktive Bürgerrecht. Der Adel, soweit er politischen Einfluss behalten wollte, sah sich gezwungen in die Zünfte einzutreten. Die Gesamtheit der sieben grossen

pose fine al loro dominio. Un movimento popolare nel novembre 1266 diede inizio a un cambiamento radicale che ebbe luogo poi nell'anno 1267 sotto l'influenza di Carlo d'Angiò, al quale fu assegnata la carica di Podestà.

Questo cambiamento costituzionale non coincise tuttavia con alcun ripristino della signoria popolare. Il Capitano del Popolo scomparve per parecchi anni; al suo posto subentrarono 12 capitani della guerra come uffici militari di comando a capo dei sei quartieri della città. Gli Anziani furono sostituiti da una commissione esecutiva di 12 buonuomini che aiutavano il sostituto Podestà inviato da Carlo d'Angiò; il [17] Consiglio Generale e Speciale rimase come rappresentante della cittadinanza; fu formato soltanto un nuovo Consiglio Segreto (Credenza) di 80 cittadini per la discussione degli affari con gli uffici di governo. In queste corporazioni consiliari, accanto ai membri della nobiltà, si trovavano anche altri provenienti dal popolo, ma quest'ultimo non aveva in tale ordinamento una speciale rappresentanza. La più importante e bizzarra innovazione di quest'anno fu la fondazione della Parte Guelfa, una solida organizzazione di partito guelfa che deteneva una riconosciuta posizione pubblica e giuridica che presto si conquistò un grande ruolo nella direzione dello Stato. Essa aveva una organizzazione simile al Comune con 6 Capitani e Priori al vertice, formati solo di gente nobile del partito guelfo e con una Credenza di 14, un Gran Consiglio di 60 cittadini, nei quali si trovavano anche esponenti del popolo. Per rifornirla dei mezzi necessari fu trasferito ad essa un terzo delle confische di massa che [18] erano state ordinate in seguito alla cacciata dei capi del partito ghibellino. Un completo annientamento dei Ghibellini non era stato opportuno; quelli che rimasero nella città conservarono in ogni caso un tipo di organizzazione ma si trovavano sotto una sorveglianza diffidente e furono condotte frequenti persecuzioni per le quali fu nominato uno speciale 'accusatore dei Ghibellini'. C'era tutto sommato una forte costituzione guelfa, non popolare, conforme ai desideri di Carlo d'Angiò, la cui influenza ha dominato ancora a lungo la città. I più illustri popolani si riconciliarono con questa svolta, perché gli interessi della banca e del commercio richiamavano più che mai l'attenzione sull'unione con il partito papale-angioino.

Solo attraverso i nuovi cambiamenti costituzionali del 1282 e 1292 venne ancora fondato un governo popolare in forte contrasto con la nobiltà. Le maggiori corporazioni, rafforzatesi, divennero addirittura [19] i quadri della vita politica cittadina. Solo chi apparteneva ad esse aveva il pieno diritto di cittadinanza attiva. La nobiltà, per quanto volesse conservare un'influenza politica, si vide costretta ad entrare nelle corporazioni. La totalità delle sette princi-

avvenuto a Benevento, determinò la sconfitta di quest'ultimo, che trovò la morte sul campo di battaglia. Carlo d'Angiò, che era fratello del re di Francia Luigi IX, succedette agli Svevi nel governo del regno meridionale.

Hauptzünfte beherrschte den Staat. Die Prioren der Zünfte, nach den Stadtbezirken gewählt, traten als Signoria an die Spitze des Staatsregiments, an Stelle der Anzianen und der Buonuomini.

Die Vollendung dieser Umwälzung, die das Zunftregiment begründete, erfolgte nach neuen Kämpfen 1292, unter der Führung eines Edelmanns, Giano della Bella, nachdem die obersten fünf von den kleinen Zünften, die der obengenannten Handwerker, sich mit den sieben grossen Zünften verbunden und Anteil am Regiment bekommen hatten. Die Zahl der Prioren, die die Signoria bildeten, stieg im Zusammenhang damit auf 12.[d] Gegen den Adel wurden unerhörte Ausnahmegesetze erlassen, die sogenannten ordinamenti della giustizia. Alle Granden oder Magnaten (mit diesem Namen wurde der Adel bezeichnet) wurden von [20] den öffentlichen Ämtern ausgeschlossen, auch wenn sie sich einer Zunft angeschlossen hatten; es kam später vor, dass Popolanen, die man von öffentlichen Leben fernhalten wollte, zur Strafe in den Adelstand versetzt wurden. Vor allem aber richteten sich die Ausnahmebestimmungen gegen die häufigen adligen Mord- und Frevelthaten, die in dieser Zeit der Anarchie oft ungesühnt geblieben waren. Die adligen Familien mussten Cautionen stellen;[e] sie hafteten damit für die Geldstrafen, zu denen ihre Angehörigen verurteilt wurden. Gewaltthaten gegen Bürgerliche wurden in summarischen Verfahren[f] mit hohen Geldstrafen, Verbannung, Confiscation der Güter, Todesstrafe gehandet. Blieb eine adlige Frevelthat ein paar Tage lang ungesühnt, so musste alles bürgerliche Leben zum Stillstand kommen, bis die Sühne vollzogen war. Zur Aufrechthaltung und [21] Ausführung dieser "Ordnungen der Gerechtigkeit" wurde ein neuer hoher Beamter der Republik bestellt, der Gonfaloniere della giustizia, der neben dem Podestà und dem Volkskapitän trat und den Vorsitz in der Signoria der Prioren übernahm. Die Organisation der Guelfenpartei blieb unangetastet, nur dass jetzt auch hier die popolanen Elemente allein das Heft in Händen hatten.

Die Schicht des regierenden Bürgertums war also durch diese Verfassungsänderung erweitert worden, indem den sieben vornehmen Hauptzünften die oberen Handwerkerzünfte zur Seite getreten waren. Auf dieser breiteren Basis richtete sich nun eine Herrschaft der höheren und mittleren Bourgeoisie ein, die eifrig bestrebt blieb, die Restaurationsversuche des Adels abzuwehren. Der Kampf um den Fortbestand oder die Aufhebung oder Milderung der Ausnahmegesetze gegen den Adel war in den [22] nächsten Jahrzehnten der Hauptgegenstand der politischen Kämpfe. Die alten Ghibellinen waren so gut

d. Seguono, scritte al di sopra del testo a penna, alcune parole a matita incomprensibili.

e. Segue un breve testo cancellato a matita: «was man "sodare" nannte» (cosa che si chiamava "sodare").

f. Testo cancellato subito dopo: «mit den schwersten Strafen» (con le pene più dure).

pali grandi Arti dominava lo Stato. I priori di queste grandi corporazioni, eletti in base ai quartieri cittadini, entrarono in servizio al vertice del governo come Signoria al posto degli Anziani e dei Buonuomini.

Il compimento di questa rivoluzione, che fondò il governo delle Arti, ebbe luogo in seguito a nuove lotte nel 1292 sotto il comando di un uomo nobile, Giano della Bella, dopo che le cinque tra le supreme corporazioni delle piccole gilde, quelle degli artigiani citati sopra, si erano alleate con le sette più grandi e avevano ottenuto una parte nel governo. Il numero dei Priori, che formavano la Signoria, salì in relazione a ciò a 12. Nei confronti della nobiltà furono emanate leggi speciali inaudite, i cosiddetti ordinamenti della giustizia. Tutti i grandi o i magnati (la nobiltà era definita con questo nome) furono [20] esclusi dagli impieghi pubblici, anche qualora avessero aderito a una corporazione; accadde più tardi che l'elemento popolare, che si era voluto tenere lontano dalla vita pubblica, per punizione venne promosso nel ceto nobiliare. Ma soprattutto le disposizioni eccezionali erano dirette contro i frequenti assassini e misfatti compiuti da nobili che in questo periodo di anarchia erano rimasti spesso impuniti. Le famiglie nobili dovevano versare una cauzione; esse garantivano con questo per le multe pecuniarie alle quali erano condannati i loro parenti. Atti di violenza contro i cittadini erano puniti in processi sommari con multe elevate, esili, confische dei beni, pene capitali. Se un misfatto commesso dai nobili fosse rimasto impunito per due giorni, tutte le attività cittadine venivano sospese finché non si fosse eseguita la condanna. Sul mantenimento [21] e sull'esecuzione di questi "Ordinamenti della giustizia" fu istituito un nuovo alto funzionario della Repubblica, il Gonfaloniere della Giustizia, il quale operava accanto al Podestà e al Capitano del Popolo e assumeva la presidenza della Signoria dei Priori. L'organizzazione del partito guelfo rimase intatta, cosicché da questo momento anche qui gli elementi popolari tenevano da soli le redini del comando.

Il ceto della borghesia allora al governo era stato dunque ampliato mediante tali cambiamenti costituzionali, facendo in modo che le superiori corporazioni degli artigiani operassero assieme alle sette autorevoli Arti principali. Su queste basi più larghe si preparò un dominio dell'alta e media borghesia, che rimase impegnata con zelo nel respingere i tentativi di restaurazione della nobiltà. La battaglia per la continuazione o l'abolizione o la mitigazione delle leggi eccezionali contro la nobiltà fu nei [22] decenni successivi la materia principale della lotta politica. Gli antichi Ghibellini furono pressoché annientati,

wie ausgerottet, aber unter den Guelfen selbst traten bald neue Parteiungen hervor, die wieder mit denselben alten Parteinamen wie früher bezeichnet wurden und zu denselben erbitterten Kämpfen führten: so um die Wende des 13. und 14. Jahrhunderts die Parteien der Weissen und der Schwarzen, bekannt aus der Lebensgeschichte Dantes, der selbst als Angehöriger der weissen (ghibellinischen) Partei mit anderen Häuptern derselben in dem Parteikampf gegen Corso Donati unterlag und auf den Rat Karls von Valois 1302 verbannt wurde; Corso Donati selbst wurde später (1308) der Hinneigung zur Adelspartei beschuldigt und in einem Aufstand getötet. Dante hat seine Vaterstadt bekanntlich mit einem Kranken verglichen, der sich in Schmerz und Unruhe auf seinem Lager von der einen auf die andere Seite wälzt, ohne Ruhe finden zu können. Die Aus[23]nahmegesetze gegen den Adel wurden aufrecht erhalten; die Bourgeoisherrschaft behauptete sich; aber auf wie schwachen Füssen dies bürgerlich-republikanische Regiment stand, zeigt sich bei dem Romzuge Kaiser Heinrichs VII., wo Florenz den König Karl von Neapel zum Signore annahm, weil es sich selbst nicht zu verteidigen vermochte (1312-1321), und auch später wieder, als der Krieg gegen den Tyrannen von Lucca, Castruccio Castracani ausgebrochen war, wo der Prinz Karl von Calabrien, von König Robert gesandt, als Signore an die Spitze der florentinischen Republik trat, die damit eigentlich zeitweise schon ihre volle Freiheit einbüsste.[g]

[24] Das Regiment der Bourgeoisie nahm äusserlich demokratische Züge an, wurde aber thatsächlich mehr und mehr zur Oligarchie. Das regierende Collegium der Prioren (die Signoria), dem ein rechtsverständiger Rat von 12 sapientes oder buonuomini zur Seite stand, wurde durch Beiordnung der 16 Gonfalonieri der Volkskompanien verstärkt, die in dieser Eigenschaft als die "Kollegen der Prioren" bezeichnet wurden. Die Prioren selbst wurden immer neu auf zwei Monate gewählt; wer das Amt bekleidet hatte, durfte für drei[h] Jahre[i] nicht

g. Segue una frase, incompiuta, cancellata con un tratto di penna dall'autore: «Mancher mochte schon mit Villani fürchten, dass Florenz für die Tyrannis reif sei, als in der That ein französischer Abenteurer, Gautier de Brienne, der sich Herzog von Athen nannte, und in einem Kriege gegen die Scaliger von Verona, vom König Robert von Neapel entsandt, den» (Qualcuno poteva temere con Villani che Firenze fosse matura per la tirannia, come infatti un avventuriero francese, Gautier de Brienne, che si era nominato duca di Atene e mandato da re Roberto di Napoli in una guerra contro gli Scaligeri di Verona [...]).

h. Hintze segnò a penna, forse a correzione, il numero «3» sopra il termine «zwei»

i. Segue un testo cancellato dall'autore: «Diese Massregel, der sogenannte "divieto", sollte dazu dienen, dass» (questa regola generale, il cosiddetto divieto, doveva servire a questo, che).

ma persino tra i Guelfi apparvero presto nuove fazioni che ancora furono designate con gli stessi vecchi nomi dei precedenti partiti e condussero alle medesime lotte accanite: così, nella svolta del XIII e XIV secolo, i partiti dei Bianchi e dei Neri, fatto noto dalla storia della vita di Dante, il quale fu sconfitto in quanto appartenente al partito bianco (ghibellino) con altri capi dello stesso nella lotta intestina contro Corso Donati e fu esiliato nel 1302 per volere di Carlo di Valois. Lo stesso Corso Donati fu accusato più tardi (1308) di essersi piegato al partito nobiliare e venne ucciso nel corso di un'insurrezione. Dante, com'è noto, ha paragonato la sua patria cittadina a un malato che si gira e rigira nel dolore e nell'inquietudine da un lato all'altro del proprio letto, senza poter trovare pace.[8] Le [23] leggi eccezionali contro la nobiltà furono conservate nella loro interezza. Il dominio della borghesia rimase stabile; tuttavia, come questo governo popolare repubblicano poggiasse su piedi di argilla è dimostrato dalla discesa a Roma dell'imperatore Enrico VII, quando Firenze accettò la signoria di re Carlo di Napoli[9] perché non poteva difendersi da sé stessa (1312-1321); e ancora più tardi, mentre era scoppiata la guerra contro il tiranno di Lucca, Castruccio Castracani, dove il principe Carlo di Calabria,[10] inviato dal re Roberto [di Napoli], operò come Signore al vertice della repubblica fiorentina, la quale perse in tal modo, sia pure per alcuni periodi ma in modo significativo, la sua piena libertà e indipendenza.

[24] Il governo della borghesia assunse apparentemente aspetti democratici, ma in realtà fu sempre più orientato in senso oligarchico. Il collegio al governo dei Priori (la Signoria), il quale era assistito da un Consiglio di 12 sapientes o buonuomini, fu rafforzato attraverso l'associazione dei 16 gonfalonieri delle compagnie del popolo, che in questa qualità furono denominati 'colleghi dei Priori'. Gli stessi Priori furono nuovamente eletti sempre ogni due mesi; chi aveva rivestito la carica non poteva essere rieletto per due anni,

8. Hintze si riferisce alla fine del Canto VI del Purgatorio dantesco, ove il mantovano Sordello così descriveva Firenze: «E se ben ti ricordi e vedi lume,/vedrai te somigliante a quella inferma/che non può trovar posa in su le piume,/ma con dar volta suo dolore scherma». Alighieri, *La Divina Commedia*, a cura di Malato, p. 383. Hintze descrive Dante come «appartenente al partito bianco (ghibellino)». In realtà, nella Firenze di fine Duecento qui delineata, il poeta apparteneva alla parte guelfa e, nella violenta spaccatura politica di quest'ultima tra Bianchi e Neri (i Bianchi capeggiati dalla famiglia dei Cerchi, i Neri da quella dei Donati), Dante fu un potente esponente dei primi. Sulla partecipazione di Dante alla vita politica di Firenze prima dell'esilio si veda Barbero, *Dante*, pp. 115-158.
9. Qui Hintze scrisse erroneamente «Carlo di Napoli» riferendosi in realtà a Roberto d'Angiò (1278-1343), figlio di Carlo II d'Angiò. Re di Sicilia dal 1309, Roberto ricevette la signoria su Firenze dal 1312 al 1321. Uomo di straordinaria cultura, ospitò nella sua corte napoletana Francesco Petrarca e Giovanni Boccaccio.
10. Carlo, duca di Calabria, figlio di Roberto d'Angiò, per volontà del padre accettò la signoria su Firenze nel 1325. Abbandonò la città alla discesa in Italia di Ludovico il Bavaro, nel 1327.

wieder gewählt werden, auch sollten niemals zwei oder mehr Personen aus derselben Familie zu gleicher Zeit das Amt bekleiden. Diese Beschränkungsmassregeln, gewöhnlich als "divieto" bezeichnet, sollten oligarchische Cliquenbildung verhindern und möglichst vielen Bürgern den Zugang zu dem höchsten Regierungsamte eröffnen. Man ging sogar, um die demokratische Gleichheit schärfer zu betonen, zu dem System der Erlosung an Stelle der Wahl über; aber die Form, in der die Ämter verlost wurden, hatte doch wieder einen starken oligarchischen [25] Beisatz. Die Prioren selbst, später in Gemeinschaft mit den Gonfalonieren der Volkskompanien, mit den Capitänen der Guelfenpartei und anderen Notabeln stellten für längere Zeit, meist 3-5 Jahre, eine Liste der für das Priorenamt geeigneten Bürger auf, aus denen dann durch das Loos die neuen Beamten hervorgingen: die Signoria war also eigentlich eine sich cooptierende Körperschaft, die in wechselnden Gruppen die Regierung führte. Ähnlich war es auch bei den anderen Behörden der Republik. Man nannte dies System die "imborsazione" nach dem Namen der Candidatenlisten, die als "borsa" bezeichnet wurden. Der Gonfaloniere der Gerechtigkeit blieb an der Spitze der Signoria, neben ihm amtierten noch Podestà und Volkskapitän, deren Bedeutung aber im Sinken begriffen war. 1328 waren die alten Ratskollegien abgeschafft worden; an ihre Stelle waren zwei neue getreten, das Consiglio di Popolo, aus 300 Bürgern unter Ausschluss der adligen Geschlechter bestehend, und das Consiglio di Comuni, in dem auch Mitglieder des Adels zugelassen wurden. Die Be[26]deutung dieser Räte beschränkte sich aber auf die Zustimmung zu den von der Signoria vorgeschlagenen Massregeln, wobei der Opposition kein grosser Spielraum gelassen war. Es gab hier keine langen Discussionen und Debatten; die politische Beredsamkeit fand in Florenz keinen günstigen Boden; trockene geschäftliche Kürze kennzeichnete die Verhandlungen dieser Ratsversammlungen, aus denen eine strenge Geschäftsordnung und Sitzungsdisciplin alles Masslose und Leidenschaftliche fernhielt. Ausser den ordentlichen Ratsversammlungen wurden hin und wieder bei besonderen Gelegenheiten von der Signoria die sogenannten "Richiesti" berufen, grössere Notabelnversammlungen von 5-600, zuweilen auch von 1.000 und mehr Bürgern; diese "Richiesti" traten allmählich an die Stelle der alten Volksversammlung sämtlicher Bürger, des sogenannten Parlaments, das nur noch selten und meist nur in kritischen Augenblicken zusammenberufen wurde. Gewöhnlich wurde dann hier eine sogenannte "Balia" gewählt, das heisst eine ausser[27]ordentliche Commission mit diktatorischen Gewalten, namentlich auch mit der Befugnis, eine Reformation der Verfassung vorzunehmen; alle die grossen Umwälzungen der folgenden Zeit sind durch eine solche "Balia" ins Werk gesetzt worden. Das Volksparlament war dabei aber nur ein Instrument in den Händen der Machthaber, die an seine Entscheidung appellierten. Der Teil des Volkes, der sich in

non era consentito che due o più persone della stessa famiglia ricoprissero l'ufficio nello stesso tempo. Queste disposizioni generali, definite di solito come "divieto", erano tese ad impedire l'instaurarsi di cricche oligarchiche e ad aprire il più possibile a molti cittadini l'accesso ai supremi uffici di governo. Per accentuare più fortemente l'eguaglianza democratica si passò perfino al sistema del sorteggio al posto dell'elezione; ma il modo in cui gli uffici erano stati sorteggiati manteneva in ogni caso un'impronta oligarchica. [25] Gli stessi Priori, più tardi in unione con i Gonfalonieri delle compagnie del popolo, con i capitani del partito guelfo e con altri notabili, redigevano una lista per un tempo assai lungo, per lo più 3-5 anni, riguardante i cittadini idonei all'ufficio di Priori, dai quali derivavano per sorteggio i nuovi funzionari: la Signoria era dunque nel vero senso del termine una corporazione che si cooptava, che esercitava il governo in gruppi mutevoli. Avveniva in modo simile anche per gli altri uffici della repubblica. Questo sistema si chiamava "imborsazione" dal nome delle liste di candidati, che erano denominate "borsa". Il Gonfaloniere di Giustizia restava al vertice della Signoria, accanto a lui erano ancora in carica il Podestà e il Capitano del Popolo, l'importanza dei quali stava tuttavia diminuendo. Nel 1328 gli antichi collegi erano stati abrogati; al loro posto entrarono in funzione due nuove istituzioni, il Consiglio di Popolo formato da 300 cittadini ad esclusione delle stirpi nobiliari, e il Consiglio di Comuni, nel quale erano ammessi anche membri della nobiltà. [26] L'importanza di questi consigli si riduceva tuttavia all'approvazione delle disposizioni generali proposte dalla Signoria, mentre all'opposizione non era lasciato alcuno spazio più ampio. Non esisteva qui alcuna discussione o dibattito particolareggiato; l'eloquenza politica non trovava in Firenze alcun terreno favorevole; un'asciutta brevità d'affari contrassegnava i dibattiti di questi collegi, dalle quali una severa disciplina delle sedute e un rigido regolamento interno tenevano lontano tutto ciò che era privo di regole e appassionato. Al di fuori dei consigli ordinari talvolta furono invitati dalla Signoria in occasioni particolari i cosiddetti "Richiesti", grandi assemblee di notabili composte da 5-600, alle volte anche da 1.000 e più cittadini. Questi "Richiesti" subentrarono gradualmente all'antica assemblea popolare di tutti i cittadini, al cosiddetto Parlamento, che ora veniva nuovamente convocato solo di rado e per lo più unicamente in momenti critici. Solitamente veniva eletta qui poi una cosiddetta "Balia", cioè una [27] commissione straordinaria con poteri dittatoriali, incaricata specialmente di intraprendere una riforma della costituzione; tutti i più grandi rivolgimenti del tempo seguente sono stati messi in opera da una simile "Balia". Il parlamento del popolo era solo uno strumento nelle mani dei detentori del potere, che si appellavano alla sua sentenza. Per questo, nella maggior parte dei casi, la parte del popolo che si sentiva in minoranza non

der Minorität fühlte, erschien dabei meist gar nicht; es galt in der Regel nur, das Siegel des Volkswillens auf eine Massregel zu drücken, die von den politischen Drahtziehern bereits in Aussicht genommen war.

[28] Die Ämter gewährten keine erheblichen pecuniären Vorteile, brachten vielmehr empfindliche Beschränkungen der persönlichen Bewegungsfreiheit und der bürgerlichen Erwerbsthätigkeit mit sich. Die Prioren führten ein streng geregeltes gemeinsames Leben nach geistlichem Muster unter dem alle zwei Tage neugewählten Proposto, abgeschieden von den ihrigen und von dem allgemeinen bürgerlichen Verkehr, so dass die kurze Amtsdauer von zwei Monaten schon manchem zu lang erscheinen mochte. Neben diesen erlosten Beamten bildete sich aber im 14. Jahrhundert[j] eine anderes Collegium von gewählten Commissarien für Kriegs- und politische Angelegenheiten heraus, weil man für diese Geschäfte qualifizierte Personen haben musste, deren Bestimmung man nicht dem Zufall des Looses überlassen mochte: das sind die otto della guerra (später dieci della guerra), die anfangs nur als ausserordentliche Commissarien ad hoc bestellt wurden, später aber eine dauernde immer wichtiger werdende Behörde bildeten. In den Stadtbezirken amteten einzelne Richter für die Civilsachen; ausserdem gab es besondere Handelsrichter und ein Handelsamt für die Rechtsprechung und Verwaltung.

[27] Die Stadt hatte um die Mitte des 14. Jahrhunderts schon ungefähr dieselbe Ausdehnung wie im 19. Jahrhundert. Sie zählte etwa 90.000 Einwohner, wozu noch etwa 80.000 in Contado kamen. Die Zahl der Bürger betrug aber nicht über 3.500 (was etwa einer bürgerlichen Bevölkerung von 17.500 Köpfen entsprechen mag). Was ausserhalb der 12 privilegierten Zünfte stand, [29][k] die geringeren Handwerker und die zahlreichen Arbeiter der Manufacturen waren vom öffentlichen Leben ausgeschlossen, obwohl sie bei den Volksaufständen wahrscheinlich schon den Ausschlag gaben und auch in der Miliz, die etwa 25.000 Mann zählte, vom 15. bis zum 70. Jahr dienstpflichtig waren. Allein die Wollarbeiter, die nicht organisiert waren, sondern in Abhängigkeit von den reichen kaufmännischen Unternehmern der Arti della Lana standen, wurden Mitte des 14. Jahrhundert auf 30.000 Köpfe geschätzt. Diese Massen drängten allmählich nach oben und verlangten Anteil am politischen Leben und am Regiment, das sich bisher ausschliesslich in den Händen der reichen bürgerlichen Klassen befand. Der Gegensatz des popolo grasso und des popolo minuto begann sich geltend zu machen; zwischen beiden nahmen die obe-

j. Sopra è scritto a matita un breve testo in larga parte incomprensibile, di cui si riesce a comprendere solo la data: 1375.

k. GStA PK, VI. HA, *Familienarchive und Nachlässe*, NL Otto Hintze, Nr. 2, Bd. 4, *Florenz*, f. 25 inizia con un breve periodo cancellato: «gehörte nicht zur activen Bürgerschaft» (non apparteneva alla cittadinanza attiva), riferito agli artigiani minori e ai lavoratori manifatturieri.

compariva affatto; vigeva solo la regola per cui si imprimeva il sigillo della volontà popolare alla norma che era già stata presa in considerazione dagli occulti registi politici.

[28] Gli uffici non accordavano alcun significativo guadagno pecuniario, recavano piuttosto con sé limiti sensibili alla libertà di movimento personale e all'attività lavorativa remunerata in città. I Priori conducevano una vita in comunità severa, ordinata secondo un modello spirituale regolato dal Proposto rieletto ogni due giorni, separati dai familiari e dalla normale vita cittadina, cosicché la durata dell'incarico, anche se breve (due mesi), poteva ben apparire a qualcuno eccessivamente lunga. Accanto a questi funzionari sorteggiati si formò tuttavia nel XIV secolo un altro Collegium di commissari eletti per gli affari bellici e politici, perché era giocoforza disporre di persone qualificate per questi affari, la cui designazione non si poteva lasciare al caso del sorteggio: sono gli otto della guerra (più tardi dieci della guerra), che inizialmente furono nominati solo in veste di commissari straordinari ad hoc, ma più tardi acquisirono una durevole autorità che sarebbe divenuta sempre più importante. Nei distretti cittadini furono in carica giudici speciali per le cause civili; inoltre esistevano un giudice del commercio e una camera di commercio per la giurisdizione e l'amministrazione.

[27] Alla metà del XIV secolo la città aveva all'incirca la stessa estensione che nel XIX secolo. Contava all'incirca 90.000 abitanti, cui andavano aggiunti gli 80.000 del Contado. Il numero dei cittadini non superava tuttavia i 3.500 (il che può corrispondere a una popolazione cittadina di 17.500 teste all'incirca). Ciò che esisteva al di fuori delle dodici corporazioni privilegiate, [29] i più piccoli artigiani e i numerosi lavoratori delle manifatture erano esclusi dalla vita pubblica, sebbene fossero probabilmente decisivi nelle insurrezioni popolari e, in un'età compresa tra i 15 e i 70 anni, dovessero anche prestare il servizio delle armi nella milizia che contava all'incirca 25.000 uomini. Solo i lavoratori della lana, che non erano organizzati ma si trovavano alle dipendenze delle ricche imprese commerciali delle Arti della Lana, sono calcolati alla metà del XIV secolo a 30.000 teste. Queste masse fecero gradualmente un'azione di spinta verso l'alto e chiesero di aver parte nella vita politica e nel governo, che fino ad allora si trovava esclusivamente nelle mani delle ricche classi cittadine. L'azione di contrasto del Popolo Grasso e del Popolo Minuto cominciò a farsi valere; tra l'uno e l'altro le supreme corporazioni

ren Handwerkerzünfte, die bei [30] der Bewegung von 1292 emporgekommen waren, eine mittlere Stellung ein, so dass man auch wohl drei Volksteile unterschied: die potenti (die Angehörigen der sieben alten Hauptzünfte), die mediani (die Angehörigen der fünf oberen unter den Handwerkerzünften), die minuti (die niederen Handwerkerzünfte und die Masse der unorganisierten Arbeiter). Die Spannung unter diesen Klassen, von denen eigentlich nur die erste im Besitz der Regierungsgewalt war, wurde immer stärker, so dass M. Villani schon 1337, als Bologna unter die Herrschaft eines Tyrannen kam, die Befürchtung äusserte, es möchte Florenz ebenso ergehen. Viele mochten wie er der Meinung sein, dass die Republik reif sei für die Tyrannis, als in der That ein französicher Abenteurer aus der Umgebung des Königs Robert von Neapel, Gautier de Brienne, der sich auch Herzog von Athen nannte, der militärische Führer der Florentiner in einem Kriege gegen die Scaliger von Verona, [31][1] den Versuch machte, sich zum Herrn der Stadt aufzuwerfen. Gestützt auf die Unzufriedenheit in den Kreisen des Adels und des niederen Volkes, gefördert durch die Uneinigkeit unter der herrschenden Bourgeoisie, erreichte er 1342 die Erhebung zum lebenslänglichen Signore der Stadt, erregte dann aber durch sein tyrannisches Schalten und durch den Übermut seiner Anhänger bald so allgemeines Missfallen, dass er nach kaum zehnmonatlicher Herrschaft durch eine Coalition des Adels und der Bourgeoisie wieder gestürzt wurde.

1. Ibid., f. 27 ha inizio con una breve frase cancellata da Hintze riferita a Gautier de Brienne: «Florentinern als Führer diente» (serviva come comandante dei fiorentini). Si tratta dello stesso concetto espresso alla fine di ibid., f. 26.

degli artigiani [30], che erano emerse nel moto popolare del 1292, assunsero una posizione mediana, cosicché il popolo si distinse in tre parti: i potenti (gli appartenenti alle sette antiche corporazioni principali), i mediani (gli appartenenti alle cinque più alte fra le corporazioni degli artigiani), i minuti (le più basse corporazioni degli artigiani e la massa dei lavoratori non organizzati in corporazione). La tensione tra queste classi, delle quali solo la prima era realmente in possesso del potere di governo, fu sempre più forte, cosicché M. Villani[11] già nell'anno 1337 espresse il timore che, come Bologna era finita sotto la signoria di un tiranno, così potesse succedere a Firenze.[12] Molti potevano essere come lui dell'opinione che la repubblica fosse matura per la tirannia, come in effetti un avventuriero francese, appartenente agli ambienti del re Roberto di Napoli, Gautier de Brienne,[13] che si era nominato duca di Atene, comandante militare dei fiorentini in una guerra contro gli Scaligeri di Verona [31], il quale tentò di conquistare la signoria della città. Appoggiatosi sull'insoddisfazione che circolava tra la nobiltà e il basso popolo, favorito dalle discordie che serpeggiavano tra la borghesia dominante, nel 1342 completò la scalata per diventare Signore a vita della città. Poi tuttavia, per le sue azioni tiranniche e l'arroganza dei suoi seguaci, suscitò in brevissimo tempo un tale malcontento generale che dopo una signoria durata appena dieci mesi fu rovesciato nuovamente da una coalizione stretta tra la nobiltà e la borghesia.

11. Hintze si riferiva qui al mercante e cronista fiorentino Matteo Villani che, assieme al figlio Filippo e al fratello Giovanni, fu autore della «Nuova Cronica»: oltre alla storia della città fin dalle origini più antiche, erano descritti gli eventi fiorentini che ebbero luogo nel periodo in cui vissero gli autori. In realtà l'opera è da attribuire in larghissima parte a Giovanni Villani (1280-1348), che si fermò nella trattazione all'anno 1346. Alla sua morte, fu continuata dal fratello Matteo, che proseguì nella narrazione storica fino all'anno 1363. Il figlio di questi, Filippo, scrisse solo un libro sugli eventi del 1364; cfr. Villani, *Nuova Cronica,* a cura di Porta; Villani, *Cronica, con la continuazione di Filippo Villani*, a cura di Porta.
12. È nel capitolo LXIX del libro undicesimo, intitolato «Come la città di Bologna venne alla Signoria di Messer Taddeo de Peppoli loro cittadino», che Villani, dopo aver ricordato nell'anno 1337 l'avvento del regime signorile in quella città, esprimeva in chiusura il timore che anche Firenze finisse sotto il dominio di un solo uomo: «Assai havemo detto dei fatti di Bologna, ma e n'è paruto necessità, come di città vicina, e amica di Firenze, considerando l'antica unione, e libertà e stato, e potenza del buono popolo di Bologna, tornato a' nostri tempi per discordie a signoria tirannica di singolare cittadino, per dare esempio alla nostra città e popolo di Firenze, a sapere i nostri cittadini guardare la libertà della nostra repubblica, e non cadere a signoria o a tirannia di signore. Onde mi fa temere della nostra città di Firenze per le discordie e male reggimento, e questo basti a' buoni intenditori». Villani, *Storie di Giovanni, Matteo e Filippo Villani*, I, p. 807.
13. Gautier de Brienne (1312-1356) conte di Brienne e di Lecce, duca di Atene, fu signore di Firenze dal 1342 al 1343. Era odiato dai fiorentini per l'elevata tassazione e le drastiche misure introdotte per ridurre il debito della repubblica. Nella *Nuova Cronica* di Villani, la signoria su Firenze di Gautier de Brienne viene ricordata alla fine del XII e nel XIII libro.

Bei der nun folgenden Restauration verstand es der Adel die Ausnahmegesetze abzuschaffen und sich wieder eine Stellung im Staat zu erringen. Auf der anderen Seite begann sich aber auch das niedere Volk zu regen; ein Ritter aus dem vornehmen bürgerlichen Hause der Strozzi machte einen misslungenen Versuch, mit Hilfe dieser unteren Volksschichten sich zum Herrn der Stadt aufzuschwingen. Dieser Streich gab [32] dem Adel den Anlass, noch einmal für die volle Herstellung seiner früheren Privilegien das Schwert zu ergreifen. Ein blutiger Strassenkampf entspann sich, bei dem die Adelstürme zum letzten Mal eine Rolle als Bollwerke im Bürgerkrieg spielten; das Resultat war die völlige Niederschlagung und Ausrottung des Adels, der erst von diesem Jahre 1343 an aus der florentinischen Geschichte verschwindet. Die alten Namen wurden von denen, die in der Stadt blieben und in die Zünfte eintraten, meist geändert, viele entflohen und führten in der Fremde ein armseliges Exulantendasein, noch andere begaben sich aufs Land und sanken in die Reihen der ländlichen Arbeiter herab. Es ist der Abschluss eines hundertjährigen Kampfes, der mit dem vollen Siege der Demokratie endet.[m]

[33] Jetzt errangen auch die niederen Handwerkerzünfte einen Anteil am Regiment. Das Collegium der Prioren, das in der Zahl seiner Mitglieder mehrfach gewechselt hatte, wurde fortan aus 2 Angehörigen der oberen, dreien der mittleren und dreien der unteren Zünfte zusammengesetzt, während die unorganisirten Arbeiter auch jetzt noch ausgeschlossen blieben. Mit dieser Erweiterung des Kreises der Regierenden ging aber nun vollends die geschlossene Einheitlichkeit der alten Bourgeoisie (popolo vecchio) verloren. Der Gegensatz von popolo grasso und popolo minuto machte sich nun innerhalb der regierenden Bürgerschaft selbst geltend und führte zu einem stillen aber zähen Parteikampf, in dem die Albizzi und die Ricci sich als Führer gegenüberstanden. Während in dem Priorencollegium und in der Signoria überhaupt die kleinen Zünfte das Übergewicht hatten, sammelten sich die einflussreichsten Elemente der alten reichen Bourgeoisie in der Organisation der Guelfenpartei, die jetzt zum Mittelpunkt einer mächtigen Nebenregierung im oligarchischen Geiste wurde. Der [34] Haupthebel dieser oligarchischen Gegenwirkungen war neue Einrichtung der "Ammonitionen". Man verstand darunter eine amtliche Verwarnung an solche Bürger, die ghibellinischer Gesinnung verdächtig

m. Ibid., f. 28 termina con una parte cancellata dall'autore: «Zugleich damit trat auch der Verfall der alten Wehrhaftigkeit der Gemeinde ein: der militärische Geist verschwand, die Bürgerschaft entzog sich mehr und mehr der persönlichen Dienstpflicht; es ist der Anfang jener Condottieriwirtschaft, die Machiavelli später für den Verlust der Freiheit und für die Begründung der» (Con questo iniziò anche il declino dell'antico sistema di difesa del Comune: lo spirito militare scomparve, la cittadinanza si sottrasse sempre più al servizio militare obbligatorio e personale; è l'inizio di una economia basata sui Condottieri che Machiavelli più tardi per la perdita della libertà e per la fondazione di).

Grazie alla restaurazione che ne seguì, la nobiltà riuscì ad abolire le leggi eccezionali e a conquistare ancora una posizione nello Stato. Dall'altra parte anche il popolo basso iniziò a muoversi; un cavaliere proveniente dalla emergente casata cittadina degli Strozzi fece un tentativo fallito di lanciarsi verso la signoria della città con l'aiuto di queste povere classi popolari. Tale colpo fornì [32] alla nobiltà l'occasione d'impugnare la spada per il pieno ristabilimento dei suoi antichi privilegi. Ebbe inizio un sanguinoso combattimento per le strade, durante il quale le torri degli aristocratici giocarono per l'ultima volta un ruolo nella guerra civile come baluardi di difesa; il risultato fu la completa repressione e il totale annientamento della nobiltà, che a partire da quest'anno 1343 scompare dalla storia fiorentina. I vecchi nomi di coloro che rimasero nella città ed entrarono nelle corporazioni vennero per lo più cambiati, parecchi fuggirono e condussero all'estero una misera esistenza da esiliati, altri ancora si dispersero nelle campagne e perirono nelle file dei lavoratori terrieri. Si chiude così una guerra centenaria che ha termine con la piena vittoria della democrazia.

[33] Ora anche le corporazioni minori degli artigiani conquistarono una parte nel governo. Il Collegio dei Priori, che era cambiato più volte nel numero dei suoi componenti, da questo momento in avanti fu composto da due membri delle maggiori corporazioni, da tre appartenenti alle medie e da tre alle minori corporazioni, mentre i lavoratori non organizzati in gilde rimasero ancora esclusi. Con tale allargamento delle cerchie dei governanti andò tuttavia persa in questo momento e in modo pieno la compatta unità dell'antica borghesia (popolo vecchio). I contrasti tra popolo grasso e popolo minuto ora si fecero sentire all'interno della stessa cittadinanza governante e portarono a una lotta di partito silenziosa ma tenace, nella quale gli Albizzi e i Ricci si fronteggiarono come capi. Mentre nel Collegio dei Priori e soprattutto nella Signoria erano le piccole corporazioni ad avere la preponderanza, gli elementi più influenti delle antiche, ricche famiglie borghesi si raccolsero nell'organizzazione del partito guelfo, che ora divenne il centro di un potente 'governo ombra' informato a spirito oligarchico. La [34] leva principale di queste reazioni oligarchiche fu la nuova istituzione delle "Ammonizioni". Si intendeva con questo termine un avvertimento amministrativo rivolto a quei cittadini

waren – denn in dem neuen Parteistreit waren die alten halbverschollenen Parteinamen wieder aufgekommen – und die den davon Betroffenen von den Ämtern der Republik ausschloss. Diese Verwarnungen gingen von den Capitänen der Guelfenpartei aus, das heisst von den Häuptern der oligarchischen Clique, die auf diese Weise die Möglichkeit in der Hand hatten, die Candidatenlisten zu den Ämtern durch den Ausschluss aller ihnen verdächtigen Elemente in wirksamer Weise zu beschränken. So gelang es der alten Bourgeoispartei des popolo grasso, die Leitung der Dinge in der Hauptsache wieder in die Hand zu bekommen, obwohl der popolo minuto es 1366 durchzusetzen wusste, dass auch einige Mitglieder aus seiner Mitte in das Collegium der Capitäne der Guelfenpartei aufgenommen [35] wurden. Die Ammonitionen blieben ein beständiger Gegenstand des Streites.

Diese Spaltung in der regierenden Bürgerschaft ermutigte die ausgeschlossenen Arbeitermassen zu einem Versuch, die Herrschaft der Bourgeoisie zu stürzen, wobei ihnen die Opposition der kleinen Zünfte gegen das zu deren Einschränkung gebrauchte Ammonitionswesen eine willkommene Handhabe bot. Die Wollkrempler (Ciompi), die radicalste Gruppe der Arbeiter, ergriffen dabei die Führung; nach ihnen ist der Aufstand von 1378 benannt, in dem nun hinter dem Mittelstand der kleinen Handwerker das Proletariat der unzünftigen Manufacturarbeiter empordrängte, um Anteil am Regiment des Staates zu gewinnen und damit zugleich auch seine soziale Lage zu verbessern. Beim Versagen der staatlichen Autorität gelang es dem Wollkrempler Michele von Lando, eine Art von Diktatur in der Stellung als Gonfaloniere der Gerechtigkeit zu erringen und das Priorencollegium in der Weise umzuformen, dass es nun aus je drei Mitgliedern der grossen und der kleinen Zünfte und [36] der Arbeiterschaft zusammengesetzt wurde. Die Arbeiter, die jetzt vorzugsweise als popolo minuto bezeichnet wurden, erhielten zugleich besondere zünftige Organisationen. Aber diese massvolle Lösung der Frage genügte den radicalen Elementen nicht; sie suchten in einem neuen Aufstand auch diese Ordnung der Dinge wieder umzustürzen und eine förmliche Dictatur des Proletariats herbeizuführen. Dieser Umsturzversuch scheiterte, wobei der kluge beherzte und aufrichtig patriotische Michele di Lando der Ordnungspartei zum Siege verhalf.

Nun aber setzte eine bürgerliche Reaktion ein. Die besitzenden Klassen wollten endlich Ruhe haben. Vermittelst einer Volksversammlung wurde die Arbeiterschaft wieder von der Signoria ausgeschlossen und ihrer besonderen Standesorganisation beraubt. Anfangs hatte jetzt die Partei der kleinen Zünfte das Heft in der Hand, aber nach einigen Jahren fortwährenden Parteikampfes,

che erano sospetti di idee ghibelline – perché nella nuova lotta di fazione erano riapparsi i vecchi nomi di partito quasi del tutto scomparsi – e l'esclusione dagli impieghi della repubblica per quei cittadini colpiti da tali provvedimenti. Questi avvertimenti furono emanati dai capitani del partito guelfo, il che significa dai capi della cricca oligarchica che, per mezzo di tali misure, avevano nelle mani la possibilità di limitare nei modi più efficaci le liste dei candidati agli impieghi pubblici mediante l'esclusione di tutti quegli elementi che erano ritenuti sospetti. Così l'antico partito borghese del popolo grasso riuscì a riprendere in mano la direzione degli affari più importanti, benché il popolo minuto riuscisse ad ottenere nel 1366 che anche alcuni membri provenienti dalla sua cerchia fossero inclusi nel collegio dei capitani del partito guelfo. [35] Le Ammonizioni rimasero un oggetto costante di lotta.

Questa spaccatura nella cittadinanza al governo incoraggiò la massa dei lavoratori esclusi a fare un tentativo per rovesciare il dominio della borghesia e l'opposizione delle piccole corporazioni al sistema delle ammonizioni, attuato per la loro limitazione, offrì loro un valido pretesto. I cardatori della lana (Ciompi), il gruppo più radicale dei lavoratori, ne afferrò il comando. Ad essi è intitolata l'insurrezione del 1378, nella quale dietro la classe media dei piccoli artigiani si fece notare il proletariato dei lavoratori manifatturieri non legati alle corporazioni per ottenere una parte nel governo dello Stato e con questo migliorare contemporaneamente la sua condizione sociale. Nel fallimento dell'autorità pubblica il cardatore della lana Michele di Lando[14] riuscì ad imporre una specie di dittatura nella carica di Gonfaloniere di Giustizia e a trasformare il Collegio dei Priori in modo che esso fosse formato da tre membri per ciascuna delle grandi e delle piccole corporazioni nonché [36] delle maestranze dei lavoratori. I lavoratori, che ora venivano chiamati soprattutto popolo minuto, si dotarono al contempo di particolari organismi corporativi. Ma tale soluzione moderata della questione non fu sufficiente per gli elementi radicali; in una nuova sollevazione essi cercarono di rovesciare anche questo ordine di cose e di arrivare a una vera e propria Dittatura del Proletariato. Questo tentativo d'insurrezione fallì, mentre il saggio, coraggioso e leale patriota Michele di Lando contribuì alla vittoria del partito dell'ordine.

Ora tuttavia ebbe inizio la reazione della borghesia cittadina. Le classi abbienti vollero avere finalmente pace. Mediante un'assemblea popolare le maestranze dei lavoratori furono escluse ancora una volta dalla Signoria e private della loro particolare organizzazione cetuale. Inizialmente il partito delle corporazioni minori aveva il comando, ma dopo alcuni anni di incessante

14. Michele di Lando (1343 ca-morto dopo il 1384), operaio appartenente alla gilda della lana, assunse la guida del celebre tumulto dei Ciompi del 1378 ricordato da Hintze. In seguito alla restaurazione oligarchica che soppresse le riforme del 1378, Michele di Lando fuggì in esilio a Chioggia e poi a Lucca. Cfr. la voce curata da Ragone, *Michele di Lando*.

bei dem auch das Mittel der Ammonitionen wieder zur Anwendung kam, gelang es der grossen Bourgeoisie, die [37] nach wie vor in der Parte Guelfa dominirte, das Oligarchenregiment zu restauriren. Das Priorencollegium wurde auf 8 Mitglieder beschränkt, von denen 5 den vornehmen Hauptzünften, 4 den Handwerkerzünften angehörten; der Posten des Gonfaloniere blieb den ersteren vorbehalten. Ähnlich war das Verhältnis der Zusammensetzung nach den Ständen auch bei den übrigen Behörden. In dem Rat der Commune, dessen Vorsitzender der Podestà war, sassen unter 192 Mitgliedern nur 64 von den Handwerkerzünften, in dem Rat des Volkes unter 285 Bürgern nur 96 Handwerker. Die Arbeiterzünfte wurden ganz unterdrückt, das Waffentragen wurde den Bürgern verboten, viele Verdächtige wurden verbannt; die Oligarchie unter Führung der Albizzi hielt ihr Regiment durch die altbewährten Mittel der Imborsazione und der Ammonizioni aufrecht; der popolo minuto, an dessen Spitze jetzt die grossbürgerliche Familie der Medici stand, das heisst die gesamte zurückgedrängte Volksmasse der Handwerker und Arbeiter, [38] bildete eine compakte Opposition, die freilich nicht stark genug war die Herrschaft wiederzugewinnen, die aber unter der klugen und massvollen Leitung des Giovanni de' Medici doch einen gewissen Einfluss wieder errang. Es gelang sogar dem mediceischen Volksführer im Jahre 1420 den Posten des Gonfaloniere der Gerechtigkeit zu erringen; 1427 hatte er wesentlichen Anteil an der grossen Steuerreform, durch die an Stelle einer rohen und willkürlichen Kopfsteuer, die die minder Begüterten unverhältnismässig stark belastete, eine gerechtere Vermögenssteuer, die decima, durchgesetzt wurde, trotz des heftigen Widerstandes der besitzenden Klassen, denen er ein vielgerühmtes Beispiel patriotischer Uneigennützlichkeit gab.

Die Epoche, in der erst Maso von Albizzi, dann Nicolo da Uzzano als Häupter der Bourgeoispartei und ihnen gegenüber Giovanni de' Medici als anerkanntes Haupt der Volkspartei die Staatsleitung beeinflussten (1420-1429) schien eine gesündere Gestaltung des Parteilebens, eine Umwandlung der alten auf Tod [39] und Leben sich bekämpfenden Factionen in moderne politische Parteien, die sich gegenseitig dulden und unter Umständen zu den Zwecken des Staatswohls zusammenwirken, anbahnen zu wollen; Giovanni von Medici, der

guerra di fazione, nella quale fu nuovamente impiegato lo strumento delle ammonizioni, riuscì alla grande borghesia, che [37] aveva sempre esercitato il predominio sulla Parte Guelfa, di restaurare il governo oligarchico. Il Collegio dei Priori fu ristretto a 8 membri, dei quali 5 appartenevano alle autorevoli corporazioni principali e 4 alle corporazioni degli artigiani; il posto del Gonfaloniere rimase riservato alle prime. Simile fu la proporzione tra i ceti anche nella composizione dei restanti uffici. Nel Consiglio del Comune, il cui presidente era il podestà, su 192 membri solo 64 sedevano come rappresentanti delle corporazioni degli artigiani, nel Consiglio del Popolo su 285 cittadini solo 96 artigiani. Le corporazioni dei lavoratori furono interamente represse, il portare armi fu proibito ai cittadini, parecchi sospetti furono esiliati; l'oligarchia sotto comando degli Albizzi mantenne il suo reggimento attraverso il mezzo da tempo sperimentato della Imborsazione e delle Ammonizioni; il popolo minuto, al cui vertice si trovava ora l'importante famiglia alta borghese dei Medici, che significa l'intera massa popolare degli artigiani e dei lavoratori che era stata repressa, [38] costituì una opposizione compatta, la quale tuttavia non fu abbastanza forte da recuperare il dominio, ma sotto la guida saggia e moderata di Giovanni de' Medici[15] ottenne ancora una notevole influenza. Al comandante popolare mediceo riuscì addirittura nel 1420 di avere il posto del Gonfaloniere di Giustizia; nel 1427 egli ebbe una parte sostanziale nella grande riforma fiscale in base alla quale, in luogo di una imposta procapite rozza e arbitraria che gravava fortemente in modo sproporzionato sui meno abbienti, fu introdotta una più giusta imposta patrimoniale, la decima, nonostante la violenta resistenza delle classi abbienti, alle quali diede un esempio assai lodato di patriottico disinteresse.

L'epoca – nella quale prima Maso degli Albizzi,[16] poi Nicolò da Uzzano[17] quali capi del partito della borghesia e, di fronte a loro, Giovanni de' Medici quale capo riconosciuto del partito popolare, condizionarono la guida dello Stato (1420-1429) – sembrò voler dare avvio a una più sana sistemazione della vita di partito, a una trasformazione delle antiche fazioni che si erano combattute all'ultimo sangue [39] in moderni partiti politici che si rispettano l'un l'altro e in determinate circostanze concorrono ai fini del bene pubblico. Giovanni

15. Giovanni di Bicci de' Medici (1360-1429) fu l'artefice della fortuna economica e politica della famiglia medicea. Su di lui si veda la voce curata da Terenzi, *Medici, Giovanni di Bicci de'*.
16. Maso degli Albizzi (1343-1417), uomo politico fiorentino, seguì la politica guelfa portata avanti dalla sua famiglia. Fu il principale artefice della politica estera fiorentina contraria alla potenza acquisita dal ducato di Milano sotto Gian Galeazzo Visconti. Inoltre contribuì al rafforzamento del dominio fiorentino ai danni di Pisa. Cfr. la voce curata da d'Addario, *Albizzi Maso*.
17. Niccolò da Uzzano (1359-1431), uomo politico fiorentino, fece parte dell'oligarchia che si opponeva ai Medici. Ricoprì più volte gli uffici della repubblica fiorentina.

ebenso durch seine glücklichen Speculationen als Bankier, wie durch sein kluges und massvolles politisches Verhalten die Grundlage für die grosse Stellung seines Hauses gelegt hat, ging noch nicht eigentlich auf persönliche Herrschaft aus; er hielt sich vorsichtig im Hintegrund und suchte mit Erfolg die Missbräuche des oligarchischen Regiments zu verhindern und den Interessen der unteren Klassen im Interesse des Gesamtstaates die nötige Beachtung zu verschaffen. Die Oligarchie hatte zugleich in der auswärtigen Politik eine glückliche Hand; Florenz begann sich über die Grenzen des alten Contado hinaus zu einem grösseren toscanischen Territorialstaat zu erweitern; 1406 wurde nach langem Widerstande auch Pisa dem Machtbereich der Arnorepublik hinzugefügt.

[40] Aber schon in der nächsten Generation veränderte sich das Bild. Die alte Parteileidenschaft brach wieder hervor. Rinaldo Albizzi und Cosimo von Medici, die ihren Vätern als Parteiführer gefolgt waren, standen sich in erbitterter Feindschaft gegenüber. Die Bourgeoisie, durch den langen Besitz der Macht verwöhnt, wurde masslos und unvorsichtig. Die Verbannung Cosimos 1433 leitete einen entscheidenden Umschlag der Partei- und Machtverhältnisse ein. Eine Spaltung unter den Oligarchen, von denen ein Teil unter Führung von Neri Capponi den Medici zuneigte, half schon 1434 der Volkspartei zum Siege, Cosimo de' Medici wurde zurückberufen und zum "Vater des Vaterlandes" erklärt; seine Gegner, Rinaldo Albizzi an der Spitze, traf jetzt das Loos der Verbannung.

Dieser Umschwung hat die dauernde Herrschaft der Volkspartei und damit zugleich die dominirende Stellung der Mediceer begründet. Cosimo herrschte so lange er lebte fast schon wie ein Monarch. Die alten Formen der Verfassung mit dem ganzen unüberschaubaren Wust der älteren [41] und neueren Behörden wurden beibehalten; nur die Wahllisten wurden revidirt und die "Granden" wieder zur Activbürgerschaft zugelassen. Cosimo von Medici selbst bekleidete kein öffentliches Amt und hielt sich überhaupt im Hintergrunde, aber als anerkannter Führer der Volkspartei übte er im Stillen den massgebenden Einfluss aus. Das Hauptorgan dieses Einflusses war die Balia, eine jener ausserordentlichen Commissionen, die in kritischen Zeiten von der Volksversammlung mit diktatorischen Gewalten betraut wurden und die natürlich aus zuverlässigen Anhängern der mediceischen Partei bestand. Diese Balia war erst im Jahre

de' Medici, che pose i fondamenti della grande posizione della sua casata sia attraverso le sue fortunate speculazioni di banchiere che mediante la sua saggia e moderata condotta politica, non puntò in realtà a una signoria personale; egli si tenne prudentemente in disparte, cercò con successo d'impedire gli abusi del governo oligarchico e di procurare la necessaria attenzione ai bisogni delle classi inferiori nell'interesse di tutto lo Stato. L'oligarchia in quello stesso periodo riuscì a condurre un'accorta politica estera; Firenze cominciò ad ampliarsi oltre i confini dell'antico Contado per divenire progressivamente un grande Stato territoriale toscano; nel 1406, dopo una lunga resistenza, anche Pisa fu aggiunta alla sfera d'influenza della Repubblica dell'Arno.

[40] Ma nella generazione seguente il quadro cambiò. L'antica passione di partito scoppiò nuovamente. Rinaldo Albizzi[18] e Cosimo de' Medici,[19] che erano succeduti ai loro padri come capi di partito, si fronteggiarono in accanita inimicizia. La borghesia, viziata dal lungo possesso del potere, divenne sfrenata e imprudente. L'espulsione dalla città di Cosimo nel 1433 avviò un improvviso mutamento cruciale dei partiti e dei rapporti di forza. Una spaccatura tra gli oligarchi, una parte dei quali sotto la guida di Neri Capponi propendeva per i Medici, aiutò certamente nel 1434 la vittoria del partito popolare, Cosimo de' Medici fu richiamato e proclamato "padre della patria"; i suoi oppositori, Rinaldo Albizzi in testa, incontrarono da questo momento la sorte dell'esilio.

Questo cambiamento radicale portò alla signoria duratura del partito popolare e con ciò nello stesso tempo alla posizione dominante dei Medici. Cosimo esercitò un dominio finché visse quasi alla stregua di un monarca. Le antiche forme della costituzione, con tutta la sterminata confusione delle antiche [41] e delle nuove cariche, vennero conservate; solo le liste elettorali furono riformulate e i "Grandi" vennero ancora ammessi nella cittadinanza attiva. Lo stesso Cosimo de' Medici non ricoprì alcun ufficio pubblico e tenne in generale un basso profilo ma, come guida riconosciuta del partito popolare, esercitò in silenzio l'influenza determinante. L'organo centrale di questa influenza fu la Balia, una di quelle commissioni straordinarie alle quali in tempi critici erano affidati poteri dittatoriali dall'assemblea popolare e che naturalmente era costituita da sostenitori fidati del partito mediceo. Questa Balia fu

18. Rinaldo degli Albizzi (1370-1442), figlio di Maso degli Albizzi, ricoprì fin da giovane, negli anni successivi al 1382 che videro il predominio della fazione aristocratica, importanti uffici nelle istituzioni della repubblica. Si veda la voce a cura di d'Addario, *Albizzi Rinaldo*.

19. Cosimo de' Medici (1389-1464) detto il Vecchio, mercante, si fece apprezzare dal popolo fiorentino per le sue doti di moderazione, umiltà, dedizione al lavoro, senso dello Stato. Si vedano in proposito: Kent, *Medici Cosimo de'*; Cosimo de' Medici, *Ricordi*; Rubinstein, *The Government of Florence under the Medici: 1434-1494*; Kent, *The Rise of the Medici*; Molho, *Cosimo de' Medici*, pp. 5-33; Goldthwaite, *The Medici Bank*, pp. 3-31; Kent, *The Patron's Oeuvre: Cosimo de' Medici and the Florentine Renaissance*.

1434 auf 5, dann auf 10 Jahre bestellt, dann noch sechsmal verlängert worden, bis 1455. Die von dieser Balia beauftragten Spezialcommissarien, die "Accoppiatori", ernannten mit den Prioren zusammen aus den sorgfältig revidirten Candidatenlisten die nach wie vor alle zwei Monate wechselnden Mitglieder dieses Regierungscollegiums, das nur noch [42] dem Namen nach die Leitung der Staatsgeschäfte in der Hand hatte.

Mit dem Jahre 1455 aber hörte dieses ausserordentliche Regierungssystem auf und die ordentlichen Ämter traten wieder in ihre alte Wirksamkeit. Eben damals führte die Furcht der besitzenden Klassen vor einer neuen Vermögensschatzung zu einem oligarchischen Restaurationsversuch, der aber fehlschlug. Immerhin glaubte der alternde Cosimo, mit der gewöhnten Vorsicht der Mediceer, dem Bruchteil der oligarchischen Partei, die ihm 1434 zur Rückkehr verholfen und sein Regiment bisher unterstützt hatte, für einige Zeit nachgeben zu müssen,[n] vielleicht in der Hoffnung, dass sie bald abwirtschaften und der dann zu erwartende Rückschlag seinen Nachfolgern die Volksgunst in umso stärkeren Masse zuwenden würde. So kam es 1458 zu einem Umschwung, der wieder ein oligarchisches Regiment herbeiführte; er ist äusserlich bezeichnet durch die Beschränkung des Rates der Commune auf 100 Mitglieder – und durch den Eintritt des Aristokraten Luca Pitti in das Amt des Gonfaloniere [43] der Gerechtigkeit. Dieses oligarchische Regiment, das von Anhängern der Mediceer geführt wurde, dauerte bis zum Tode Cosimos, der gleichsam wie ein constitutioneller Monarch sich den Wechsel der Parteiregierungen ruhig gefallen liess.

Aber die mediceischen Sympathien verschwanden bei den oligarchischen Machthabern allmählich vor der Lust an der Macht. Als Cosimo starb (1464), suchten sie seinen unbedeutenden Sohn Piero, der den ererbten Einfluss der Familie geltend machte, zu stürzen, aber dieser Versuch misslang und führte nun in der That zur Vernichtung der alten oligarchischen Partei und zur Festigung der Macht und des Ansehens der Medici, namentlich unter den beiden Söhnen Pieros, Giuliano und Lorenzo, von denen zwar der erste bei der

n. Seguono alcune parole cancellate da Hintze: «und so kam es 1458 zu einem Umschwung der» (e così si giunse nel 1458 a una svolta).

istituita per la prima volta nell'anno 1434 per una durata di 5 anni, quindi di 10, poi fu anche rinnovata sei volte fino al 1455. Gli speciali commissari incaricati da questa Balia, gli "Accoppiatori", nominavano con i Priori, traendoli dalle liste di candidati accuratamente riviste, i membri di questo collegio di governo che cambiavano come sempre ogni due mesi; ma tale collegio aveva in mano solo nominalmente [42] gli affari di Stato.

L'anno 1455 cessò questo sistema di governo straordinario e gli uffici ordinari tornarono ad esercitare le loro antiche funzioni. Proprio allora la paura delle classi abbienti dinanzi a una nuova tassazione patrimoniale portò a un tentativo di restaurazione oligarchica che però fallì. Comunque il vecchio Cosimo, con l'abituale prudenza dei Medici, credeva di dover cedere per qualche tempo alla frazione del partito oligarchico che lo aveva aiutato a rientrare in patria nel 1434 e fino a quel momento aveva appoggiato il suo dominio, forse nella speranza che presto si sarebbe rovinata e che poi, per un prevedibile contraccolpo, il favore popolare si sarebbe volto in massa tanto più forte verso i suoi successori. Così nel 1458 si arrivò a una svolta che portò ancora a un reggimento oligarchico; esso fu caratterizzato esteriormente dalla limitazione del Consiglio del Comune a 100 membri e dall'ingresso dell'aristocratico Luca Pitti[20] nell'ufficio di Gonfaloniere [43] di giustizia. Questo regime oligarchico, che era stato portato dai sostenitori dei Medici, durò fino alla morte di Cosimo, il quale alla stregua di un monarca costituzionale accettò tranquillamente il cambiamento dei partiti al governo.

Ma le simpatie dei Medici presso i titolari del governo oligarchico scomparvero gradualmente davanti alla brama di potere. Dopo che Cosimo morì (1464) essi cercarono di eliminare Piero,[21] il suo figlio di poco valore che faceva valere l'influenza ereditaria della famiglia, ma questo tentativo fallì ed ora portò in effetti all'annientamento del vecchio partito oligarchico e al consolidamento del potere e del credito dei Medici, soprattutto dei due figli di Piero, Giuliano[22] e Lorenzo, il primo dei quali fu vittima di un assassinio nel

20. Luca Pitti (1395-1473) proveniente da una famiglia mercantile, dapprima fu iscritto nell'arte della lana (1429), poi venne ammesso in quella della seta (1441). Il suo ingresso nelle istituzioni della repubblica risale al 1420, quando fu membro dei Sedici gonfalonieri. Hintze, che riconduce il Pitti alle fila del partito aristocratico che aveva favorito l'ascesa dei Medici, ricorda qui la terza e ultima elezione del Pitti alla carica di gonfaloniere di giustizia, quella del 1458. Su Luca Pitti si veda Böninger, *Pitti, Luca*; si vedano inoltre i saggi di Arrighi, *Per una biografia di Luca Pitti* e Romby, *«Di Luca Pitti ho visto la muraglia»*.
21. Piero de' Medici (1416-1469). Hintze lo definisce come uomo «di poco valore»: in realtà la sua opera fu tutt'altro che secondaria nella storia della repubblica fiorentina. Su Piero si veda Walter, *Medici, Piero de'* e la bibliografia ivi riportata.
22. Giuliano de' Medici (1453-1478), figlio di Piero de' Medici, fu a fianco del fratello Lorenzo, di qualche anno più anziano, nella gestione degli affari di Stato. Nell'attentato ai Medici noto come 'Congiura dei Pazzi', qui accennato da Hintze, avvenuto il 26 aprile 1478,

oligarchischen Verschwörung der Pazzi 1478 zum Opfer eines Meuchelmordes wurde, der andere aber, der der Nachstellung entging, sich eine um so festere Stellung errang.

Lorenzo il Magnifico hat ähnlich wie sein Grossvater Cosimo die Regierung geführt – ohne ein öffentliches Amt, aber als anerkannter [44] Führer des Volkes. Die alten Ämter des Podestà und des Capitano del popolo verschwanden 1477. Die Signoria und die übrigen Behörden blieben; sie wurden durch einen künstlichen Mechanismus erneuert, der ihre Besetzung mit ergebenen Anhängern der mediceischen Partei verbürgte: die 10 Accoppiatori, anfangs von dem Rat der Commune (dem Rat der 100) erwählt, dann aber zur grösseren Sicherheit aus unbedingten Anhängern des Herrscherhauses von 5 zu 5 Jahren ernannt, designirten die Prioren und übrigen Beamten; ein neugeschaffener mit dem Recht der Cooptation ausgestatteter Rat von siebzig Bürgern, deren Zuverlässigkeit ausser Frage stand, vollzog die formelle Wahl, und diente ausserdem als Organ der legislativen Gewalt neben und über den alten Ratskörperschaften, die wie die ganze alte Maschinerie erhalten blieben. Neben den Prioren war das wichtigste Regierungscollegium das der "dieci della guerra", das jetzt zu dem Collegium der "otto della pratica" umgewandelt wurde, als Hauptorgan der militärischen und politischen Geschäfte, deren Summe sich in der Hand Lorenzos selbst concentrirte. An ihn wandten sich die auswärtigen Gesandten in erster Linie, er überwachte die auswärtige Correspondenz und sorgte durch dynastische Allianzen für die Stärkung der politischen Stellung des Staates. Unter seiner Leitung vollendete sich die Ausdehnung der florentinischen Republik zu einem toscanischen Territorialstaat.

Diese territoriale Ausweitung, [45] die einem allgemeinen Zuge in der italienischen Staatenwelt folgte, entsprach ebenso wie die allmähliche Ausgleichung der alten Standes- und Parteiunterschiede und die Anbahnung eines allgemeinen Staatsbürgertums dem Wesen eines monarchisch regierten Staates. Der thätige bürgerliche Gemeinsinn der früheren Jahrhunderte war mit dem unruhigen Parteitreiben zugleich verloren gegangen; die Masse, die jetzt den Ausschlag gab, war durch materielle Vorteile und Rücksichten an das Interesse der regierenden Finanzmacht gekettet und die höheren Schichten der Bürgerschaft vergassen über dem Glanz und Prunk eines künstlerisch verklärten Wohllebens die Kämpfe und Sorgen der Politik. Die bürgerliche Wehrhaftigkeit war längst

1478 durante la congiura oligarchica dei Pazzi, l'altro invece, che era sfuggito all'attentato, si conquistò una posizione ancora più forte.

Lorenzo il Magnifico[23] resse il governo in modo simile a suo nonno Cosimo, senza ricoprire un impiego pubblico, bensì in veste di stimata [44] guida del popolo. I vecchi uffici del Podestà e del Capitano del Popolo scomparvero nel 1477. La Signoria e le altre pubbliche autorità rimasero; furono rinnovate attraverso un meccanismo congegnato ad arte che assicurava la loro assegnazione a devoti sostenitori del partito mediceo: i 10 Accoppiatori, eletti inizialmente dal Consiglio del Comune (il Consiglio dei 100), poi tuttavia, per maggiore sicurezza, nominati di 5 in 5 anni dai seguaci incondizionati della casa dominante, designavano i Priori e il resto dei funzionari. Un nuovo Consiglio di 70 cittadini, provvisto del diritto di cooptazione, la cui affidabilità era fuori discussione, eseguiva l'elezione formale, e fungeva all'esterno come organo del potere legislativo accanto e al di sopra delle antiche corporazioni collegiali che rimasero in funzione come tutto il vecchio meccanismo istituzionale. Accanto ai Priori c'era il più importante collegio di governo, quello dei "Dieci della Guerra", che ora si era trasformato nel Collegio degli "Otto della Pratica", come organo centrale degli affari politici e militari, la somma dei quali si concentrava nelle mani di Lorenzo stesso. A lui si rivolgevano anzitutto gli inviati stranieri, lui controllava la corrispondenza estera e provvedeva, mediante alleanze dinastiche, al rafforzamento della posizione politica dello Stato. Sotto la sua guida si completò l'espansione della Repubblica fiorentina verso uno Stato territoriale toscano.

Questo ingrandimento territoriale [45], che seguì una generale tendenza nel mondo degli Stati italiani, così come il graduale livellamento delle antiche differenze di ceto e di partito e l'avvio di una comune cittadinanza statale, corrispose alla natura di uno Stato governato in modo monarchico. L'attivo senso civico della comunità urbana risalente ai secoli precedenti era andato perduto assieme alle irrequiete manovre di partito; la massa, che ora fu decisiva, venne legata mediante riguardi e vantaggi materiali all'interesse del potere finanziario governante e i più alti strati della cittadinanza, nello splendore e nel fasto di una vita agiata illuminata dalle arti, dimenticarono le lotte e le preoccupazioni della politica. Il sistema di difesa cittadino era andato in rovina da molto

il giovane Medici venne pugnalato a morte da Francesco de' Pazzi e Bernardo Baroncelli mentre assisteva alla messa nel Duomo di Firenze. Figlio naturale di Giuliano fu Giulio de' Medici, divenuto papa con il nome di Clemente VII (1478-1534). Su Giuliano si veda Walter, *Medici, Giuliano de'* e la bibliografia ivi riportata.

23. Lorenzo de' Medici, detto il Magnifico (1449-1492). Si veda Walter, *Medici, Lorenzo de'* e la bibliografia ivi citata. Fra gli ultimi studi si vedano Salvadori, *Dominio e patronato. Lorenzo de' Medici e la Toscana nel Quattrocento*; Martines, *La congiura dei Pazzi*; Kent, *Lorenzo de' Medici and the Art of Magnificence*; Fusco, Corti, *Lorenzo de' Medici Collector and Antiquarian.*

in Verfall geraten, nicht nur der Rossdienst, auch der Dienst zu Fuss konnte seit Mitte des 14. Jahrhunderts abgelegt werden; grosse Feldherren hatte die Republik nie hervorgebracht; dem Unwesen der vaterlandslosen Condottieri, das Machiavelli für den Verlust der Freiheit und die Begründung der Fremdherrschaft in Italien [46] verantwortlich macht, hat auch Florenz nicht zu steuern vermocht.

Die grossartige gewerbliche, künstlerische und litterarische Entwicklung, die ausserordentliche Lebendigkeit des florentinischen Geistes, die durch den beständigen Reiz eines bewegten öffentlichen Lebens bis zur Nervosität gesteigerte Produktivität auf allen Gebieten darf nicht darüber täuschen, dass diese reiche und vielgestaltige Entfaltung hochausgebildeter, je raffinirter politischer Formen es doch nicht vermocht hat, ein starkes Machtzentrum zu schaffen, das in den Stürmen der europäischen Politik sich aus eigenen Kräften seine Selbständigkeit und Eigenart hätte behaupten können. Nicht nur die militärische, sondern auch die finanzielle Grundlage war unsicher und brüchig. Die Staatsfinanzen wurden mit den Finanzen des grossen herrschenden Bankhauses vermischt, unter Umständen mit scrupelloser Naivität zu dessen Sanierung herangezogen; damit hing es zusammen, dass Lorenzo in den letzten Jahren seines Lebens den Rat der 70 durch einen engeren Rat von 17 Bürgern ersetzte, dessen Seele er selbst war, [47] und der fast durchweg aus nahen Freunden und Verwandten des Mediceerhauses zusammengesetzt war.

Unter Lorenzos minder begabten Nachfolger Piero erlag Florenz, das sich mit Spanien und dem Papst verbundet hatte, dem ersten Stoss der französischen Invasion Karls VIII. 1494; der Abfall Pisas bedrohte den Bestand seiner toscanischen Territorialherrschaft und die Machtstellung der Medici brach ruhmlos zusammen. Das religiös-demokratische Zwischenreich das der fanatische Domenicanermönch Savonarola (1494-1502) begründete, war nicht von Dauer; aber es ist interessant durch die Consequenzen, die es – übrigens zum Teil auch in Nachahmung venetianischer Einrichtungen – aus den Erfahrungen der bisherigen florentinischen Entwicklung zog, um der Verfassung mehr Halt und Bestand zu geben; es ist in mancher Hinsicht die beste Verfassung, die Florenz je gehabt hatte. Die Grundlage des öffentlichen Lebens bildete der Grosse Rat, der eine Auslese der Bürgerschaft in weitern Rahmen darstellte, bestehend aus allen den über 29 Jahre alten Bürgern, deren Ahnen

tempo, non solo il servizio a cavallo, anche la milizia a piedi poté essere abbandonata dalla metà del XIV secolo; la repubblica non aveva mai prodotto grandi comandanti; [46] neppure Firenze riuscì a porre rimedio al disordine dei Condottieri senza patria, disordine che Machiavelli imputò alla perdita della libertà e della formazione del dominio straniero in Italia.

Il grandioso sviluppo commerciale, artistico e letterario, la straordinaria vitalità dello spirito fiorentino, l'accresciuta produttività in tutti i campi attraverso il durevole stimolo di una vita pubblica animata fino al nervosismo, non possono ingannare sul fatto che tale ricco e multiforme sviluppo di forme politiche altamente evolute e raffinate non riuscì a creare un solido centro di potere che nelle tempeste della politica europea potesse conservare con proprie forze la sua indipendenza e particolarità. Non solo le fondamenta militari, ma anche quelle finanziarie erano precarie e fragili. Le finanze pubbliche erano confuse con quelle della grande casa bancaria dominante, impiegate in alcuni casi al risanamento di questa con una faciloneria senza scrupoli; questo fu dovuto al fatto che Lorenzo, negli ultimi anni della sua vita, sostituì il Consiglio dei 70 con un collegio più ristretto di 17 cittadini, la cui anima era lui stesso [47] e che era formato quasi interamente da amici stretti e da parenti della casa medicea.

Sotto il successore meno dotato di Lorenzo, Piero,[24] Firenze, che si era alleata con la Spagna e con il Papa, soccombette al primo urto dell'invasione francese di Carlo VIII nel 1494; la defezione di Pisa minacciò la stabilità della sua signoria territoriale toscana e la posizione di forza dei Medici subì un tracollo inglorioso. L'intermezzo di regime religioso-democratico fondato dal fanatico monaco domenicano Savonarola[25] (1494-1502) non fu duraturo; esso tuttavia è interessante per le conseguenze – del resto in parte anche ad imitazione di istituzioni veneziane – che trasse dalle esperienze dello sviluppo fiorentino raggiunto fino a quel momento per dare alla costituzione più sostegno e stabilità; tale regime fu per alcuni aspetti la migliore costituzione che Firenze avesse mai avuto. La base della vita pubblica era costituita dal Gran Consiglio che rappresentava una selezione della cittadinanza nell'ambito più ampio, formato da tutti i cittadini che superavano i 29 anni di età, i cui antenati non

24. Piero de' Medici (1472-1503), figlio di Lorenzo il Magnifico e Clarice Orsini. Si veda la voce curata da Meli, *Medici, Piero de'*.

25. Girolamo Savonarola (1452-1498), frate domenicano originario di Ferrara, giunse a Firenze dal 1482: qui iniziò a predicare invitando i fedeli a una vita morigerata, umile, meno soggetta al lusso e ai piaceri della vita mondana. In seguito alla discesa del re di Francia Carlo VIII (1494-1495) che – come ricorda Hintze – portò al crollo del regime mediceo, Savonarola rivestì un ruolo centrale nella formazione del nuovo regime repubblicano: le sue prediche costituivano un riferimento continuo per i cittadini, ora sottoposti a un rigido controllo morale. Su Savonarola si vedano *Girolamo Savonarola: l'uomo e il frate*; Fletcher, Shaw (a cura di), *The World of Savonarola*; Fragnito, Miegge (a cura di), *Girolamo Savonarola da Ferrara all'Europa*.

jemals Ämter [48] in der Republik bekleidet hatten, wozu jährlich 24 junge Leute aus anderen Familien, homines novi, hinzugewählt wurden – im ganzen eine Körperschaft von 1.500-2.000 Mitgliedern ähnlich dem grossen Rat von Venedig – der in drei wechselnden Gruppen je 6 Monate lang als Träger der Souveränität die entscheidende Gewalt in Verwaltung und Gesetzgebung ausübte. Als beratende Körperschaft, namentlich in den Angelegenheiten der auswärtigen Politik, diente ein kleiner Rat von 80 Personen.

Das eigentliche Zentrum der Regierung aber war die Signoria, der auch die Vorlage von Gesetzenwürfen vorbehalten war, und die dem grossen Rat gegenüber insofern eine starke Stellung hatte, als sie mit ein und derselben Angelegenheit immer wieder vor diese entscheidenden Körperschaft treten konnte, bis zu 6 mal an einem Tage und bis zu 28 mal im ganzen, so dass für eine Beeinflussung im Sinne der Regierung ein weiter Spielraum blieb. Die schwache Seite dieser Organisation war ihre Langsamkeit und Schwerfälligkeit in den Angelegenheiten der auswärtigen Politik, die mangelhafte Bewahrung des Geheimnisses, die Schwierigkeit [49] der Unterhandlung mit fremden Mächten, die niemals recht wussten, an wen sie sich zu wenden hatten. Übermässig demokratisch war diese Verfassung keineswegs; nur ¼ der Mitglieder der Behörden sollten aus den kleinen Zünften genommen werden; was ihren Bestand gefährdete, war vor allem der geistliche Charakter, der moralisch-religiöse Rigorismus, den die lebenslustige florentiner Renaissancegesellschaft nicht lange zu ertragen vermochte und dazu der unversöhnliche Hass der päpstlichen Curie gegen dies ketzerische Regiment.

Nach ihrem Sturz machte sich die Notwendigkeit einer stärkeren Spitze geltend, in der sich die Staatsgewalt concentrirte. Nach dem Beschluss des Grossen Rates, der bestehen blieb, wurde 1502 ein Einzelner mit gesetzlich bestimmter Gewalt als Gonfaloniere der Gerechtigkeit auf Lebenszeit an die Spitze der Republik gestellt. In dieser Stellung hat Piero Soderini, aus einer mit der Medici verschwägerten Familie stammend, 10 Jahre lang mit uneigenützigem Patriotismus und massvoller Gerechtigkeit die Leitung des Staates geführt. Das abgefallene Pisa wurde wieder unterworfen, die toscanische Territorialmacht wiederhergestellt, ein Nationalmiliz [50], wie sie Machiavelli empfahl, geschaffen. Die auswärtigen und militärischen Geschäfte lagen wieder in den Händen eines Rates von 10 Mitgliedern, als deren Secretär Nicolo Machiavelli fungierte. Aber den Mangel an wirklicher politischer Macht hat auch dies tüchtige, wenn auch nicht

avevano mai ricoperto uffici nella repubblica [48], cui ogni anno venivano aggiunte per via elettiva 24 persone giovani da altre famiglie, homines novi – in totale un corpo di 1.500-2.000 membri, similmente al Gran Consiglio veneziano, che in tre gruppi rinnovantisi ogni sei mesi esercitava il potere decisivo nell'amministrazione e nella legislazione come titolare della sovranità. Come collegio consultivo, in particolar modo negli affari della politica estera, operava un consiglio più ristretto di 80 persone.

Il vero e proprio centro del governo fu tuttavia la Signoria, alla quale era riservata anche la presentazione dei disegni di legge e che aveva su questo punto una forte posizione di fronte al Gran Consiglio, in quanto essa poteva presentare a questo corpo decisionale il medesimo argomento fino a sei volte al giorno e fino a ventotto volte in tutto, cosicché restava un ampio margine di manovra per influenzarlo a favore del governo. Il lato debole di questa organizzazione risiedeva nella sua estrema lentezza negli affari di politica estera, la scarsa conservazione del segreto, la difficoltà [49] nel trattare con le potenze straniere, le quali non sapevano mai bene a chi dovessero rivolgersi. Questa costituzione non fu in nessun modo eccessivamente democratica; solo un quarto dei membri negli uffici doveva essere scelto dalle piccole corporazioni; quello che metteva in pericolo la sua stabilità era soprattutto il carattere spirituale, il rigorismo morale e religioso che la società rinascimentale fiorentina piena di vita mondana non poté sopportare a lungo e in aggiunta l'odio insanabile della Curia papale contro questo reggimento eretico.

Decaduta tale costituzione, si manifestò la necessità di un vertice più forte in cui concentrare il potere dello Stato. In seguito alla delibera del Gran Consiglio, che era rimasto in funzione, fu posta nel 1502 alla sommità della Repubblica una singola persona, il Gonfaloniere di giustizia, cui la legge conferiva poteri a vita. In questa carica Piero Soderini,[26] proveniente da una famiglia imparentata con i Medici, esercitò la guida dello Stato con un patriottismo disinteressato e una giustizia misurata. Pisa, che si era staccata, fu nuovamente sottomessa, la potenza territoriale toscana ristabilita, una milizia nazionale [50] istituita come la raccomandava Machiavelli. Gli affari militari ed esteri risiedevano ancora nelle mani di un Consiglio di 10 membri, alle cui funzioni di segretario attendeva Niccolò Machiavelli.[27] Ma anche questo reggimento buono, se non proprio geniale, non poté compensare la mancanza di una reale

26. Pier Soderini (1452-1522), rivestì la carica di priore (1481) negli anni della signoria di Lorenzo il Magnifico. Amico di Piero de' Medici, figlio del Magnifico, rivestì nel 1493 l'ufficio di ambasciatore fiorentino presso Carlo VIII. Tenutosi in disparte sotto il regime di Savonarola, fu nominato gonfaloniere di giustizia nel 1501, carica divenuta vitalizia l'anno successivo, il che fece di lui una sorta di signore della città finché rivestì tale ufficio.

27. Niccolò Machiavelli (1469-1527), celebre funzionario fiorentino e letterato, durante il regime di Soderini fu impiegato nel comparto diplomatico-militare della cancelleria fiorentina.

gerade geniale Regiment nicht auszugleichen vermocht. Sein Bestand hatte auf dem Vorwalten des französischen Einflusses beruht; nach der Schlacht bei Ravenna, in der die Franzosen unterlagen, 1512, brach es zusammen, und nun wurde die Herrschaft der Mediceer, die an dem Bunde mit dem Papst und Spanien festgehalten hatten, unter dem Druck der spanischen Waffen wiederhergestellt.

Seit 1513 herrschte der zweite Lorenzo in ähnlichen Formen wie die erste, nicht als Gonfaloniere, sondern als Privatmann vermittelst einer Balia und eines Rates von siebzig ergebenen Bürgern, die die Ergänzung der regierenden Behörden in der Hand hatten. Nach seinem Tode (1519) wurde Florenz für einige Jahre unter dem Cardinal Giulio de' Medici, der 1523 [51] Papst wurde (Clemens VII.), fast zu einem Anhängsel des Kirchenstaates, bis die römische Katastrophe von 1527 unter Niccolo Capponi als Gonfaloniere wieder eine republicanische Reaktion herbeiführte, die nahe daran war, in die Bahnen Savonarolas zurückzulenken. Vergebens versuchte die Stadt den kaiserlichen Truppen zu wiederstehen, um ihre Unabhängigkeit zu retten; nach 10monatlicher Belagerung musste sie 1530 capituliren, und nun wurde nach dem Machtgebot des Kaisers, der sich inzwischen mit dem Papst versöhnt hatte, zunächst die mediceische Verfassungsform wieder hergestellt (1531) unter dem Bastard Alessandro von Medici, und dann (1532) für eben diesen ein übliches Herzogtums in Florenz begründet.

Die Signoria samt dem Gonfaloniere verschwand; ebenso der politischen Rangunterschied der grossen und der kleinen Zünfte; alle Bürger sollten gleichmässig zu den Ämtern berechtigt sein. Die grosse ausserordentliche

forza politica. La sua stabilità era basata sul predominio dell'influenza francese; in seguito alla battaglia di Ravenna del 1512, nella quale i Francesi soccombettero, esso crollò ed ora la signoria dei Medici, che si erano tenuti fedeli all'alleanza con il Papa e con la Spagna, fu nuovamente ristabilita sotto la pressione delle armi spagnole.

Dal 1513 esercitò il potere il secondo Lorenzo[28] in forme simili a quelle del primo, non come Gonfaloniere, bensì come privato cittadino, coadiuvato da una Balia e da un consiglio di settanta cittadini fedeli che avevano nelle mani il completamento degli uffici di governo. Dopo la sua morte (1519) Firenze, sotto il cardinale Giulio de' Medici,[29] che [51] nel 1523 divenne Papa (Clemente VII), fu per alcuni anni quasi un'appendice dello Stato della Chiesa, finché la catastrofe romana del 1527 provocò ancora una reazione repubblicana con Niccolò Capponi[30] come Gonfaloniere, che fu sul punto di ripercorrere le strade di Savonarola. La città tentò inutilmente di resistere alle truppe imperiali per salvare la sua indipendenza; dopo un assedio di dieci mesi dovette capitolare nel 1530 ed ora, attraverso l'ordine dell'imperatore, che si era nel frattempo riconciliato con il papa, fu ripristinata in un primo momento la forma costituzionale medicea sotto il bastardo Alessandro de' Medici[31] (1531) e successivamente (1532), proprio per questa famiglia, fu fondato un normale ducato.

L'istituzione della Signoria, assieme a quella del Gonfaloniere, scomparve; allo stesso modo le differenze di posizione politica delle grandi e delle piccole corporazioni; tutti i cittadini dovevano essere autorizzati a ricoprire gli uffici in modo proporzionato. La più ampia commissione straordinaria, alla

28. Lorenzo de' Medici (1470 ca-1519), duca di Urbino. Hintze non si sofferma sul governo fiorentino di Lorenzo in seguito alla fine del regime di Soderini, affermando che la sua condotta politica fu vicina a quella discreta e moderata del Magnifico. In realtà se in un primo tempo, guidato dai pressanti consigli di Leone X, Lorenzo parve seguire le orme del nonno, ben presto gestì il potere in modo diretto, violando le tradizioni fiorentine tese a garantire un equilibrio tra le istituzioni repubblicane. Tentò di trasformare la repubblica fiorentina in principato, opera destinata all'insuccesso per la ferma opposizione di Leone X. Il suo operare spregiudicato ricordò con ogni probabilità a Machiavelli la figura geniale e sinistra di Cesare Borgia (il Valentino): a Lorenzo è dedicato – com'è noto – il celebre trattato «De Principatibus», ove viene descritto con realismo politico il modello del principe che usa ogni mezzo per conseguire i suoi fini di potenza. Su Lorenzo de' Medici si veda Benzoni, *Medici, Lorenzo de'*.
29. Giulio de' Medici (1478-1534), figlio naturale di Giuliano, fratello di Lorenzo il Magnifico. Divenuto cardinale nel 1513, ascese al soglio pontificio nel 1523 con il nome di Clemente VII. Si veda Prosperi, *Clemente VII*.
30. Niccolò Capponi (1472-1529) uomo politico e banchiere fiorentino. Per approfondimenti si rinvia a Mallet, *Capponi Niccolò*.
31. Alessandro de' Medici (1510 o 1512?-1537) figlio naturale di Lorenzo duca di Urbino o, come sostenuto dallo storico Pieraccini, del cardinale Giulio (poi divenuto papa Clemente VII). Oltre alla voce curata, or son ormai molti anni, da Spini, *Medici, Alessandro de'*, si veda la biografia di Fletcher, *Il principe maledetto di Firenze*.

Commission, der auch diese Verfassungsänderung wieder anvertraut worden war, wandelte sich in einen "Rat der Zweihundert" um, aus [52] dem ein engerer Rat von 48 ausgelesen wurde; aus diesem Senat wurden die vier Mitglieder des Staatsrats entnommen, der, von 3 zu 3 Monaten wechselnd, das Staatsoberhaupt zu beraten hatte. Dieser selbst, der Herzog, vereinigte in sich die volle Regierungsgewalt; die Räte traten nur auf sein Geheiss zusammen und wirkten mehr als monarchische Organe wie als Repräsentation des Volkes. Von Volkswahlen war keine Rede mehr. Die alten republicanischen Behörden (mit Ausnahme der Signoria) blieben zwar bestehen, aber sie standen alle unter dem massgebenden Einfluss des Herzogs, der überall den Vorsitz führen konnte und überall seine Creaturen hatte. Auch die Bürgermiliz, auf die Machiavelli immer so grosses Gewicht gelegt hatte, wurde nicht wiederhergestellt. Die Bürgerschaft musste die Waffen abliefern; in der Stadt gab es überhaupt keine bewaffnete Macht mehr mit Ausnahme einer Leibgarde für den Herzog. In dem toskanischen Gebiet aber war eine Miliz von 10.000 Mann eingerichtet unter Hauptleuten, die der Herzog bestellte und mit einem herzoglichen [53] Commissar, der für die Bewaffnung und Lohnung zu sorgen hatte. So war Florenz aus einer Stadtrepublik zum Mittelpunkt eines territorialen Fürstenstaats geworden, der unter einem ziemlich absolutistischen Herrscher stand. In der Stadt selbst war die scharfe Spannung der sozialen Klassen mit ihren politischen Privilegien in der Hauptsache beseitigt worden; die Stadtbevölkerung bildete bereits einen Kern von homogener staatsbürgerlicher Beschaffenheit. Die alte Grafschaft (Contado), das der städtischen Jurisdiction unterworfene engere Gebiet mit den abhängigen Bauern, die jetzt allmählich zu Pächtern wurden, schloss sich ziemlich eng an den städtischen Verwaltungsbereich an. Aber das weitere Gebiet, das im Gegensatz zum Contado als Distretto bezeichnet wurde und die Hauptmasse des späteren toscanischen Territorialstaats bildete, bestand noch immer aus einer Anzahl relativ selbständiger Gemeinden, die von Florenz nur den Podestà, Richter oder [54] sonstigen oberen Beamten erhielten, im übrigen aber sich selbst verwalteten nach ihren stadtrechtlichen Statuten, hinter denen, hier wie auch in Florenz, das gemeine Recht als subsidiäres Recht galt. Der Grad der politischen Abhängigkeit war bei den einzelnen Gemeinden verschieden abgestuft, je nach den Bestimmungen der Unterwerfungsverträge. Neben den Communen gab es auch einzelne kleine Feudalherren, die durch einen Schutzvertrag (Accomandizia) sich der Oberhoheit von Florenz unterstellt hatten. Das ganze war noch kein einheitliches Staatsgebiet, sondern ein Conglomerat verschiedenartiger politischer Bildungen von vorherrschend municipalem Charakter, mit verschiedenartigen Rechten und Regierungsformen, ohne ständische Vertretung, auch ohne ein Gefühl der Zusammengehörigkeit und ohne politischen Gemeinsinn, zusammengehalten nur durch den gemeinsamen Herrscher. Aus diesen Verhältnissen entsprangen neue politische Probleme, die erst eine spätere Zeit lösen konnte.

quale era stato ancora affidato questo cambiamento costituzionale, si trasformò in un "Consiglio dei Duecento", dal quale [52] fu ricavato un Consiglio più ristretto di 48 membri; da questo Senato furono tratti i quattro membri del Consiglio di Stato, il quale, cambiando ogni tre mesi, doveva consigliare il Capo dello Stato. Questa stessa autorità, il duca, riuniva in sé tutto il potere di governo. I consigli si riunivano solo su suo ordine ed operavano più come organi monarchici che come rappresentanza del popolo. Non si discusse più di elezioni popolari. Gli antichi uffici repubblicani (ad eccezione della Signoria) continuarono ad esistere ma si trovarono tutti sotto l'influenza decisiva del Duca che poteva ovunque assumere la presidenza e poteva sempre contare su sue creature. Anche la milizia cittadina, nella quale Machiavelli aveva sempre posto la più grande importanza, non venne ricostituita. I cittadini dovevano consegnare le armi; in nessun luogo della città esisteva più alcun potere armato, ad eccezione di una guardia del corpo per il duca. Nel territorio toscano venne però costituita una milizia di 10.000 uomini sotto capitani nominati dal duca e con un commissario ducale [53] che doveva provvedere all'armamento e alle paghe. Così da una repubblica cittadina Firenze era divenuta il punto centrale di uno stato principesco territoriale sottomesso ad un sovrano quasi assoluto. Nella città stessa era stata rimossa in sostanza la forte tensione delle classi sociali con i loro privilegi di natura politica; la popolazione urbana formava già un nucleo di omogenea natura cittadina. L'antica contea (Contado), il territorio più ristretto sottomesso alla giurisdizione cittadina con i contadini subordinati che ora si trasformarono gradualmente in affittuari, si legò in modo assai stretto alla sfera amministrativa urbana. Ma il territorio più ampio, che a differenza del Contado era denominato Distretto e costituiva il grosso del più tardo Stato territoriale toscano, era ancora formato da un certo numero di Comuni relativamente autonomi, che ricevevano da Firenze solo il Podestà, i giudici [54] o altri funzionari superiori, ma per il resto si amministravano da sé stessi con i loro Statuti giuridici cittadini, dopo i quali – qui come a Firenze – vigeva il diritto comune come diritto sussidiario. Il grado di dipendenza politica venne graduato in modo diverso per i singoli Comuni, secondo le disposizioni dei patti di soggezione. Accanto ai Comuni esistevano anche alcuni piccoli signori feudali, i quali attraverso un trattato di difesa (Accomandizia) si erano sottomessi alla sovranità di Firenze. L'insieme non era affatto un territorio statale unitario, piuttosto un conglomerato di formazioni politiche diverse aventi un predominante carattere municipale, con giurisdizioni e forme di governo differenti, senza rappresentanza cetuale, senza neppure un senso di appartenenza comune e senza un senso civico di natura politica, tenute assieme solo dal comune sovrano. Da queste condizioni scaturirono nuovi problemi politici, che solo un'epoca posteriore avrebbe potuto sciogliere.

[55] Die Industrie und das Geldgeschäft ist für die florentinische Verfassung von ebenso fundamentaler Bedeutung gewesen wie die See-, Handels- und Colonialpolitik für die von Venedig. Die durch Manufacturen und den kaufmännischen Grossbetrieb geschaffene Klassengegensätze sind der beständige Gährungstoff gewesen, der die Ordnungen des bürgerlichen Lebens, nachdem sie kaum geschaffen worden waren, immer wieder umwarf und einen Zustand chronischer Revolution herbeiführte, in dem nichts beständig war als nur der Wechsel der Regierungsformen. Es fehlt hier die massgebende Einwirkung einer weitblickenden Staatskunst, die den Lärm der sozialen Gegensätze durch das Gebot der politischen Notwendigkeit zum Schweigen bringt. So steuert hier die Verfassung, in unaufhaltsamen, öfter sich überstürzendem Fortschritt der Demokratie zu, die erst als Herrschaft der Bourgeoisie, dann als die des Proletariats in die Erscheinung tritt, um auszu[56]münden in eine Tyrannis, die aber bezeichnenderweise hier keine Säbelherrschaft, sondern das sanfte Joch der grössten Geldmacht, des Bankhauses der Medici war. Und auch diese Macht hat aus sich selbst noch keine dauernde politische Ordnung aufzurichten vermocht, weil sie doch eben nur Geldmacht, nicht Staats- und Kriegsmacht war; erst eine höhere fremde Gewalt, die Karls V. und seiner Soldheere, hat die Fundamente des Grossherzogtums Toscana gelegt, in dem nach leidenschaftlichem, sich selbst verzehrendem, freilich aber auch alle Talente in Kunst und Litteratur entfesselndem Sichausleben die Republik Florenz zur Ruhe gekommen ist. Der Klassenkampf, der das bewegende Prinzip der republicanischen Geschichte gewesen war, macht unter der Monarchie einem friedlichen Zusammenleben der verschiedenen Stände Platz.[o]

o. In GStA PK, VI. HA, *Familienarchive und Nachlässe*, NL Otto Hintze, Nr. 2, Bd. 4, *Florenz*, dopo il f. 56 c'è un foglietto senza numerazione, scritto a matita, il cui contenuto non è stato possibile decifrare e viene quindi omesso. Si veda l'introduzione a p. 26.
Dopo gli ultimi fogli della parte Florenz si trovano 33 pagine del numero 134 (1926) della rivista «Historische Zeitschrift» (pp. 389-420) contenenti recensioni a studi storici afferenti ai più svariati argomenti. Hintze ha sottolineato a matita alcuni passi dell'articolo di Walter Lenel che recensiva il quarto volume dell'opera monumentale di Davidsohn, *Geschichte von Florenz* pubblicata in diversi tomi negli anni precedenti. Cfr. Lenel, [recensione:] *Geschichte von Florenz*.

[55] L'industria e l'attività finanziaria furono per la costituzione fiorentina di fondamentale importanza allo stesso modo di quel che per Venezia erano la politica marittima, commerciale e coloniale. I conflitti di classe prodotti nelle manifatture e nelle grandi aziende commerciali erano stati il durevole fermento che rovesciò gli ordinamenti della vita cittadina dopo che questi erano stati appena costituiti, generando una condizione di perenne rivoluzione nella quale nulla era duraturo quanto il cambiamento delle forme di governo. Mancò qui l'azione decisa di un'arte di Stato lungimirante che riduce al silenzio il frastuono dei conflitti sociali mediante l'imperativo della necessità politica. Così in questo caso la costituzione si volse verso la democrazia con un progresso inarrestabile e spesso precipitoso; costituzione che dapprima si manifestò come dominio della borghesia, poi del proletariato per terminare [56] in una tirannia che qui tuttavia non fu significativamente un governo alla sciabola, bensì il morbido giogo del più grande potere finanziario, la casa bancaria dei Medici. E anche questo potere non riuscì a generare da se stesso alcun ordinamento politico durevole, perché esso fu appunto solo potere finanziario, non potere statale e militare; solo una più alta forza straniera, quella di Carlo V e del suo esercito mercenario, pose le fondamenta del granducato di Toscana, nel quale, dopo una fase di edonismo appassionato e struggente, nello sfogo di tutti i talenti nell'arte e nella letteratura, la repubblica di Firenze trovò definitivamente pace. Il conflitto di classe, che era stato il principio motore della storia repubblicana, sotto la monarchia lasciò il posto a una pacifica convivenza dei diversi ceti.

6. Rom / Roma

GStA PK, VI. HA, *Familienarchive und Nachlässe*, NL Otto Hintze, Nr. 2, Bd. 5, *Rom*, ff. 1-43

7. GStA PK, VI. HA, *Familienarchive und Nachlässe*, NL Otto Hintze, Nr. 2, Bd. 5, *Rom*, f. 1 (© GStA PK).

Rom

[1] Rom hat es während des Mittelalters zu keiner festen und beständigen Verfassung gebracht. Die grossen Probleme des allgemeinen abendländischen Verfassungslebens, die sich hier concentrirten, der Rivalitätsstreit der universalen und der localen Gewalten, der daraus entsprang, haben als Hemmnis einer gesunden municipalen Verfassung gewirkt. Die Hauptstadt einer weltlichen oder geistlichen Universalmonarchie, die das gesamte christliche Abendland umfasste, konnte nicht als unabhängige Stadtrepublik, sei es unter adligem oder bürgerlichem Regiment zu dauerndem Bestand gelangen und noch weniger konnte sie an die Spitze einer italienischen Nationalconföderation treten, wie sie zur Zeit (14. Jahrhundert)[a] des Cola di Rienzo in unklaren Umrissen und immer noch in Verbindung mit den alten imperialistichen Ideen geplant wurde. Von den Gewalten [2], die um die Herrschaft über die ewige Stadt gerungen haben – Kaiser und Papst, Adel und Bürgerschaft –, hat schliesslich das Papstum am Ende des Mittelalters den Platz behauptet, aber nicht als die weltbeherrschende Macht, die es im 13. Jahrhundert war, sondern als Haupt eines fürstlichen Kleinstaates, wie sie zur Zeit der Renaissance in Italien typisch waren, eines aus Baronen und Communen locker zusammengefassten Kirchenstaates, dessen Mittelpunkt die Stadttyrannis von Rom war. Diese wechselvolle und vielfach verworrene Entwicklung wollen wir in ihren Hauptzügen kurz anzudeuten versuchen.

Die Langobardenherrschaft, vor der ja im übrigen Italien die altrömischen Institutionen sonst überall verschwunden sind, hat den römischen Ducat unberührt gelassen, aber die Verwaltungsordnung der justinianischen Zeit hat auch hier, namentlich seit der Verbindung mit dem fränkischen Reich, tiefgehende [3] Wandlungen erfahren. Der Name des Senats verschwand; Consul wurde ein allgemeiner Ehrentitel für die Häupter des Adels, der an der Spitze der Ämter und der Milizen zwischen Clerus und Volk eine beherrschende Stellung einnahm. Die Milizverfassung in der Langobarden Zeit entstanden, beruhte auf den Verbänden der Zünfte, die alten Scholae der byzantinischen Zeit, die noch Jahrhunderte lang ein unselbständiges, politisch machtloses Dasein in Abhängigkeit von den Magnaten führten. In der Miliz fanden Adel und Volk einen gemeinsamen Boden der Bethätigung im Interesse der öffentlichen Ordnung und Sicherheit; das war die eine Säule des Gemeinwesens; die andere stellt sich in der Ämterhierarchie dar, bei der Adel und Clerus sich zusammenfanden, und zwar hier wie dort unter der Leitung des Papstes. Das alte byzantinische Amt [4] des Dux, der eine Art von Generalgouverneur mit militärischen und Civilverwaltungsbefügnissen gewesen war, verschwand im 8. Jahrhundert, und seine Funktionen, samt der Verfügung über die Miliz, wurden von den Päpsten übernommen. Die Päpste

a. Il testo tra parentesi è un'aggiunta a matita scritta da Hintze.

Roma

[1] Durante il Medioevo Roma non riuscì in alcuna solida e durevole costituzione. I grandi problemi di tutta la vita costituzionale occidentale, che qui si concentrarono, il conflitto dei poteri universali e di quelli locali, che nacque da qui, agirono come ostacolo per una sana costituzione municipale. La capitale di una monarchia secolare o ecclesiastica, che abbracciava l'intero Occidente cristiano, non poté pervenire a una condizione durevole come una repubblica cittadina indipendente – fosse essa sotto un regime nobiliare o cittadino – e ancor meno poté salire al vertice di una confederazione nazionale italiana, come fu progettato nel XIV secolo al tempo di Cola di Rienzo in linee poco chiare e pur sempre in collegamento con le antiche idee imperialistiche. Dei poteri [2] che lottarono per il dominio sulla città eterna – Imperatore e Papa, Nobiltà e Cittadini – alla fine il Papato, al termine del Medioevo, rimase padrone sul campo, non tuttavia come un potere dominante sul mondo quale fu nel XIII secolo, bensì come capo di un piccolo principato statale come erano tipici al tempo del Rinascimento in Italia, di uno Stato della Chiesa costituito dall'unione labile di Baronie e Comuni, il cui punto centrale era la tirannia cittadina di Roma. Noi vogliamo tentare di accennare brevemente nei suoi tratti centrali questo sviluppo confuso, molteplice e movimentato.

Il dominio dei Longobardi, sotto il quale certamente nel resto d'Italia scomparvero dappertutto le antiche istituzioni romane, lasciò intatto il ducato romano, ma l'ordinamento amministrativo del periodo giustinianeo subì anche qui, soprattutto dal tempo del suo legame con il regno franco, profonde [3] trasformazioni. Il nome del Senato scomparve; il console fu un generico titolo onorifico per i capi di quella nobiltà che aveva assunto una funzione dominante tra clero e popolo, ai vertici degli impieghi e delle milizie. La "costituzione per milizia", formatasi al tempo dei Longobardi, si basò sulle unioni delle corporazioni, le antiche Scholae dell'epoca bizantina, che ancora per secoli condussero un'esistenza non indipendente, politicamente priva di potere in subordine ai Magnati. Nella milizia Nobiltà e Popolo trovarono un terreno comune di attività nell'interesse dell'ordinamento pubblico e della sicurezza; questa fu una colonna della comunità; l'altra si mostrò chiaramente nella gerarchia degli uffici, nella quale Nobiltà e Clero si ritrovavano e certo qui come là sotto la guida del Papa. L'antico ufficio bizantino [4] del Dux, che era stato un tipo di governatore generale con poteri amministrativi in campo militare e civile, scomparve nell'VIII secolo e le sue funzioni, assieme al controllo della milizia, furono assunte dai Papi. I Papi nominarono

ernannten auch die übrigen städtischen Beamten, namentlich den Praefectus urbis, der mit einer Anzahl von judices als ein bischöflicher Stadtvogt die bürgerliche Obrigkeit handhabte, und unter dem wahrscheinlich auch als Organ der nie vollständig verschwundenen municipalen Selbstständigkeit ein Ausschuss der städtischen Aristokratie als consilium sich erhielt. Über die Stadt Rom hinaus beanspruchten die Päpste auch die Herrschaft über den "Ducatus Romanus", der im 8. Jahrhundert ausser Römisch-Tuscien und Römisch-Campanien, die durch den Tiber geschieden waren, noch die Sabina und Umbrien umfasste, und weiter hin über die Gebiete, die ihnen die Schenkungen Pipins und [5] Karls des Grossen zugewiesen hatten, wenn ihnen auch hier die wirkliche Besitzergreifung nur zum Teil gelungen ist. In den Städten, die zum Herrschaftsbereich des Papstes gehörten, beruhte die öffentliche Ordnung ebenfalls wie in Rom statt der untergegangenen Curialverfassung der altrömischen Zeit auf der Verbindung einer bürgerlichen Milizverfassung mit einer byzantinischen Ämterhierarchie, deren oberste Stellen (duces, tribuni, comites, actores) vom Papst besetzt wurden oder wenigstens seiner Bestätigung unterlagen.

Der erste kräftige Organisator des werdenden Kirchenstaates ist Nicolaus I. (gestorben 867) gewesen, derselbe Papst, unter dem die Pseudoisidorischen Decretalen zu offizieller Geltung gelangten: neben der weltlichen Herrschaft über Rom und dem Kirchenstaat erscheint in seiner Regierung bereits die Andeutung der künftigen geistlichen Weltherrschaft. Die päpstliche Curia [6] im Lateranpalast zeigt damals schon neben den Hofämtern des Vicedominus (Haushofmeister), des Cubicularius (Kämmerer), des Vestiarius und des Bibliothecarius, der zu Zeiten wie eine Art von Cabinetsecretär gebraucht wird, einen fest ausgebildeten Kreis von obersten Räten, den man wohl als das Ministerium des Papstes bezeichnen kann, und der sich Jahrhunderte lang in der gleichen Amtordnung erhalten hat: der Primicerius notariorum als eine Art von Staatssecretär mit seinen Gehilfen und Stellvertreter, dem Secundicerius, der arcarius als Kassenrendant mit dem Sacellarius als Zahlmeister, der protoscriniarius als Haupt der Kanzlei, der primus defensor für die Domänenverwaltung, der nomenculator für das Supplicationswesen – alles Geistliche, zwar nur mit den Werten eines Subdiaconus, aber im Rang über [7] den Cardinälen stehend, mit einem zahlreichen Unterpersonal, das nach byzantinischer Weise in Scholen gegliedert war.

anche i restanti funzionari cittadini, in particolar modo il Praefectus urbis, il quale con una squadra di judices gestiva l'autorità cittadina come un podestà cittadino vescovile e sotto il quale probabilmente si conservò come consiglio una commissione dell'aristocrazia cittadina in qualità di organo della mai completamente scomparsa autonomia municipale. Oltre alla città di Roma i Papi rivendicarono la signoria sul "Ducatus Romanus", che nell'VIII secolo oltre alla Tuscia e alla Campagna romane divise dal fiume Tevere abbracciava anche la Sabina e l'Umbria, nonché sui territori che le donazioni di Pipino e [5] di Carlo Magno avevano loro assegnato, quand'anche l'effettiva presa di possesso fosse loro riuscita solo in parte. Nelle città che appartenevano alla sfera di dominio del Papa l'ordinamento pubblico, allo stesso modo che a Roma, si basava, anziché sulla tramontata costituzione per curie dell'antica epoca romana, sull'unione di una costituzione per milizie cittadina con una gerarchia di uffici burocratici di conio bizantino le cui cariche supreme (duces, tribuni, comites, actores) erano assegnate dal Papa o almeno erano soggette alla sua conferma.

Il primo potente organizzatore del futuro Stato della Chiesa fu Niccolò I[1] (morto nell'867), Papa egli stesso, sotto il quale i decretali dello pseudo Isidoro giunsero a un valore ufficiale: accanto al dominio secolare su Roma e sullo Stato della Chiesa apparve già nel suo governo la traccia del futuro dominio religioso sul mondo. La curia papale [6] nel palazzo del Laterano mostrò già allora – accanto agli uffici di corte del Vicedominus (maggiordomo), del Cubicularius (tesoriere), del Vestiarius e del Bibliothecarius che ai tempi era richiesto come una specie di segretario di gabinetto – una solida cerchia istruita di consiglieri superiori che si può ben definire come il ministero del Papa e che per secoli si mantenne nella stessa organizzazione degli uffici: il Primicerius notariorum come un tipo di segretario di Stato con i suoi assistenti e il suo sostituto, il Secundicerius; l'Arcarius come una cassiere con il Sacellarius come ufficiale contabile; il Protoscriniarius come capo della cancelleria, il Primus defensor per l'amministrazione demaniale, il Nomenculator per le suppliche – tutti ecclesiastici, sì, nel solo rango di suddiaconi, ma posti per importanza [7] al di sopra dei cardinali, con un numeroso personale subordinato che era organizzato in Schole secondo il modello bizantino.

1. Niccolò I (820?-867) asceso al soglio pontificio nell'858, eletto dai romani in via unanime e sotto la ferma volontà dell'imperatore Ludovico II che si trovava in quel tempo a Roma. Se sono scarse le notizie sulla prima parte del suo ministero, più dettagliato è il ruolo assunto da Niccolò negli anni 860-867. Il pontefice affermò strenuamente la sua autorità in politica internazionale, assumendo un ruolo centrale nei rapporti con il clero e con il potere secolare. Esce quindi confermato il ruolo di Niccolò descritto da Hintze. Per approfondimenti si veda la voce curata da Bougard, *Niccolò I.*

Aber dieses päpstliche Regiment stand nur auf schwachen Füssen. Es hatte einen mächtigen Rivalen an dem unbotmässigen Adel, der zwar seinem Ursprunge nach ein päpstlicher Amtsadel war, aber durch Grundbesitz und Waffengewalt und nicht minder durch den ausschlaggebenden Einfluss bei der Papstwahl zu einer mächtigen und fast unabhängigen Stellung gelangt war. Was der Papst unter Umständen von diesen aufsässigen Magnaten zu dulden hatte, zeigt die Geschichte Leos III. Es bedurfte der Hilfe des Frankenkönigs, der ja zugleich als Nachfolger der Langobardenkönige in Italien gebot, um die päpstliche Herrschaft in Rom aufrechtzuerhalten. Wenn schon Pippin und nach ihm Karl der Grosse vom Papst zum "Patricius der Römer" ernannt worden war, so sollte dieser Titel, den einst der byzantinische Exarch in Ravenna geführt hatte [8] und dessen Verleihung eigentlich nur dem Kaiser in Byzanz zustand, die weltliche Schutzherrschaft über Rom und die Kirche samt dem Recht der Überwachung der Papstwahl zum Ausdruck bringen; ihr eigenes Herrschaftsrecht gedachten die Päpste dadurch nicht beeinträchtigen zu lassen: Hadrian I. hat Karl dem Grossen gegenüber den Grundsatz aufgestellt, dass auch der Papst Patricius der Römer sei, und auch die Kaiserkrönung hatte nur den Sinn, die weltliche Macht als Schutz der Kirche und ihrer Herrschaftsrechte zu gewinnen.

Wie notwendig dieser Schutz war, zeigt die Wandlung nach dem Erlöschen des karolingischen Kaiserhauses: sie brachte den völligen Sieg der städtischen Aristokratie über den päpstlichen Stadtherrn. Rom verwandelte sich in eine Adelsrepublik; die Erinnerungen des Altertums tauchten wieder auf und mit ihnen die Namen Senat und Princeps. Alberich, das Haupt [9] der städti-

Ma questo governo papale era posto solo su basi deboli. Esso aveva un potente rivale nella nobiltà insubordinata, la quale certamente ai suoi inizi era una nobiltà papale d'ufficio che tuttavia era pervenuta a una posizione influente e quasi indipendente attraverso il possesso fondiario e la forza delle armi e non di meno attraverso l'influsso decisivo nell'elezione papale. La storia di Leone III[2] mostra ciò che il Papato doveva sopportare sotto le pressioni di questi magnati ribelli. Questi ebbe bisogno dell'aiuto del re dei Franchi, che proprio in quello stesso periodo dominava in Italia come successore dei re longobardi, per mantenere la signoria papale in Roma. Se Pipino e dopo di lui Carlo Magno erano stati nominati dal Papa "patrizi dei Romani", ora questo titolo, che un tempo era stato portato dall'esarca bizantino a Ravenna [8] e la cui concessione spettava propriamente solo all'imperatore di Bisanzio, doveva esprimere il potere di difesa secolare su Roma e sulla Chiesa assieme al diritto di sorveglianza sull'elezione dei Papi; i pontefici avevano perciò interesse a non lasciar condizionare il loro proprio diritto di signoria: Adriano I[3] stabilì di fronte a Carlo Magno il principio fondamentale che anche il Papa era "patrizio dei Romani" e che inoltre l'incoronazione imperiale aveva solo il significato di ottenere la forza secolare nella difesa della Chiesa e dei suoi diritti di signoria.

Quanto fosse necessaria questa difesa fu mostrato dal cambiamento seguito all'estinzione della casata imperiale carolingia: esso portò alla completa vittoria dell'aristocrazia cittadina sopra la signoria che i Papi detenevano nell'Urbe; Roma si trasformò in una repubblica di nobili; le memorie dell'antichità tornarono in auge e con loro i nomi di Senato e Princeps. Alberich,[4] il capo [9]

2. Leone III (750?-816), eletto papa nel 795, si impegnò per il rafforzamento del potere papale contro gli interessi della nobiltà romana che invece intendeva indebolire l'autorità del pontefice. L'ostilità dei nobili – che Hintze ricorda – era dovuta soprattutto alla sua tendenza a servirsi esclusivamente di personale ecclesiastico senza coinvolgere i nobili del luogo. Si veda la voce curata da Delogu, *Leone III.*
3. Adriano I (morto nel 795), eletto papa nel 772. Interessante la notazione di Hintze sul modo con cui Adriano tentò di limitare il più possibile il potere del re dei Franchi quale «*patricius romanus*» affermando che tale titolo risiedeva anche nella sua persona. Sull'incoronazione Hintze si riferiva in realtà al successore di Adriano, Leone III che organizzò la cerimonia a Roma in modo da difendere il ruolo politico del papato di fronte all'imperatore. Si veda la voce curata da Bertolini, *Adriano I.*
4. Alberich (it. Alberico, morto nel 954) figlio dell'omonimo marchese di Spoleto e Camerino. Non avendo potuto succedere al padre nei domini passati ad altri feudatari, Alberich risiedette a Roma con la madre Marozia, appartenente a una potente famiglia della nobiltà romana. Il terzo matrimonio di costei con Ugo di Provenza, re d'Italia, fu fortemente osteggiato dalla nobiltà romana, il che offrì ad Alberich l'occasione di porsi a capo di una insurrezione tesa ad ostacolare in ogni modo che il re ingrandisse i suoi domini accorpandovi i territori romani. Il successo della rivolta nel 932 portò Alberich al vertice del potere: dopo egli governò su Roma per più di vent'anni. Su Alberich si veda la voce curata Bertolini, *Alberico II*; si veda anche Arnaldi, *Alberico.*

schen Aristokratie, stand lange Jahre hindurch unter dem Titel princeps et senator omnium Romanorum als ein kräftiger fürstlicher Usurpator an der Spitze des Regiments; erst nach seinem Tode (gestorben 954) ist es dem deutschen König Otto I. gelungen, mit der Kaiserkrone zugleich die Herrschaft über Rom und den Papst zu gewinnen, dessen Wahl jetzt unter den massgebenden Einfluss des Kaisers kam. Rom wurde damals gewissermassen dem Reiche einverleibt aber ohne dass die päpstliche Autorität durch die kaiserliche ganz verdrängt worden wäre. Neben die päpstliche Curie trat die kaiserliche Pfalz: die sieben Oberräte des Papstes wurden zugleich als kaiserliche Pfalzschöffen (judices palatini) gebraucht; neben der apostolischen Kammer gab es einen kaiserlichen Fiscus; der Stadtpräfect, der vor allem die Criminalgerichtsbarkeit unter sich hatte, aber auch an der Civiljustiz beteiligt war, galt als kaiserlicher Beamter, wurde von ihm eingesetzt oder doch wenigstens investirt. Auch die Kaiser haben mit dem [10] unbotmässigen Stadtadel zu kämpfen gehabt, an dessen Spitze seit Ottos I. Tode die mächtige Familie der Crescentier hervortritt. Ein Crescentius bemächtigte sich nach dem Tode Ottos II. der Gewalt des Patricius und versuchte in offener Rebellion die unabhängige Adelsrepublik wiederherzustellen. Der Versuch misslang; aber die Würde des Patricius wurde von Otto III. erneuert und befand sich Jahrzehnte lang in den Händen mächtiger Adelshäupter aus der selben Familie der Crescentier oder der von Alberich abstammenden Grafen von Tusculum, bis Heinrich III. den Patriciat an sich nahm und mit dem Reiche verband.[b]

b. Segue una riga cancellata dall'autore: «Der Kirchenstaat löste sich beim Versagen der päpstlichen Regierungskraft» (Lo Stato della Chiesa si sciolse per il fallimento del potere di governo papale).

dell'aristocrazia cittadina, si trovò per molti anni al vertice del governo in veste di potente usurpatore principesco sotto il titolo di Princeps e Senator omnium romanorum; per la prima volta dopo la sua morte (954 d. C.) riuscì al re tedesco Ottone I[5] di ottenere con la corona imperiale anche il dominio su Roma e sul Papa, la cui elezione ora entrò sotto l'influenza decisiva dell'imperatore. Roma fu in certo qual modo incorporata nell'impero ma senza che l'autorità papale fosse stata completamente scalzata da quella imperiale. Accanto alla curia papale sorse la corte palatina: i sette supremi consiglieri del Papa furono impiegati allo stesso tempo come giudici imperiali (Judices Palatini); accanto alla Camera apostolica esisteva un Fiscus imperiale; il prefetto della città, che aveva soprattutto sotto di sé la giurisdizione penale ma era coinvolto anche nella giustizia civile, operava come funzionario imperiale, era istituito dall'imperatore o almeno investito da lui di questa funzione. Anche gli imperatori [10] dovettero combattere contro la ribelle nobiltà cittadina, al cui vertice, dalla morte di Ottone I, si fece avanti la potente famiglia dei Crescenzi. Un Crescenzi si impadronì dopo la morte di Ottone II[6] della potestà di Patricius e tentò di ristabilire in un'aperta ribellione l'indipendente repubblica nobiliare. Il tentativo fallì; ma la dignità di Patricius fu rinnovata da Ottone III[7] e si trovò per decenni nelle mani dei più potenti capi della nobiltà provenienti dalla stessa famiglia dei Crescenzi oppure dai conti Tuscolo discendenti da Alberich, finchè Enrico III[8] imperatore riportò il patriziato sotto il suo controllo e lo legò all'impero.

5. Ottone I di Sassonia (912-973), dal 962 imperatore del Sacro Romano Impero. Come ricorda Hintze, il suo ruolo sul papato fu rilevante. Cfr. Althoff, *Die Ottonen: Königsherrschaft ohne Staat*; Becher, *Otto der Grosse*.
6. Ottone II (955-983), figlio di Ottone I, fu re (961-983) e imperatore dal 973 alla morte. Dopo aver sconfitto il duca di Baviera nel 976, quattro anni dopo scese in Italia: a Roma riuscì a reprimere i disordini provocati dalla potente famiglia romana dei Crescenzi, un successo di breve durata.
7. Ottone III (980-1002), re dal 983 e imperatore dal 996. Con la sua discesa in Italia, Ottone riuscì ad imporre quale Papa il cugino Bruno con il nome di Gregorio V. Nel 999 il pontefice fu però cacciato dai Crescenzi, che continuavano a conservare un forte potere a Roma. Hintze ricorda come in questi anni si contendessero con i Tuscolo la carica di *Patricius*. Una seconda volta Ottone riuscì ad imporre il suo volere sui romani facendo eleggere papa Gerberto d'Aurillac con il nome di Silvestro II. Su Ottone III si veda: Althoff, *Otto III.*
8. Enrico III di Franconia (1017-1056), fu re dal 1028 e imperatore del Sacro Romano Impero dal 1046. La sua discesa in Italia risale al 1046: dopo aver deposto i tre papi che, appartenenti alle casate gentilizie romane, erano in lotta tra loro (Benedetto IX, Silvestro III e Gregorio VI), impose al soglio pontificio il vescovo di Bamberga, che divenne papa con il nome di Clemente II. Da questi Enrico fu incoronato imperatore. Il suo ruolo nella nomina dei papi continuò ad essere decisivo: per altre tre volte l'imperatore si intromise nell'elezione papale facendo cadere la scelta su vescovi tedeschi (Damaso II, Leone IX, Vittore II). L'elezione pontificia fu così sottratta alle famiglie patrizie romane, come accennato da Hintze.

Die päpstliche Autorität erreichte ihren Tiefstand im weltlichen wie im geistlichen Regiment unter Benedict IX., dem lasterhaften Knaben aus dem Haus der Tusculaner, der 1033 den heiligen Stuhl bestiegen hat. Aber die Regeneration durch den Geist der cluniacensischen Reform, die eben in [11] der Gegenwirkung gegen diesen tiefen Verfall seit 1046 sich durchsetzte, hat auch die Herrschaftsstellung des Papstes in Rom wieder gestärkt; das Wahldecret Nicolaus II. von 1059 setzte das Collegium der Cardinäle als das ausschliesslich zur Papstwahl berechtigte Organ ebenso der kaiserlichen Gewalt wie dem römischen Stadtadel der Consules et senatores entgegen; und die von Hildebrand eingeleitete Verbindung der päpstlichen Curie mit den Normannenfürsten in Unteritalien legte den Grund zu einer stärkeren politischen Stellung des Papsttums. Aber der grosse Kampf zwischen Papsttum und Kaisertum, der unter Gregor VII. ausbrach und dessen Kern die Frage war, ob der geistlichen oder der weltlichen Gewalt im christlichen Abendlande die Herrschaft gebühre, ist der localen Machtstellung der Päpste nicht günstig gewesen. Der Kirchenstaat hat sich im Laufe des 11. Jahrhunderts in eine grosse Zahl von kleinen Baronien und Communen aufgelöst, die sich der Botmässigkeit der römischen Curie [12] mehr und mehr entzogen; und wenn auch Gregor VII. durch die Anbahnung der mathildischen Erbschaft den Kirchenstaat gleichsam von neuem auf breiterer Basis begründet hat, so bestand der Gewinn zunächst doch nur in der Ausdehnung, nicht aber in der inneren Festigung des päpstlichen Herrschaftsbereichs. In Rom selbst aber war, wenn auch unter päpstlicher Oberhoheit, ein ziemlich tumultuarisches Adelsregiment wieder in Schwang gekommen und im 12. Jahrhundert erwuchs den Päpsten hier wie in anderen Städten ihres Gebiets, eine neue Opposition in der communalen Bewegung, die damals ganz Ober- und Mittelitalien ergriffen hatte.

Einen starken und wohlhabenden Bürgerstand gab es in Rom eigentlich nicht; zwischen dem Adel und den unteren Volksklassen fehlte ein starker Mittelstand. Reichgewordene Bürgerfamilien stiegen wohl in die Reihen des Adels

L'autorità papale raggiunse il suo più basso livello, nel governo secolare come in quello ecclesiastico, sotto Benedetto IX, il dissoluto rampollo della casa dei Tuscolani che nel 1033 era salito sulla sedia santa. Ma la rigenerazione attraverso lo spirito della Riforma cluniacense che si affermò nel 1046 proprio [11] in reazione contro questo profondo decadimento, rafforzò nuovamente la posizione di dominio del Papa a Roma; il decreto elettorale di Niccolò II[9] del 1059 istituì il Collegium dei cardinali quale unico organo deputato all'elezione del Papa in contrapposizione tanto al potere imperiale quanto alla nobiltà cittadina romana dei consules e dei senatores; e il legame, promosso da Hildebrand,[10] della curia romana con i principi normanni nel Sud Italia gettò le basi di una più forte posizione politica del Papato. Ma la strenua lotta tra Papato e Impero che scoppiò sotto Gregorio VII[11] e il cui centro era costituito dalla questione se il dominio dell'Occidente cristiano spettasse al potere ecclesiastico o a quello secolare, non fu favorevole alla posizione di forza territoriale del Papa. Lo Stato della Chiesa nel corso dell'XI secolo si disgregò in un grande numero di piccole Baronie e Comuni che si sottrassero gradualmente al dominio della curia romana; [12] e se anche Gregorio VII attraverso l'avvio dell'eredità matildina fondò di nuovo, per così dire, su basi più ampie lo Stato della Chiesa, il vantaggio consisteva all'inizio solo nell'espansione, non tuttavia nel consolidamento interno del dominio papale. Nella stessa Roma però, per quanto fosse sotto la sovranità papale, tornò di moda un certo regime nobiliare tumultuoso e nel XII secolo, qui come in altre città del loro territorio, derivò ai Papi una nuova opposizione nel movimento comunale, che aveva già scosso pienamente l'Italia del Nord e del Centro.

In realtà non esisteva in Roma un forte e prospero ceto cittadino; tra la nobiltà e le classi popolari inferiori mancava una solida classe media. Famiglie cittadine che si erano arricchite passarono nelle fila della nobiltà stessa,

9. Niccolò II (980 ca-1061) è stato vescovo di Firenze, e successe a Stefano IX. per il suo pontificato si veda la voce curata da Ambrosioni, Lucioni, *Niccolò II*.

10. Ildebrando (futuro papa Gregorio VII), suddiacono della chiesa romana. Hintze si riferisce alla sua missione a Capua per conto del papa Niccolo II per sollecitare l'aiuto militare dei Normanni contro il rivale Benedetto X. La missione ebbe esito positivo: il signore normanno Riccardo di Aversa, giurata fedeltà alla chiesa romana, inviò a Roma 300 cavalieri per sostenere i diritti del pontefice. Nel sinodo di Melfi, tenuto da Niccolò II il 23 agosto 1059, i normanni Riccardo di Aversa e Roberto il Guiscardo, giurarono fedeltà alla Chiesa e aiuti militari. In cambio ottennero il riconoscimento dei loro domini mediante un'investitura feudale che prevedeva l'obbligo di corrispondere alla Santa Sede un censo annuo. Si veda la voce curata da Capitani, *Gregorio VII*.

11. Gregorio VII (1020-1085), Ildebrando di Soana. Monaco cluniacense, collaborò con molti pontefici impegnandosi nell'opera di riforma del papato. È interessante notare che Hintze prende in esame soprattutto gli effetti politici del pontificato di Gregorio VII sulla solidità dello Stato della Chiesa.

selbst auf, wie es sogar der jüdischen Familie der Pierleoni gelang. Der römische Adel [13] hatte sich nie so streng wie der venetianische abgeschlossen; er konnte sich aus den unteren Schichten ergänzen und hatte auch die Kaufmannschaft in seine Hand gebracht. Er bastand teils aus einheimischen, römischen, teils aus eingewanderten, germanischen Elementen und hatte seinen Sitz nicht nur in der Stadt selbst, wo auch die Geschlechter, die draussen in der Campagna ihre Güter hatten, in festen Türmen quartierweise zusammenwohnten, sondern auch in den entfernten Castellen der Landschaft, die früher als päpstliche Lehen an kriegerische Schlosshauptleute vergeben waren. Dieser schlossgesessene Adel, die Capitanei, bildeten eigentlich die oberste Schicht des Adels, aber seit dem 12. Jahrhundert trat der Stadtadel stärker hervor. Die Gesamtheit des höheren Adels bildete den Senat, die Häupter wurden als Consules bezeichnet. Ein niederer Ritteradel, die milites, in ähnlicher Stellung wie die valvassores der Lombardei, bildete der Übergang zu dem populus [14] der Handwerkszünfte und sonstigen kleinen Leute, deren Bedeutung nicht in ihrer wirtschaftlichen Kraft, sondern in ihrer militärischen Organisation lag.

Von diesen popularen Elementen ging nun die Revolution aus, die im Jahre 1143 den Papst Lucius II. aus der Stadt vertrieb und das Adelsregiment stürzte. Papsttum und Adel standen trotz aller Spannungen in engem Zusammenhange mit einander: die Päpste wurden in der Regel aus dem römischen Adel genommen; sie brachten wiederum ihre Nepoten ins Cardinalcollegium oder sonst in hervorragende Stellen, die Macht und Reichtum gewährten. Darum stand jetzt auch der höhere Adel fast durchweg auf der Seite des Papsttums, während der niedere Ritteradel und später auch der niedere Clerus sich der Volkspartei anschlossen. Das Ziel der Revolution war die Begründung einer Commune unter bürgerlichem Regiment; man hoffte dafür Rückhalt beim Kaiser zu finden. Ein Pierleone – einer der wenigen Adligen, die zur Volkspartei [15] übergingen, wurde zunächst als Patricius an die Spitze des bürgerlichen Gemeinwesens gestellt; es war die Absicht, dass die Hoheitsrechte des Papstes

come riuscì perfino alla famiglia ebrea dei Pierleoni.[12] La nobiltà romana [13] non si isolò mai in modo così rigoroso come quella veneziana; essa poté integrarsi con gli strati più bassi e prese nelle sue mani il commercio. Era composta in parte di elementi indigeni, romani, in parte di elementi immigrati, germanici e aveva la sua residenza non solo nella città stessa, dove anche le famiglie che avevano i loro beni fuori, nella campagna, abitavano insieme in solide torri trasformate in residenze patrizie, ma anche nei lontani castelli della regione circostante, in passato assegnati ai comandanti militari come feudi papali. Questa nobiltà residente nei castelli, i Capitanei, formava in effetti lo strato supremo dell'aristocrazia ma dal XII secolo si fece avanti con energia la nobiltà cittadina. Il complesso dell'alta nobiltà componeva il Senato, i capi furono denominati Consules. Una inferiore nobiltà di cavalieri, i Milites, in posizione simile ai Valvassores della Lombardia, costituiva il passaggio verso il Populus [14] delle corporazioni degli artigiani e delle piccole ulteriori formazioni sociali, la cui importanza non risiedeva nella loro forza economica, bensì nella loro organizzazione militare.

Da questi elementi popolari partì la rivoluzione che nell'anno 1143 cacciò dalla città il papa Lucio II[13] e rovesciò il regime nobiliare. Papato e nobiltà, nonostante tutte le tensioni, si trovavano in stretta relazione l'uno con l'altra: i Papi erano scelti di regola dalla nobiltà romana; essi portavano a loro volta i loro nipoti nel collegio dei cardinali oppure altrimenti in posizioni eminenti che accordavano potere e ricchezza. Per questo ora anche la più alta nobiltà si trovava solitamente dalla parte del Papa, mentre la bassa nobiltà dei cavalieri e più tardi anche il clero minore si unirono al partito del popolo. Lo scopo della rivoluzione consisteva nella fondazione di un Comune retto su un reggimento cittadino; si sperava per questo di trovare un appoggio presso l'imperatore. Un Pierleone[14] – uno dei pochi nobili che erano passati al partito popolare – [15] fu scelto all'inizio come Patricius al vertice della comunità urbana; lo scopo era che i diritti di sovranità del Papa si dovessero trasmettere a lui;

12. I Pierleoni erano una famiglia romana di origini ebraiche, convertita al cristianesimo. Le prime testimonianze risalgono all'XI secolo. Su questa famiglia si veda la voce curata da Vendittelli, *Pierleoni*.
13. Lucio II (morto nel 1145), asceso al soglio pontificio nel 1144, dopo la morte di Celestino II, dovette far fronte alle rivolte dei cittadini romani che lottavano per l'autonomia comunale. Per questo chiese l'aiuto dei Normanni guidati dal re Ruggero II ma non riuscì ad imporre la sua volontà. Il papa morì a Roma, non già in esilio come afferma Hintze più avanti nel testo. Per maggiori informazioni su questo papa, si veda la voce curata da Milani, *Lucio II*.
14. Hintze si riferisce qui a Giordano Pierleoni (i dati di nascita e morte non sono stati individuati), che sostenne la ribellione antipapale del 1143 e il rinnovamento del *Senatus*. Giordano fu l'esponente della famiglia Pierleoni che si schierò dalla parte dei cittadini contro la nobiltà e il papa, entrambi sostenuti dagli altri esponenti del suo casato. Al 1149 risale l'acquisizione del titolo di *vexillifer e auditor*. Su di lui cfr. Vendittelli, *Pierleoni*, pp. 325-326.

auf ihn übertragen werden sollten; auch die Stadtpräfectur wurde später abgeschafft. Aber diese Ordnung war nicht von Dauer. Der Nachfolger des im Exil gestorbenen Lucius II., Eugen III., schloss schon 1145 ein Compromiss mit der Bürgergemeinde, in dem er die Commune unter Vorbehalt seiner Oberhoheit anerkannte; der Patricius verschwand nun wieder und der Stadtpräfect wurde wiederhergestellt. Die Hauptsache bei der neuen Einrichtung aber, der 1143 neubegründete bürgerliche Senat aus 56 Mitgliedern, blieb bestehen; er wurde jährlich neu gewählt, und zwar wie es scheint je 4 Mitglieder aus jeder der 14 Stadtregionen – eine Bezirkseinteilung, die aus dem Altertum überliefert war und auch als Rahmen der Milizorganisation diente, jetzt aber zu erhöhter Bedeutung für das gesamte städtische Verfassungsleben gelangte. Ein Ausschuss dieses Senats, die consiliatores, hatten die [16] executive Gewalt. Es war also ein grosser und ein kleiner Rat, wie anderswo vorhanden; ausserdem wurde bei besonderen Anlässen ein "Volksparlament" berufen, in dem die gesamte Bürgerschaft, der populus romanus, seinen Willen kundgab. Ausser den consiliatores gab es noch eine Gerichtsbehörde, die curia senatus, die unter Beiziehung der judices palatini und der ergänzend hinzutretenden judices dativi Recht in Civilsachen sprach, während der Blutbann beim Stadtpräfecten blieb.

Rom war nun also eine demokratische Republik unter Oberhoheit des Papstes geworden; aber dieses Compromiss befriedigte die Volkspartei auf die Dauer nicht. Hier setzt nun die demagogische Wirksamkeit Arnolds von Brescia ein, der in Anknüpfung an die Bestrebungen der lombardischen Pataria von Papst und Geistlichkeit den Verzicht auf das weltliche Regiment und die Rückkehr zur apostolischen Einfachheit des Lebens forderte. Dazu kamen unklare und verhängnisvolle [17] Reminiscenzen und Imitationen des Altertums anknüpfend namentlich an die damals ausgegrabene Tafel mit der lex regia Vespasianus und gipfelnd in der demokratisch-cäsaristischen Idee,

anche la prefettura della città venne più tardi soppressa. Ma questo ordinamento non resse a lungo. Il successore di Lucio II, che era morto in esilio, Eugenio III,[15] stipulò nel 1145 un compromesso con la comunità cittadina nel quale riconosceva il Comune fatta salva la sua sovranità; il Patricius scomparve di nuovo e il prefetto della città fu nuovamente ristabilito. Tuttavia l'elemento centrale del nuovo impianto, il Senato, rifondato nel 1143 e formato da 56 membri, continuò ad esistere; esso era rinnovato per via elettiva ogni anno e precisamente – come sembra – quattro senatori eletti da ciascuna delle quattordici regioni cittadine; un'articolazione per circoli territoriali che, trasmessa dall'antichità ed operante anche come quadro dell'organizzazione per milizie, ora tuttavia giunse ad un'accresciuta importanza per la vita costituzionale cittadina. Una commissione di questo Senato, i Consiliatores, deteneva [16] il potere esecutivo. C'erano dunque un maggiore e un minor consiglio, come esistevano in altri luoghi; inoltre, in particolari occasioni, era convocato un "parlamento del popolo" nel quale l'intera cittadinanza, il Populus Romanus, manifestava la sua volontà. Oltre ai Consiliatores esisteva anche un ufficio giudiziario, la Curia Senatus, che sotto nomina dei Judices Palatini e dei Judices Dativi che comparivano al completo, pronunciava il diritto nelle cause civili, mentre il diritto di vita e di morte restava nei prefetti della città.

Roma era quindi divenuta una repubblica democratica sotto la sovranità del Papa; ma questo compromesso non soddisfò a lungo il partito popolare. Qui ebbe ora inizio l'attività demagogica di Arnaldo da Brescia, il quale in stretto legame con i tentativi della Pataria lombarda, richiese al Papa e al Clero la rinuncia al governo secolare e il ritorno alla semplicità della vita apostolica.[16] Oltre a ciò giunsero ambigue e fatali [17] reminiscenze e imitazioni dell'antichità che si riallacciavano in particolar modo con la tavola scoperta a quei tempi della Lex Regia Vespasianus[17] e che culminavano nell'idea democratico-

15. Eugenio III (papa dal 1145, morto nel 1153) era stato abate del monastero cistercense dei SS. Anastasio e Vincenzo *ad Aquas salvias in Trium Fontium* a Roma. Il suo nome riportato nei documenti era Bernardo. Asceso al soglio pontificio, dovette far fronte all'ostilità del Comune di Roma che vedeva nel pontefice una figura ostile all'indipendenza del Comune. Si veda Zimmermann, *Eugenio III.*
16. Arnaldo da Brescia, riformatore religioso e politico morto nel 1155. Si fece portavoce di un movimento popolare fortemente critico nei confronti del governo temporale della Chiesa. Il suo radicalismo fu aspramente contestato da san Bernardo. Nella sua predicazione affermò l'obbligo del clero all'abbandono delle ricchezze e ad una vita in povertà secondo i dettami del Vangelo. Appoggiò il libero Comune che si era formato a Roma nel 1145. Arnaldo fu però catturato dall'imperatore Federico I Barbarossa e, consegnato al papa Adriano IV, giustiziato. Si veda Frugoni, *Arnaldo da Brescia.*
17. La scoperta della *Lex Regia Vespasiani*, che Hintze fa risalire alla metà del XII secolo durante il regno dell'imperatore Federico I Barbarossa, sarebbe avvenuta – secondo la tradizione – durante il governo di Cola di Rienzo, verso la metà del XIV secolo. Cfr. Lee, *Popular Sovereignty in Early Modern Constitutional Thought.*

dass der Kaiser, vom römischen Volke (Senat) gewählt und eingesetzt, von der ewigen Stadt aus den Erdkreis regieren sollte. Friedrich I. war weit entfernt auf solche Pläne einzugehen; er opferte Arnold von Brescia; aber er geriet dann mit der Curie in einen Streit um die Herrschaft über Rom, in dem er anfänglich Sieger blieb. Die römische Commune blieb bestehen; sie trat unter die Oberhoheit des Reiches wie bisher des Papstes; der Senat wurde vom Kaiser anerkannt und investirt; der Stadtpräfect aber wurde als kaiserliche Beamter wiederhergestellt (1167). Nach dem Umschlag, der dann folgte, und der schliesslichen Aussöhnung mit dem Papst (1177) wird Friedrich I. diese Stellung in Rom schwerlich aufrechterhalten haben; aber sie wurde unter Heinrich VI. wiederhergestellt; der Stadtpräfect war unter ihm noch ein [18] kaiserlischer Beamter; erst Innocenz III. hat ihn wieder zu einem päpstlichen gemacht (1198).

Die römische Commune hat sich unter dem Eindruck des Ausganges der lombardischen Kämpfe auf die Dauer befestigt; aber damit verlor sie auch den ursprünglichen demokratischen Charakter. Der Adel trat jetzt in die vom Volke geschaffene und aufrechterhaltene Bürgergemeinde ein, und der Senat, dessen Mitgliederzahl sich jetzt erweiterte, wurde bald eine vorwiegend aristokratische Körperschaft. Eine demokratische Erhebung, die 1190 im Anschluss an die Krönung Heinrichs VI. stattfand, hat den Adel zwar wieder zurückgedrängt und das Volksregiment hergestellt; aber 1197 erfolgte eine Restauration der aristokratischen Verfassung. Bei jener Erhebung von 1190 sehen wir nun zum erstenmal an der Spitze des römischen Gemeinwesens einen obersten Beamten, der dem anderswo begegnenden Podestà entspricht, hier aber den Titel Senator (summus senator) führt. Es war damals [19] ein Mann aus dem Volke, Benedictus Carushomo; aber das Amt blieb auch nach der aristokratischen Restauration von 1197 bestehen und seine Besetzung wurde in der Folge der wichtigste Streitgegenstand zwischen dem Papst und der Bürgergemeinde. 1198 wurde der Senator durch einen Wahlherrn (medianus) von Innocenz III. ernannt und leistete ihm den Lehnseid. Nach einer abermaligen demokratischen Erhebung, die auch diesen mächtigen Papst vorübergehend aus der Stadt vertrieb, hat Innocenz es erreicht (1205), dass der Senator für einige Zeit ein päpstlicher Podestà wurde. Der Stadtpräfect trat in der eigentlichen Regierung der Stadt vor diesem neuen Beamten allmählich ganz zurück;

cesarista che l'imperatore, eletto e insediato per volontà del popolo romano, dovesse regnare dalla Città Eterna sull'orbe terracqueo. Federico I[18] fu lontano dall'accettare un simile piano; egli sacrificò Arnaldo da Brescia; ma si scontrò poi con la curia per il dominio su Roma in una lotta in cui inizialmente risultò vincitore. Il Comune di Roma continuò ad esistere; esso entrò sotto la sovranità dell'impero come fino a quel momento lo era stato del Papa; il Senato fu riconosciuto e insediato dall'imperatore; il prefetto della città tuttavia venne ristabilito nella veste di funzionario imperiale (1167). In seguito al cambiamento, che poi seguì, e alla finale riconciliazione con il Papa (1177) Federico I avrà difficilmente conservato questa carica in Roma; tuttavia essa fu ristabilita sotto Enrico VI;[19] il prefetto della città fu ancora sotto di lui un [18] funzionario imperiale; solo Innocenzo III[20] lo rese nuovamente un funzionario papale (1198).

Il Comune di Roma si rafforzò a lungo sull'impressione del risultato delle guerre lombarde, ma per questo esso perse anche l'originario carattere democratico. La nobiltà entrò ora nella comunità cittadina creata e conservata dal popolo e il Senato, il cui numero di componenti si accrebbe in questa circostanza, divenne presto una corporazione prevalentemente aristocratica. Una insurrezione democratica, che ebbe luogo nel 1190 in seguito all'incoronazione di Enrico VI, respinse di nuovo la nobiltà e ristabilì il regime popolare; tuttavia nel 1197 seguì una restaurazione della costituzione aristocratica. In quella sollevazione del 1190 noi vediamo ora per la prima volta ai vertici della comunità romana un funzionario supremo, che corrispondeva al Podestà in cui ci si imbatteva in altri luoghi, ma che qui portava il titolo di Senator (Summus Senator). Esso fu a quel tempo [19] un uomo del popolo, Benedictus Carushomo;[21] ma l'ufficio continuò ad esistere anche dopo la restaurazione aristocratica del 1197 e la sua occupazione divenne in seguito il più importante oggetto del contendere tra il Papa e la comunità cittadina. Nel 1198 il Senator fu nominato da Innocenzo III attraverso un elettore (Medianus) e gli fece il giuramento di vassallaggio. In seguito a una nuova insurrezione democratica, che cacciò temporaneamente dalla città anche questo potente Papa, Innocenzo riuscì nel 1205 a fare in modo che il Senator divenisse per qualche tempo un Podestà papale. Nel vero e proprio governo della città il prefetto dell'urbe retrocesse a poco a poco davanti a questo nuovo funzionario; il baricentro di quell'antico ufficio si spostò

18. Federico I Hohenstaufen (1123 ca-1190), imperatore.
19. Enrico VI Hohenstaufen (1165-1197), imperatore.
20. Innocenzo III (1160-1216) papa dal 1198. Si veda Maleczek, *Innocenzo III.*
21. Scarse le informazioni su questa persona. Un accenno è presente nell'opera di Vitale, *Storia diplomatica de' Senatori di Roma*, vol. 1, p. 75, dove si afferma erroneamente che il collegio senatorio romano di 54 membri sarebbe stato istituito nel 1194 e che, prima di quella data, tutto il potere fosse concentrato in un solo senatore, Benedictus Carushomo, che avrebbe governato sui romani.

der Schwerpunkt jenes älteren Amtes fiel mehr und mehr in die tuscischen Lehngüter, mit denen es ausgestattet war; im Laufe des 13. Jahrhunderts ist es der germanischen Familie de Vico erblich geworden; diese Präfecten begegnen uns später als kleine Dynasten [20] im römischen Tuscien; für die Stadtregierung waren sie ohne erhebliche Bedeutung.

Die Autonomie der Stadtgemeinde blieb aber auch unter Innocenz III. erhalten, und von dem Ansehen, das der römische Adel damals im übrigen Italien genoss, zeugt die Thatsache, dass gerade Römer in grosser Anzahl von anderen Städten als Podestaten begehrt wurden. Die Unterordnung des Senatoramtes unter dem Papst war nicht von Dauer; es behauptete sich seinem ursprünglichen Charakter gemäss als communales Amt in häufigem Conflict mit dem Papst. In dem Aufstand von 1234, wo der Senator Lucas Savelli den Papst Honorius III.[c] aus Rom vertrieb, handelte es sich sogar darum, den ganzen Ducat von Rom der Herrschaft der Bürgergemeinde zu unterwerfen. Wäre das gelungen, so hätte auch die römische Commune sich zu einem Stadtstaat ausgeweitet wie Mailand oder Florenz; aber die Niederlage von Viterbo 1234 hat diesen [21] Versuch vereitelt; 1235 erkannte die Stadt die päpstliche Oberhoheit wieder an. Aber ihre communale Autonomie behauptete sich in vollem Umfange; selbst das Münzrecht ist in dieser Zeit vom Papst auf die Gemeinde übergegangen.[d]

Dieser immer wieder hervorbrechende Gegensatz zwischen Papst und Stadtgemeinde verflicht sich mit dem Gegensatz zwischen Adels- und Volksregiment und überdies mit dem Gegensatz der adligen Faktionen selbst. Die Parteinamen der Guelfen und Ghibellinen kommen auch hier auf und fassen Wurzeln; nur dass das populare Element hier in der Regel mit der ghibellinischen Partei verbundet ist, während die guelfische die dem Papst anhängenden Adelsfamilien umfasst. In solchem Parteizwist greift die Stadtgemeinde auch hier zu dem anderswo bewährten Mittel, den Stadtregenten aus einer fremden Gemeinde zu nehmen; zum ersten Mal geschah das in Rom, als Brancaleone,

c. Hintze qui scrisse erroneamente «Honorius III». Si tratta invece di Gregorio IX.

d. Sono cancellate con un tratto di penna le seguenti righe di testo: «Dieser autonome Charakter der römischen Stadtgemeinde kam besonders stark zum Ausdruck unter dem Senator Brancaleone» (Questo carattere autonomo della comunità cittadina romana si manifestò particolarmente forte sotto il senatore Brancaleone).

sempre più nei feudi della Tuscia di cui esso era dotato; nel corso del XIII secolo la carica divenne ereditaria nella famiglia germanica dei Vico;[22] più tardi noi incontriamo questi prefetti come piccoli dinasti [20] nella Tuscia romana; non furono di rilevante importanza per il governo della città.

L'autonomia della comunità cittadina si conservò tuttavia anche sotto Innocenzo III ed è indicativo della stima di cui godeva allora la nobiltà romana nel resto d'Italia il dato di fatto che proprio romani erano richiesti in gran numero dalle altre città come podestà. La subordinazione della carica di senatore al Papa non durò a lungo; essa rimase, conformemente al suo carattere originario, un ufficio comunale in frequente conflitto con il pontefice. Nell'insurrezione del 1234, nella quale il senatore Luca Savelli[23] cacciò da Roma papa Gregorio IX,[24] si trattò perfino di sottomettere l'intero ducato di Roma alla signoria della comunità cittadina. Se questo fosse riuscito, il Comune romano si sarebbe ampliato fino a divenire uno Stato cittadino come Milano o Firenze; ma la sconfitta di Viterbo del 1234 vanificò questo tentativo; [21] nel 1235 la città riconobbe nuovamente l'autorità papale. Ma la sua autonomia comunale si conservò nella sua piena estensione; lo stesso diritto di battere moneta passò in questo periodo dal Papa al Comune.

Questo continuo contrasto tra Papa e comunità cittadina si intrecciò con lo scontro tra regime nobiliare e regime popolare e inoltre con quello delle stesse fazioni nobiliari. I nomi dei Guelfi e dei Ghibellini affiorarono anche qui e misero radici; solo che in questo luogo l'elemento popolare fu normalmente legato al partito ghibellino, mentre quello guelfo comprendeva le famiglie nobili attaccate al Papa. In simile discordia di partiti la comunità cittadina ricorse anche qui all'espediente provato altrove con successo di prendere i reggenti della città da un comune straniero; per la prima volta questo avvenne a Roma quando Brancaleone,[25] il ghibellino proveniente da Bologna, fu chia-

22. Interessante l'analisi di Hintze sull'ereditarietà della carica di Prefetto dell'Urbe nella famiglia germanica dei Vico. Secondo Casula, *Eleonora d'Arborea. Vita di una regina*, p. 143, i Vico, potenti signori di Viterbo, sarebbero di origine longobarda e avrebbero ricevuto l'ereditarietà del titolo di Prefetti di Roma da Federico I Barbarossa. I possedimenti dei Vico si estendevano a sud della Toscana: «dal castello sul lago di Vico fino a Civitavecchia, Vetralla, Caprarola, Sutri e il lago di Bracciano».
23. Luca Savelli (ante 1233-1266). Con la sua nomina a *senator*, avvenuta tra il 1234 e il 1235, il Comune di Roma acquisì un ruolo decisivo di indipendenza dal dominio papale. L'insurrezione romana del 1234, guidata da Savelli, fu, come scrive lo storico Vendittelli, «la più grave insurrezione antipapale messa in atto dai cittadini romani (o più esattamente da una consistente parte di essi) in tutta la storia medievale». Si veda la voce curata da Vendittelli, *Savelli, Luca*.
24. Gregorio IX (1170?-1241). Si veda la voce curata da Capitani, *Gregorio IX*.
25. Andalò Brancaleone (1222?-1258) fu chiamato a ricoprire la carica di *Senator* dal 1252 su richiesta di alcuni ambasciatori del Comune di Roma, i quali volevano che la città avesse

der Ghibelline aus Bologna, 1252 zum Senator berufen wurde. Seine Amtszeit ist in gewissen Sinne der Höhepunkt [22] der communalen Entwicklung in Rom. Seine Stellung glich der eines Podestà in anderen italienischen Städten; nur hatte er sich eine dictatorische Gewalt auf 3 Jahre übertragen lassen. Er regierte im Sinne der bürgerlichen Klassen, dämpfte den Übermut und die gesetzliche Gewaltthätigkeit des feudalen Stadtadels und hielt die Macht der Gemeinde auch gegenüber Papst und Geistlichkeit aufrecht; seit 1254 führte er zugleich den bezeichnenden Titel Capitaneus populi romani; unter seiner Regierung erschienen die ersten Spuren von einer autonomen Ausbildung und einem politischen Einfluss der Zunftverbände. Er hatte seine persönlichen Offizialen neben den städtischen und seine Leibwache wie andere Podestàs. Er war der Träger der obersten Gewalt in Krieg und Frieden, Vertreter der Stadt nach aussen, oberster Richter und Feldherr. Er übte auch die Hoheitsrechte über die abhängigen Gemeinden, prägte Münzen mit seinem Bilde; sein Aufzug und seine Stellung war der des Dogen in Venedig ähnlich. Seine Regierungs[23]handlungen waren an die Zustimmung der Volksversammlung gebunden, das Parlamentum plenum et publicum, das sich vor dem Senatshause auf dem Capitol, dem Brennpunkt des communalen Lebens, versammelte; hier wurde über Gesetze und Bündnisse, über Krieg und Frieden, über das Verhältnis zu Papst und Kaiser entschieden; aber nur in summarischer, formeller Weise, ohne Erörterung und Debatte, und sicherlich nicht ohne die Einwirkungen und Anstalten, durch die anderswo der Volkswille im Sinne der herrschenden Partei und ihrer Machthaber beeinflusst und geleitet wurde. Zu wirklichen Beratungen und Debatten diente das Consilium generale et speciale, das an die Stelle des Senats getreten war und das in der Basilika der Franziskanerkirche von Aracoeli zu tagen pflegte. Dies war die Vertretung der Bürgerschaft nach den 13 Regionen der Stadt (die vierzehnte, Trastevere, scheint nicht mit in den Verband der Stadtgemeinde aufgenommen worden zu sein). Im Unterschied zu Florenz scheint es in diesen Versammlungen ziemlich [24] tumultuarisch zugegangen zu sein, die Redefreiheit war nicht so eingeschränkt wie dort. Geheim waren die Verhandlungen des Consilium speciale, des kleinen Rats, der einen Ausschuss des grossen bildete und daher teils mit ihm zusammen, teils ohne ihn tagte; er war das, was anderswo in Italien als Credenza bezeichnet wird. Das sind die äussersten Umrisse der damaligen römischen Verfassung; näheres ist bei dem Verlust der Akten und dem Schweigen der Chronisten nicht bekannt.

mato alla carica di Senator nel 1252. Il periodo del suo mandato costituisce in un certo senso il punto culminante [22] dello sviluppo comunale in Roma. La sua funzione somigliò a quella di un podestà in altre città italiane; solo che lui si era fatto conferire un potere dittatoriale per 3 anni. Questi governò per la classe cittadina, moderò la baldanza e gli atti di violenza legale della nobiltà cittadina feudale e sostenne la forza del Comune anche contro il Papa e il clero; dal 1254 egli assunse allo stesso tempo il titolo significativo di Capitaneus populi romani; sotto il suo governo apparvero le prime tracce di una formazione autonoma e di un influsso politico delle unioni corporative. Aveva i suoi giudici personali accanto a quelli comunali, nonché la guardia del corpo come gli altri podestà. Era il detentore del potere supremo in pace e in guerra, il rappresentante della città verso l'esterno, il giudice supremo e il condottiero in guerra. Esercitava anche i supremi diritti sovrani sui Comuni dipendenti, coniava monete con la sua immagine; il suo modo di apparire e la sua positura erano simili a quelli del doge a Venezia. I suoi provvedimenti di governo [23] erano legati all'approvazione dell'assemblea del popolo, il Parlamentum plenum et publicum, che si riuniva davanti all'edificio del Senato, sul Campidoglio, il centro della vita comunale; qui si deliberava sulle leggi e sulle alleanze, sulla guerra e sulla pace, sul rapporto con il Papa e l'Imperatore; ma solo in modo sommario, formale, senza discussione e dibattito, e sicuramente non senza le azioni e gli istituti mediante i quali in altri luoghi la volontà popolare veniva influenzata e diretta nel senso del partito dominante e dei suoi detentori del potere. Per le reali discussioni e dibattiti operava il Consilium generale et speciale, che era comparso al posto del Senato ed era solito riunirsi nella basilica della chiesa dei francescani di Aracoeli. Questa fu la rappresentanza urbana nelle 13 regioni della città (la quattordicesima, Trastevere, non sembra essere stata ammessa nell'associazione del comune cittadino). Diversamente da Firenze, pare che queste assemblee fossero avvenute in modo abbastanza [24] tumultuoso, la libertà di parola non era così limitata come là. Segreti erano i dibattiti del Consilium speciale, il minor consiglio, che costituiva una commissione di quello maggiore e che perciò si riuniva in parte con esso in parte senza di esso; era quello che in altre parti d'Italia è chiamato Credenza. Queste sono le grandi linee della costituzione romana di quel tempo; ulteriori particolari non sono noti a causa della perdita degli atti e per il silenzio dei cronisti.

un reggimento simile a quello vigente nei Comuni dell'Italia del Centro-Nord. Il ruolo di Brancaleone – ricostruito efficacemente da Hintze – fu importante perché consentì al Comune di Roma di disporre di un'autonomia dalla politica temporale del papa che non fu più eguagliata. Su Brancaleone si veda Cristiani, *Andalò, Brancaleone*.

Nach Brancaleones erster Amtszeit schwankt die Verfassung Roms noch heftiger und schneller als vorher zwischen Adels- und Volksregiment, zwischen Guelfen und Ghibellinenpartei. Öfter wurden statt eines zwei Senatoren gewählt, Vertreter beider Parteien. Neben einem aristokratischen Senator erscheint auch wohl ein Capitaneus populi an der Spitze der Volkspartei: die Stadtgemeinde ist gespalten wie in Florenz. Dreimal hat Karl von Anjou, gewissermassen als Signore der Stadt, die Senatorwürde bekleidet, wobei dann die von ihm bestellten Prosenatoren das eigentliche [25] Regiment führten, natürlich im Sinne des Papstes und der Guelfenpartei. Zwischendurch erkannte Papst Nicolaus III. durch die Constitution von 1278 das Wahlrecht der Römer für das Senatorenamt in aller Form an, mit der Bedingung, dass das Amt nur einjährig und fremde Fürsten davon ausgeschlossen sein sollten. Dies System Nicolaus' III. behauptete sich in der Anwendung, dass gewöhnlich zwei Senatoren gewählt und vom Papst investirt wurden. Der Adel erhielt wieder die Oberhand und als Führer der sich bekämpfenden Factionen traten sich die Orsini und die Colonna gegenüber, die ersteren ein päpstliches Nepotengeschlecht und Häupter der Guelfenpartei, die anderen von den Grafen von Tusculum abstammend und ghibellinisch gesinnt. Die bittere Feindschaft der Colonna gegen Papst Bonifaz VIII., ihre Verbindung mit Philip IV. von Frankreich ist bekannt. Durch dieses Parteiwesen in Rom wurde die Wendung gefördert, die zur Übersiedlung der Päpste nach Avignon führte. [26] Die Entfernung der Päpste von Rom hat auf die Verfassung der Stadt einen tiefgehenden Einfluss ausgeübt. Die enge Verbindung, die bisher zwischen dem Adel und der Curie bestanden hatte, löste sich auf; die Päpste in Avignon paktirten mit den Häuptern der Demokratie in Rom, weil diese, wenn nicht die stärkeren, doch die bequemeren schienen. Die bisherige Hauptstadt der christlichen Welt verödete, aber ihre municipale Selbstständigkeit behauptete sich gerade in diese Zeit mit Eilfertigkeit und zwar in demokratischer Form. Die Zunftherrschaft trat an die Stelle des aristokratischen Geschlechterregiments.

Dopo il primo periodo dell'ufficio di Brancaleone, la costituzione di Roma oscillò in modo ancor più violento e repentino di prima, tra reggimento nobiliare e reggimento popolare, tra partito dei Guelfi e partito dei Ghibellini. Più spesso venivano eletti due senatori anziché uno, rappresentanti di entrambe le fazioni. Al fianco di un Senator aristocratico comparve anche un Capitaneus populi al vertice del partito popolare: la comunità cittadina era spaccata come a Firenze. Carlo d'Angiò[26] rivestì per tre volte il titolo senatoriale, in certo qual modo come Signore della città, mentre poi i pro-senatori nominati da lui dirigevano il vero e proprio [25] governo, naturalmente secondo gli interessi del Papa e del partito guelfo. Nel frattempo Niccolò III[27] attraverso la costituzione del 1278 riconobbe nelle debite forme il diritto di elezione dei Romani per l'ufficio di Senatore, a condizione che la carica dovesse essere solo annuale e che da essa dovessero venire esclusi i principi stranieri. Questo sistema di Niccolò III venne applicato in modo che di solito due senatori fossero eletti ed insigniti dal Papa. La nobiltà ottenne ancora il predominio e, come comandanti delle fazioni in lotta, si affrontarono gli Orsini e i Colonna, i primi, una schiatta nepotista papale e capi del partito guelfo, gli altri discendenti dai conti di Tuscolo e disposti in senso ghibellino. La dura ostilità dei Colonna nei confronti di Papa Bonifacio VIII,[28] il loro legame con Filippo IV[29] di Francia è conosciuto. Con questo spirito di fazione fu favorita a Roma la svolta che condusse al trasferimento dei Papi ad Avignone. [26] L'allontanamento dei Papi da Roma esercitò un profondo influsso sulla costituzione cittadina. Lo stretto legame che c'era stato fino a quel momento tra la nobiltà e la Curia, si sciolse; i Papi in Avignone fecero patti con i capi della democrazia a Roma perché questi, se non i più forti, sembravano certo i più malleabili. Quella che era stata fino a quel momento la capitale del mondo cristiano si spopolò, ma la sua autonomia municipale si stava affermando proprio in questo periodo con sollecitudine e invero in forma democratica. La signoria per corporazioni comparve al posto del reggimento per stirpi aristocratiche.

26. Carlo d'Angiò (1226-1285), figlio di Luigi VIII di Francia, era titolare della contea di Anjou e del Maine.
27. Niccolò III (1212/1216-1280), Giovanni Gaetano Orsini. Hintze si riferisce qui alla bolla «Fundamenta militantis ecclesiae» (18 luglio 1278), ove si affermò il principio dell'elezione dei senatori da parte del popolo romano a condizione che fosse subordinata all'approvazione del pontefice. Si veda Allegrezza, *Niccolò III.*
28. Bonifacio VIII (1235 ca-1305), papa dal 1294. Si veda Dupré Theseider, *Bonifacio VIII.*
29. Filippo IV re di Francia (1268-1314). Si veda Tabacco, *Filippo il Bello: un mito multiforme*; Gatto, *La Francia di Filippo IV il Bello: 1284-1314*; Favier, *L'enigma di Filippo il Bello.* Sui suoi rapporti con papa Bonifacio VIII si veda Delle Piane, *La disputa di Filippo il Bello e Bonifacio VIII.*

Schon 1267 erscheinen die Vorsteher der Zünfte neben den Consuln der Kaufleute an den Verhandlungen der Ratsbehörden beteiligt. Näheres über ihre Entwicklung ist nicht bekannt. Im Jahre 1317 bestanden im ganzen 13 Innungen, von denen die angesehensten die der Kaufleute und der Ackerbauer waren (ars bobacteriorum)[e] – also eine innungsmässige Organisation aller Berufe. Jede dieser Zünfte hatte an der Spitze mehere (etwa 4) Consuln und Defensoren, einen Camerarius und eine grossere Anzahl (etwa 12) Con[27]siliatores. In diesen Zünften, die auch die Träger der Milizorganisation blieben, lag die Kraft der Volkspartei. Ihre Vertreter waren die seit 1305 erscheinenden Ältesten Anziani, 13 an der Zahl, Vertrauensmänner der 13 Regionen der Stadt, die neben den beiden Senatoren oder dem Capitaneus populi am Regiment beteiligt waren, zuweilen auch im offenen Zwiespalt mit den Senatoren, wenn diese das Adelsinteresse zu stark vertraten. In Rom wie in ganz Italien riss eine langdauernde Anarchie ein. Bei dem Romzuge Heinrichs VII. 1313 kam es wieder zu heftigen Schwankungen und jähem Wechsel zwischen Volks- und Adelsregiment, zwischen Monarchisten und Papisten; Jahre lang war dann König Robert von Neapel als Signore der Stadt Senator von Rom und ernannte seine Vicare auch wieder aus dem städtischen Adel; 1328 nahm Ludwig von Bayern – ein unerhörter Schritt! – die Kaiserkrone durch Sciarra Colonna aus den Händen des römischen Volkes entgegen, wurde Signore von Rom und ernannte den Herzog Castruccio zum Senator. Später überzog aber wieder die Autorität der Päpste in Avignon und des Königs Robert [28] von Neapel (gestorben 1343), ohne dass die städtische Autonomie dadurch beeinträchtigt worden wäre. Das Charakteristische in

e. Hintze aggiunse a matita «also eine innungsmässige Organisation aller Berufe» (dunque una organizzazione per categoria di tutte le professioni).

Gia nel 1267 i capi delle arti sembrano partecipare ai dibattiti degli uffici collegiali al fianco dei consoli dei commercianti. Ulteriori particolari sul loro sviluppo non sono noti. Nell'anno 1317 si trovavano in tutto tredici corporazioni – dunque una organizzazione per arti di tutte le professioni –, delle quali le più rinomate erano quelle dei commercianti e dei contadini (ars bobacteriorum).[30] Ciascuna di queste aveva al vertice più consoli (circa 4) e difensori, un Camerarius e un più ampio numero (circa 12) di [27] Consiliatores. In queste corporazioni che restavano anche quali organismi dell'organizzazione per milizia, risiedeva la forza del partito popolare. I loro rappresentanti erano i più vecchi *Anziani* che compaiono dal 1305, tredici di numero, portavoce delle tredici regioni cittadine, i quali accanto ai due Senatori o al Capitaneus populi, partecipavano al governo, qualche volta anche in aperto conflitto con i Senatori, se questi rappresentavano con troppa foga l'interesse della nobiltà. A Roma, come in tutta l'Italia, prese piede una lunga anarchia. Con il viaggio a Roma di Enrico VII[31] nel 1313 si giunse ancora a violente oscillazioni e a repentini cambiamenti tra regime popolare e regime nobiliare, tra fautori della monarchia e fautori del Papa; poi il re Roberto di Napoli[32] divenne per un anno Signore della città, Senator di Roma e nominò suoi vicari scegliendoli ancora tra la nobiltà cittadina; nel 1328 Ludovico di Baviera[33] ricevette – atto inaudito! – la corona imperiale, attraverso Sciarra Colonna,[34] dalle mani del popolo romano, divenne Signore di Roma e nominò il duca Castruccio[35] alla carica di Senator. Più tardi tuttavia l'autorità dei Papi in Avignone tornò a prevalere, con quella del re Roberto [28] di Napoli, senza che l'autonomia cittadina fosse stata pregiudicata da questo. La

30. L'*ars bobacteriorum* si formò agli inizi del XII secolo a Roma. Nella seconda metà del XVI secolo assunse la denominazione di *ars agriculturae.* Comprendeva proprietari di bestiame e agricoltori: si veda Lori Sanfilippo, *La Roma dei romani*, pp. 95-122.
31. Enrico VII di Lussemburgo (1275 ca-1313), re di Germania dal 1308, acquisì la corona imperiale nel 1312.
32. Roberto d'Angiò, re di Sicilia, poi di Napoli, (1278-1343).
33. Ludovico IV di Baviera, (1287-1347), scelto quale imperatore dai principi tedeschi, si scontrò con il papa avignonese Giovanni XXII, che si rifiutò di incoronarlo negando ogni riconoscimento alla sua autorità. Per riaffermare la sua potestà, Ludovico scese a Roma dove si fece incoronare imperatore dal popolo romano sulla base all'interpretazione 'cesaristico-democratica' dell'antica *Lex imperii Vespasiani.*
34. Sciarra Colonna (1270 ca-1328), figlio del senatore Giovanni. Fu senatore romano negli anni 1312, 1313 e 1328.
35. Castruccio Castracani (1281-1328). Appartenente alla famiglia Antelminelli di origini mercantili, Castracani si dedicò ben presto alla professione militare. Schierato su posizioni ghibelline Castracani accompagnò l'imperatore a Roma, ove partecipò alla cerimonia dell'incoronazione. Fu nominato da Ludovico conte palatino lateranense, vicario della città e senatore come ricorda Hintze. Per volontà dell'imperatore fu anche duca di Lucca. Si veda Luzzati, *Castracani degli Antelminelli, Castruccio.*

diesem ganzen Zeitraum ist das Nebeneinanderbestehen eines Adelsregiments unter den beiden Senatoren und das Volksregiments durch die Anziani mit oder ohne Capitaneus populi. Es war ein ungelöster oft in offenen Kampf ausartender Dualismus in der Verfassung, dem eine schlimme Anarchie auf allen Gebieten des öffentlichen Lebens entsprach.

Aus diesen Zuständen ging die Revolution von 1347 hervor, bei der Cola di Rienzo als Führer der Volkspartei an die Spitze des Staates gelangte unter dem Titel Dictator und Tribunus. Es war die endgültige Überwältigung der Aristokratie durch die Volkspartei. Die Namen Guelfen und Ghibellinen wurden verboten, im Edikt von der Majestät des römischen Volkes erlassen. Die Senatoren wurden abgeschafft, im übrigen blieb die Verfassung mit dem grossen und kleinen Rat, mit den 13 Vertrauensmännern der Stadtbezirke, mit den Richtercollegien und Verwaltungseinrichtungen ziemlich unverändert. Es wurde strenge Justiz namentlich auch gegen die adligen Friedbrecher geübt und wieder [29] eine gewisse Ordnung in der Finanzverwaltung hergestellt, mit der Cola schon früher als Notar der städtischen Kammer zu tun gehabt hatte. Die Consumtionssteuer wurde aus Popularitäsbedürfnis abgeschafft; aber die Herdsteuer, die Zölle, das Salzmonopol ergaben je etwa 100.000 Goldgulden. Der Widerstand des Adels wurde gebrochen, auch der Stadtpräfect musste sich der Volksgewalt unterwerfen. Das Verhängnisvolle war aber, dass diese Bewegung viel unklare, phantastische Vorstellungen aus dem Altertum und mystisch religiöse Motive in grotesker Verquickung den politischen Verstand erstickten und zu keiner gesunden Ordnung der öffentlichen Verhältnisse kommen liessen. Cola selbst war kein Staatsmann, sondern ein Phantast und Doktrinär, rhetorisch, nicht politisch geschult, mehr eine Opernfigur als ein historischer Held. Seine Idee, die Einigung Italiens durch eine Conföderation aller Gemeinden unter der Führung Roms herzustellen, [30] war nicht falsch – die Abwesenheit von Papst und Kaiser begünstigte damals einen solchen Plan – aber er war nicht der Mann diesen Plan zur Ausführung zu bringen, und der Plan selbst war von Anfang an verfälscht und verdorben durch die Verquickung mit der unausrottbaren Idee der Weltherrschaft. Die Italiener sollten durch 24 Wahlmänner in Rom einen Kaiser wählen, und zwar einen italienischen Patrioten – natürlich dachte Cola an sich selbst –, der von der ewigen Stadt aus die Welt regieren würde. Von den drei Zielen, die in diesen unklaren Bestrebungen mit einander verbunden waren: Unabhängigkeit der demokratischen Republik in Rom, nationale Conföderation in Italien, imperialistische Weltherrschaft Roms – ist schliesslich keins erreicht worden. Die Gegenwirkungen des Papstes, der anfangs der demokratischen Umwälzung in Rom nicht

caratteristica in tutto questo spazio di tempo fu la coesistenza di un regime nobiliare sotto i due Senatori e di un regime popolare attraverso gli Anziani con o senza Capitaneus populi. Ci fu un irrisolto dualismo nella costituzione, spesso degenerante in lotta aperta, cui corrispose una grave anarchia in tutti i campi della vita pubblica.

Da queste condizioni nacque la rivoluzione del 1347, nella quale Cola di Rienzo[36] arrivò al vertice dello Stato come comandante del partito popolare sotto il titolo di Dictator e Tribunus. Fu il definitivo sconvolgimento dell'aristocrazia attraverso il partito popolare. I nomi di guelfi e ghibellini furono proibiti, come stabilito per editto dalla maestà del popolo romano. I Senatori furono aboliti, per il resto rimase abbastanza immutata la costituzione, con il maggiore e il minor consiglio, con i tredici portavoce dei distretti cittadini, con i collegi dei giudici e con le istituzioni amministrative. Si esercitò una giustizia severa, in particolar modo anche contro i violatori della pace appartenenti alla nobiltà e [29] si ristabilì un certo ordine nell'amministrazione delle finanze, con la quale Cola aveva già avuto a che fare un tempo in veste di notaio della camera cittadina. La tassa di consumo fu soppressa per bisogno di popolarità; ma la tassa sul focolare, le dogane, il monopolio del sale fruttavano ciascuna all'incirca 100.000 fiorini d'oro. La resistenza della nobiltà fu stroncata, anche il prefetto della città dovette sottomettersi al potere del popolo. La cosa funesta fu tuttavia che questo movimento, queste idee irreali e assai poco chiare tratte dall'antichità e da motivi mistico religiosi messi insieme in grottesca unione, soffocarono la ragione politica e non consentirono di pervenire ad alcun sano ordinamento degli affari pubblici. Cola stesso non fu un uomo di Stato, bensì un utopista e un dottrinario, retorico, non formato politicamente, più una figura da opera lirica che un personaggio storico. La sua idea, di creare l'unificazione dell'Italia attraverso una confederazione di tutti i Comuni sotto la guida di Roma [30] non era sbagliata – l'assenza del Papa e dell'Imperatore favoriva allora un piano simile – ma egli non era l'uomo da portare a compimento tale piano e questo stesso progetto era falsato e guastato dall'inizio per la commistione con l'idea inestirpabile del dominio sul mondo. Gli italiani dovevano eleggere in Roma attraverso 24 elettori un imperatore e precisamente un patriota italiano – naturalmente Cola pensava a sé stesso – che dalla Città Eterna avrebbe governato il mondo. Dei tre obiettivi che in queste aspirazioni poco chiare erano legati l'uno con l'altro: indipendenza della repubblica democratica a Roma, confederazione nazionale in Italia, signoria imperialistica di Roma sul mondo – alla fine non fu raggiunto alcuno. Le reazioni del Papa, il quale inizialmente non aveva un atteggiamento ostile nei confronti della rivoluzione democratica

36. Cola di Rienzo (1313-1354), notaio e cultore di antichità romane. Si veda Maire Vigueur, *Cola di Rienzo*.

feindlich gegenübergestanden hatte, genügten [31] der Stellung Colas ein rasches Ende zu bereiten, und nun trat eine Restauration im päpstlichen und aristokratischen Sinn ein, die freilich vor allem die Anarchie restaurierte; und als dann 1353 ein neuer Volkstribun (Francesco Baronicelli) aufgestanden war und Cola nun vom Papste diesem Usurpator entgegengestellt wurde, jetzt als Senator, da hat er zwar vermocht, 1354, durch den Zauber des Namens die Ordnung und Sicherheit in der Stadt vorübergehend wiederherzustellen, aber die kräftigere Zügelführung, die er jetzt gelernt hatte, war den an Ordnung nicht mehr gewöhnten Römern unerträglich; an dem Unwillen über die Wiedereinführung der Consumtionssteuer entzündete sich ein Aufstand, den er nicht zu bewältigen vermochte und in dem er ein unrühmliches Ende gefunden hat – ein Vorläufer der Renaissance, in der die grossen alten Gegensätze der imperialistisch-feudalen und hierarchisch-municipalen Tendenzen sich bereits aufzulösen begannen, aber doch noch ganz beherrscht von einer geistlich gefärbten universalen Staatsidee.

[32] Das schliessliche Resultat dieser Bewegungen war die Wiederherstellung der päpstlichen Autorität nicht nur in Rom selbst sondern auch im Kirchenstaat. Die feste Hand des Cardinallegaten Albornoz, eines spanischen Edelmanns der Herkunft nach, unterwarf eine Provinz nach der anderen (1355-1357) und gründete eine neue Ordnung, die freilich noch weit entfernt war von der einheitlichen Gestalt anderer fürstlicher Herrschaften.[f] Die Barone und Dynasten, die sich unterworfen hatten, wurden meist zu päpstlichen Vicaren gemacht; die Communen, erhielten je nach der Lage der Dinge ein verschiedenes Mass von municipalen Freiheiten zugestanden. An die Spitze der einzelnen Provinzen des Kirchenstaats wurden päpstliche Rektoren gestellt, in der Regel Prälaten, neben denen besondere Kriegskapitäne die Truppen befehligten, die aus den Milizen der Städte und geworbenen Söldnern, meist deutschen Landsknechten, sich zusammensetzten. Dem Rector [33] stand seine Curia zur Seite, bestehend aus dem Thesaurarius, dem Marschall, zwei Generalrichtern für Civil- und Strafsachen, zwei Steuererhebern und anderen Beamten. Die Hauptsache war die Finanzverwaltung. Über den Thesaurarien der einzelnen Provinzen stand ein Thesaurarius generalis pro Romana ecclesia in partibus Italiae, ein hoher Prälat, in dessen Händen sich die gesamte Finanzverwaltung

f. Segue un testo cancellato dall'autore: «Immerhin war es eine epochemachende Wirksamkeit, die in der von Theiner publicirten Documente der kirchenstaatlichen Regierung fast den drittel Teil ausmacht» (Esso costituì pur sempre una riforma epocale, che nei documenti pubblicati dal von Theiner sul governo della chiesa occupa quasi la terza parte). Augustin Theiner (1804-1874), storico e canonista, pubblicò molte opere storiche afferenti alla storia della chiesa in Russia, in Polonia e negli Stati tedeschi orientali, in particolar modo in Prussia. Qui Hintze si riferisce all'edizione di Theiner di fonti diplomatiche dello Stato pontificio nel tardo medioevo, *Codex Dominii temporalis S. Sedis*. I documenti su Albornoz riguardano l'ultima sezione del secondo volume. Su Theiner si veda Schulte, *Theiner, Augustin*.

a Roma, bastarono [31] a preparare una fine rapida alla posizione di Cola ed ora sopraggiunse una restaurazione in senso papale e aristocratico che però riportò soprattutto l'anarchia; e quando poi nel 1353 insorse un nuovo tribuno del popolo (Francesco Baronicelli)[37] e Cola, ora nella veste di senatore, fu contrapposto dal Papa a questo usurpatore – veste nella quale nel 1354 egli è certamente riuscito grazie alla magia del nome a ripristinare temporaneamente l'ordine e la sicurezza della città – tuttavia la più stretta conduzione delle briglie del comando, che ora egli aveva imparato a maneggiare, fu insopportabile ai romani, non più abituati all'ordine; nello sdegno sulla reintroduzione della tassa di consumo divampò un'insurrezione che egli non riuscì a domare e nella quale trovò una fine ingloriosa – [Cola fu] un precursore del Rinascimento, periodo nel quale i grandi antichi contrasti delle tendenze imperialistico-feudali e gerarchico-municipali iniziarono già a dissolversi; un periodo tuttavia ancora del tutto dominato da una idea di Stato universale colorata in senso chiesastico.

[32] Il risultato finale di questi accadimenti fu il ripristino dell'autorità papale non solo nella stessa Roma ma anche nello Stato della Chiesa. La mano ferma del cardinale legato Albornoz,[38] un nobile spagnolo quanto alla nascita, sottomise una provincia dopo l'altra (1355-1357) e fondò un nuovo ordinamento il quale tuttavia fu ancora assai lontano dalla forma unitaria delle altre signorie principesche. I baroni e i dinasti, che si erano sottomessi, furono per lo più nominati alla carica di vicari papali; i Comuni ricevettero, ciascuno a seconda delle circostanze, un diverso numero di libertà municipali. Al vertice di ogni Provincia dello Stato della Chiesa furono posti rettori papali, in genere prelati, accanto ai quali particolari capitani della guerra comandavano le truppe, che erano composte dalle milizie cittadine e da mercenari reclutati, per lo più lanzichenecchi tedeschi. Il rettore [33] era assistito da una sua curia, composta dal Thesaurarius, dal Maresciallo, da due giudici generali per gli affari civili e penali, da due esattori fiscali e da altri funzionari. La funzione principale era l'amministrazione finanziaria. Al di sopra delle tesorerie delle singole province c'era un Thesaurarius generalis pro Romana ecclesia in partibus Italiae, un alto prelato nelle cui mani si concentrava l'intera amministrazione

37. Francesco Baroncelli (?-1354) era stato tra i collaboratori di Cola durante il suo tribunato in qualità di ambasciatore a Firenze nel 1347. In seguito all'insurrezione antinobiliare del 14 settembre 1353 fu eletto rettore della città. Su Baroncelli si veda Walter, *Baroncelli, Francesco.*

38. Gil Alvarez Carrillo de Albornoz (1310-1367), arcivescovo di Toledo.

des Kirchenstaats concentrirte. Die wichtigste der Provinzen war natürlich das Patrimonium Petri, das eine Jahresrente von ca. 19.000 fl. brachte und dessen Rector ein Tagesgehalt von 4 fl. bezog. Die abhängigen Städte hatten eine sehr verschiedenartige Verfassung; Viterbo z. B. wurde von einem Gonfaloniere mit Zunftprioren und Conservatoren regiert, ähnlich wie Florenz; ausserdem von einem Podestà, den der Rector des Patrimonium bestellte.

In Rom selbst fand 1358, als Cardinal Albornoz zum Schutz des Papstes nach [34] Avignon zurückberufen wurde, eine Veränderung der Regierungsverfassung statt, die von längerer Dauer gewesen ist. An Stelle der zwei aristokratischen Senatoren, die bis auf die Zeit Colas regiert hatten, trat ein einzelner Senator und zwar ein Fremder, der vom Papst aus 6 ihm von der Gemeinde presentirten Candidaten ernannt wurde und dessen Amt wieder ganz wie zu Brancaleones Zeiten nach dem Muster des Podestats des 13. Jahrhunderts gestaltet war. Der Ausschluss des Adels blieb eine vollendete Thatsache; es war früher in Avignon lange darüber beraten worden; auch Petrarca, der darüber befragt wurde, hatte die demokratische Ordnung der Gemeinde, wie sie in Florenz sich durchgesetzt hatte, empfohlen.[g] Neben dem päpstlichen Senator trat ein demokratischer Stadtrat von grosser und bald von überwiegender Gewalt, sieben Männer, nach dem Muster der Florentiner Prioren auf 3 Monate durch das Loos bestimmt aus einer bürgerlichen Candidatenliste: [35] die "Reformatoren der Republik" genannt. Auch die Miliz erfuhr eine Umwandlung und kam zu höherer politischer Bedeutung. Ihr Kern war die 1356 begründete Gesellschaft der Armbrustschützen und Schildträger (felix societas balestrariorum und pavesatorum), nach Regionen geordnete Körperschaften mit politischen Rechten. Die an ihrer Spitze stehenden 2 Bannerherren (banderenses, banderesi) wurden die Organe der executiven Gewalt und sassen samt den 4 Anteposti der Schützengilde im kleinen Rat neben den sieben Reformatoren der Republik, ganz ähnlich wie in Florenz die Bannerträger der Bürgercompanien als Collegen neben den Signori.

Urban V. hat bei seinem vorübergehenden Aufenthalt in Rom diese der päpstlichen Macht allmählich gefährlich werdenden Siebenmänner samt den Banderesi abgeschafft und an ihrer Stelle alle richterlichen und administrativen Befugnisse der Stadtregierung auf 3 Conservatoren der städtischen Kammer übertragen, die den Beirat des fremden Senators bilden sollten; [36] die 13 Regionencapitäne der Bürgermiliz und die Consuln der Zünfte wurden in wichtigen Angelegenheiten zugezogen.

g. Segue un testo cancellato dall'autore: «Der Papst galt als Signore der Stadt, aber die municipale Freiheit wurde noch in weitem Umfang gewahrt» (Il Papa era considerato come Signore della Città ma la libertà municipale non era ancora conservata ad ampio raggio).

finanziaria dello Stato della Chiesa. La più importante delle province era soprattutto il Patrimonium Petri, che assicurava una rendita annua di circa 19.000 fiorini e il cui rettore percepiva una retribuzione giornaliera di 4 fiorini. Le città soggette avevano una costituzione di tipo assai diverso; Viterbo per esempio era governata da un Gonfaloniere con priori delle corporazioni e conservatori in modo simile a Firenze; in più da un podestà nominato dal rettore del Patrimonium.

Nella stessa Roma nel 1358, quando il cardinale Albornoz fu richiamato ad [34] Avignone per la difesa del Papa, ebbe luogo un cambiamento nella costituzione di governo che fu di assai lunga durata. Al posto dei due senatori aristocratici, che avevano governato fino al tempo di Cola, ci fu un solo Senator, in particolar modo un forestiero che veniva nominato dal Papa tra i sei candidati che gli erano presentati dal Comune e il cui ufficio era formato ancora interamente, come ai tempi di Brancaleone, sul modello del podestà del XIII secolo. L'esclusione della nobiltà rimase un fatto compiuto; su questo allora si era discusso a lungo ad Avignone; anche Petrarca,[39] richiesto di un parere su questo punto, aveva consigliato l'ordinamento democratico del Comune quale si era affermato a Firenze. Accanto al *Senator* papale c'era un consiglio cittadino democratico di potere più esteso e presto determinante, sette uomini designati a sorte sul modello dei priori fiorentini ogni tre mesi da una lista civica di candidati: [35] chiamati "i Riformatori della Repubblica". Anche la milizia fu sottoposta a una trasformazione e giunse a un'importanza politica molto più rilevante. Il suo nucleo centrale era la società, fondata nel 1356, dei balestrieri e dei pavesati (felix societas balestrariorum et pavesatorum), corporazioni organizzate per regioni con diritti politici. I due gonfalonieri che si trovavano al loro vertice (banderenses, banderesi) erano gli organi del potere esecutivo e sedevano assieme ai quattro Anteposti dell'Arte degli arcieri nel minor consiglio assieme ai sette Riformatori della Repubblica, in modo del tutto simile a quel che accadeva a Firenze per i gonfalonieri delle compagnie cittadine, colleghi a fianco dei Signori.

Urbano V[40] nel corso del suo soggiorno transitorio a Roma eliminò, assieme ai banderesi, questi sette uomini che stavano diventando gradualmente pericolosi per la potenza papale e al loro posto trasferì tutte le competenze giudiziarie e amministrative del governo cittadino ai tre conservatori della camera cittadina che dovevano formare il consiglio del senatore straniero; [36] i tredici capitani regionali della milizia cittadina e i consoli delle corporazioni furono consultati negli affari importanti.

39. Francesco Petrarca (1304-1374), celebre poeta e umanista italiano.
40. Urbano V (1310-1370) cercò di riportare il papato a Roma e, contro il parere dei prelati francesi, vi si trasferì nel 1367. L'instabilità politica nella città lo costrinse al ritorno ad Avignone.

Diese Veränderung ist wichtig, weil sie später auf Jahrhunderte durchgedrungen ist; zunächst aber war sie nicht von Dauer. Unter Gregor XI. (seit 1371) drang die frühere Ordnung aus der Zeit des Albornoz wieder durch, nur dass die 7 Reformatoren jetzt den Titel "Conservatoren" führten und die 2 Banderesi jetzt als "Executoren der Justiz" erschienen; auch die 4 Vorsteher der Schützengesellschaft sassen neben ihnen wie früher im regierenden Rat.

Im Kirchenstaat hielt sich die von Albornoz begründete Ordnung nicht lange. Die meist aus Frankreich stammenden Rectoren und Legaten (die "Pastoren der Kirche" wie man sie nannte) wurden als Fremde, aber auch durch ihre Willkür und Bedrückung verhasst und unter Gregor XI. erhob sich die alte Forderung der Italiener nach einer Beseitigung des päpstlichen Dominium temporale. Die gefährliche Bewegung, die ganz Italien ergriff und bei der die alte [37] Guelfenstadt Florenz die Führung ergriff (1375), ist die eigentliche Veranlassung zur Rückkehr der Päpste nach Rom geworden. Gregor XI. starb (1378), ehe er seine Stellung wieder befestigt hatte, aber Urban VI. behauptete sich durch ein rücksichtlos durchgreifendes Regiment, zuletzt im offenen Conflict mit den römischen Banderesi; und Bonifaz IX., der dieses Amt wieder aufhob, setzte nach Niederwerfung einer demokratischen Verschwörung im Jahre 1398 durch, dass ihm die volle Gewalt über die Stadt übertragen wurde. Das Regiment der Siebenmänner und der Banderesi wurde für immer abgeschafft, die Schützencorporation verlor ihre politischen Rechte; neben dem vom Papst gesetzten fremden Senator traten die schon von Urban V. geschaffenen 3 Conservatoren der städtischen Kammer als Regierungsbehörde der Stadt. Die En-

Questo cambiamento è importante perché si impose più tardi nei secoli; ma all'inizio esso non durò. Sotto Gregorio XI[41] (dal 1371) si tornò ancora al più antico ordinamento dei tempi dell'Albornoz, solo che i sette riformatori portavano ora il titolo di "Conservatori" e i due banderesi si presentavano come "Esecutori di giustizia"; anche i quattro capi della società degli arcieri sedevano accanto a loro come prima nel consiglio di governo.

Nello Stato della Chiesa non si conservò a lungo il regime politico fondato da Albornoz. I rettori e legati, provenienti per lo più dalla Francia ('i pastori della Chiesa' come si chiamavano) furono odiati come stranieri ma anche per il loro dispotismo e oppressione e sotto Gregorio XI si levò l'antica richiesta degli italiani per una eliminazione del dominium temporale. Il movimento pericoloso che assalì tutta l'Italia e nel corso del quale l'antica [37] città guelfa di Firenze prese il comando (1375), fu la vera e propria ragione del ritorno dei Papi a Roma.[42] Gregorio XI morì (1378) prima che avesse ancora consolidato la sua posizione ma Urbano VI[43] si affermò attraverso un governo che intervenne in modo spietato, da ultimo in aperto conflitto con i Banderesi romani; e Bonifacio IX,[44] che abrogò nuovamente questa carica, impose con la repressione di una congiura democratica nell'anno 1398 che gli fosse conferito tutto il potere sulla città. Il governo dei sette uomini e dei Banderesi fu abolito per sempre, la corporazione degli arcieri perse i suoi diritti politici; accanto al Senator straniero nominato dal Papa comparvero i tre Conservatori della camera cittadina che erano già stati costituiti da Urbano V quali uffici di go-

41. Gregorio XI (1329-1378). Riuscì a riportare il papato a Roma. Si veda Hayez, *Gregorio* XI.
42. Hintze si riferisce alla "guerra degli Otto Santi", avvenuta tra il 1375 e il 1378, in cui Firenze dichiarò guerra allo Stato della Chiesa per ragioni politiche ed economiche: il papa, che da settant'anni risiedeva ad Avignone, era accusato di condurre una politica straniera, per nulla sensibile ai bisogni dalle comunità dell'Italia centrale che appartenevano al suo dominio. A Firenze la guerra fu diretta dalla magistratura degli Otto della Guerra. I fiorentini riuscirono a fare insorgere quasi tutte le città dello Stato pontificio (con l'eccezione di Ascoli e Foligno) in una lotta per la loro liberazione dal dominio temporale del papa. La reazione durissima del pontefice ebbe luogo negli anni seguenti. Firenze fu colpita dall'interdetto papale il 30 marzo 1376 e in quell'occasione il popolo cittadino solidarizzò con i governanti attribuendo agli "Otto della guerra" il nome di "Otto Santi" in evidente polemica con la Chiesa. Come Hintze osserva acutamente, il papa decise di tornare a Roma per la grave crisi politica che stava attraversando in quegli anni lo Stato pontificio: il rischio che città e territori dell'Italia centrale divenissero indipendenti rinunciando al dominio papale era concreto. Sulla "guerra degli Otto Santi" si veda Dupré, Theseider, *Otto Santi, Guerra degli.*
43. Urbano VI (1318-1389), già arcivescovo di Acerenza e di Bari, fu eletto al soglio pontificio su pressione dei romani, che premevano per un papa italiano: la sua elezione fu però contestata dai cardinali francesi e dall'antipapa Clemente VII, che ristabilì la sede di Avignone determinando così lo scisma della chiesa romana d'occidente.
44. Bonifacio IX (1350 ca-1404). Succeduto a Urbano VI, si adoperò per ricomporre lo scisma ma inutilmente. Si veda Esch, *Bonifacio IX.*

gelsburg, der alte Turm der Crescentier, wurde neu befestigt; sie und daneben der ebenfalls neu befestigte Vatican wurden die Zwingburgen, durch die der Papst die Stadt in Gehorsam hielt. Die Burgen [38] des unbotmässigen Adels in den Landschaften wurden gebrochen, die Ordnung im Kirchenstaat, wie sie Albornoz begründet hatte, wiederhergestellt. Damit war der Untergang der demokratischen Republik und die Aufrichtung der päpstlichen Tyrannis entschieden. Sehr bald ist also dem Sturz des Adelsregiments der der Volksherrschaft gefolgt. Die Ursache lag, ausser der schwachen Entwicklung der bürgerlichen Klassen Roms, vor allem in den Mängeln der Wehrverfassung. Schon Machiavelli hat bemerkt, dass nach der Ausschliessung des Adels in Rom und in Florenz die Wehrhaftigkeit der Gemeinde gesunken sei.

Eben in dieser Zeit, der zweiten Hälfte des 14. Jahrhunderts, kamen in Italien jene Soldbanden auf, die die Zuflucht des durch die Auflösung der feudalen Gesellschaftsordnung geschaffenen ritterlichen Proletariats aller Länder wurden, und die unter kühnen gewissenlosen Condottieri bald Fürsten und Republiken dienten, bald brandschatzend auf eigene Faust das Land durchzogen. Die städtische Demokratie hat es nirgends, in Rom so wenig wie in Florenz, verstanden, weder diesen Soldtruppen zu widerstehen noch [39] sie in den Rahmen ihrer staatlichen Ordnung einzufügen. Besser gelang das der Tyrannis; es ist kein Zufall, dass die Begründung der päpstlichen Herrschaft in Rom in dieselbe Zeit fällt, in der Gian Galeazzo Visconti in Mailand das Herzogtum begründete; und auch das ist ein bemerkenswerter Umstand, dass dem Papsttum gerade zur Zeit seiner geringsten universalen Geltung, während des grossen Schismas, die Begründung seiner Herrschaft in Rom gelungen ist, während es auf der Höhe seiner Weltstellung, im 13. Jahrhundert, in Rom ziemlich machtlos gewesen war.

An Rückschlägen gegen diese Steigerung der päpstlichen Autorität hat es allerdings nicht gefehlt. Nach dem Tode Bonifaz IX. kam es 1404 wieder zu einer Erhebung der Demokratie, die 1405 die aufgehobene Behörde der sieben Männer wiederherstellte, diesmal unter dem Namen der "Governatoren der Freiheit der römischen Republik", aber 1406 bereits wurde dem Papst Innocenz VII. wieder das volle[h] [40] Dominium der Stadt übertragen. Von einer gesicherten Herrschaft der Päpste in Rom war freilich noch keine Rede. König Ladislaus von Neapel

h. GStA PK, VI. HA, *Familienarchive und Nachlässe*, NL Otto Hintze, Nr. 2, Bd. 5, *Rom*, f. 42 bis, che qui si ricollega a ibid. f. 39 (a fine pagina): «Von einer gesicherten Herrschaft waren freilich die römischen Päpste weit entfernt; aber auch die Machtlosigkeit der Demokratie, die noch einmal – zum letztenmal – im Jahre 1414 einen Dictator und Volkstribun aufstellte (Pietro di Matuzzo)» (I papi romani furono certo ben lontani dall'avere un dominio solido; tuttavia anche la debolezza della democrazia, che ancora una volta – per l'ultima volta – nell'anno 1414 insediò un dittatore del popolo e tribuno: Pietro di Matuzzo). Il testo è incompiuto.

verno del Comune. Castel Sant'Angelo, l'antica torre dei Crescenzi, fu nuovamente rafforzata; questa fortezza e, accanto, il Vaticano, anch'esso pure nuovamente rinforzato, furono le due roccaforti attraverso le quali il Papa teneva in ubbidienza la città. I castelli [38] della nobiltà insubordinata nella campagna furono abbattuti, l'ordinamento nello Stato della Chiesa, come era stato istituito da Albornoz, nuovamente ristabilito. In questo modo fu decisa la caduta della repubblica democratica e l'erezione della tirannia papale. Molto presto dunque alla caduta del reggimento nobiliare seguì quella del dominio popolare. La causa risiedeva soprattutto, al di fuori del debole successo delle classi cittadine a Roma, nelle carenze di una "costituzione nobile per milizie" [*Wehrverfassung*]. Già Machiavelli[45] osservò come a seguito dell'esclusione della nobiltà a Roma e a Firenze, si fosse affievolita la capacità di difendersi del Comune.

Proprio in questo periodo, la seconda metà del XIV secolo, si formarono in Italia quelle bande di mercenari che furono il rifugio del proletariato dei cavalieri d'ogni paese venutosi a creare con la dissoluzione della società feudale e che sotto audaci condottieri senza scrupoli ora servivano principi e repubbliche, ora agivano in conto proprio mettendo a ferro e fuoco i territori che attraversavano. In nessun luogo la democrazia cittadina, a Roma come a Firenze, riuscì a resistere a queste truppe mercenarie e [39] ad inserirle nella cornice dei suoi ordinamenti statali. Riuscirono meglio quelli della tirannia; non è un caso che la fondazione del dominio papale a Roma cadde nello stesso periodo in cui Gian Galeazzo Visconti[46] fondò a Milano il ducato; ed è una circostanza ancor più degna di nota che al papato, proprio nel periodo della sua più bassa considerazione universale, durante il Grande Scisma, fosse riuscito di fondare la sua signoria a Roma, mentre al culmine della sua posizione mondiale, nel XIII secolo, fosse stato pressoché impotente a farlo.

Non mancarono tuttavia contraccolpi contro questo aumento dell'autorità papale. Dopo la morte di Bonifacio IX si giunse nuovamente nel 1404 alla erezione della democrazia, che nel 1405 ricostituì il soppresso ufficio dei sette uomini, questa volta sotto il nome di "governatori della libertà della repubblica romana", ma nel 1406 fu nuovamente affidato al Papa Innocenzo VII[47] il pieno [40] dominio sulla città. Certamente non si parlò di un dominio sicuro dei Papi in Roma. Re Ladislao di Napoli[48] conquistò e saccheggiò Roma nel

45. Niccolò Machiavelli (1469-1527).
46. Gian Galeazzo Visconti, signore di Milano, duca dal 1395 al 1402.
47. Innocenzo VII (1336-1406), asceso al soglio pontificio nel 1404, dovette far fronte al tentativo del re di Napoli, Ladislao d'Angiò Durazzo, di estendere il suo dominio negli Stati della Chiesa. Il papa riuscì a servirsi di Ladislao per ristabilire la pace nella città. Nominato dal papa supremo pacificatore, Ladislao ebbe un ruolo importante nella stesura degli accordi con il Comune di Roma del 27 ottobre 1404. Si veda De Vincentiis, *Innocenzo VII*.
48. Ladislao d'Angiò Durazzo (1377-1414), re di Napoli. Si veda Kiesewetter, *Ladislao d'Angiò Durazzo*.

hat 1413 Rom eingenommen und geplündert, und nach seinem Tode machte die Partei der demokratischen Republik noch einen letzten ohnmächtigen Versuch, durch die Aufstellung eines Diktators und Volkstribunen die Selbstständigkeit wieder zu gewinnen. 1414 nahm der Cardinal Isolani die Stadt für Johannes XXIII. ein, aber schon 1417 fiel sie dem Bandenführer Fortebraccio zur Beute, den erst Francesco Sforza,[i] damals Grossconestable der Krone Neapel, zum Abzug nötigte, um die Stadt selbst für eine Zeitlang zu besetzen. Erst als das Schisma beendet war und Papst Martin V., ein Römer aus dem Geschlecht der Colonna, vom Konstanzer Concil kommend, den Kirchenstaat und Rom selbst einnahm, das inzwischen zu einem "Scherbenberg" geworden war, begann eine politische Regeneration im Sinne einer territorialen Fürstenherrschaft, bei der aber die Selbstregie[41]rung der römischen Gemeinde bewahrt wurde, allerdings nur in den Schranken communaler Verwaltung; ihre Organe blieben der fremde halbjährlich wechselnde vom Papst auf Präsentation der Gemeinde ernannte Senator mit seinem Collateralis und der Richtercurie und die 3 Conservatoren der städtischen Kammer. Der Nepotismus Martins V. kam dem Einfluss der Colonna zu gute, gegen die dann sein Nachfolger Eugen IV. sich zu wehren hatte. Auch die Demokratie regte sich ein letztes Mal, als 1434 Fortebraccio mit seinen Soldbanden die Stadt bedrängte, ohne dass sie der Papst zu schützen vermochte; noch einmal tauchten die sieben gubernatores libertatis auf, aber noch im selben Jahr richteten die päpstlichen

i. Qui Hintze scrisse erroneamente Francesco Sforza. In realtà si tratta del padre di questi, Muzio Attendolo (1369-1424).

1413, e dopo la sua morte il partito della repubblica democratica fece ancora un ultimo debole tentativo per ottenere nuovamente l'indipendenza attraverso l'insediamento di un dittatore o tribuno del popolo. Nel 1414 il cardinal Isolani[49] conquistò la città per Giovanni XXIII,[50] ma già nel 1417 essa cadde nelle mani come preda di guerra del capobanda Fortebraccio,[51] che solo Muzio Attendolo Sforza,[52] allora Gran Connestabile della Corona di Napoli, costrinse ad allontanarsi al fine di occupare per un certo tempo la città stessa. In un primo tempo, quando lo scisma finì e Papa Martino V,[53] un romano della stirpe dei Colonna, arrivando dal concilio di Costanza, conquistò lo Stato della Chiesa nonché Roma stessa, che era divenuta nel frattempo una "montagna di rovine", ebbe inizio una rigenerazione politica nel senso di un principato signorile territoriale nel quale tuttavia [41] fu confermata l'autonomia del comune romano, per quanto solo nei limiti dell'amministrazione comunale; i suoi organi restavano il senatore forestiero che cambiava ogni sei mesi nominato dal Papa su presentazione del Comune con il suo Collateralis, la curia di giudici e i tre Conservatori della camera cittadina. Il nepotismo di Martino V tornò utile all'autorità dei Colonna, dai quali poi dovette difendersi il successore Eugenio IV.[54] Anche la democrazia si ridestò ancora per un'ultima volta quando nel 1434 Fortebraccio[55] con le sue bande di mercenari assediò la città senza che il Papa fosse in grado di difenderla; ancora una volta comparvero i sette gubernatores libertatis,[56] ma sempre nello stesso anno i commissari papali con le

49. Jacopo Isolani (1356-1431) fu scelto dall'antipapa Giovanni XXIII per ristabilire il dominio papale a Roma. Per un profilo completo di questa personalità si veda Tamba, *Isolani, Jacopo.*
50. Giovanni XXIII, antipapa, (1370-1419). Si veda Uginet, *Giovanni XXIII.*
51. Andrea Fortebraccio, detto Braccio da Montone (1368-1424), discendente da una nobile famiglia perugina, fu condottiero di ventura. Fortebraccio prese parte attiva alle vicende romane: nel 1417 impose con una congiura l'antipapa Benedetto XIII e sottopose Roma a un ferreo governo per settanta giorni, come accenna brevemente Hintze. Il condottiero abbandonò la città solo davanti all'esercito di Muzio Attendolo Sforza, non già di Francesco Sforza come erroneamente scritto nel testo. Su Fortebraccio si veda Falaschi, *Fortebracci, Andrea.*
52. Muzio Attendolo (1369-1424), condottiero di ventura romagnolo (originario di Cotignola, in Romagna), fu al servizio di varie signorie italiane, in ultimo della regina di Napoli Giovanna II che lo nominò Gran Connestabile nel 1416. Si veda Piero, *Attendolo, Muzio detto Sforza.*
53. Martino V (1368-1431) fu eletto papa dal concilio di Costanza nel 1417. Si veda Bianca, *Martino V.*
54. Eugenio IV (1383-1447), ascese al soglio pontificio nel 1431. Entrò in contrasto con la famiglia dei Colonna, molto potente a Roma. Nel 1434 fu costretto a lasciare la città per una rivolta popolare: riparò prima a Firenze, poi a Bologna. A Roma poté tornare solo nel 1443. Si veda la voce curata da Hay, *Eugenio IV.*
55. Hintze si riferisce al condottiero di ventura Niccolò Fortebraccio.
56. Sulla breve instaurazione a Roma di questo regime repubblicano, sotto influenza della famiglia Colonna nemica del papa, si veda il saggio di Plebani, *La 'fuga' da Roma di Eugenio IV.*

Commissarien mit den Truppen Sforzas und der Orsini die päpstliche Herrschaft wieder auf und nun begann der Cardinal Johannes Vitelleschi, der Kriegsrat Johanniterprior, mit den Rebellen im Kirchenstaat aufzuräumen; damals (1435) fiel auch der letzte Stadtpräfect vom Hause der Vico auf dem Schafott; seitdem haben die Päpste die Stadtpräfectur, die freilich [42] für die Verfassung ziemlich bedeutungslos geworden war, nach ihrem Gutdünken verliehen. Vitelleschi wurde ein Opfer des Argwohns, den seine Leistungen bei der Curie erregten; man fürchtete, dass er selbst die Herrschaft im Kirchenstaat erstrebe; er starb, gefangen, 1440 an Gift. Er ist das Vorbild des Cesare Borgia, der die Ausrottung der kleinen Dynasten und Tyrannen im Kirchenstaat[j] mit der ganzen Ruchlosigkeit damaliger Staaträson vollendet hat. Auf diese Weise ist der Kirchenstaat neu begründet worden als ein Territorialfürstentum von sehr lockerer Struktur, aber absolutistisch regiert, soweit nicht die communale Selbstverwaltung der Städte in Betracht kommt. Landstände gibt es hier so wenig wie in Toscana.

j. A matita Hintze aggiunse due grafemi che non è stato possibile decifrare.

truppe dello Sforza[57] e dell'Orsini[58] ricostituirono la signoria papale ed ora il cardinale Giovanni Vitelleschi,[59] il consigliere di guerra priore gerosolimitano, iniziò a fare piazza pulita dei ribelli nello Stato della Chiesa; allora (1435) anche l'ultimo prefetto della città della casa dei Vico cadde sul patibolo; da quel momento in poi i Papi conferirono a loro piacimento la prefettura cittadina, che certo [42] era divenuta di ben poca importanza per la costituzione. Vitelleschi fu una vittima del sospetto che suscitarono le sue attività presso la Curia; si temeva che lui stesso aspirasse alla signoria sullo Stato della Chiesa; morì prigioniero, di veleno, nel 1440. Egli fu il modello di Cesare Borgia, che portò a termine l'annientamento dei piccoli dinasti e tiranni nello Stato della Chiesa con la piena scelleratezza della ragion di Stato di quei tempi. In questo modo lo Stato della Chiesa venne nuovamente fondato come un principato territoriale poggiante su una struttura assai malferma, ma governato in modo assolutistico, per quanto l'autonomia comunale delle città non fosse in questione. Né qui né in Toscana esistevano ceti territoriali provinciali.

57. Hintze si riferisce al celebre condottiero di ventura Francesco Sforza (1401-1466), duca di Milano dal 1450 alla morte. Papa Eugenio IV, temendone il potere, lo nominò marchese della marca di Ancona e gonfaloniere della Chiesa. Si veda Menniti Ippolito, *Sforza, Francesco.*
58. Orsino Orsini, uomo d'arme, fratello del cardinale Giordano, appartenente al partito filopapale.
59. Giovanni Vitelleschi (?-1440), cardinale, nonché commissario dell'esercito pontificio nella provincia di Campagna. Come osserva Hintze, ebbe un ruolo fondamentale nel costruire con il pugno di ferro lo Stato papale eliminando senza pietà i nemici: feudatari locali e tiranni delle varie città. Fece decapitare Giovanni di Vico nel 1435. Il suo potere tuttavia, cresciuto a dismisura, spaventò molti. Arrestato nel corso di un tranello tesogli da Antonio Rido, castellano di Castel Sant'Angelo, morì nel 1440. Hintze gli attribuisce l'appartenenza all'ordine dei Gerosolimitani.

7. Monarchia Sicula (Neapel – Sizilien) / Monarchia Sicula (Napoli – Sicilia)

GStA PK, VI. HA, *Familienarchive und Nachlässe*, NL Otto Hintze, Nr. 2, Bd. 6, *Sizilien*, ff. 1-68

8. GStA PK, VI. HA, *Familienarchive und Nachlässe*, NL Otto Hintze, Nr. 2, Bd. 6, *Sizilien*, f. 1 (© GStA PK).

Monarchia Sicula (Neapel – Sizilien)

[1] Die normannisch-sizilische Monarchie war aus zwei ziemlich ungleichartigen Hälften zusammengefügt worden: den süditalienischen Fürstentümern und der Insel Sicilien mit Calabrien. Robert Guiscard, der als Herzog von Apulien im Bunde mit dem Papst als dessen Vasall um 1059 sich zum Oberherrn einer Anzahl normännischer Dynasten in Süditalien aufgeschwungen hatte, war doch nicht im Stande gewesen, die Gesamtheit der normännischen Eroberungen auf dem Festland zu einem einheitlichen Staatswesen zusammenzufassen. Das aus dem Herrschaftsgebiete Rainulfs von Aversa hervorgegangene Fürstentum Capua blieb unabhängig von ihm, und ebenso die Stadt Neapel unter ihrem byzantinischen Magister Militum. Benevent und Monte Cassino schwankten noch zwischen päpstlicher Herrschaft, normannischem Eingriff und selbständiger Stellung. Nach seinem Tode begann dann auch das Herzogtum Apulien selbst sich wieder in seine Bestandteile aufzulösen: 1089 sonderte sich das Fürstentum Tarent und von diesem wieder bis 1116 das Fürstentum Bari ab; auch der Rest war im Verfall begriffen: das Lehnsband, das jene Herrschaft zusammengehalten hatte, lockerte sich mehr und mehr, Barone und Städte gebärdeten sich als selbstherrliche Gewalten, eine feudale Anarchie schlimmster Art griff um sich, [2] bis es 1127 dem Grafen Roger II. von Sizilien gelang, diese festländischen normannischen Besitzungen mit dem Inselreich in seiner Hand zu vereinigen; damit beginnt erst die Epoche eines einheitlichen sizilisch-normannischen Reiches.

Monarchia Sicula (Napoli – Sicilia)

[1] La monarchia normanno siciliana era composta di due metà alquanto diverse: i principati dell'Italia meridionale e l'isola di Sicilia con la Calabria. Roberto il Guiscardo,[1] che come duca di Puglia, in alleanza con il Papa come vassallo di questi, si era innalzato nel 1059 alla signoria suprema di una quantità di dinasti normanni nel Sud Italia, fu certo incapace di riunire il complesso delle conquiste normanne sul continente in una organizzazione statale unitaria. Il principato di Capua, proveniente dalla signoria territoriale di Rainolfo di Aversa,[2] rimase indipendente da lui e altrettanto la città di Napoli sotto il suo bizantino Magister militum. Benevento e Montecassino ondeggiarono ancora tra signoria papale, incursione normanna e posizione indipendente. Dopo la sua morte anche il ducato di Puglia iniziò ad andare nuovamente in frantumi: nel 1089 si separò il principato di Taranto e da questo, ancora fino al 1116, il principato di Bari; anche il resto stava andando in rovina: il legame feudale, che quella signoria aveva tenuto assieme, si allentò sempre più, i Baroni e le città si comportarono come autonomi poteri signorili, si propagò un'anarchia feudale della peggiore specie, [2] finché nel 1127 al conte Ruggero II[3] di Sicilia riuscì di riunire nelle sue mani questi possedimenti normanni continentali con il regno insulare; solo da qui ebbe inizio l'epoca di un regno unitario siciliano-normanno.

1. Roberto il Guiscardo (1015 ca-1085), figlio di Tancredi d'Altavilla, fu un condottiero normanno. Sui normanni nel Sud Italia si veda Falkenhausen, *I ceti dirigenti prenormanni.* Si veda anche la bibliografia specialistica contenuta nel volume Rossetti (a cura di), *Forme di potere e struttura sociale*, pp. 416-420.
2. Rainulfo Drengot (?-metà XI secolo), condottiero normanno, fu al servizio del ducato bizantino di Napoli e dei principi di Capua. Fondò Aversa negli anni Trenta dell'XI secolo, facendone un centro normanno che governò con il titolo di conte. Allargò il suo dominio con la conquista di Amalfi e Gaeta tra il 1039 e il 1040, anch'esse costituite in feudo sotto la sua signoria. Su di lui si rinvia a Cuozzo, *Drengot, Rainulfo.*
3. Ruggero II di Sicilia (1095-1154), fu conte di Sicilia (titolo ereditato dal padre Ruggero I) e, dal 1127, duca di Puglia e di Calabria in seguito alla morte senza eredi dello zio Guglielmo. Le guerre con il papato furono molteplici: sconfisse Onorio II, che si era alleato con alcune città e signori laici meridionali; appoggiò l'antipapa Anacleto II, che gli attribuì il titolo di re di Sicilia, dignità confermata da papa Innocenzo II. Il contributo decisivo reso da Ruggero II nella costruzione di uno Stato in Sicilia è ben messa in evidenza da Hintze, in modo particolare in GStA PK, VI. HA, *Familienarchive und Nachlässe*, NL Otto Hintze, Nr. 2, Bd. 6, *Sizilien*, f.63, testo scritto a matita. Tra gli studi recenti si rinvia aTocco, *Ruggero II re di Sicilia*; Cantarella, *Ruggero II;* Houben, *Ruggero II di Sicilia. Un sovrano tra Oriente e Occidente.*

Sicilien war von Roger I., einem Bruder Robert Guiscards, dem Vater Rogers II., von Calabrien aus in langjährigen Kämpfen den Arabern entrissen worden; nominell stand es unter der Lehenshoheit Roberts; thatsächlich aber war hier ein bald völlig selbständiges Reich begründet worden, das nicht blos auf der Waffenhilfe normannischer Ritter, sondern auf dem Einverständnis der sämtlichen christlichen Elemente beruhte, die hier 2 Jahrhunderte hindurch unter der religiös toleranten und kulturell hochentwickelten aber darum nicht minder drückender Herrschaft der Araber gestanden hatten. Die Toleranz, die die Sarazenen als Herren geübt hatten, erfahren sie übrigens nun auch von Seiten der Normannenfürsten als Unterworfene; es war ein in der Christenheit bisher unerhörtes Verhältnis zwischen Gläubigen und Ungläubigen, das in diesem sizilischen Staatswesen Platz ergriff – ganz anders als etwa in Spanien.

[3] Es gab hier eine sarazenisch-griechische Mischkultur, über die nun die normannische Herrschergewalt kam ohne sie ausrotten zu wollen. Hier fehlte das germanisch-langobardische Element, das auf dem Festlande sich mit den byzantinischen Institutionen vermischt hatte: Sicilien war seit Jahrhunderten von der monarchisch-bürokratischen Staatsgewalt der Byzantiner und der Araber regiert worden, unter der freilich die municipale Selbstständigkeit der grossen Stadtgemeinden, namentlich Palermos, sich erhalten hatte. Diese Vergangenheit und die Art der Eroberung, die hier nicht wie auf dem Festlande von verschiedenen Punkten und an jedem von einer Genossenschaft kriegerischer Abenteurer unter einem mehr oder weniger erfolgreichen Führer, sondern von einem bereits legitimen Fürsten mit befestigter Gewalt ausging, hatte es mit sich gebracht, dass[a] hier die lockere Structur des Lehnsstaates, die die übrigen nor-

a. In GStA PK, VI. HA, *Familienarchive und Nachlässe*, NL Otto Hintze, Nr. 2, Bd. 6, *Sizilien*, f. 4bis è presente un testo che si ricollega al f. 3 in questo punto. Si tratta di un'analisi storica della dominazione normanna nel Sud Italia diversa da quella svolta nel f. 4: «mit sich gebracht, dass hier die lockere Structur des Lehnsstaates schon einer strafferen monarchischen Organisation gewichen war, obwohl manche Städte, wie namentlich Palermo, eine gewisse Selbstständigkeit behaupteten. Roger II., der Sohn des Eroberers, – [cancellata la frase] hatte die Unterwerfung der Insel fast vollendet und verband – der nun diese von ihm gesicherte und ausgebaute Herrschaft mit den festländischen Besitzungen verband, ist der eigentliche Begründer des sicilisch-normannischen Staatswesens geworden, was ausserhalb auch darin seinen Ausdruck fand, dass er 1130 im Einverständnis mit dem Papst den Königstitel annahm. Er hat die Fürstentümer auf dem Festland nicht sofort beseitigt, sondern zunächst noch beibehalten, indem er sie seinen Söhnen zu Lehnen gab, ohne sich jedoch dadurch in der Ausübung der staatlichen Gewalt beschränken zu lassen; später sind dann diese Lehen nicht wieder verliehen, sondern zur Krone eingezogen worden. Im ganzen blieb aber das». (Questo aveva comportato che la struttura sciolta dello Stato feudale aveva ceduto a una più rigida organizzazione monarchica, anche se talune città, come ad esempio Palermo, conservarono una certa autonomia. Ruggero II, il figlio del conquistatore [cancellata la frase: "aveva quasi terminato la sottomissione dell'isola e legò"], il quale congiunse ora questa signoria da lui consolidata e ampliata con i possessi

La Sicilia era stata strappata agli Arabi in battaglie durate più anni, da Ruggero I[4] di Calabria, un fratello di Roberto il Guiscardo, padre di Ruggero II; nominalmente si trovava sotto la sovranità feudale di Roberto; in realtà tuttavia era stato fondato in questo luogo un regno presto del tutto indipendente che poggiava non solo sull'aiuto armato dei cavalieri normanni, ma anche sul consenso di tutti gli elementi cristiani che per due secoli erano stati sotto la signoria degli Arabi: una signoria tollerante in campo religioso, altamente progredita in senso culturale ma per questo non meno opprimente. Del resto i cristiani dell'isola conobbero anche ora, come sudditi dei principi normanni, la tolleranza che i saraceni avevano esercitato in veste di signori; ci fu un rapporto fino a quel momento straordinario nella cristianità tra fedeli e infedeli, che si impose in questo tipo di Stato siciliano, qualcosa di ben diverso dalla Spagna.

[3] Ci fu qui un sincretismo culturale greco-saraceno, sul quale si innestò ora il potere sovrano normanno senza che questo volesse estirparlo. Mancò in questo luogo l'elemento germanico-longobardo che sul continente si era incrociato con le istituzioni bizantine: la Sicilia era stata governata per secoli dal potere statale monarchico burocratico dei bizantini e degli arabi, sotto il quale però si era mantenuta l'autonomia municipale delle grandi comunità cittadine, in particolar modo di Palermo. Questo passato e il carattere particolare della conquista – che qui proveniva non come sul continente da punti diversi e per ognuno da una consociazione di avventurieri militari sotto un comandante più o meno ricco di successi, bensì da un principe già legittimo con un potere consolidato – questo aveva comportato che in tale luogo la struttura sciolta dello Stato feudale, che contraddistinse il resto delle signorie

4. Ruggero I di Calabria (1031-1101), fratello minore di Roberto il Guiscardo, aiutò il fratello nella conquista della Puglia bizantina tra il 1059 e il 1061. I due condottieri normanni furono uniti anche nella conquista della Sicilia che si trovava sotto la dominazione araba. Nel 1072 Roberto decise di assegnargli il governo dell'isola attribuendogli il titolo di conte. Alla morte del Guiscardo, Ruggero riuscì a farsi riconoscere la piena sovranità sulla Sicilia. Si veda in proposito, Tocco, *Ruggero I conte di Sicilia e di Calabria.*

mannischen Herrschaften charakterisirte, schon einer strafferen monarchischen Organisation Platz gemacht hatte, obwohl neben der municipalen Selbstständigkeit der Städte auch die feudale Verfassung der Eroberer hier Wurzeln gefasst hat.

[4] Der Geist dieser sicilischen Verfassung ist mehr als der der festländischen massgebend für die Regierung des Gesamtreiches geworden, das Roger II.,[b] der Sohn des Eroberers Siziliens, seit 1127 als Erbe seines kinderlosen Neffen Herzog von Apulien in langwierigen und wechselvollen Kämpfen nicht nur mit den einheimischen Gewalten, sondern auch mit dem päpstlichen Stuhl begründet hat.[c] Er hat die Fürstentümer auf dem Festland nicht sofort beseitigt, sondern sie zunächst fortbestehen lassen als Apanagen für seine Söhne, denen er sie zu Lehen gab, ohne sich aber dadurch in der Ausübung seiner Herrschergewalt beschränken zu lassen. Später sind dann diese Fürstenlehen nicht aufs neue verliehen, sondern zur Krone eingezogen worden. Im übrigen aber blieb das [5] Lehnssystem in seiner überlieferten Formen bestehen. Die Grafen und Barone, die früher von jenen Fürsten zu Lehen gegangen waren, behielten ausgedehnte Gewalten in ihren Herrschaften, fast wie kleine Landesherren, nur dass sie jetzt streng zur Erfüllung ihrer Lehensverpflichtungen, der militärischen wie der finanziellen, angehalten wurden, und stets unter der wirksam geltend gemachten Gerichtsbarkeit des Königs standen. Es wurde ihnen unter König Roger II. auch verboten, Stücke ihres Lehnsbesitzes zu veräussern und vor allem trat ihnen die Amtsgewalt königlicher Provinzialobrigkeiten, der gleich noch zu erwähnenden justiciarii, concurrirend und beschränkend zur Seite; doch ist die feudale Gerichtsbarkeit der Barone niemals ganz beseitigt worden, wenn sie auch allmählich an Bedeutung verlor und als Ausfluss der königlichen Gerichtshoheit erschien.

sul continente, è divenuto l'autentico fondatore dello Stato siciliano-normanno, ciò che trovò la sua espressione anche in questo, che egli nel 1130 accettò il titolo regale con il consenso del papa [Anacleto II, Pietro Pierleoni, antipapa]. Egli non ha eliminato subito i principati sul continente, bensì li ha per il momento ancora conservati nel darli in feudo ai suoi figli, senza tuttavia farsi limitare con ciò nell'esercizio del potere statale; successivamente questi feudi non sono stati ulteriormente affittati, ma fatti rientrare alla Corona. Nel complesso tuttavia […]) Il testo è incompiuto e su di esso è tirata una linea diagonale in matita segno di cancellazione per volontà dell'autore: Hintze aveva sostituito questa versione con quella contenuta nel f. 4.

b. Dopo «Roger II» sono state cancellate da Hintze le seguenti parole: «seit 1130 mit dem Königstitel» (dal 1130 con il titolo di Re).

c. Seguono alcune frasi cancellate da Hintze: «Er nannte sich seit 1130, im Einverständnis mit dem Papst, König von Sizilien […] und führte in den nächsten Jahren durch die "Assisen des Königsreichs Sicilien" eine umfassende Neuordnung der Rechtspflege durch, mit starken Entlehnungen aus dem Justinianiscen Corpus Juris» (Si nominò nel 1130, con il consenso del papa, re di Sicilia […] e condusse negli anni seguenti attraverso le "Assise del Regno di Sicilia" un nuovo ampio ordinamento relativo all'amministrazione della giustizia con robusti innesti dal Corpus Iuris giustinianeo).

normanne, aveva fatto luogo a una più rigida organizzazione monarchica, sebbene vi avesse messo radici accanto all'autonomia municipale delle città anche la costituzione feudale dei conquistatori.

[4] Lo spirito di questa costituzione siciliana divenne determinante per il governo del regno nel suo complesso, più di quello della parte continentale; regno che Ruggero II, il figlio del conquistatore della Sicilia, fondò dal 1127 come erede del suo nipote rimasto senza figli duca di Puglia nel corso di battaglie lunghe e mutevoli non solo con le forze indigene ma anche con l'aiuto del soglio papale. Egli non eliminò fin da subito i principati feudali sul continente, ma li lasciò sussistere in via provvisoria come appannaggi per i suoi figli, ai quali li diede in feudo senza tuttavia farsi limitare con ciò nell'esercizio del potere sovrano. Successivamente questi principati non vennero dati nuovamente in prestito, ma fatti rientrare nel patrimonio della corona. Per il resto tuttavia continuò a sussistere [5] il sistema feudale nelle sue forme tramandate dal tempo. I conti e i baroni, che anticamente erano entrati nei feudi per volontà di quei principi, conservarono ampi poteri nelle loro signorie, quasi come piccoli signori territoriali, solo che ora essi furono tenuti in modo rigoroso alla piena realizzazione dei loro obblighi feudali, militari come finanziari, e si trovarono sempre sotto la giurisdizione del re fatta valere in modo efficace. Sotto il re Ruggero II fu proibito loro di alienare pezzi dei loro possedimenti feudali e soprattutto fu affiancato ad essi il potere burocratico di autorità regie provinciali – i justiciarii che sono ancora da menzionare – con la funzione di limitarli e di competere con essi; certamente la giurisdizione feudale dei baroni non fu mai del tutto revocata, anche se perse gradualmente di valore e si manifestò come risultato della giurisdizione sovrana del Re.

In der staufischen Zeit sind dann erledigte Grafschaften und Baronien in der Regel überhaupt nicht wieder verliehen, sondern zur Krone eingezogen worden.[d] [5 bis] Unter Friedrich II. wurde der Lehnsstaat durch die Institutionen einer monarchischen Beamtenverwaltung vollends planmässig überbaut und erdrückt. [6] Diese Richtung auf ein absolutistisches, centralisirtes Beamtenregiment, das eine straffe Zusammenfassung aller finanziellen Mittel des Landes zum Zwecke militärischer Machtentfaltung ermöglichte, entsprach nicht nur den Überlieferungen der byzantinischen und arabischen Regierungsweise und dem Charakter der herrschgewaltigen Normannendynastie, sondern auch der eigenartigen Weltstellung und den politischen Lebensbedingungen des nur durch Waffengewalt begründeten und zu erhaltenden neuen Erobererstaates im Süden Italiens, der gleichsam auf Vorposten gegenüber Byzanz und dem Islam, auch im Rücken durch mächtige Rivalen bedroht war. Beständig auf dem Sprung nach der gegenüberliegenden afrikanischen Küste des Almohadenreiches, nach der Balkanhalbinsel, nach der Levante und insbesondere dem Königreich Jerusalem herüberzugreifen, mussten sich die Normannen zugleich gegen den Kaiser und selbst gegen den Papst, gegen mächtige Handelsstädte wie Pisa und Genua sichern. Und als durch die Staufer die Verbindung des süditalischen Königreiches mit dem Kaisertum trotz der päpstlichen Gegenwirkungen hergestellt und befestigt war, da wurde Sizilien, dessen Einkünfte durch den Aufschwung des Mittelmeerhandels im Zeitalter der Kreuzzüge gewaltig gesteigert worden waren, zum Centrum einer weitausgreifenden realistischen Machtpolitik grossen Stils, die in ihren höchsten Momenten nichts Geringeres als die Beherrschung des ganzen christlichen Abendlandes ins Auge fasste und jedenfalls zuletzt um die Vereinigung ganz Italiens unter einem monarchischen Regiment kämpfte.

[7] Diese Politik, die bekanntlich zu einem Kampf auf Leben und Tod mit der römischen Kurie führte und zugleich auch alle nach Unabhängigkeit strebenden Teile Italiens in Harnisch brachte, zwang zu einer beständigen finanziellen Kriegsbereitschaft und brachte ein System der Staatsverwaltung hervor, das in manchen Zügen an die Militärmonarchien des 17. und 18. Jahrhunderts erinnert auch durch den Geist einer rationalistischen Aufklärung, der sich mit der universalistischen Politik verband und der bei einem Herrscher wie

d. Seguono alcune parole cancellate, di cui non è stato possibile comprendere il senso integrale «Eine Verleihung von Grafschaften und Grafschaftsrechten an die…[?] ist hier immer […][?]» (Una concessione di contee e diritti comitali…[?] è stata qui sempre […][?]).

D'altra parte nel periodo degli Staufer le baronie e le contee di regola non furono più assegnate, ma fatte rientrare alla Corona. [5 bis] Sotto Federico II[5] lo Stato feudale fu sistematicamente sovrastato e schiacciato dalle istituzioni di una burocrazia monarchica. [6] Questa direzione verso un ordinamento per uffici assolutistico, centralizzato, che rese possibile una forte riunione di tutti i mezzi finanziari del territorio ai fini di uno spiegamento di forza militare, corrispose non solo alle tradizioni dei tipi di governo dei bizantini e degli arabi e al carattere di potenza sovrana della dinastia normanna, ma anche alla singolare posizione internazionale e alle condizioni di vita politica del nuovo Stato dei conquistatori nel Sud Italia – Stato fondato solo sul potere delle armi e con le armi da conservare – uno Stato che, oltre ad essere avamposto contro Bisanzio e l'Islam, era anche minacciato alle spalle da potenti rivali. Sempre sul punto di allungare le mani verso la prospiciente costa africana del regno degli Almohadi,[6] verso la penisola balcanica, verso il Levante e soprattutto verso il regno di Gerusalemme, i Normanni dovettero difendersi allo stesso tempo contro l'imperatore e perfino contro il Papa, contro potenti città commerciali come Pisa e Genova. E quando con gli Staufer venne realizzato e rafforzato il legame del Regno sud-italiano con l'impero nonostante le azioni contrarie del Papa, allora la Sicilia – le cui entrate erano state aumentate enormemente all'epoca delle Crociate attraverso lo sviluppo del commercio nel Mar Mediterraneo – divenne il centro di una realistica politica di potenza di alto livello e di ampio respiro, che nei suoi momenti più alti prese in considerazione nientemeno che il dominio dell'intera Cristianità occidentale e comunque in sostanza combatté per l'unione di tutta l'Italia sotto un reggimento monarchico.

[7] Questa politica, che notoriamente condusse a una lotta per la vita e la morte con la curia romana e che allo stesso tempo fece infuriare anche tutte quelle parti d'Italia che aspiravano all'indipendenza, costrinse a durevoli preparativi di ordine finanziario per la guerra e produsse un sistema di amministrazione statale che ricorda in alcune linee le monarchie militari del XVII e XVIII secolo anche per lo spirito di un certo tipo di illuminismo razionalistico che si legò con la politica universalistica e che fu realizzato sotto un sovrano come

5. Federico II (1194-1250), re di Sicilia nel 1197 e di Germania nel 1212. La sua elezione a imperatore nel 1220 suscitò i timori del papato, il cui territorio rischiava di essere schiacciato dai domini svevi a Nord e a Sud. Sull'imperatore svevo la biografia è sterminata. Si vedano almeno Houben, *Federico II. Imperatore, uomo, mito;* Delle Donne, *Federico II: la condanna della memoria.* Sempre utile anche Kantorowicz, *Federico II imperatore.*

6. Il regno degli Almohadi, il cui periodo di massima potenza risale ai secoli XII-XIII, si estendeva dalla Spagna al Nord Africa (dal Marocco fino alla Gran Sirte). La sua origine risale alla detronizzazione degli Almoravidi per mano del berbero Abd al-Mum'in nel 1146.

Friedrich II. in einer für das gleichzeitige Mittelalter beispiellosen Stärke entwickelt war. Die kirchliche Ideologie des früheren Kaisertums war hier in einen entschiedenen politischen Realismus umgeschlagen, der zwar weit entfernt war die konventionelle Grundlage kirchlicher Rechtgläubigkeit prinzipiell zu verlassen, im Gegenteil ihr auch in der Gesetzgebung – z.B. in der Strafverfolgung der Ketzer – weitgehende Zugeständnisse machte, der aber die Kirche im Grunde nur als ein unentbehrliches Instrument zur Domestizirung der Massen ansah und in den entscheidenden Macht und Herrschaftsfragen nur dem Gebot vernünftiger Zweckmässigkeit folgte. Von diesem Geist ist die Gesetzgebung beherrscht, die, ohne die alten hierarchisch-feudalen Ordnungen umzustürzen den Staat doch schon in die Bahn [8] einer fast modern anmutenden büreaukratischen Verwaltung hinübergeführt hat. Sie liess das buntgemischte bürgerliche Recht in der Hauptsache unberührt; nur das Lehnsrecht wurde durch tiefgreifende Bestimmungen gründlich verändert, man kann sagen: seiner politischen Bedeutung als Grundlage eines relativ-selbständigen lokalen Herrentums mehr und mehr entkleidet und fast schon auf die Linie eines privaten Güterrechts zurückgeführt soweit es nicht militärischen Gesichtspunkten dienstbar gemacht werden konnte. Verwaltung und Rechtspflege blieben noch durchaus ungetrennt verbunden in den Händen derselben Organe; aber das Strafrecht wurde, soweit es sich um Störung des Landfriedens oder um Verletzung der fürstlichen Majestätsrechte handelte, schon entschieden von der übrigen Rechtspflege abgesondert; und in einer Weise modernisirt, die weiterhin später zum Muster der civilisirten Welt gedient hat. Die Polizei, namentlich in der Form der Landes und Sicherheitspolizei, erhielt eine stärkere und verfeinerte Ausbildung, zum erstenmal in der neueren Staatenwelt; das Prozessverfahren wurde im Sinne der römisch-kanonischen Doktrin eingebaut, geordnet mit weitgehender Anwendung der Untersuchung von Amtswegen ("Inquisition"); die Behördenorganisation, die Abgrenzung der Zuständigkeiten, die finanziellen Kontrollen, das Amtsrecht überhaupt wurden umständlich geregelt und immer feiner und schärfer im Sinne einer schriftlichen Verwaltung ausgebildet, die in den Händen weltlicher bürgerlicher Litteraten und Juristen lag, der Notare und Advokaten. Dazu kamen Bestimmungen über das Münzwesen, über

Federico II con un forza senza confronti per il Medioevo contemporaneo.[7] L'ideologia ecclesiastica del primo impero fu qui rovesciata in un deciso realismo politico che certamente fu molto lontano dall'abbandonare in linea di principio i fondamenti convenzionali del diritto ecclesiastico, al contrario fece continue concessioni anche nella legislazione – ad esempio nell'azione penale contro gli eretici – e che in fondo considerava la chiesa solo come uno strumento indispensabile per l'addomesticamento delle masse e che seguiva nelle decisive questioni di potenza e di dominio solo l'imperativo di una ragionevole opportunità. Da questo spirito fu dominata la legislazione, che senza sovvertire gli antichi ordini gerarchico-feudali, condusse però lo Stato al di là dei suoi caratteri tradizionali, sulla via [8] di un'amministrazione burocratica che suscita quasi l'impressione di modernità. In sostanza lasciò intatto il multiforme diritto civile. Solo il diritto feudale fu modificato a fondo attraverso incisive disposizioni; si può dire a tal proposito questo: la sua importanza politica come base di un dominio locale relativamente indipendente, a poco a poco venne meno e fu ricondotto quasi sulla linea di un diritto di proprietà privato, salvo che potesse venir invocato per finalità militari. Amministrazione e amministrazione della giustizia rimasero ancora interamente inseparabili nelle mani degli stessi organi; ma il diritto penale – per quanto si trattasse di turbamento della pace territoriale o di violazione dei diritti di maestà del principe – fu separato in modo deciso dal resto dell'ordinamento e modernizzato in un modo che più tardi servì come modello al mondo civilizzato; la polizia, in particolar modo nella forma della polizia territoriale e di sicurezza, ricevette un'istruzione più forte e perfezionata per la prima volta nel mondo degli Stati moderni; il procedimento fu istituito secondo la dottrina romano canonica, ordinato con l'ampio impiego dell'esame d'ufficio ("inquisizione"); l'organizzazione degli uffici, la delimitazione delle competenze, i controlli finanziari, soprattutto la normativa dell'impiego pubblico, furono regolati in modo dettagliato e sviluppati in modo sempre più fine e nitido nel senso di un'amministrazione scritta che era nelle mani di letterati e giuristi laici e cittadini, di notai e avvocati. In più arri-

7. In questi passi, ove l'ordinamento costituzionale del regno siciliano viene messo in relazione con le complesse dinamiche internazionali in cui era coinvolto, traspare a tutto tondo una delle peculiarità del metodo scientifico di Otto Hintze, che metteva in relazione la costituzione e l'amministrazione interna dei poteri pubblici con le relazioni esterne tra gli Stati: il tipo di ordinamento politico di un paese era il risultato dei concreti rapporti internazionali in cui esso si trovava coinvolto. Tale metodo comparativo, che Hintze aveva ricavato dalla lezione di Leopold von Ranke, presentava la sua originalità nell'analisi rigorosa delle istituzioni politiche e amministrative degli Stati oggetto d'indagine. Su questo aspetto della storiografia hintziana si veda quanto scrive Schiera, *Otto Hintze*, pp. 14-15. Importante anche l'introduzione di Di Costanzo nel volume Hintze, *Allgemeine Verfassungs und Verwaltungsgeschichte der Neueren Staaten. Fragmente*, pp. 16-17. Si veda inoltre il secondo capitolo del volume Di Costanzo, *Lo storicismo realistico di Otto Hintze*, pp. 141-176.

direkte und indirekte Steuern, über Domänenverwaltung, über Monopole, über Wirtschafts- und Handelspolitik. [9] Alles im Geiste einer vernünftigen, auf Gerechtigkeit und Wohlfahrt gerichteten Bevormundung der Bevölkerung, vor allem aber doch beherrscht von dem unbedingten Vorrecht der Staatsnotwendigkeiten, die mit der zunehmenden Schärfe des Kampfes immer drückender für die Untertanen wurden, und von dem unbedingten Anspruch des Monarchen auf seine eigene Selbstbehauptung und auf die Durchsetzung seiner politischen Ziele. An dem staatlichen Machtinteresse fanden meist die Gesichtspunkte der Wohlfahrt und Gerechtigkeit ihre selbstverständlichen Schranken.

Ihren ersten grösseren Niederschlag hat die Gesetzgebung Friedrichs II. in den Constitutionen gefunden, die 1231 auf einem Hoftage zu Melfi verkündet wurden, also bald nach der Beendigung des ersten Krieges mit dem Papst zur gleichen Zeit, wo die neuen Steuern und Monopole eingerichtet wurden. Sie beruhten zu einem sehr grossen Teil auf der älteren Gesetzgebung Rogers II. und seiner Nachfolger und waren das Ergebnis einer sorgfältigen Sammlung und Sichtung aller bisher erlassenen Verordnungen, wobei in erster Linie der Bischof Thomas von Capua, neben ihm aber zweifellos auch schon der Grosskopister und späterer Kanzleileiter Petrus von Vinea sich in massgebender Weise betätigt haben. Diese Sammlung wurde später durch viele neue Constitutionen vermehrt. Namentlich seit 1239, wo der neue grosse Kampf mit dem Papsttum begann, dessen Ende [10] der Kaiser nicht mehr erleben sollte, setzt eine neue Ära von Veränderungen ein, die offensichtlich dem Bedürfnis entsprungen ist, alle Kräfte des Reiches zum Schutz und Trutz aufs wirksamste

varono norme sulla moneta, sulle imposte dirette e indirette, sull'amministrazione demaniale, sui monopoli, sulla politica economica e commerciale. [9] Tutto nello spirito di una razionale tutela della popolazione orientata secondo giustizia e benessere, dominato dal privilegio incondizionato delle necessità dello Stato che con la crescente durezza del conflitto furono sempre più gravose per i sudditi, e dalla pretesa assoluta del monarca alla sua vera e propria autoaffermazione e all'imposizione dei suoi obiettivi politici. I punti di vista del benessere e della giustizia trovavano per lo più le loro naturali barriere nell'interesse statale di potenza.

La legislazione di Federico II trovò la sua prima, maggiore espressione nelle Costituzioni che furono proclamate nel 1231 in una dieta di corte a Melfi, dunque subito dopo la fine della prima guerra con il Papa, nello stesso tempo in cui furono introdotte le nuove imposte e monopoli. Esse si fondavano per una parte assai ampia sull'antica legislazione di Ruggero II e dei suoi successori e furono il risultato di una raccolta e di un esame scrupolosi di tutte le disposizioni emanate fino ad allora; nella loro compilazione e redazione svolsero un ruolo importante in prima linea il vescovo Tommaso di Capua,[8] accanto a lui tuttavia in modo determinante anche il grande copista e più tardi capo della cancelleria Petrus delle Vigne.[9] Questa raccolta fu più tardi ampliata con molte nuove Costituzioni. Soprattutto dal 1239, quando iniziò la nuova grande lotta con il Papa la cui fine [10] non doveva più essere vista dall'imperatore, incominciò una nuova era di ordinanze, che evidentemente scaturiva dall'esigenza di riunire nel modo più efficace possibile tutte le forze del regno per la

8. Tommaso di Capua (?-1239?), originario di Capua, fu arcivescovo di Napoli. Venne nominato cardinale di Santa Sabina da papa Onorio III nel 1215. I suoi stretti rapporti con l'imperatore Federico II indussero il pontefice Gregorio IX a servirsi di lui per riappacificarsi con il monarca svevo nel 1230. Il suo contributo fu notevole nella stipulazione della pace di Ceprano e di San Germano, ricordata da Hintze nei suoi scritti. Del tutto sconosciuto è invece il suo coinvolgimento – qui accennato da Hintze – nella stesura delle Costituzioni di Melfi del 1231. Si veda la voce curata da Grévin, *Tommaso di Capua*.

9. Pietro della Vigna (1190 ca-1249), conosciuto anche come Pier delle Vigne o *Petrus de Vinea* o *Petrus de Vineis*, si formò a Bologna negli studi giuridici. Nel 1225 fu presentato a Federico II da Bernardo, arcivescovo di Palermo: per le sue doti di letterato e di giurista, l'imperatore lo assunse nell'amministrazione del suo regno siciliano, ove Pietro rivestì dapprima l'ufficio di notaio, poi – fino al 1234 – quello di giudice nella *Magna Curia.* Divenuto uno dei principali uomini di fiducia di Federico II, partecipò a numerose missioni diplomatiche e guadagnò la promozione alla carica di logoteta e protonotario. Accusato di aver ordito un complotto teso all'avvelenamento del sovrano, Pietro venne arrestato e torturato con l'accusa di alto tradimento. Sembra che si suicidò a Pisa. I cronisti medievali e Dante Alighieri, che lo ricorda nel XIII canto dell'Inferno, non credono però alla veridicità di tale accusa. Hintze, verso la fine di questa parte, sostiene che commise furti e favoritismi negli uffici centrali del regno siciliano di Federico II. Un fatto conosciuto dagli storici, anche se poco indagato. Si veda la voce curata da Schaller, *Della Vigna, Pietro.*

zusammenzufassen. Manches davon ist nur von vorübergehender Bedeutung gewesen; vieles aber überdauerte den Kampf und die staufische Herrschaft und wurde ein fester Bestandteil in den Überlieferungen der Monarchia Sicula.

Von allen mittelalterlichen Verfassungen steht der sizilischen am nächsten die anglonormannische, in der ja Kräfte verwandter Art wirksam waren, und zwar hier wie dort in einem verhältnismässig beschränktem Gebiet mit guten Grenzen, das auch bei den damaligen Verkehrsverhältnissen der herrschaftlichen Durchdringung keine allzu grossen Schwierigkeiten bereitete. Wenn trotzdem, namentlich seit dem 13. Jahrhundert, die Richtung in der Fortbildung der Verfassung stark auseinandergeht, dort zum Ständestaat und Parlamentarismus, hier zu einem überwiegend monarchischen Regiment geführt hat, so liegen die Ursachen dafür offenbar nicht nur in den politischen Bewegungen der kommenden Jahrhunderte, sondern auch in dem ganz verschiedenartigen Erbe der Vergangenheit: dort der jugendlich-frische genossenschaftliche Geist der angelsächsischen Verfassung, hier ein soziales System, [11] das auf die Verwitterungen einer tausendjährigen Civilisation begründet war.

In diesem Brennpunkt städtischer Mittelmeerkultur lebten die Menschen seit vielen Jahrhunderten in grösseren sozialen Kreisen und waren mehr von dem Geist einer auf arbeitsteilige Verkehrswirtschaft und kontraktliche Beziehungen begründeten Gesellschaft, als von dem einer nachbarlichen Siedlungs- und Lebensgemeinschaft erfüllt. Die mächtigen Elemente des Landes, Städte wie Barone, waren immer mehr darauf aus, mit ungehemmter Willkür in ihrem besonderen Herrschafts- und Interessenkreise zu schalten, als in körperschaftlichem Zusammenschluss für verfassungsmässige Freiheit und Landeswohlfahrt einzutreten. Die Masse aber, namentlich auf dem platten Lande, lebte seit Jahrhunderten unter einem harten Druck von Abgaben und Leistungen, der durch den vielfachen Wechsel der Herrschaft sich kaum wesentlich verändert haben wird. "Die fremden Eroberer kommen und gehen; wir gehorchen, aber wir bleiben bestehen!".

protezione e per la difesa. Di queste alcune furono solo di importanza passeggera; molte tuttavia sopravvissero alla guerra e alla signoria degli Staufer e costituirono un solido elemento nelle tradizioni della Monarchia Sicula.

Tra tutte le costituzioni medievali la più vicina alla siciliana è quella anglonormanna, nella quale operarono forze di natura affine e certamente, qui come là, in un territorio relativamente limitato con netti confini che, anche considerando lo stato delle comunicazioni di quel tempo, non procurò eccessive difficoltà alla penetrazione dominatrice. Quando tuttavia, in particolar modo dal XIII secolo, la direzione nel perfezionamento della costituzione ebbe a divergere fortemente, là produsse lo Stato per ceti [*Ständestaat*] e il parlamentarismo, qui un predominante ordinamento monarchico, allora le cause di questo risiedono evidentemente non solo nei movimenti politici dei secoli seguenti, ma anche nella eredità del tutto variegata del passato: là lo spirito fresco-giovanile, consociativo della costituzione anglosassone, qui un sistema sociale [11] fondato sul lento disfacimento di una civiltà millenaria.

In questo punto cruciale di una cultura mediterranea di tipo cittadino, gli uomini vivevano da molti secoli in grandi cerchie sociali, ed erano occupati più dallo spirito di una società fondata su un'economia di traffici in base alla divisione del lavoro e su rapporti di tipo contrattuale che su una comunità d'insediamento e di vita di vicinato. I potenti elementi del territorio, città e baroni, aspirarono sempre più a questo, a disporre di un arbitrio incontrollato nel loro particolare ambiente di dominio e d'interesse, che non ad entrare in un'unione corporativa per la libertà costituzionale e il benessere del territorio. La massa tuttavia, soprattutto nella pianura, visse per secoli sotto una dura pressione di tasse e prestazioni, che nel molteplice succedersi della signoria sarebbe cambiata in modo poco rilevante. «I conquistatori stranieri vanno e vengono; noi ubbidiamo ma sopravviviamo!».[10]

10. Tale analisi consente ad Hintze di spiegare per quale motivo non si sviluppò in Italia uno "Stato per ceti" fondato sull'esercizio delle funzioni pubbliche da parte di una nobiltà che, lungi dal rinchiudersi nell'esclusivo sfruttamento dei feudi, fosse in grado di farsi portavoce (presso i parlamenti o diete) degli interessi delle comunità presenti nei suoi domini secondo il modello costituzionale nord-europeo. Nel Sud Italia (a livello dei signori feudali e della stessa monarchia) e nelle stesse Signorie cittadine del Centro-Nord (con l'eccezione di Venezia e Firenze) ciò rese possibile un potere di natura autoritaria e personale che poteva contare sull'appoggio di una burocrazia per uffici costituita dal ceto dei giuristi ben radicato nella penisola. Nel Sud Italia una costituzione per ceti fu importata con scarsa influenza solo per iniziativa dei monarchi angioini e aragonesi. Il passo riportato da Hintze, «I conquistatori stranieri vanno e vengono; noi ubbidiamo ma restiamo fermi!» è una citazione da Friedrich Schiller, *Die Braut von Messina*: «Die fremden Eroberer kommen und gehen, Wir gehorchen, aber wir bleiben stehen». Rispetto al brano originale di Schiller, Hintze ha sostituito il verbo "stehen" con il verbo "bestehen" modificando il senso del testo. Non sappiamo se Hintze abbia compiuto volutamente tale modifica oppure se si tratti di un suo errore nella citazione del testo schilleriano. Ringrazio il dottor Andreas Rehberg per la segnalazione.

Aus den Sklavenbetrieben, die hier zur Höhezeit der antiken Mittelmeerkultur vorgewaltet hatten, war seit dem Rückfall in naturalwirtschaftliche Zustände der Kolonat als die charakteristische Form der Landnutzung getreten, [12] und die daraus hervorgegangene Hörigkeit, neben der sich übrigens auch im 13. Jahrhundert noch wirkliche Sklaverei findet, herrschte weithin auf den sehr ausgedehnten königlichen Domänen wie auf den grösseren und kleineren Grundherrschaften der Barone und der Kirche. Daneben gab es allerdings auch freie Pachtverhältnisse, zum Teil sogar auf Grund schriftlicher Verträge. Auch hier finden sich neben den massenhaften Sonderwirtschaften der abhängigen bäuerlichen Hintersassen grössere oder kleinere Herrenhöfe, die mit unfreiem Gesinde und mit Frohndiensten der umwohnenden Bauern betrieben wurden. Die Hörigenverzeichnisse für die Güter der Barone wie der königlichen Domäne, die aus der byzantinisch-arabischen Verwaltungstechnik herrührten, waren ein wichtiges Mittel für die daran anknüpfende fiskalische Politik der Normannen und der Staufer: sie hatten nicht bloss die Bedeutung von grundherrschaftlichen Notaren sondern unter Umständen auch von Steuerkatastern, die man auf dem laufenden zu erhalten bemüht war. Die Gewöhnung an harten Steuerdruck war hier uralt; es kam in der Hauptsache nur darauf an, ob der Grundherr selbst oder die Staatsgewalt den Löwenanteil an der Ausbeutung der Untertanen erhielt. Diese Tatsache hat es der Staatsgewalt hier leichter gemacht als anderswo[e] ein festes Steuersystem zu begründen. Aber auch die herrschenden Klassen bewiesen hier weniger Widerstandskraft gegen monarchischen Absolutismus.

[13] Die soziale Schichtung weist hier neben den wie überall verwaltenden privilegierten Ständen der Geistlichkeit, Ritterschaft und Stadtbürger ein durch ganz Italien verbreitetes, hier aber besonders starkes und einflussreiches Element von modernem Charakter auf, das sich vortrefflich als Instrument fürstlicher Macht- und Ordnungsbestrebungen gebrauchen liess: der Juristen und Schreiberstand der Advokaten und Notare, der hier sehr früh in Kanzleien und Amtsstuben alle die Funktionen wahrnahm, die anderswo noch lange den Angehörigen des geistlichen Standes überlassen blieben, der aber damit für Geist und Form der Verwaltung im ganzen Abendland vorbildlich und massgebend geworden ist. Nichts verleiht der fridericianischen Verwaltung im sizilischen Reiche einen so modernen Anstrich wie die reinweltliche, auf Rechtskunde und Schriftlichkeit begründete Büreaukratie, deren Träger dieser Stand der Advokaten und Notare gewesen ist. Es ist wohl kein Zweifel, dass er im Zusammenhang steht mit den Ausläufern der antik-römischen Civilisation, die sich im Süden zäher als im Norden erhalten hat, wegen des langdauernden Zusammenhanges

e. Seguono alcune parole cancellate da Hintze: «im christlichen Abendland» (nella Cristianità occidentale).

Alla conduzione con schiavi, che qui era stata predominante fin dai tempi dell'antica cultura mediterranea, era subentrata, con la ricaduta nelle condizioni dell'economia di natura, l'enfiteusi come la forma caratteristica dell'uso del suolo [12] e la servitù proveniente da qui, accanto alla quale del resto si trovò una reale schiavitù ancora nel XIII secolo, dominò ampiamente sui più vasti domini del Re così come sulle maggiori e minori signorie feudali dei Baroni e della Chiesa. Esistevano tuttavia anche liberi rapporti pattizi, in parte perfino sulla base di contratti scritti. Accanto alle gigantesche economie speciali con i coloni rustici legati ad esse, si trovarono anche qui corti signorili più o meno estese che venivano gestite con servitù non libera e con le corvée dei contadini vicini. Le liste dei servi per i beni dei Baroni come per il demanio del Re – liste che derivavano dalla tecnica amministrativa arabo-bizantina – furono un mezzo importante per la politica fiscale dei Normanni e degli Staufer in quanto svolgevano la funzione non solo dei Notai signorili, ma sotto certe circostanze anche dei catasti e registri delle imposte che ci si sforzava di mantenere aggiornati. L'assuefazione alla dura pressione fiscale fu qui antichissima; in sostanza ciò che contava era se fosse il Signore feudale stesso o non invece il potere dello Stato a fare la parte del leone nello sfruttamento dei sudditi. Questa realtà rese – qui più che altrove – maggiormente facile al potere dello Stato di fondare un solido sistema fiscale. Ma anche le classi dominanti dimostrarono qui poca resistenza contro l'assolutismo monarchico.

[13] La stratificazione sociale presentava – accanto ai ceti privilegiati del clero, della cavalleria e dei cittadini che amministravano qui come dappertutto – un elemento diffuso in tutta Italia, in questi luoghi tuttavia particolarmente forte e assai influente di carattere moderno, elemento che si lasciò adoperare in modo eccellente come strumento dei tentativi del principe verso la potenza e l'ordine: il ceto dei giuristi e degli scrittori, degli avvocati e dei notai, che qui adempì assai presto nelle cancellerie e negli uffici dell'amministrazione a tutte le funzioni che altrove sarebbero rimaste ancora a lungo affidate agli appartenenti del ceto ecclesiastico, il quale tuttavia per questo divenne influente ed esemplare per spirito e forma dell'amministrazione in tutto l'Occidente. Nulla conferisce all'amministrazione federiciana nel Regno di Sicilia un aspetto così moderno come la burocrazia puramente secolare, fondata sull'esperienza del diritto e sulla scrittura, il cui sostegno fu questo ceto di avvocati e notai. Non c'è alcun dubbio che esso stesse in relazione con le propaggini dell'antica civilizzazione romana, che si conservò in modo più tenace al Sud che al Nord, a causa dei rapporti assai durevoli con l'impero orientale bizanti-

mit dem byzantinischen Ostreich. Nicht nur die Fortpflanzung der Standesüberlieferungen selbst spielt dabei eine Rolle, sondern auch der ganze Zuschnitt des sozialen und rechtlichen Lebens, namentlich in den Städten, die Gewohnheit, den Inhalt von Rechtsgeschäften schriftlich festzuhalten, die Bedeutung schriftlicher Kontrakte auch für ländliche Pachtverhältnisse, ihre Notwendigkeit bei Besitzveränderungen, die das Steuerrecht berühren und dgl. mehr.

[14] Dabei ist allerdings darauf hinzuweisen, dass nach den neusten Forschungen (Niese vor allem) die juristische Bildung dieses Standes nicht etwa direkt an die Überlieferungen der byzantinischen Zeit und die Rechtsbücher Justinianus anknüpft, sondern vielmehr an die neuen Lehren der Glossatorenschule von Bologna, die auch im Süden früher zu massgebender Geltung gelangt ist. Advokaten und Notare treten uns im Süden als zwei gesonderte, obwohl durch die gemeinsame Beziehung zum Gericht doch auch wieder eng verbundene Stände entgegen, beide zunftartig geschlossen, aber mehr durch obrigkeitliche als durch genossenschaftliche Einwirkungen. In dem Advokatenstand kann schon im 12. Jahrhundert nur eintreten, wer eine staatlich kontrolierte Prüfung abgelegt und einen Amtseid geleistet hat. Wie einst im römischen Kaiserreich ist die Advokatei die Vorstufe zu dem Richterstand und zu den höheren Stellen der Rechtsverwaltung; sie steht mit den höheren Ständen in Verbindung und pflanzt sich gern durch Inzucht fort. Weniger vornehmer Herkunft sind die Notare, die aber auch neben der grammatischen eine juristische Bildung erhalten haben. Unter ihnen kann man die freien Notare, die die Beurkundung von Rechtsgeschäften lediglich als privates Gewerbe betreiben, unterscheiden von denen, die staatlich geprüft, vereidigt und in eine [15] Tabellionatsliste eingetragen sind. Diese letzteren bilden einen lebenslänglichen Beamtenstand und ausschliesslich aus ihnen wird das Subalternpersonal der sizilischen Verwaltungs- und Gerichtsbehörden entnommen. Dieser fachmässig ausgebildete Juristen- und Schreiberstand, unabhängig von der Kirche, vielfach im Gegensatz zu den ritterlichen Klassen, aber auch von dem Bürgertum durch Beruf und Privilegien geschieden, ist in Italien und ganz besonders im Süden, nicht erst durch die büreaukratische Verwaltung des Fürstenstaates ins Leben gerufen worden; er hat vielmehr dieser selbst den Weg bereitet. Sein Dasein ist eine soziale Tatsache für sich, ebenso wie die feudale Schichtung der Gesellschaft, mit der er in einem tiefinnerlichem und weit in die Vergangenheit zurückreichenden Widerspruch steht. Er ist eines der wesentlichsten Hindernisse für die Entfaltung eines eigentlichen Ständestaats in Süditalien geworden, wie

no. Non solo la riproduzione delle tradizioni cetuali giocò essa stessa da vicino un ruolo, ma anche tutto lo stile della vita sociale e giuridica, soprattutto nelle città l'abitudine a fissare per iscritto il contenuto delle questioni di diritto, l'importanza dei contratti scritti anche per i rapporti pattizi territoriali, la loro necessità per i cambiamenti di proprietà che toccarono in modo assai simile il diritto tributario e altro ancora.

[14] Con questo occorre però richiamare l'attenzione sul fatto che, in base alle ricerche più recenti (Niese soprattutto),[11] la formazione giuridica di questo ceto non si riallacciò in modo per così dire diretto alle tradizioni del periodo bizantino e ai codici di Giustiniano, ma assai più alle nuove dottrine della Scuola dei Glossatori di Bologna, che anche al Sud arrivò molto presto a un valore determinante. Avvocati e notai ci si fanno incontro al Sud come due ceti separati, tuttavia collegati ancora assieme in modo stretto attraverso il comune rapporto in tribunale, entrambi chiusi in senso corporativo, tuttavia più sotto influsso dell'autorità pubblica che sotto quello della consociazione cui appartenevano. Nel ceto degli avvocati del XII secolo poteva entrare solo chi avesse sostenuto una prova controllata dallo Stato e avesse reso un giuramento d'ufficio. Come un tempo nell'impero romano, l'avvocatura fu lo stadio preliminare al ceto dei giudici e alle più alte posizioni dell'amministrazione giudiziaria; essa stava in relazione con i ceti maggiori e si riproduceva senz'altro attraverso endogamia. Di un'origine meno illustre erano i notai, i quali tuttavia oltre alla grammatica avevano ricevuto una formazione giuridica. Sotto di loro si potevano distinguere i liberi notai, che operavano la certificazione delle operazioni giuridiche unicamente come attività privata, da quelli che erano stati esaminati dallo Stato, avevano giurato ed [15] erano registrati in una lista di tabellionati. Questi ultimi formavano un ceto di funzionari a vita ed esclusivamente da loro era tratto il personale subalterno degli uffici amministrativi e giudiziari siciliani. Questo ceto di giuristi e scrittori formato in senso professionale, indipendente dalla Chiesa, spesso in contrasto con la classe dei cavalieri, ma diviso anche dai cittadini nella professione e nei privilegi, in Italia e in modo tutto particolare nel Sud, non fu chiamato in vita solo attraverso l'amministrazione burocratica dello Stato del principe; esso piuttosto le preparò il cammino. La sua esistenza fu una realtà sociale in sé, tanto quanto la stratificazione feudale della società con cui si trovava in un contrasto profondamente intimo e risalente ampiamente indietro nel tempo. Esso divenne uno degli ostacoli più considerevoli per lo sviluppo di un autentico Stato per ceti ("Ständestaat") nel Sud Italia, come anche più tardi giocò

11. Benedictus Niese (1849-1910), storico dell'antichità e filologo tedesco. Qui si ricorda l'opera sulla storia antica: Niese, *Grundriss der römischen Geschichte,* che può essere stata consultata da Hintze. Su Niese si vedano *Niese, Benedictus* nonché Schlange Schöningen, *Niese, Benedictus.*

er auch später zur Zeit der Signorie in den mittel- und oberitalienischen Kleinstaaten eine ähnliche Rolle gespielt hat. Die Stellung und Bedeutung der übrigen privilegirten Stände wurde daneben freilich auch nah durch andere Momente im sizilianischen Reiche beeinträchtigt.

[16] Die Geistlichkeit stand in diesem Reiche von alters her in einer strengeren Botmässigkeit gegenüber der weltlichen Gewalt als anderswo in der abendländischen Christenheit. Trotzdem oder vielleicht gerade weil die normannischen Herrscher in enger Verbindung mit der päpstlichen Curie emporgekommen waren, und in vassallitischer Abhängigkeit von ihr standen, gleichsam als ihr weltlicher Schutz gegen die Übergriffe des Kaisertums, und als Vorkämpfer gegen den Islam und Byzanz, [17] sind hier die Zügel des päpstlichen Kirchenregiments weniger straff angezogen worden als in West- und Mitteleuropa. In eben der Zeit wo anderswo der Investiturstreit das Verhältnis von geistlicher und weltlicher Gewalt aufs stärkste gespannt hielt, gewann Graf Roger I. von Sizilien die Stellung eines geborenen päpstlichen Legaten (1098) und [17 bis] wenn die Absicht des Papstes Urban II. bei der Verleihung dieser Würde auch nur dahin ging, die gefährliche Eigenmächtigkeit der Eroberer Siciliens bei der Einrichtung der neuen Bistümer und der Kirchenverfassung nachträglich zu legalisiren und so als Präcedenzfall für die Zukunft unschädlich zu machen, so konnte die Kurie doch nicht verhindern, dass er und seine Nachfolger aus dieser Stellung den Anspruch auf [17] eine Fülle von Befugnissen im Kirchenregiment ableiteten, die damals einzig in der Welt dastand, vor allem die Unterwerfung der Geistlichen unter ihr Gericht und unter die staatliche Besteuerung und das Recht der Ernennung zu den Bistümern.

Diese ausserordentlichen Vorrechte der Monarchia Sicula haben die Staufer allerdings nicht festzuhalten vermocht: [17 bis] schon in dem Concordat, das die Königin Constanze nach dem Tod ihres Gemahls (1197) mit der Curie schliessen musste, blieb von dem Recht zur Ernennung der Bischöfe kaum mehr als eine Art von Zustimmungsrecht übrig; und Friedrich II. musste [17] in dem Frieden von Ceperano (1230) auch noch die Befreiung des Clerus von der weltlichen Gerichtsbarkeit und von der allgemeinen Besteuerung, wenn auch mit gewissen Einschränkungen zugestehen und sich endgültig mit dem blossen Zustimmungsrecht bei den Bischofswahlen begnügen. Immerhin hatte die

un ruolo simile al tempo delle Signorie nei piccoli Stati dell'Italia centro-settentrionale. Certamente nel regno siciliano la posizione e l'importanza degli altri ceti privilegiati a confronto con esso fu certamente compromessa anche da vicino in altri momenti.

[16] Il clero si trovava da tanto tempo in questo regno in una condizione di potere assai più forte di fronte al potere secolare, rispetto ad altri luoghi della Cristianità occidentale. Ciononostante o forse proprio perché i dominatori normanni si erano affermati in relazione molto stretta con la curia papale e si trovavano da essa in dipendenza vassallatica, quasi alla stregua di sua difesa secolare contro le ingerenze dell'impero e in veste di avamposto contro l'Islam e Bisanzio, [17] le briglie dell'ordinamento ecclesiastico papale furono tirate qui meno che nell'Europa occidentale e centrale. Proprio nel periodo in cui altrove la lotta per le investiture mantenne tesa al massimo la relazione tra potere ecclesiastico e potere secolare, il conte Ruggero I di Sicilia ottenne l'ufficio di un Legato papale originario del luogo (1098) e [17 bis] se lo scopo del papa Urbano II[12] nel conferimento di questa dignità aveva mirato a frenare la pericolosa autonomia dei conquistatori della Sicilia mediante la fondazione di nuove diocesi e della costituzione ecclesiastica da legalizzare in un secondo momento e da rendere inoffensiva come precedente giuridico per il futuro, la curia non poté invece impedire che Ruggero e i suoi successori da questa posizione facessero derivare il diritto ad [17] una pienezza di poteri nel reggimento della Chiesa all'epoca unica al mondo, soprattutto con la sottomissione del clero ai loro tribunali e alla tassazione statale e col diritto alla nomina nelle diocesi.

Questi privilegi straordinari della Monarchia siciliana gli Staufer non sono stati in grado però di conservarli. [17 bis] Già nel concordato che la regina Costanza[13] dovette stringere con la curia dopo la morte del marito (1197), del diritto di nomina dei vescovi avanzò una specie di diritto all'assenso: e Federico II [17] nella pace di Ceprano[14] (1230) dovette concedere anche l'esenzione del clero dalla giurisdizione secolare e dall'obbligo di pagare le tasse, anche se con certe riserve e dovette accontentarsi definitivamente di un semplice diritto di assenso nell'elezione dei vescovi. Il potere secolare aveva pur sem-

12. Urbano II (1042-1099) fu papa dal 1088 al 1099.
13. Costanza di Altavilla (1154-1198) fu imperatrice e regina di Sicilia. Figlia del re normanno Ruggero II, sposò l'imperatore Enrico VI Hohenstaufen, recando in dote il Regno di Sicilia e il ducato di Puglia.
14. La pace di Ceprano, stipulata tra il pontefice Gregorio IX e il re di Sicilia Federico II nell'agosto 1230, perfezionava in realtà gli accordi stretti a luglio nella pace di San Germano, nei quali era stabilita l'esenzione dei vescovi dalla giurisdizione secolare in campo civile e penale nel Regno di Sicilia; in cambio il papa ritirò la scomunica al sovrano svevo. Cfr. Carbonetti, *Pace di San Germano*.

weltliche Gewalt manche Handhaben zur wirksamen Beherrschung des Clerus, der hier niemals auf Grund der Übertragung gräflicher Befugnisse wie in Deutschland [18] zu fürstenmässiger Gewalt gelangte und dessen Grundbesitzerwerb durch die Gesetzgebung Friederich II. planmässig und wirksam beschränkt worden ist. [18 bis] Güter, die die Kirche durch Schenkungen oder anderweitig neu erwarb, mussten in Jahresfrist wieder verkauft werden; so war dafür gesorgt, dass der Besitz der toten Hand sich nicht so stark wie anderswo vermehren konnte.[f] Die Steuerfreiheit der kirchlichen Güter erstreckte sich nicht auf den Privatbesitz der geistlichen. Auch die Hintersassen der geistlichen Grundherrschaften unterlagen der königlichen Besteuerung.

[18] Die Vasallen wurden in strenger Disciplin gehalten. Die Aftervasallen mussten wie in England dem König als dem obersten Lehnherrn unmittelbar den Eid der Treue leisten und wurden in der Verpflichtung gegenüber ihrem direkten Lehnsherrn vom König controlirt, der auch wohl selbst die Afterlehen vergab. Alle militärisch wichtige Burgen waren in der Hand des Königs, Anhäufung von Lehnsbesitz in der Hand *eines*[g] Vasallen suchte er zu vermeiden; die oberlehnsherrliche Vormundschaft über Erbtöchter, die er in Anspruch nahm, bot ihm die Handhabe für eine planvoll ausgleichende, im monarchischen Interesse wirksame Heiratspolitik. Die Lehnsaufgebote waren häufig, konnten aber wie in England durch Geldzahlungen (adoamenta) abgelöst werden. Die fiscalische Seite des Lehnswesens war, wiederum wie in England, stark ausgebildet und schliesslich haben sich die Vasallen auch einer regelmäßigen direkten Besteuerung (collecta) ihrer Hintersassen, die seit 1231 eingerichtet wurde, nicht zu entziehen vermocht. Die auflösenden Tendenzen der Lehnsver[19]fassung haben sich hier also nicht geltend machen können.

Auch die Städte haben sich hier in ganz anderer Weise, als es sonst in Italien üblich war, in den monarchischen Staatsverband einfügen müssen. Die Anfänge der kommunalen Bewegung hatten auch die Städte Süditaliens bereits seit der normannischen Zeit ergriffen; aber der Entwicklungsprozess ist hier durch die Staufer jäh unterbrochen worden und nicht zum Ziel gelangt. Mit Ausnahme weniger privilegirter Gemeinden wie Palermo[h] wurden die Städte von Friedrich II. sämtlich unter die absolute Botmässigkeit einer monarchischen Verwaltung gebracht nicht anders als die Landgebiete. Die Wahl selbständiger Communalbehörden war bei furchtbar strengen Strafen für die Gemeinden wie für die Gewählten verboten: ein königlicher Amtmann

f. Seguono alcune parole cancellate da Hintze: «Dafür blieben freilich die Abgaben der Untertanen hier in viel weiterem Masse den geistlichen Herren und Stiftern als es bei den weltlichen Grundherren der Fall war» (Con ciò rimasero però ai signori e istitutori ecclesiastici le tasse sui sudditi in quantità assai più ampia di quanto non fosse per le signorie secolari).
g. La parola in corsivo è sottolineata nel testo originale.
h. Sopra è scritta in matita la data 1233.

pre alcuni pretesti per un efficace controllo del clero che qui mai era pervenuto a un potere di rango principesco in base al conferimento di poteri comitali come in terra tedesca [18] e il cui acquisto di proprietà terriera venne limitato in modo efficace e regolare dalla legislazione di Federico II. [18 bis] I beni che la Chiesa acquisì nuovamente mediante donazioni o in altro modo, dovevano essere nuovamente venduti nel giro di un anno; questo fece sì che il possesso della manomorta non potesse accrescersi in modo così forte come in altri luoghi. L'esenzione dalle imposte dei beni della chiesa non si estendeva al possesso privato del clero. Anche i contadini dipendenti diretti delle grandi signorie ecclesiastiche erano soggetti alla tassazione regia.

[18] I vassalli furono tenuti in una più severa disciplina. I valvassori dovevano compiere il giuramento di fedeltà direttamente al Re in veste di supremo signore feudale come in Inghilterra ed erano controllati negli obblighi verso i loro diretti feudatari dal sovrano, che assegnava lui stesso i piccoli feudi. Tutti gli importanti castelli militari erano nelle mani del Re. Egli cercava di evitare l'accumulo della proprietà feudale in un solo vassallo; la tutela sulle eredi femmine dell'alta signoria feudale, che egli prese, gli offrì il pretesto per una efficace politica dei matrimoni regolata interamente nell'interesse della monarchia. Le pubblicazioni di matrimonio tra famiglie feudali erano frequenti, ma potevano essere revocate come in Inghilterra dietro pagamento di denaro (adoamenta). La parte fiscale del feudalesimo era fortemente sviluppata, di nuovo come in Inghilterra, e in definitiva i vassalli non furono capaci di sottrarsi a una tassazione diretta e regolare dei loro contadini, che fu istituita nel 1231. Le tendenze al dissolvimento della costituzione feudale [19] non poterono dunque farsi valere qui.

Anche le città – qui in modo del tutto diverso da quello che al contrario era consueto in Italia – si dovettero adeguare alla formazione statale monarchica. Gli inizi del movimento comunale avevano coinvolto anche le città del Sud Italia già dal periodo normanno; ma il processo di sviluppo fu bruscamente interrotto dagli Staufer e non arrivò alla meta. Ad eccezione di pochi Comuni privilegiati come Palermo, le città furono tutte portate da Federico II sotto il dominio assoluto di un'amministrazione monarchica, non diversamente dai territori rurali. L'elezione di autonomi uffici comunali fu proibita da severe e terribili pene per la comunità così come per gli eletti: un funzionario del Re

(bajulus) war in den allermeisten Städten ebenso wie in den ländlichen Bezirken der alleinige Träger der obrigkeitlichen Gewalt.

Es versteht sich von selbst, dass diese Art der Regierung der Ausbildung einer ständischen Verfassung nicht günstig war. Die Keime zu einer solchen finden sich allerdings auch in der sizilianischen Monarchie in den Hoftagen, die der König mit [20] seinen Vasallen hielt; und gelegentlich sind unter Friedrich II. zu einem solcher Hoftage wohl auch einmal städtische Abgeordnete zugezogen worden. [20 bis] Aus dem Hoftage wurde damit ein "generale colloquium" oder "parlamentum" von ganz ähnlicher Art wie wir sie bald nachher in Frankreich oder England finden. Dort beschränkte sich das, soviel wir sehen können, auf zwei Fälle, die Versammlungen von Melfi 1231 und von Foggia 1240. Das erste Mal waren Vertreter von 46 civitates und castra zugezogen, das andere Mal zwei aus jeder civitas, einer aus jedem burgus. Allerdings hören wir nichts davon, dass diesen Versammlungen irgendwelche ständische Rechte eingeräumt worden wären; auch die städtischen Abgeordneten sollten wohl in der Hauptsache nur die Anordnungen des Königs zur Kenntnis nehmen und sie ihren Gemeinden mitteilen. Aber so war es ja anfangs überall; immerhin liegt eine gewisse Anerkennung des Prinzips darin, bedeutende Veränderungen in der Belastung der Bevölkerung nicht ohne Einvernehmen mit ihren massgebenden *Elementen*[i] vorzunehmen. 1232 handelte es sich ja um das neue Steuersystem, 1240 um weitere durch den Krieg notwendig gewordene Belastungen namentlich auch der Geistlichkeit. Mit irgendeiner Opposition war dabei nicht gerechnet. Die städtischen Vertreter wurden wohl von den Ortsbehörden ausgewählt worden, und statt der Vasallen wurden öfter nur die in der Regel ja auch dem Ritterstande angehörigen Bezirkspräfekten und andere Beamte zusammenberufen. Die eigentlichen Entscheidungen waren schon im engeren Kreise des königlichen Hofes und Rates festgestellt; von irgendeiner verfassungsmässigen Befugnis [20] dieser Versammlungen zur Mitwirkung dabei ist nie die Rede gewesen, weder von einem corporativen Beschwerderecht, noch von förmlicher Steuerbewilligung noch von einem Anteil an der Gesetzgebung. Die Gesetzgebung lag ebenso wie die Rechtspflege und die Verwaltung lediglich in der Hand des Königs und seiner Organe. Hier wurde unter den Staufern die Auffassung der römischen Kaiserzeit, die sich auf die Doktrin von der lex regia gründete, wieder schlechthin massgebend; und wenn Friedrich II. die Verkündung der neuen Constitutionen von 1232 und 1240 vor allgemeinen Parlamenten vornehmen liess, so lag darin keine Beeinträchtigung des Grundsatzes, dass der Kaiser allein die Quelle der Gesetzgebung sei; es handelte sich mehr nur um eine besonders wirksame und [...][j] Art der Pub-

i. La parola in corsivo è sottolineata nel testo originale.

j. Non è stato possibile comprendere questa parola scritta da Hintze. Si tratta di un secondo aggettivo che si accompagna al termine «Art», trad. «tipo».

(Bajulus) era nella maggior parte delle città, così come nei distretti territoriali, l'esclusivo detentore del potere pubblico.

È ovvio che questo tipo di governo non fu favorevole alla formazione di una costituzione per ceti (*ständischen Verfassung*). i germogli di un simile ordinamento si trovavano però anche qui, nella monarchia siciliana, nelle diete di corte che il Re [20] teneva con i suoi vassalli; e occasionalmente furono consultati sotto Federico II una volta anche i delegati cittadini in una dieta simile. [20 bis] Dalla dieta di corte si arrivò dunque a un "generale colloquium" o "parlamentum" di tipo assai simile a quello che noi troviamo poco più tardi in Francia o Inghilterra. Per quanto possiamo vedere, questo si limitava a due casi: le assemblee di Melfi del 1232 e di Foggia del 1240. La prima volta furono chiamati a consulto rappresentanti di 46 civitates e castra, l'altra due rappresentanti da ciascuna civitas, uno da ogni burgus. Tuttavia non sentiamo parlare del fatto che queste assemblee fossero state convocate secondo qualche diritto di natura cetuale; anche i delegati cittadini dovevano in sostanza solo prendere atto degli ordini del Re e comunicarli alle loro comunità. Ma inizialmente era proprio così dappertutto; almeno in questo risiede un certo riconoscimento del principio di non intraprendere profondi cambiamenti nel carico tributario della popolazione senza intese con i suoi elementi influenti. Nel 1232 si trattò proprio del nuovo sistema di tassazione, nel 1240 di ulteriori carichi resi necessari per la guerra, in particolar modo contro il clero. In questo non si contò su alcuna forma di opposizione. I rappresentanti delle città erano scelti dalle autorità locali e al posto dei vassalli furono convocati più frequentemente solo i prefetti di circondario, appartenenti di regola anche al ceto dei cavalieri e altri funzionari. Le decisioni vere e proprie erano prese nella più stretta cerchia della corte e del consiglio del Re; [20] di un qualche potere costituzionale di queste riunioni in merito alla partecipazione non si parlò mai al loro interno, né di un qualche diritto di rimostranza corporativo o di una formale approvazione delle imposte o di una partecipazione nell'attività legislativa. La legislazione si trovava come la giurisdizione e l'amministrazione esclusivamente nelle mani del Re e dei suoi organi. Qui sotto gli Staufer la concezione del periodo imperiale romano, che si fondava nuovamente sulla dottrina della lex regia, divenne assolutamente determinante; e quando Federico II fece eseguire la promulgazione delle nuove costituzioni del 1232 e del 1240 davanti ai parlamenti generali, ciò non pregiudicava in alcun modo il principio che solo l'imperatore fosse la fonte della legislazione. Si trattava più di un tipo di pubblicazione particolarmente efficace e [...]. L'antica assuefazione al paga-

likation. Die alte Gewohnheit des Steuerzahlens stand hier auch der Ausbildung eines eigentlichen Steuerbewilligungsrechts im Wege, und ohne ein solches hatte auch das Beschwerderecht wenig Bedeutung. Immerhin hat sich später aus diesen Keimen auch in Neapel und Sizilien eine wenn auch nicht besonders kräftige und gesunde ständische Verfassung zu entwickeln vermocht.

[21] Unter Friederich II. aber war das Regiment durchaus absolutistisch. Der Mittelpunkt desselben war natürlich auch hier der königliche Hof (die Magna Curia Regis). Die grossen Hofbeamten (Seneschall, Comestabulus, Marschall) finden wir hier wie in allen Lehnshöfen des Mittelalters, aber ihre politische Bedeutung war gering bis auf den Oberkämmerer, der aber aus einem feudalen Hofbeamten zum formellen Haupt einer fürstlichen Finanzverwaltung von modernen Schlage umgewandelt worden ist. Eine eigentümliche Neubildung in Sizilien war der gleich noch zu besprechende Magister Justiciarius[k] und der Admiratus (Admiral), der die Flotte befehligte. Dieses letztere Amt war arabischen Ursprungs; es ist aus der Stellung des Emir von Palermo hervorgegangen. Emire waren in der Sarazenenzeit die Statthalter der Provinzen, die Militär- und Civilgewalt mit einander vereinigten. Der sarazenische Emir (amiratus) von Palermo hatte neben der eigentlichen Regierung des Landes vorzugsweise mit dem Commando der Flotte zu tun; und dieses Amt mit seiner umfassenden Gewalt war in die normannische Verwaltung übernommen worden, wo es zeitweise sich zu einer Art von Premierministerium ausgestaltet hat, am Ende aber auf den Flottenbefehl beschränkt worden ist. Mit dem Amiratus hatte eine Zeitlang der Kanzler [22] als oberster Reichsbeamter, auch er zuweilen mit militärischen Befugnissen ausgerüstet, gewetteifert; aber wohl gerade wegen dieser übermässigen Machtfülle ist das Amt unter Friedrich II. früh (seit 1221) abgeschafft worden. Natürlich blieb die Kanzlei das grosse Instrument der monarchischen Verwaltung; aber ihre Leitung lag seitdem in den Händen eines ursprünglich bescheideneren Beamten, des Protonotarius; das Personal war übrigens schon grösstenteils aus weltlichen Litteraten und Juristen zusammengesetzt. Neben dem Protonotarius erscheint am Hofe noch ein zweiter aus der byzantinischen Verwaltung übernommener Beamter, der logotheta; er scheint ein persönlicher Cabinetssecretär des Monarchen gewesen zu sein; unter Friedrich II. war die Stelle in der Person des Petrus de Vinea seit 1247 mit der des Protonotarius verbunden, so dass durch diese Einrichtung die persönliche Regierungsweise des Königs recht sinnfällig zur Anschauung gebracht wird. Unter den Anjous setzt sich das mit Karl II. fort. Vielleicht ist hier die Wurzel jener "Secretärien" zu suchen, die seit dem

k. In italiano gli storici traducono questo termine come «giustiziere». Si segue tale denominazione anche nei casi in cui Hintze si serve della parola «*Justitiar*». Si è mantenuta la denominazione latina *Justiciarius* nei punti in cui Hintze la utilizza.

mento dei tributi sbarrò qui la strada anche alla formazione di un vero e proprio diritto all'approvazione delle imposte, in assenza del quale pure il diritto di protesta ebbe minore importanza. Da questi germogli in seguito riuscì pur sempre a svilupparsi anche a Napoli e in Sicilia una costituzione per ceti, anche se non particolarmente forte e sana.

[21] Tuttavia sotto Federico II l'ordinamento fu senz'altro assolutistico. Il punto centrale del medesimo fu naturalmente anche qui la corte del Re (la Magna Curia Regis). Noi troviamo in questo ambiente i maggiori funzionari di corte (Seneschall, Comestabulus, Marschall) come in tutte le corti feudali del Medioevo, ma la loro importanza politica era modesta, eccetto il supremo camerario, il quale tuttavia venne trasformato da un alto funzionario di corte feudale a capo ufficiale di un'amministrazione finanziaria del principe di stampo moderno. Una particolare nuova istituzione in Sicilia fu ugualmente il Magister Justiciarius ancora da discutere e l'Admiratus (ammiraglio) che aveva il comando della flotta. Quest'ultimo ufficio era di origine araba; esso derivò dalla carica dell'emiro di Palermo. Gli emiri erano nel periodo dei Saraceni i governatori delle province, i poteri civile e militare uniti reciprocamente. L'emiro saraceno (amiratus) di Palermo aveva a che fare, accanto al vero e proprio governo del territorio, preferibilmente con il comando della flotta; e questo ufficio con i suoi ampi poteri era stato accolto nell'amministrazione normanna – dove di tanto in tanto si è sviluppata una forma di Premierministerium – alla fine tuttavia fu limitato al comando della flotta. Per un po' di tempo l'Amiratus [Admiratus] era stato in competizione con il cancelliere [22] come supremo funzionario del Re, anche lui talvolta dotato di poteri militari; ma proprio a causa di questa massa eccessiva di potere, l'ufficio fu soppresso sotto Federico II (dal 1221). Naturalmente la cancelleria restava il più grande strumento dell'amministrazione monarchica; ma la sua guida si trovò da allora nelle mani di un funzionario originariamente assai modesto, il Protonotarius; del resto il personale fu composto in grandissima parte di giuristi e letterati secolari. Accanto al Protonotarius comparve nella corte anche un secondo funzionario rilevato dall'amministrazione bizantina, il Logotheta;[15] questi sembra essere stato un personale segretario di gabinetto del monarca; sotto Federico II l'ufficio fu unito dal 1247 con quello del Protonotarius nella persona di Petrus de Vinea, cosicché attraverso questa riforma lo stile di governo personale del Re venne reso visibile in modo abbastanza evidente. Sotto gli Anjou esso proseguì con Carlo II.[16] Forse qui è da ricercare la radice di quei "Segretari" che fecero la

15. Nel Regno di Sicilia era un alto ufficiale, segretario del re. Nell'impero bizantino rivestiva invece il ruolo di ministro delle finanze.
16. Carlo II di Angiò (1248-1309), fu re di Sicilia dal 1285 al 1309. In seguito alla rivolta siciliana dei Vespri, dovette rinunciare ad ogni pretesa sull'isola firmando la pace di Caltabellotta nel 1302.

14. Jahrhundert am päpstlichen Hofe und bald überall in Italien und Westeuropa erschienen, die Vorgänger der späteren Staatssecretäre.

Für die Finanzverwaltung hatte im 12. und 13. Jahrhundert eine besondere Behörde am Hofe von Palermo bestanden, die offenbar auf arabischen Ursprung [23] zurückgeht und als "dohana" (dogana, doûane, arabisch diwan) oder auch mit einem byzantinischen Ausdruck, der vielleicht noch älter ist als der arabische, als "secretum" bezeichnet wird. Sie hatte früher wohl zwei Abteilungen, die als Schatz- und Rechenkammer unterschieden werden können. Sie nahm die sämtlichen Überschüsse aus den königlichen Gefälle ein, rechnete mit den Beamten ab und übte wohl auch eine Finanzgerichtsbarkeit in Verbindung damit aus. Sie führte und verwahrte die Register über Zoll- und Demanialeinkünfte, sie wachte darüber, dass die Grundherren ihre Privilegien nicht zum Schaden der königlichen Domäne ausdehnten. Von Zeit zu Zeit wurde vom König eine umfassende Prüfung und Neubestätigung aller Lehns- und Besitzurkunden vorgenommen. Genaue Hörigenverzeichnisse der Grundschaften wurden bei der Dohana in Evidenz gehalten. In ihre Bücher waren alle grossen Lehen eingetragen; sie übte wohl die Befugnisse einer königlichen Lehenskanzlei aus. Die Technik des Betriebes war früher arabisch gewesen, so auch die Hörigenverzeichnisse und viele Urkunden. [24] Die Vorsteher der Abteilungen führten neben dem aus Byzanz stammenden Titel "Magister" auch den arabischen "Kaid". Im 13. Jahrhundert scheint die Behörde schon in eine verschmolzen zu sein und ein einheitliches Oberhaupt gehabt zu haben; wenigstens ist in der Regel in den Constitutionen die Rede von dem "Dohanae de secretis et questorum magister", worin wohl die Dohana de secretis und die Dohana questorum (früher auch dohana baronum genannt) verbunden waren, die letzere Kasse, die erstere Rechenkammer; doch wurde der Kriegsschatz unter Friedrich II. auch schon besonders verwahrt und verwaltet.

Die Ähnlichkeit dieser Einrichtung mit dem anglo-normannischen Scaccarium ist nicht zu verkennen, wenn natürlich auch erhebliche Unterschiede vorhanden sind. Ein unter König Roger II. als Kaid bei der Dohana angestellter Engländer, Thomas Brown, wird in dem «Dialogus de scaccario» (ca. 1176) als eine besonders wichtige Kontrollperson im englischen Schatzamt erwähnt. Er und vielleicht auch andere seinesgleichen mögen sizilischen Einfluss auf die englische Finanzverwaltung vermittelt haben; eine Übertragung

loro comparsa dal XIV secolo presso la corte papale e presto dappertutto in Italia e nell'Europa occidentale, gli antenati dei futuri segretari di Stato.

Per l'amministrazione finanziaria era esistita alla corte di Palermo nel XII e XIII secolo una particolare istituzione, che risale in modo evidente alle origini arabe [23] e fu chiamata "dohana" (dogana, doûane, in arabo diwan) o anche con un'espressione bizantina, che forse non era più antica di quella araba, "secretum". Essa aveva in un primo tempo due dipartimenti, che possono essere distinti in una camera del tesoro e una camera dei conti. Riceveva tutti i profitti dalle imposte reali, faceva i conti con i funzionari ed esercitava anche una giurisdizione finanziaria in relazione a questo. Gestiva e conservava il registro sulle entrate doganali e demaniali, vigilava inoltre che i signori feudali non estendessero i loro privilegi a danno del demanio regio. Di tanto in tanto era effettuato dal Re un ampio controllo e nuova conferma di tutti gli atti di proprietà e di concessione feudale. Elenchi dettagliati di servi della gleba dei signori feudali erano tenuti in evidenza presso la Dohana. Nei suoi libri erano registrati tutti i grandi feudi; essa esercitava i poteri di una cancelleria feudale del Re. La tecnica dell'impresa era stata prima araba, così anche le liste dei servi della gleba e molti atti. [24] I capi dei dipartimenti portavano, accanto al titolo di "Magister" di derivazione bizantina, anche quello arabo di "Kaid". Nel XIII secolo sembra che gli uffici fossero fusi in uno e avessero avuto un unico capo; almeno di regola si parla nelle Costituzioni del "Dohanae de secretis et questorum magister" in cui la Dohana de secretis e la Dohana questorum (prima chiamata anche Dohana baronum) erano unite, l'ultima come cassa, la prima come camera dei conti; certamente il tesoro di guerra sotto Federico II fu custodito e gestito in modo particolare.

La somiglianza di questa istituzione con lo Scaccarium anglonormanno non è da sottovalutare, anche se naturalmente esistettero notevoli differenze. Un impiegato inglese, Thomas Brown,[17] che aveva lavorato come kaid nella Dohana sotto il re Ruggero II, viene menzionato nel «Dialogus de scaccario»[18] (1176 circa) come una persona di controllo, un supervisore particolarmente importante nell'amministrazione della tesoreria inglese. Questi e forse anche altri come lui poterono aver trasmesso un influsso siciliano all'amministrazione finanziaria

17. Thomas Brown, funzionario inglese, fu impiegato dello Scacchiere e chiamato a rivestire uffici analoghi di natura economico finanziaria nel regno normanno di Sicilia: in questo periodo fu particolarmente vicino al re normanno Ruggero II. Tornò in Inghilterra tra il 1154 e il 1159, ove lavorò nello Scacchiere. Vedi Lethbridge Kingsford, *Thomas Brown*.

18. Il «Dialogus de scaccario» fu scritto dal vescovo di Londra Richard FitzNeal (1130 ca-1198), tesoriere alla corte di Enrico II d'Inghilterra. Si tratta di un'opera risalente alla seconda metà del XII secolo sull'amministrazione interna dell'istituzione dello Scacchiere inglese. È composta da una serie di domande e risposte riguardanti la giurisdizione, l'ordinamento interno e la pratica amministrativa. Qui si cita l'ultima edizione: Amt, Church (a cura di), *Dialogus de Scaccario, and Constitutio Domus Regis*.

der Einrichtung von England nach Sizilien kann bei dem offenbar arabischen Ursprung der Dohana nicht in Frage kommen.

[25] Diese Dohana war eine calabrisch-sicilische Institution, für Capua und Apulien ist sie nie zuständig gewesen;[1] hier gab es [26] einen besonderen Magister Camerarius für die Finanzverwaltung und unter ihm in den Provinzen besondere Kämmerer, von denen gleich noch die Rede sein wird. Die Oberaufsicht über die Finanzverwaltung des ganzen Reiches aber kam in der staufischen Zeit in die Hände des Camerarius "aule regie" des aus dem alten Hofamte hervorgegangenen Hofkämmerers, der ein besoldeter und absetzbarer Beamter geworden zu sein scheint: in den letzten Jahren Friedrichs II. war das Amt einem Sarazenen anvertraut.

Jedenfalls ist unter Friedrich II. die Camera regia (über deren Organisation wir nichts näheres erfahren) schon die eigentliche finanzielle Centralbehörde des ganzen sizilischen Reiches geworden. Unter den Anjous lernen wir ihre Einrichtung etwas näher kennen: sie fungiert als eine Schatz- und Oberrechenkammer, in der unter dem Vorsitz des Kämmerers 3-4 Magistri rationales die Rechnungen der Finanzbeamten prüfen und die nötigen Entscheidungen und Anordnungen treffen. Sie ist also offenbar die Fortsetzung der friedericianischen Einrichtung und wie diese selbst nach dem Muster der sizilischen Dohana gestaltet. Im Jahre 1277 wurde die eigentliche Tresorverwaltung von der Kammer abgetrennt, wie es auch in Frankreich der Fall war. Seit dieser Zeit näherte sich die Behörde mehr und mehr dem Vorbild der französischen Chambre des Comptes.

[27] Auf dem Festland hat übrigens eine ähnliche Oberrechenkammer wie in Sizilien schon unter Friedrich II. bestanden, wie es scheint, in Barolum. Sie war aber um das Jahr 1239 aufgelöst worden in 3 regionale Bureaus: in Monopoli (für Bari und Otranto), in Melfi (für Capitanata und Basilicata), in Cajazzo (für Abruzzen, Terra di Lavoro, Fürstentum Benevent), wozu noch eine Nebenstelle in Brindisi kam, wahrscheinlich wegen der dort befindlichen Münzstätte, übrigens unter Aufsicht der Beamten von Monopoli. Sizilien und Calabrien waren in diese Ordnung nicht einbezogen – offenbar weil hier die alte Sonderverwaltung, die übrigens auch der Auflösung entgegen ging, noch in Funktion war. Die Decentralisaterei war auf dem Festland ausdrücklich aus dem Grund vorgenommen worden, weil sie dem fiskalischen wie dem Privatinteresse der Untertanen besser entsprach, namentlich auch mit Rücksicht auf die zur Rechenschaftsablegung zu reisenden Beamten. Die einzelnen Stellen wurden auf beständige Verbindung mit einander und gemeinsame Beratung hingewiesen; nur in zweifelhaften Fällen sollten sie bei Hofe anfragen.

1. In larghissima parte ibid., f. 25, si trovano brani cancellati da Hintze, scritti nelle pagine precedenti.

inglese; una trasmissione dell'istituzione dall'Inghilterra alla Sicilia non può essere presa in considerazione per le evidenti origini arabe della Dohana.

[25] Questa Dohana fu una istituzione calabro-siciliana; non fu mai competente per Capua e la Puglia; qui ci fu [26] un particolare Magister Camerarius per l'amministrazione finanziaria e sotto di lui, nelle province, speciali Camerari dei quali si parlerà ancora. La supervisione sull'amministrazione finanziaria di tutto il regno pervenne tuttavia nel periodo degli Staufer nelle mani del Camerarius "aulae regiae", l'alto tesoriere uscito dall'antica burocrazia di corte, che sembra essere diventato un funzionario retribuito e soggetto ad essere potenzialmente destituito: negli ultimi anni di Federico II l'ufficio fu affidato a un saraceno.

Comunque la Camera regia (sulla cui organizzazione non ne sappiamo di più) divenne il vero e proprio ufficio centrale finanziario di tutto il regno siciliano. Sotto gli Anjou noi conosciamo qualcosa di più preciso sulla sua istituzione: essa svolgeva le funzioni di una suprema camera del tesoro e dei conti nella quale, sotto la presidenza del tesoriere, 3-4 Magistri rationales esaminavano i rendiconti dei funzionari finanziari e prendevano le necessarie decisioni e ordini. Essa era dunque in modo evidente la continuazione dell'istituzione federiciana e, come questa stessa, era formata sul modello della Dohana siciliana. Nell'anno 1277 la vera e propria amministrazione del tesoro fu staccata dalla Camera, come era avvenuto anche in Francia. Da quest'epoca l'ufficio si avvicinò sempre più al modello della francese Chambre des comptes.

[27] Sul continente del resto già sotto Federico II esistette come in Sicilia una simile Camera dei Conti suprema a Barolum [Barletta], come sembra. Essa era stata tuttavia sciolta nell'anno 1239 in tre uffici regionali: a Monopoli (per Bari e Otranto), a Melfi (per la Capitanata e la Basilicata), a Cajazzo (per Abruzzo, Terra di Lavoro, principato di Benevento), a cui si aggiunse una quarta filiale a Brindisi, probabilmente a causa della zecca che là si trovava, del resto sotto il controllo dei funzionari di Monopoli. La Sicilia e la Calabria non erano incluse in questa struttura, evidentemente perché qui l'antica amministrazione particolare, che peraltro andò incontro allo scioglimento, era ancora in funzione. Il decentramento era stato effettuato sul continente in modo esplicito per il motivo che esso rispondeva meglio all'interesse fiscale come a quello privato dei sudditi, soprattutto anche per riguardo ai funzionari che viaggiavano per le attività di rendicontazione. Ogni ufficio era tenuto a mantenersi in permanente contatto con gli altri e a dare istruzioni in comuni consultazioni; solo nei casi dubbi si doveva ricorrere alla corte. L'istanza alla cor-

Die Hofinstanz sollte also wohl sogleich entlastet werden – was bei den damaligen Kriegs- und Reiselasten des Kaisers gewiss aufwendig schien. Immerhin mögen die Rückfragen an den Hof so häufig geworden sein, dass sich die Wiederherstellung einer Centralstelle doch empfahl und unter des Anjous in der Weise durchgeführt wurde, dass nun auch die sizilische Sonderverwaltung dieser Centrale unterstellt wurde.

[28] Das alte secretum (die dohana) tritt schon unter Friederich II. zuletzt mehr und mehr zurück. Unter den Anjous, auch schon vor 1282, bezeichnete das wort "dohana" überhaupt nicht mehr eine Behörde, sondern nur den Grenzzoll. Das "Secretum" scheint schon unter Friedrich II. (1239)[m] aufgeteilt worden zu sein in regionale Behörden, an deren Spitze einzelne "secreti" standen, als obere Kassen- und Rechnungsbeamte. Einen solchen "secretus" gab es schon unter Friedrich II. für Westsizilien sowie Ostsizilien und Calabrien. Calabrien ist übrigens in Bezug auf gewisse lokale Funktionen der Dohana (Kontrolle über herrenlose Güter, die dem Fiscus anheimfielen) schon vor 1239 dieser Behörde ausdrücklich entzogen und vielmehr unter die Kämmererverwaltung des Festlands gestellt worden. Die Bezeichnungen Camerarii und Secreti beginnen auf dem Festland schon unter Friedrich II. in einander überzugehen; in einer seiner Constitutionen, wo offenbar von Kämmerern die Rede ist, steht dafür: "Secreti Camerae". Zu Beginn der Anjou-Zeit ist das Festland ähnlich wie Sizilien in 3 secretiae geteilt, wobei die alten regionalen Rechenkammerbezirke den Übergang gebildet haben mögen. Unter diesen secreti gibt es auch vicesecreti für die einzelnen Provinzen. In dem Namen dieser Provinzialbeamten der Finanzverwaltung hat sich die Erinnerung an die alte, verschollene Centralbehörde aus der byzantinisch-arabischen Zeit erhalten.

[29][n] Eine zweite grosse Hofbehörde, deren Entwicklung stetiger und durchseitiger ist, war das Hofgericht, die Magna Curia im engeren Sinne, deren Entstehung eine ganz ähnliche wie in England gewesen ist, vielleicht nicht ohne direkten Einfluss von dort. Seit Roger II. erscheinen als eine neue, überall für die Normannenstaaten charakteristische Beamtenkategorie königliche Justiciarii, die als reisende Richter tätig sind, grossenteils Juristen von Beruf,

m. Le parole «sotto Federico II (1239?)» sono state aggiunte al testo in matita da Hintze.

n. Il foglio 29 inizia con un testo cancellato da Hintze. Lo si riporta qui nella sua interezza: «Es ist nicht unwahrscheinlich, dass die Entstehung dieser Behörde auf die Institution der Rationales zurückgeht, die schon in der staufischen Zeit als reisende Finanz-Controllcommissare in den Provinzen erscheinen; deren Berichte und Rückfragen an den Hof haben wohl den Anlass zur Einsetzung jener Magistri Rationales gegeben. Die Institution näherte sich dem Vorbild der französischen Chambre des comptes» (Non è improbabile che l'origine di questi uffici risalga all'istituzione dei Rationales, che fanno la loro comparsa nel periodo degli Staufer come commissari viaggiatori di controllo finanziario: i rapporti e richieste alla Corte di costoro hanno dato un motivo per la nomina di quei magistri rationales. L'istituzione si avvicina al modello della francese Chambres des Comptes).

te doveva quindi essere evasa immediatamente – ciò che sembrò di certo dispendioso viste le spese di allora relative alla guerra e ai viaggi dell'imperatore. Comunque le interpellanze dovevano essere divenute così frequenti alla corte che si raccomandò il ristabilimento di un ufficio centrale e sotto gli Anjou fu realizzato in modo che ora anche l'amministrazione speciale siciliana fu sottoposta a questa centrale.

[28] L'antico secretum (la dohana) retrocedette sempre più. Sotto gli Anjou, già prima del 1282, la parola "dohana" non significava più in genere una istituzione, bensì solo la dogana di confine. Il "Secretum" sembra già sotto Federico II (1239) essere stato diviso in uffici regionali, al vertice dei quali si trovavano speciali "secreti" in veste di alti funzionari di cassa e rendicontazione. Un simile "secretus" esisteva già sotto Federico II per la Sicilia occidentale così come per la Sicilia orientale e la Calabria. In riferimento a certe funzioni locali della Dohana (controlli sui beni senza proprietario che erano finiti al fisco) la Calabria fu del resto sottratta in modo esplicito a questa istituzione già dal 1239 e venne posta anzi sotto l'amministrazione camerale del continente. Le denominazioni di Camerarii e Secreti iniziarono a susseguirsi reciprocamente sul continente già sotto Federico II; in una delle sue Costituzioni, dove si parla evidentemente di camerari, si trova questo: "Secreti Camerae". All'inizio dell'epoca degli Anjou il continente fu diviso come in Sicilia in 3 secretiae, mentre le antiche circoscrizioni regionali delle Camere dei Conti possono aver formato la soluzione transitoria. Sotto questi secreti ci furono anche vicesecreti per le singole province. Nei nomi di questi funzionari provinciali dell'amministrazione finanziaria si conservò il ricordo dell'antica, scomparsa istituzione centrale risalente al periodo arabo-bizantino.

[29] Un secondo assai importante ufficio di corte, il cui sviluppo venne ad essere più continuo e trasparente, fu il Tribunale di Corte, la Magna Curia in senso stretto, la cui origine fu del tutto simile a quella inglese, forse non senza un influsso diretto da là. Dal tempo di Ruggero II comparve una nuova categoria di funzionari caratteristica di tutti gli Stati normanni, i justiciarii reali, che furono attivi come giudici itineranti, in gran parte giuristi di professione, giudi-

Richter aus den bedeutenderen Städten, die vom König in Dienst und Pflicht genommen waren. [29 bis] Sie sind die Hauptwerkzeuge zur Beseitigung der feudalen Anarchie, zur Durchführung des Landfriedens und zur Befestigung der königlichen Autorität, namentlich auch gegenüber den unbotmässigen Grossen des Landes. Alle schwereren Criminalfälle, die der König sich vorbehielt, gehören vor ihr Gericht, namentlich alles, was sich als Störung des Landfriedens darstellt. Die höhere Strafgerichtsbarkeit wird durch sie nahezu vollständig verstaatlicht. Nur wenige Grafen und Barone behalten die Blutgerichtsbarkeit; aber in ihrem Herrschaftsgebiet üben die Justitiare eine concurrierende Gerichtsbarkeit, während diese Magnaten selbst nur vor das Hofgericht des Königs geladen werden können. Grundherren erhalten auch wohl für ihr Gebiet die höhere Gerichtsbarkeit in der Form, dass sie als Justitiare des Königs bestellt werden. Neben dieser für das Amt grundlegenden höheren Criminalgerichtsbarkeit, mit der sich die Anfänge einer oberen Landespolizei von stark politischem Charakter verbinden, steht den Justitiaren ebenfalls ausschliesslich die Civilgerichtsbarkeit über die Ritterlehen zu, mit Ausnahme der grossen, in die Bücher der Dohane eingetragenen ("quaternischen") Lehen, der landesherrlichen Schlösser und der Besitzungen der Magnaten, die vor dem königlichen Hofgericht selbst ihren Gerichtsstand haben. Eine Aufsicht auch über die gewöhnliche Civilrechtspflege gehörte anfänglich mit zu den Befugnissen des Amtes. In der Normannenzeit erscheinen die reisenden Justitiaren gewöhnlich in eine Zweizahl tätig: einer der beiden scheint vom Hofe extrakt zu sein, der andere dem eingesessenen Landesadel entnommen zu sein. [29] In der Stauferzeit seit 1197 etwa tritt eine Trennung der provinziellen und der hofgerichtlichen Instanz ein: in derselben Zeit, wo die Justitiarii feste Provinzialbeamte wurden, bildet sich eine collegialischen Hofbehörde heraus, deren Mitglieder nicht mehr [30] herumreisen, sondern dauernd am Hofe sich aufhalten: es sind die judices imperialis aule in der Regel 4 an der Zahl, mit einem Magister Justitiarius an der Spitze. Sie folgen dem Hoflager des Königs als dessen Gehilfen für seine persönliche königliche Rechtsprechung, die sich namentlich auf die Streitigkeiten unter den Baronen, auf die Angelegenheiten der unter besonderem königlichen Schutz stehenden Personen und auf die Berufungen an das königliche Gericht bezog.

Die Ähnlichkeit dieses Systems von Hofbehörden mit dem der west- und mitteleuropäischen Höfe wird vollendet durch die Institution der Familiares et Consiliarii, eines engeren Kreises von Hofleuten, der nicht ganz ohne Organisation war (wie er denn einen besonderen Vorsteher, den "Protofamiliaris", hatte) und der als Keim dessen erscheint, was später anderswo als Consilium Regis zu vollerer Ausbildung gelangt ist.

Der stark persönliche Charakter der Regierung Friederichs II. ist der Ausbildung eines formierten Rates, der übrigens in dieser Zeit auch anderswo noch nicht vorhanden war, kaum günstig gewesen. [31] Hofverwaltung und

ci provenienti dalle città più importanti, che erano assunti nell'ufficio e al servizio del Re. [29 bis] Essi furono gli strumenti principali per l'eliminazione dell'anarchia feudale, per la realizzazione della pace territoriale e per il consolidamento dell'autorità regia, soprattutto nei confronti dei grandi signori insubordinati della regione. Tutti i più gravi casi criminali, che il re riservava a sé stesso, erano trattati dal suo tribunale, in particolar modo tutto quello che si presentava come un turbamento della pace territoriale. La più alta giurisdizione penale diveniva attraverso di essi quasi interamente di competenza statale. Solo pochi conti e baroni mantennero il giudizio del sangue; ma nel loro territorio signorile avevano una giurisdizione concorrente con i Justiciarii, mentre questi stessi magnati potevano lo stesso essere chiamati in giudizio unicamente dal tribunale reale di corte. I signori feudali mantennero anche per il loro territorio la suprema giurisdizione nella forma in cui essi furono nominati Justiciarii del Re. Accanto a questa più alta giurisdizione criminale fondamentale per l'ufficio, con la quale si legano le origini di una superiore polizia territoriale di carattere fortemente politico, spettava ai Justiciarii anche in via esclusiva la giurisdizione civile sui feudi dei cavalieri, ad eccezione dei feudi maggiori, iscritti nei libri della Dohana ("quaderni"), dei castelli signorili e delle proprietà dei magnati che avevano il loro foro particolare davanti allo stesso tribunale di corte regio. Con le attribuzioni dell'ufficio era collegato inizialmente anche un controllo sulla comune amministrazione del diritto civile. Nel periodo normanno fecero la loro comparsa i Justiciarii itineranti, solitamente attivi in coppia: uno sembra proveniente dalla corte, l'altro dalla nobiltà territoriale indigena. [29] Nel periodo degli Staufer, dal 1197 circa, ebbe inizio una separazione dell'istanza provinciale da quella della giurisdizione di corte: nello stesso periodo in cui i Justiciarii divennero funzionari stabili, articolati per province, si formò un ufficio regio collegiale, i cui membri non si spostavano più sul territorio [30] ma erano di stanza in permanenza presso la corte: furono i judices imperialis aulae, di regola 4 di numero, con un Magister Justiciarius al vertice. Essi seguirono la residenza temporanea di corte del sovrano come aiutanti di questi per le sue sentenze personali reali, sentenze che si riferivano in particolar modo ai conflitti tra baroni, agli affari delle persone che si trovavano sotto la particolare protezione del Re e alle istanze di appello al tribunale regio.

La somiglianza di questo sistema di uffici di corte con le corti dell'Europa occidentale e centrale traspare perfettamente nell'istituzione dei Familiares et Consiliarii, di una più stretta cerchia di cortigiani che non era del tutto senza organizzazione (ad esempio essa ebbe poi un capo particolare, il "Protofamiliaris") e che appare come embrione di ciò che più tardi altrove pervenne a più compiuta formazione come Consilium regis.

Il carattere fortemente personale del governo di Federico II non favoriva certo il nascere di un consiglio organizzato, che tra l'altro in questo periodo non era ancora presente in altri territori: [31] amministrazione di corte e amministra-

Staatsverwaltung hängen noch ungeschieden zusammen. Hofkammer, Hofgericht, Hofrat, sind noch nicht ganz fest, ressortsmässig abgesonderte Behörden, sondern mehr Kommissionen der noch unorganisierten Magna Curia; ihre Mitglieder nehmen auch andere als die ressortsmässig ihnen obliegenden Geschäfte wahr, je nach dem Auftrag des Monarchen, wie andererseits auch die grossen Hofbeamten, die den Kern der Curia bilden, an der Spitze dieser Kommissionen stehen. Es ist also in grossen und ganzen das gleiche Bild wie das, welches wir in Frankreich und England finden.

Vom verwaltungsgeschichtlichen Gesichtspunkt nur ist der sizilische Hof occidentalisch eingerichtet, mag auch seine kulturelle Absonderlichkeit ihn von dem abendländischen Typus auffallend unterscheiden. Diese Absonderlichkeiten übrigens – orientalischer Prunk, exotische Tiere, sarazenische Leibwache, Harem, Eunuchen – sind nicht bloss einer sultanischen Laune des Kaisers Friedrich entsprungen, sondern gehören mit zu den alten normannischen Überlieferungen einer an den Grenzscheiden der abend- und morgenländischen Welt etwas wild durch einander gewachsenen bunten und widerspruchsvollen Mischkultur.

[32] Die Organisation der Provinzialverwaltung, die zum Teil durch die Nachwirkung der byzantinischen Themenverfassung beeinflusst ist, folgt in der Hauptsache dem Gang der Staatsbildung und hat sich erst in der Stauferzeit zu klareren Formen herausgebildet. In Sizilien bildet der Fluss Salso die Grenze zwischen der West- und der Ostprovinz; die Überbleibsel der byzantinischen Verfassung sind hier am stärksten sichtbar. Ähnlich auch in Calabrien, von dem übrigens später eine besondere Provinz Vallis Cratis und Terra Jordani abgegliedert worden ist. Das campanische Kulturland, das den Weidegebiete des Gebirges gegenüber eine landschaftliche und ökonomische Einheit bildet (Neapel und Capua), bildet eine besondere Provinz als Terra Laboris; die lange selbständige Grafschaft Molise wird dazu gerechnet. Das Fürstentum Sorrent und das alte langobardische Herzogtum Benevent bilden zusammen eine Provinz, die gewöhnlich kurz als Principatus bezeichnet wird (als Principatus et Terra Beneventana); das alte Herzogtum Apulien, von dem die Länder Bari und Otranto sich abgeteilt haben, zerfällt weiter noch in die Capitanata und die Basilicata, im ganzen also in 4 Provinzen; eine Provinz für sich bildet das Gebirgsland der Abruzzen. Alle diese 11 Provinzen zerfallen in ci-

zione dello Stato furono uniti tra loro, ancora indivisi. La camera di corte, il tribunale di corte, il consiglio di corte, non erano ancora dicasteri istituzionali del tutto consolidati, divisi per competenza, ma piuttosto commissioni di una Magna Curia ancora non organizzata; i loro membri trattavano anche altri affari rispetto a quelli loro spettanti in base alla competenza dell'ufficio, a seconda dell'ordine del monarca, come d'altra parte anche i più alti funzionari di corte, che formavano il nucleo della Curia, stavano al vertice delle commissioni. Nel complesso lo stesso quadro che noi troviamo in Francia e Inghilterra.

Da un punto di vista storico amministrativo la corte siciliana era strutturata in stile occidentale, anche se la sua singolarità culturale poteva differenziarla in modo vistoso dal modello dell'Ovest. Del resto queste particolarità – fasto orientale, animali esotici, guardie del corpo saracene, harem, eunuchi – non erano scaturite soltanto da un capriccio sultanistico, arabeggiante dell'imperatore Federico, ma appartenevano con le antiche tradizioni normanne a una cultura mista variopinta e piena di contraddizioni, cresciuta in disordine, in modo selvaggio, ai confini del mondo occidentale e orientale.

[32] L'organizzazione dell'amministrazione provinciale, che era influenzata in parte dagli strascichi della costituzione per temi (*Themenverfassung*) bizantina, seguì in sostanza il corso della formazione dello Stato e si concretizzò per la prima volta nel periodo degli Staufer in forme più evidenti. In Sicilia il fiume Salso costituiva il confine tra la provincia occidentale e quella orientale; i resti della costituzione bizantina erano qui percettibili al massimo. Similmente anche in Calabria, dalla quale più tardi era stata creata una particolare provincia Vallis Cratis e Terra Jordani. La terra coltivata campana, che di fronte ai terreni da pascolo della montagna formava una unità territoriale ed economica (Napoli e Capua), costituì una provincia particolare, Terra Laboris (Terra di Lavoro); ne era considerata parte la contea del Molise a lungo indipendente. Il principato di Sorrento e l'antico ducato longobardo di Benevento formavano assieme una provincia, che in breve tempo venne comunemente chiamata Principatus (come Principatus et Terra beneventana); l'antico ducato di Puglia, dal quale si erano staccati i territori di Bari e di Otranto, si divise ancora nella Capitanata e nella Basilicata, in tutto dunque 4 province; una provincia a sé formava la terra montuosa degli Abruzzi.[19] Tutte queste 11 province si dividevano

19. Hintze sostiene che le province del Regno di Sicilia erano già undici all'epoca di Federico II, una tesi non condivisa dalla storiografia successiva. Varrà la pena ricordare ad esempio lo storico Giuseppe Galasso, secondo il quale le province meridionali non dovevano essere più di nove all'epoca dell'imperatore svevo: l'Abruzzo, la Terra di Lavoro, il Principato, la Basilicata, la Capitanata, la Terra di Bari, la Terra d'Otranto, Val di Crati e Terra Giordana, la Calabria. Solo con gli Angioini sarebbero diventate dodici con lo sdoppiamento dell'Abruzzo in Abruzzo Citra e Abruzzo Ultra, del Principato in Principato Ultra e Principato Citra, con la separazione della contea del Molise dall'Abruzzo. Cfr. Galasso, *Il Regno di Napoli*, pp. 842-844.

vitates, ohne prinzipielle Unterscheidung von Stadt- und Landgemeinden. Die überwiegend ländlichen Bezirke mit kleinen Landstädten wurden [33] nicht wesentlich anders verwaltet als die grösseren Städte; in dieser Lokalverwaltung steht überall noch viel von byzantinischen Überresten.

Von Kommunalverbänden höherer Ordnung, wie sie etwa bei den englischen Grafschaften zu Grunde liegen, gewahrt man hier keine Spur. Zwar ist in der staufischen Zeit, unter Friedrich II., ein Versuch gemacht worden, Provinzialversammlungen ins Leben zu rufen, aber er ist in der Hauptsache gescheitert. Zweimal im Jahre – so wurde 1234 auf dem Hoftage zu Messina verordnet – 1. Mai und 1. November sollten in den Provinzen allgemeine Beamtentage abgehalten werden, zu denen die Untertanen aus den civitates Abgeordnete zu schicken hatten, die befugt waren, Beschwerden gegen die Beamten einzubringen, die ein vom König entsandter Kommissar entgegennahm, um sie

in civitates senza una differenza di principio tra città e comuni rurali. La maggior parte dei distretti territoriali con piccole città [33] non erano amministrati in modo sostanzialmente diverso dalle grandi città; in questa amministrazione locale si trovava ancora dappertutto molto delle vestigia bizantine.

Delle unioni comunali superiori, che ad esempio stavano alla base delle contee inglesi, non si scorge qui alcuna traccia.[20] Certamente nel periodo degli Staufer, sotto Federico II, venne fatto un tentativo di richiamare in vita le assemblee provinciali ma esso sostanzialmente fallì. Due volte all'anno – così fu ordinato nel 1234 nella dieta di corte di Messina – il primo maggio e il primo novembre dovevano essere tenute nelle province assemblee generali di funzionari (*Beamtentage*), alle quali i sudditi erano tenuti ad inviare dalle civitates delegati, che erano autorizzati a presentare contro i funzionari reclami che un commissario inviato dal Re riceveva per sottoporli all'esame della Corte.

20. Con "unioni comunali superiori" Hintze si riferisce a una delle due tipologie di amministrazione locale per ceti da lui individuate in Europa, ove le funzioni pubbliche sono esercitate dalla piccola nobiltà in regni o territori situati in regioni periferiche dell'Europa tra Medioevo ed Antico Regime. In queste aree (*Randländer*) (Boemia, Ungheria, Polonia, Inghilterra, i territori tedeschi ad est dell'Elba) il feudalesimo fu estraneo perché tali terre, situate oltre i confini dell'impero carolingio, non conobbero la frammentazione del potere politico seguita alla dissoluzione del sistema vassallatico-feudale dovuta alla ereditarietà dei feudi; il feudalesimo, importato parzialmente in periodi successivi da altre popolazioni, non sconvolse l'antico ordinamento colà vigente (costituzione per contee o per *Gaue*), una costituzione per stirpe in base alla quale la nobiltà (grande e piccola) esercitava funzioni di amministrazione locale in circoscrizioni che erano rimaste intatte nei secoli in autonomia dal potere centrale: il re, eletto dai ceti, era limitato nel governo da istituzioni collegiali di tipo bicamerale. La nobiltà minore, i cavalieri, gestiva in periferia l'auto-amministrazione nei comuni compresi nei suoi domini, riuniti nelle antiche contee, rappresentandone gli interessi nella Camera bassa della dieta o parlamento (unioni comunali superiori). Nel Regno di Sicilia – territorio situato anch'esso al di fuori dell'impero carolingio – Hintze osserva però che non vi fu alcuna forma di unione comunale superiore, il che fu dovuto all'esistenza di un forte potere centrale burocratico di origine arabo-bizantina che influenzò grandemente l'amministrazione normanno-sveva, in centro come in periferia. La prima tipologia di amministrazione locale è costituita invece dai territori centrali dell'Europa del Nord (Francia e Germania fino all'Elba) costituenti l'impero carolingio: la costituzione feudale, introdotta da Carlo Magno in questi territori, andata progressivamente in frantumi con l'ereditarietà dei feudi, determinò la formazione di regni e signorie poggianti su un'altra costituzione di tipo cetuale. Tale ordinamento, nel basso Medioevo e nella prima Età Moderna, assunse la forma dello Stato "per ceti" (*Ständestaat*) fondato sulla condivisione dell'amministrazione locale tra ufficiali periferici del potere centrale e ufficiali scelti dagli ordini locali (nobiltà, clero, città). Del tutto particolare la situazione dell'Italia del Centro-Nord ove non solo la frammentazione e l'ereditarietà, ma anche la scomparsa di molti piccoli feudi seguita all'estensione del dominio comunale, portò alla formazione di Stati cittadini (poi signorili) segnati dal dominio sul contado con l'assenza di una costituzione per ceti sul modello nord-europeo. Sulle unioni comunali superiori si vedano i seguenti saggi pubblicati da Hintze tra gli anni Venti e i primi anni Trenta, un periodo quindi temporalmente assai vicino alla stesura del testo: Hintze, *Formazione degli Stati e amministrazione comunale*; Id., *Tipologia delle costituzioni per ceti in Occidente*, pp. 83-101, 221-235.

dem Hofgericht zur Untersuchung vorzulegen. Diese Verordnung war dazu bestimmt, die allgemeine Unzufriedenheit zu beschwichtigen, die in Sizilien in Folge der Constitutionen von Melfi mit [34] ihren drakonischen Massregeln gegen kommunale Bewegungen in den Städten entstanden war und im Jahre vorher (1233) zu einem Aufstand geführt hatte, der, von Messina ausgehend, fast die ganze Insel ergriff, alle Städte bis auf Palermo, und sich namentlich gegen die rücksichtslose Durchführung der Bestimmungen durch willkürlich und gewalttätig durchgreifende Beamten richtete. Dieser Aufstand war blutig niedergeworfen worden und es wurde nun versucht, Garantien gegen die Beamtenwillkür zu schaffen. Es scheint aber, dass die Untertanen nicht wagten ihre Beschwerden auf den Provinzialtagen vorzubringen. Die Einrichtung bewährte sich nicht und hat jedenfalls keine dauernden Wirkungen hinterlassen. Die Verwaltungsordnung blieb rein büreaukratisch, auch die Kontrollen, von denen noch die Rede sein wird, tragen einen rein büreaukratischen Charakter. Sie knüpfen an den kommissarischen Charakter an, den die wichtigsten Provinzialämter anfänglich gehabt hatten; das ganze provinziale Beamtentum wurde nach dieser Richtung ausgestattet, im schärfsten Gegensatz nicht nur gegen alle feudalen Gewohnheiten, sondern auch gegen das Pfründensystem, wie es die Kirche aus der römischen Verwaltungsordnung übernommen hatte.

[35] Als oberste Beamten in den Provinzen erscheinen die Justiciarii, die, wie erwähnt, aus den reisenden Richtern der normannischen Zeit hervorgegangen waren, und neben ihnen die Camerarii, die unter Friedrich II. später regelmässig den Titel "Magistri Camerarii" führen; unter ihnen in den Ortsbezirken die Bajuli als königliche Amtsmänner. Nach den Vorschriften Friedrichs II., wie sie namentlich seit 1239 strenger eingeschärft worden sind, soll nur ein Beamter von jeder Art für einen Bezirk bestellt werden; auch das Hilfspersonal, das ihnen zur Seite steht, wird zahlenmässig genau begrenzt. Von den Justitiaren, die früher als reisende Richter gewöhnlich zu zweien auftraten, war der eine, und zwar der aus den Angesessenen der Provinz entnommene "Landkommissar" (wie wir ihn bezeichnen könnten) schon mit dem Festwerden des Amtes in der Provinz zu Anfang der Stauferzeit verschwunden, was offenbar mit der stärkeren Betonung der königlichen Autorität gegenüber [36] den Grossen des Landes zusammenhängt. Es würde streng darauf gehalten, dass der Justitiar nicht in dem Bezirk, für den er angestellt wurde, ansässig oder daher gebürtig war. Er dürfte weder ein Graf oder Baron noch ein Prälat sein; gewöhnlich war er ein Ritter von kleinem Adel oder auch ein Jurist. Kein grosser Grundherr durfte sich, bei Verlust aller seiner Güter, herausnehmen einen Justitiarius zu ernennen. Dasselbe Prinzip der Vermeidung

Questo decreto aveva lo scopo di calmare lo scontento generale che in Sicilia si era formato nelle città in seguito alle Costituzioni di Melfi[21] con [34] le loro disposizioni draconiane contro i movimenti comunali e l'anno prima (1233) aveva portato a una rivolta che, partita da Messina, presto coinvolse tutta l'isola, tutte le città eccetto Palermo, e si rivolse soprattutto contro la sconsiderata attuazione delle disposizioni che era stata fatta da funzionari operanti in modo arbitrario e violento. Questa insurrezione era stata repressa nel sangue ed ora si era tentato di ottenere garanzie contro il dispotismo dei funzionari politici. Sembra tuttavia che i sudditi non osassero avanzare i loro reclami nelle Diete provinciali. L'istituzione non si conservò e d'altra parte non lasciò alcun effetto durevole. L'ordinamento amministrativo rimase puramente burocratico; anche i controlli, dei quali si tornerà a parlare, rivelavano un carattere schiettamente burocratico. Essi si ricollegavano al carattere commissariale, che i più importanti uffici provinciali avevano avuto inizialmente; l'intera burocrazia provinciale fu istruita in questa direzione, in vivissimo contrasto non solo con tutti i costumi feudali, ma anche con il sistema delle prebende che la Chiesa aveva ripreso dall'ordinamento amministrativo romano.

[35] In veste di supremi funzionari delle province compaiono gli Justiciarii che – come ricordato – erano derivati dai giudici itineranti del periodo normanno e accanto ad essi i Camerarii, i quali sotto Federico II assunsero più tardi normalmente il titolo di "Magistri Camerarii". Sotto di loro, nei distretti locali, i Bajuli in veste di impiegati regi. Nelle disposizioni di Federico II, rielaborate in modo ancor più severo soprattutto dal 1239, doveva essere ordinato solo un funzionario di ciascun tipo per distretto; anche il personale ausiliario che li assisteva era limitato in modo preciso nel numero. Degli Justiciarii, che una volta uscivano in coppia abitualmente come giudici itineranti, uno – e cioè il "Commissario territoriale" (come potremmo chiamarlo) preso tra i residenti del luogo – scomparve all'inizio del periodo degli Staufer con la stanzialità dell'ufficio nelle Province, il che era dovuto evidentemente al più forte rilievo dell'autorità regia di fronte [36] ai grandi del territorio. Perciò fu severamente ribadito che lo Justiciarius non doveva essere residente o non doveva provenire dal luogo per il quale era stato assunto. Non si poteva essere né un conte, né un barone, né un prelato; abitualmente questi era un cavaliere della nobiltà minore oppure un giurista. Nessun grande signore feudale poteva permettersi di nominare uno Justiciarius, a prezzo della perdita di tutti i suoi beni. Lo stesso principio dell'evitare la gente del luogo valeva anche per le

21. Le Costituzioni di Melfi furono promulgate da Federico II, come re di Sicilia, nel 1231. Articolate in tre libri (uno per il diritto feudale, uno per il diritto pubblico e uno per quello penale) vennero redatte grazie al contributo determinante di Pietro delle Vigne e di Giacomo arcivescovo di Capua. Costituiscono una organica raccolta del diritto normanno, romano e di quello emanato per volontà di Federico II.

des Indigenats galt auch für die anderen Beamtenkategorien. Sie durften während ihrer Amtsdauer in dem Amtsbezirk kein Grundeigentum erwerben, auch nicht pachtweise, keine Darlehen annehmen, keine Ehebündnisse mit eingesessenen Frauen schliessen, auch ihre Söhne und Töchter nicht mit Eingesessenen verheiraten – selbst kein Gesinde aus dem Ort annehmen – kurz: es ist ihnen in weitem Umfange jedes Connubium und Commerzium mit den Einsassen ihres Amtsbezirkes verboten, das irgendwie ein ihrer Amtspflicht zuwiderlaufendes Interesse begründen konnte.

[37] Die übermässige Schärfe dieser immerfort wiederholten Bestimmungen zeigt wie gross die Gefahr des Zusammenspiels dieser Beamten mit den örtlichen Interessen und Parteiungen war, obwohl schon durch die kurze Amtsdauer und die häufige Versetzung dafür gesorgt zu sein schien, dass sie in ihrem Amtsbezirk nicht ökonomisch und sozial einwurzeln konnten. Nach den Bestimmungen von 1239 sollten alle Beamten nur für die Dauer eines Jahres bestellt werden, ausgenommen die Notare, die ihnen als Gehilfen beigegeben waren und derer Amtsstellung überall lebenslängliche eine war. Abweichungen von der Regel aus besonderen Gründen behielt sich der König vor, und sie sind natürlich erfolgt; aber die Urkunden zeigen, dass sie sich in engen Grenzen gehalten haben müssen und dass die Besetzung der Ämter, namentlich bei den Justitiaren, in Wirklichkeit beständig wechselte; derselbe Name findet sich im Lauf einiger Jahre an den verschiedensten Stellen des Reiches wieder. Eine [38] merkwürdige, der Beamtenkontrolle dienende Massregel war die, dass jeder Beamte nach Ablauf seiner Bestallungsfrist noch 50 Tage lang in dem Bezirk oder am Ort bei seinem Amtsnachfolger bleiben musste, um Rechenschaft zu geben gegenüber allen Anklagen, die gegen sie vorgebracht wurden wegen Verletzung privater oder fiscalischer Rechte, Ungesetzlichkeiten oder Unregelmässigkeiten aller Art. Ausser der Anzeige seitens beteiligter Privatpersonen fand dabei häufig eine förmliche Untersuchung von Amtswegen statt. Wird der abtretende Beamte schuldig befunden, so muss er Schadenersatz leisten und die etwa sonst noch vom König nach Ermessen verhängte Strafe auf sich nehmen; erprobte und tadellos befundene werden dagegen durch Lob und Belohnungen ausgezeichnet.

Mit allen Ämtern waren früher Emolumente verbunden, aus Gerichtssporteln, Strafgeldern und dergleichen; ja, die Inhaber der unteren Ämter empfingen überhaupt kein Gehalt, sondern nur einen Anteil an den Gerichtssporteln. [39] Die Folge war hier wie überall bei den Anfängen der Büreaukratie, dass die Ämter als Kapitalsanlage gesucht und oft geradezu verkauft wurden, wobei ihre Zahl sich aus fiscalischen Gründen leicht vervielfältigte. Doch wurde das früh, wenigstens soweit es sich um Richterämter handelte, als ein Missbrauch empfunden, der die Würde der Rechtspflege beeinträchtigte, und die Constitutionen Friedrichs II. sind bemüht den Ämterkauf abzuschaffen; auch die Verpachtung der Justitiariate, die früher häufig stattgefunden hatte,

altre categorie di funzionari. Durante il periodo di lavoro nel distretto amministrativo essi non potevano acquistare alcuna proprietà terriera, neppure prenderla in affitto, non potevano accettare alcun prestito né contrarre matrimonio con donne indigene, neppure i figli e le figlie con persone del luogo – lo stesso non potevano assumere personale di servizio del luogo – in breve: è loro vietato ad ampio raggio ogni Connubium e Commerzium coi residenti del loro distretto amministrativo, che in qualche modo potesse suscitare un interesse contrario al loro dovere d'ufficio.

[37] L'eccessiva severità di queste disposizioni, ripetute continuamente, mostra quanto grande fosse il pericolo di un accordo di questi funzionari con gli interessi e con le fazioni locali, quantunque, attraverso la breve durata dell'impiego e il frequente trasferimento di sede, sembrasse escluso che potessero radicarsi nel loro distretto amministrativo in senso sia economico che sociale. Con le disposizioni del 1239 tutti i funzionari dovevano essere nominati solo per la durata di un anno, fatta eccezione per i notai, che erano loro assegnati come assistenti e la cui posizione era dappertutto a vita. In casi particolari il re si riservava eccezioni rispetto alla regola e sono naturalmente avvenute; ma i documenti mostrano che queste dovevano essere mantenute entro confini ristretti e che l'assegnazione degli uffici, soprattutto presso gli Justiciarii, in realtà cambiava di continuo; lo stesso nome si ritrovava nel corso di alcuni anni nelle più diverse posizioni del regno. Una [38] strana norma sul controllo dei funzionari in servizio era quella in base alla quale – scaduto l'incarico – ognuno doveva restare per altri 50 giorni nello stesso distretto amministrativo oppure nella sede di chi gli era succeduto nell'incarico per rendere conto di tutte le accuse che fossero state rivolte contro di lui per lesione di diritti privati o fiscali, per illegalità o irregolarità di tutti i tipi. Al di fuori delle denunce da parte di privati interessati, veniva spesso condotta una formale indagine d'ufficio. Se il funzionario uscente era ritenuto colpevole, allora questi doveva provvedere al risarcimento dei danni e accollarsi anche la punizione inflitta a discrezione del re; se, al contrario, risultava confermata la sua correttezza, veniva premiato con lodi e ricompense.

A tutti gli uffici erano un tempo legati emolumenti, dalle sportule giudiziarie, al denaro che si riceveva per l'esame delle pene e altre fonti simili; i titolari degli uffici inferiori non ricevevano generalmente alcuna retribuzione, ma solo una parte delle sportule giudiziarie. [39] La conseguenza fu – qui come dappertutto alle origini della burocrazia – che gli uffici erano cercati come investimenti di capitale e spesso erano addirittura acquistati, per cui il loro numero si moltiplicava facilmente a fini fiscali. Certo questo prima – almeno per quanto concerneva gli impieghi giudiziari – era percepito come un abuso che danneggiava la dignità dell'amministrazione della giustizia, e le Costituzioni di Federico II hanno cercato di abolire la vendita di uffici pubblici; anche l'affitto degli Justiciariati, che un tempo era avvenuto frequentemente, non fu più ritenuto op-

wurde nicht mehr für angemessen gehalten. Nach den Bestimmungen von 1239 sollen alle Beamten ein festes Gehalt aus der königlichen Kammer beziehen, während die Gerichtseinkünfte in einer eigenen Sportelkasse für den Fiscus gesammelt wurden, unter besonderer Beteiligung der Notare, also ständigen, lebenslänglichen, vom Hofe ausgesuchten Subalternbeamten, während natürlich Kämmerer und Justitiare für die monatliche Ablieferung in erster Linie verantwortlich waren. Unterschleife waren mit strenger Strafe bedroht.

[40] Diese Ausgestaltung des Amtsrechts ist typisch für die west- und mitteleuropäische Büreaukratie bis ins 18. Jahrhundert hinein. Die Gesetzgebung Friedrichs II. hat hier schon im 13. Jahrhundert Prinzipien vertreten, wie sie z.B. in Preussen erst bei der Coccejischen Justizreform in der Mitte des 18. Jahrhunderts zur Durchführung gekommen sind, während in Frankreich die Käuflichkeit der Justizämter bekanntlich durch das ganze Ancien Regime hindurch nicht hat beseitigt werden können. Die starken Ähnlichkeiten in den Ämtern des Justitiars und des französischen Bailli, (der Ausschluss des Indigenats und der ökonomisch-sozialen Einwurzelung im Amtsbezirk, die häufige Versetzung, die Quarantäne nach Ablauf der Amtsfrist) können nicht rein zufällig sein: quellenmässig bezeugt sind sie in Sizilien früher als in Frankreich; es mag aber sein, dass eine gemeinsame normannische Wurzel dabei mehr in Frage kommt, als eine direkte Übertragung. Bemerkenswert erscheint, dass auch in Sizilien später durch Karl von Anjou die 50tätige Rechenschaftsfrist der Justitiare durch die in Frankreich übliche 40tätige ersetzt worden ist.

portuno. Secondo le determinazioni del 1239 tutti i funzionari devono ricevere dalla Camera regia una retribuzione fissa, mentre le entrate giudiziarie venivano raccolte in una vera e propria cassa di sporte per il fisco, con particolare partecipazione dei notai, dunque personale subalterno, cetuale, la cui carica durava a vita, scelto dalla Corte, mentre naturalmente i Camerarii e gli Justiciarii erano responsabili in primissima linea del versamento mensile. Per i peculati erano comminate pene assai severe.

[40] Questa elaborazione del diritto amministrativo era tipica della burocrazia dell'Europa centro-occidentale fino al XVIII secolo inoltrato. La legislazione di Federico II ha qui nel XIII secolo sostenuto principi quali per esempio in Prussia giunsero a realizzazione nella metà del XVIII secolo con la riforma giudiziaria di Cocceji,[22] mentre in Francia notoriamente la compravendita degli uffici giudiziari non poté essere rimossa per tutto l'Ancien Régime. Le forti somiglianze tra gli uffici dello Justiciarius e quelli francesi dei Baillì non possono essere puramente casuali (l'esclusione dell'indigenato e del radicamento economico sociale nel distretto amministrativo; il frequente trasferimento, la quarantena dopo la scadenza della carica); sono testimoniate in base alla fonti assai prima in Sicilia che in Francia; può essere tuttavia che una comune radice normanna possa essere maggiormente presa in considerazione su questo, piuttosto che una diretta trasmissione. Appare degno di nota che anche in Sicilia più tardi, sotto Carlo d'Angio,[23] il tempo di rendiconto di 50 giorni degli Justiciarii fosse stato sostituito con quello di 40 giorni consueto in Francia.

22. Samuel Freiherr von Cocceji (1679-1755), giurista, gran cancelliere nel regno di Prussia di Federico II Hohenzollern. Tra il 1746 e il 1751 attuò le più importanti riforme della giustizia. La sua opera «Corpus Iuris Fredericiani», rimasta incompiuta, fu un modello per la legislazione degli Stati europei di fine Settecento, ma anche per economisti quali Adam Smith. Hintze si era occupato in modo approfondito delle riforme di Cocceij nel regno di Prussia (cfr. Schmoller, Stolze (a cura di), *Die Behördenorganisation und die allgemeine Staatsverwaltung Preussens im 18. Jahrhundert*, pp. 82-105); sul tema era tornato poi nell'opera monumentale dedicata agli Hohenzollern. Cfr. Hintze, *Die Hohenzollern und ihr Werk*, pp. 349-352, 396-397. Su questo giurista si rinvia al contributo di Döhring, *Cocceji, Samuel Freiherr von.*

23. Carlo d'Angiò, figlio del re di Francia Luigi VIII e di Bianca di Castiglia, aveva ricevuto l'invito del papa a conquistare il Regno di Sicilia per cacciarne gli Hohenstaufen: si trattava soprattutto di Manfredi che, succeduto al padre Federico II come re di Sicilia con l'incoronazione di Palermo del 1258, difendeva il regno meridionale opponendosi alla politica filoangioina del papato. Lo scontro tra l'esercito di Carlo d'Angiò e quello di Manfredi, avvenuto a Benevento, determinò la sconfitta di quest'ultimo, che trovò la morte sul campo di battaglia. Carlo d'Angiò, che era fratello del re di Francia Luigi IX, succedette agli Svevi nel governo del regno meridionale. Nel 1282 in Sicilia i nobili si ribellarono al governo di Carlo in una rivolta che portò alla cacciata degli Angioini dall'isola: gli Aragonesi furono quindi chiamati a reggere la parte insulare del Regno di Sicilia mentre la parte continentale rimase sotto dominio angioino fino al 1453. Sul governo di Carlo I d'Angiò nell'Italia meridionale si rinvia a Galasso, *Il regno di Napoli*, pp. 15-91.

[41] Wir müssen nun aber die einzelnen Ämter selbst nach ihren Zuständigkeiten, ihren gegenseitigen Abgrenzungen, ihrer Neben- und Unterordnung etwas genauer ins Auge fassen. [42] Der Justiciarius ist eine Art Präfekt mit vorwiegend polizeilichen, zugleich aber auch strafrichterlichen und finanziellen Befugnissen, dem vor allen Dingen die Aufrechterhaltung der Ordnung und Sicherheit obliegt; den ihm angewiesenen Bezirk hat er beständig zu bereisen, um einzuschreiten und Gericht zu halten, wo und wann es die Umstände erfordern; auch Herrschaftsgebiete der mit Gerichtsbarkeit ausgestatteten Grafen, Barone und sonstigen Grundherren sind seiner Amtsgewalt nicht entzogen, soweit nicht die Inhaber etwa selbst als königliche Justitiare bestallt sind; nur für ihre Person haben diese Magnaten den ausschliesslichen Gerichtsstand vor dem königlichen Hofgericht behauptet.

Die Strafjustiz des Justitiars beschränkt sich auf die schweren Criminalfälle, auf alles, was an Hals und Hand geht; die leichteren Fälle bleiben den Ortsgerichten überlassen. Ursprünglich scheint es das Gericht nach germanischer Weise gehalten zu haben, d.h. mit Beisitzern, die das Urteil fanden, während ihm nur der Vorsitz und die Urteilsverkündung samt der Aufsicht über die Vollstreckung oblag. Aber in der staufischen Zeit scheint diese Art der Gerichtshaltung in der Mehrzahl der Fälle einer anderen Platz gemacht zu haben, die zwischen Kollegial- und Einzelrichtertum steht: der Justiciarius hat einen ständigen Assessor, den rechtsgelehrten Judex und einen Notar als Gerichtsschreiber neben sich. Von Beisitzern nach alter Art ist nur noch in solchen Fällen die Rede, wo es sich um Personen aus dem Ritterstande [43] handelte. Diese haben das Privilegium, dass Beisitzer aus dem Kreise ihrer Standesgenossen an der Urteilsfindung beteiligt sein müssen, doch ist deren Einfluss ziemlich stark eingeschränkt zu Gunsten der rechtsgelehrten Elemente im Gericht.

In der Civiljustiz hat es der Justitiar als eigentlicher Richter nur mit Lehnssachen der kleineren ritterlichen Vasallen des Königs zu tun, die nicht wie die Grafen und Barone dem königlichen Hofgericht direkt unterstehen. Im übrigen führte er bis in die Zeit Friedrichs II. hinein eine Justizaufsicht in der Form, dass er bei Rechtsverweigerung oder Verzögerung auf Anruf der beeinträchtigten Partei oder auch von Amtswegen einschreiten konnte; doch ist diese Justizaufsicht später (1239?) auf die Magna Curia übertragen worden, die seitdem in einer noch für Jahrhunderte vorbildlichen Weise die Befugnisse eines obersten Gerichts und eines Justizministeriums verband. Ein eigenartiges, für die normannische Staatsverwaltung charackteristisches Hilfsmittel der Polizeigewalt ist die "General-Inquisition", die der Justitiar von Zeit zu Zeit vorzunehmen hat, offenbar in Verbindung mit den Gerichtsterminen, die er bei seinen Reisen durch die Provinz bald hier bald dort abhält; sie richtete sich nicht nur gegen die öffentlichen Frieden störenden Gewohnheitsverbrecher,

[41] Noi ora dobbiamo però prendere in considerazione in modo alquanto più preciso i singoli uffici nelle loro competenze, nelle loro reciproche delimitazioni, nelle loro coordinazione e subordinazione. [42] Lo Justiciarius era un tipo di prefetto con poteri prevalenti di polizia, insieme però a quelli finanziari e a quelli giuridici di comminare pene, al quale spettava prima di tutto il mantenimento dell'ordine e della sicurezza; egli doveva viaggiare continuamente nel distretto assegnatogli per prendere provvedimenti e giudicare dove e se le circostanze lo richiedevano; anche le aree di dominio dei conti, baroni e altri signori feudali dotati di giurisdizione, non erano sottratti al suo potere d'ufficio, a meno che i titolari non fossero stati essi stessi insediati come giustizieri reali; solo per la propria persona questi magnati avevano conservato il foro esclusivo davanti al regio tribunale di giustizia.

La giustizia penale dello Justiciarius si limitava ai più duri casi di criminalità, soprattutto ciò che andava sotto la pena del taglio della mano e dell'impiccagione; i casi più lievi restavano affidati ai giudici del luogo. In origine sembra che la giustizia fosse esercitata secondo le forme germaniche, cioè con giudici a latere che trovavano la sentenza, mentre allo Justiciarius spettava soltanto la presidenza e la proclamazione della sentenza accanto alla vigilanza sull'esecuzione. Ma nel periodo degli Staufer sembra che questo tipo di esercizio della giustizia nella maggior parte dei casi avesse fatto posto a un altro, che si poneva tra una giurisdizione di tipo collegiale e una monocratica: lo Justiciarius aveva accanto a sé un assessore fisso, un Judex giureconsulto e un notaio come verbalizzante giudiziario. Dei giurati secondo l'antica forma si parla ancora unicamente in quei casi in cui si trattava di persone provenienti dal ceto dei cavalieri. [43] Questi ebbero il privilegio che i giurati provenienti dalla cerchia dei loro colleghi di ceto dovevano prendere parte alla formulazione della sentenza, anche se l'influsso di costoro era fortemente limitato a vantaggio dei giureconsulti in tribunale.

Nella giustizia civile lo Justiciarius, come vero e proprio giudice, aveva a che fare soltanto con le questioni feudali dei minori cavalieri vassalli del Re che, a differenza di conti e baroni, non erano soggetti direttamente al tribunale regio di giustizia. Per il resto, fino all'epoca di Federico II, egli conduceva un controllo giudiziario nel senso che, in caso di diniego della giustizia o di rallentamento della stessa, poteva prendere provvedimenti su chiamata della parte lesa o anche d'ufficio; certamente più tardi (1239?) questo controllo giudiziario venne trasferito alla Magna Curia, che da allora unì i poteri di un supremo tribunale e di un ministero della giustizia in un modo rimasto esemplare per secoli. Un singolare strumento del potere di polizia, caratteristico dell'amministrazione statale normanna, fu la "Generale Inquisizione" che il giustiziere doveva effettuare di quando in quando, evidentemente in collegamento con le date di udienza del tribunale, cui era tenuto nei suoi viaggi un po' qui un po' là

die ähnlich wie die landschädlichen Leute in Süddeutschland in einem formlos-summarischen Verfahren, unter Umständen bloss auf das Leumundszeugnis von 10 zuverlässigen Einwohnern hin zu den scharfen Strafen verurteilt werden können, sondern auch gegen Leute von liederlichem Lebenswandel, Spieler, Trinker und Tagesdiebe, die ebenfalls auf ein solches Leumundszeugnis hin zur Zwangsarbeit in staat[44]lichen Betrieben auf eine bestimmte Zeit angehalten werden können, ohne dass es sich dabei um ein eigentliches Rechtsverfahren handelte. Gegenüber den Räubern wird dem Justitiarius die grösste Schärfe anbefohlen; königliche Ungnade drohte ihm mehr bei einem Mangel als bei einem Übermass davon. Nirgends sieht man so deutlich, wie aus den alten Landfriedensbestrebungen eine moderne Landespolizei sich entwickelt hat.

Die finanziellen Befugnisse des Justitiars hängen offenbar mit seiner Zuständigkeit über die ritterlichen Vasallen des Königs zusammen. Wie er die Ablösungssteuer für nicht geleisteten Lehnskriegsdienst (das "adoamentum") unter seiner Verwaltung hat, so untersteht ihm auch die von den nicht-ritterlichen Klassen zu zahlende Grundsteuer, die "collecta" (in der Anjou-Zeit "subventio generalis" genannt), die in ihrem Ursprung wahrscheinlich die Gegenleistung dieser Klassen für die Befreiung vom Kriegsdienst aufzufassen ist. Mit anderen finanziellen Hebungen hat der Justitiarius nichts zu tun; die unterstehen dem Camerarius oder besonderen finanziellen Spezialbeamten.

Das eigentümliche Nebeneinander dieser beiden Kategorien von höherer Provinzialbeamten, Justitiar und Kämmerer, findet seine Erklärung nicht in irgend einer rationalen Kompetenzabgrenzung, sondern in der historischen Tatsache, dass sie zwei verschiedenartigen [45] Epochen der Verwaltung entstammen, deren Organe sich schichtenweise über und neben einander gelagert haben: die einen gehören der eigentlich normannischen, die anderen der älteren byzantinisch-römischen Schicht an. Der Name "Kämmerer" ist allerdings auch von germanischer Herkunft; aber er ist dem Amt, in welchem verschiedene Reste der alten byzantinischen Themenverfassung eingeschmolzen sind, erst nachträglich angeheftet worden, weil es unter anderem auch mit den der königlichen Kammer unterstehenden finanziellen Hebungen zu tun hatte; sein eigentlicher Kern ist ein höheres Richtertum, und zwar in dem Umfang, der von der normannischen Straf- und Polizeigerichtsbarkeit des Justitiars freigelassen war, also hauptsächlich Civilgerichtsbarkeit mit Ausschluss der Lehen und die niedere Straf- und Polizeijustiz umfassend. Dabei ist aber der Kämmerer oder, wie er unter Friedrich II. später heisst, der Magister Camerarius, eigentlich kein ordentlicher Richter, weder erster noch zweiter Instanz, sondern vielmehr ein umherreisender Kontrollbeamter mit übergreifenden, ergänzenden und berichtigenden [46] Befugnissen gegenüber den ordentlichen Ortsgerichten. Man muss ihn daher auch in Zusammenhang mit diesen ins Auge fassen.

per la provincia; essa si rivolgeva non solo contro i delinquenti abituali che turbavano la pace pubblica e che, in un procedimento sommario, poco formale, similmente agli elementi nocivi al paese nella Germania meridionale, potevano essere condannati alle pene più severe in certi casi anche solo sulla base delle testimonianze sulla condotta rese da 10 cittadini affidabili, ma anche contro gente dalla vita disordinata, giocatori, bevitori e perdigiorno, che allo stesso modo con un simile pacchetto di testimonianze potevano essere arrestati e sottoposti ai lavori forzati [44] in aziende di Stato per un tempo stabilito, senza che con questo si trattasse di un vero e proprio procedimento giudiziario. Nei confronti dei rapinatori erano raccomandate al Giustiziere le pene più feroci; la disgrazia reale lo minacciava più per una mancanza che per un eccesso di severità. Da nessuna parte si vede così chiaramente come una moderna polizia territoriale si fosse sviluppata dalle antiche aspirazioni alla pace nel paese.

I poteri finanziari del giustiziere erano chiaramente in relazione con la sua competenza sui cavalieri vassalli del re. Come questi aveva sotto la sua amministrazione la tassa surrogatoria dell'obbligo feudale al servizio militare non prestato (l'"adoamentum"), così dipendeva da lui anche l'imposta fondiaria che dovevano pagare le classi dei non-cavalieri, i "collecta" (nel periodo degli Angiò denominata "subventio generalis") che in origine era da intendere probabilmente come contropartita di queste classi per l'esenzione dall'obbligo militare. Con altri prelievi finanziari il giustiziere non ebbe nulla a che fare; questi dipendevano dal Camerarius o da particolari funzionari speciali di finanza.

La singolare coesistenza di queste due superiori categorie di funzionari provinciali, il giustiziere e il camerario, trova la sua spiegazione non in una delimitazione razionale di competenze, bensì nella realtà storica, [45] che esse discendevano da due diverse epoche dell'amministrazione, i cui organi si erano conservati a strati l'uno al di sopra e accanto all'altro: l'uno apparteneva all'autentico strato normanno, l'altro a quello più antico bizantino-romano. Il nome "Camerario" è tuttavia anche di origine germanica; esso però venne fissato solo in un secondo tempo nell'ufficio ove erano fusi diversi resti dell'antica costituzione per temi bizantina, perché si aveva a che fare tra l'altro anche con le riscossioni finanziarie dipendenti dalla Camera regia; il suo vero e proprio nucleo centrale era costituito da una giurisdizione superiore, e certamente nello spazio che era liberato dalla giurisdizione penale e di polizia normanna del Giustiziere, dunque principalmente giurisdizione civile, ad esclusione dei feudi e compresa la giustizia penale e di polizia inferiore. Con questo tuttavia il Camerario o – come si chiamò più tardi sotto Federico II il Magister Camerarius – non era propriamente un giudice ordinario, né di prima né di seconda istanza, bensì piuttosto un funzionario di controllo itinerante con poteri estesi, completi e di rettifica [46] nei confronti dei giudici locali ordinari. Da ciò lo si deve prendere in considerazione anche in relazione con questi.

In dem unteren Verwaltungsbezirk, einer civitas oder universitas, der auch mit einer grösseren Stadt zusammenfallen kann und keinen prinzipiellen Unterschied zwischen Stadt und Land kennt, ist die gewöhnliche Obrigkeit der bajulus; nur einige Städte, die zugleich eine stärkere militärische Besatzung haben, stehen statt diesem unter einem capitaneus (der von dem gewöhnlichen Burgkommandanten, dem castellanus wohl zu unterscheiden ist). Die französisch-normannische Bezeichnung deckt auch hier Überbleibsel byzantinischer Amtsverfassung, die sich zum Teil auch noch mit ihrer alten Bezeichnung, zum Beispiel der als stratigotus, erhalten haben. Das Amt war früher, wie die meisten Ämter überhaupt, käuflich gewesen und eben deshalb oft vervielfältigt worden. Noch unter Friedrich II. findet sich die Bestimmung, dass nicht mehr als 3 bajuli höchstens an einem Ort bestellt werden sollten. Später, seit 1239, wurde darauf gehalten, dass der Kauf nicht mehr stattfand und dass nicht mehr als ein bajulus an einem [47] Orte angestellt würde.

Er hatte wie der Justiciarius einen judex aus dem Advokatenstand als ständigen Assessor, und aber nicht nur einen, sondern 3 Notarien als Gerichtsschreiber neben sich; von Schöffen und Beisitzern ist nie die Rede. Der Bajulus selbst darf weder ein judex noch ein Priester sein; er soll, wie die Provinzialbeamten überhaupt, aus den wohlhabenden und angesehen Schichten der unmittelbaren Hoheitsgebiete des Königs (des "Demanium") entnommen werden; eine besondere Vorbildung ist nicht nötig, nur guter Ruf, Verstand, Charakter und auch eben Vermögen; politische Zuverlässigkeit wird natürlich vorausgesetzt. Seine Ausstattung und Vereidigung geschieht durch den Magister Camerarius; ebenso die seiner Gehilfen. Die judices sind aus den Einwohnern des Bezirks selbst zu nehmen und zwar nach einer Anwärterliste, die vom Hofe oder auch vom Kämmerer selbst aus den fideliores und prudentiores loci aufgestellt wird; die Notare aus den Personen, die vom König zum Tabellionat zugelassen sind. Das Amt des Bajulus wird [48] entweder ad credentiam oder ad gabellam [...][o] übertragen, das heisst entweder auf Rechenschaft oder auf Pacht. Noch zur Zeit der Constitutionen von Melfi bezogen die Bajuli kein festes Gehalt, sondern nur Sporteln und Strafgeld, bei Civilprocessen gewöhnlich 1/30 des Streitobjekts, und, wenn sie einen Vergleich zu Stande brachten, den gleichen Satz von jeder der beiden Parteien. Später (seit 1239) sind auch sie auf feste Gehälter gesetzt worden, ebenso auch die judices und die Notare. Nur in grösseren Städten, wo zahlreiche Kontrakte vorkamen, durfte die Zahl der Richter und der Notare eine grössere sein; darüber bestanden eingehende Festsetzungen.

Diese Ortsgerichte üben zugleich auch die Ortspolizei und wurden von den Magistri Camerarii unter scharfer Aufsicht und Disciplin gehalten. Von ih-

o. Segue qui un termine che non si riesce a leggere. Potrebbe essere «ex-talium».

Nell'amministrazione del distretto inferiore, in una civitas o in una universitas che poteva anche essere riunita con una città più grande e non conosceva alcuna differenza sostanziale tra città e territorio circostante, risiedeva l'autorità ordinaria del bajulus; solo alcune città, che avevano allo stesso tempo un più forte presidio militare, si trovavano, invece che sotto questo, sotto un capitaneus (che è da distinguere dal comune comandante del luogo, il castellanus). La denominazione francese-normanna copriva anche qui gli avanzi della costituzione burocratica bizantina, che in parte si erano mantenuti ancora nel suo antico nome, per esempio quello di stratigotus. L'ufficio era un tempo venale (come in genere la maggior parte delle cariche) e proprio per questo era stato spesso riprodotto. Ancora sotto Federico II si trova l'ordine per il quale dovevano essere nominati al massimo non più di 3 bajuli per luogo. Più tardi, dal 1239, su questo fu stabilito che l'acquisto non avesse più luogo e che in una circoscrizione non fosse assunto più di un bajulus.

[47] Egli aveva, come lo Justiciarius, un iudex proveniente dal ceto degli avvocati come assessore fisso, ma non uno, bensì tre notai come verbalizzanti del tribunale accanto a sé; non si parlava di giudici popolari come giudici a latere. Lo stesso Bajulus non poteva essere un giudice né un prete; come in generale i funzionari provinciali, egli doveva essere reclutato dagli strati benestanti e più in vista del territorio soggetto all'immediata sovranità del re (il "Demanium"); una particolare preparazione non era necessaria, solo una buona voce, intelligenza, carattere e anche patrimonio; l'affidabilità politica era naturalmente presupposta. Il suo insediamento e giuramento avvenivano davanti al Magister Camerarius; lo stesso i suoi assistenti. I judices erano da nominare dagli abitanti del distretto stesso e certamente da una lista di candidati che veniva redatta dalla corte o anche dal Camerario medesimo facendo ricadere la scelta tra i fideliores et prudentiores loci; i notai tra le persone che erano ammesse dal re nel tabellionato. L'ufficio di Bajulus veniva [48] trasmesso o ad credentiam o ad gabellam [...], cioè su rendiconto o in affitto. Anche al tempo delle Costituzioni di Melfi i Bajuli non ricevevano alcuno stipendio fisso, solo sportule e denaro per la comminazione delle pene, nei processi civili abitualmente solo 1/30 dell'oggetto della lite e, se riuscivano a pervenire a un accordo, la stessa tariffa da ciascuna delle due parti. Più tardi (dal 1239) i Bajuli furono dotati di una retribuzione fissa, così come i judices e i notai. Solo nelle città più grandi, in cui si stipulavano più frequentemente contratti, il numero dei giudici e dei notai poteva essere assai più alto; per questo si trovavano disposizioni dettagliate.

Questi tribunali del luogo esercitavano allo stesso tempo anche la polizia locale ed erano tenuti dai Magistri Camerarii sotto un severo controllo e disci-

ren Entscheidungen kann an den Kämmerer appelliert werden; in der Regel aber vollzieht sich die Betätigung der übergeordneten Instanz so, dass der Kämmerer herumreisend die einzelnen Ortsgerichte kontrolliert, [49] sich die Prozessakten vorlegen lässt und wenn er die Entscheidungen beanstandet oder sonst Unregelmässigkeiten wahrnimmt, von Amtswegen kurzerhand und ohne prozessuale Weitläufigkeiten eingreift und Remedur schafft. Dabei hat er eine weitgehende disciplinarische Strafgewalt über die Ortsgerichtspersonen: er kann sie mit Geldstrafen belegen, er kann sie pfänden, ja er kann sie gefangen setzen und in leichteren Fällen für eine Zeitlang dem Arbeitshaus überweisen, in schwereren dem König, oder, wenn er abwesend ist, dem Justitiar zur Bestrafung übersenden. Ein besonderes Mass von amtlicher Würde und Unabhängigkeit scheint also diesem örtlichen Gerichtspersonal nicht zugestanden zu haben, was weiter nicht zu verwundern ist, wenn man erwägt, wie schwer es noch im 18. Jahrhundert gewesen ist, Trägheit und Unwissenheit, tyrannische Willkür und Corruption in diesen Niederungen der Büreaukratie auszurotten.

In den Gebieten der Grafen, Barone und sonstigen grossen Grundherren hatten die Magistri Camerarii keine Zuständigkeit;[p] als ordentliche Richter erscheinen dort statt der [50] judices sogenannte "jurati" aus den Eingesessenen von ähnlicher Stellung wie jene.

Die Magistri Camerarii waren aber zugleich auch als Provinzialfinanzbeamte von grosser Bedeutung. Sie haben vor allem die Akzise unter sich, eine Konsumtions- und Umsatzsteuer, die in den verschiedenen Ortschaften von ihnen unter Mitwirkung der Bajuli und der anderen obrigkeitlichen Personen in einer den lokalen Verhältnissen angepassten Weise von Zeit zu Zeit festgesetzt und regelmässig verpachtet wurde. Ähnlich war es mit den Zöllen; nur die wichtigsten davon, die Hafenzölle der Seestädte, standen seit Friedrich II. unter besonderen Magistri portulani. Auch die damit verbundenen Lagerhäuser hatten ihre besonderen provinziellen Aufsichtsbeamten in den Magistri fundiciarii. Die Domänenverwaltung, die früher, wie es scheint, zum Geschäftskreise der Kämmerer gehört hatte, war durch Friedrich II. gleichfalls unter Spezialbeamte gestellt worden, die "procuratores rerum nostrarum", deren Amtsbezirk derselbe war wie der der Justitiare und Kämmerer; sie müssen von den besonderen Prokuratoren einzelner Domänenkomplexe unterschieden [51] werden und ebenso von den Magistri massarii, die einzelne Gutsbetriebe oder Meiereien in Pacht oder Verwaltung bewirtschafteten.

Die Kontrolle der rechnungspflichtigen Provinzialbeamten erfolgte bei den regionalen Rechenkammern, von denen oben die Rede gewesen ist; drei davon entfielen auf das festländische Gebiet, zwei auf die Insel Sizilien. Diese

p. Segue un periodo cancellato da Hintze: «Wie es scheint gab es doch besondere einfache Kämmerer» (come sembra, esistevano particolari Camerarii semplici).

plina. Dalle loro sentenze ci si poteva appellare al Camerario; di regola tuttavia il corso delle istanze superiori si compiva così: che il Camerario itinerante controllava il singolo tribunale del luogo, [49] si lasciava presentare gli atti dei processi e se contestava le sentenze o riscontrava altrimenti irregolarità, interveniva d'ufficio per le vie brevi senza le lungaggini del processo e poneva rimedio. Inoltre egli aveva un ampio potere di comminare pene disciplinari sulle persone che componevano i tribunali del luogo: poteva multarli con pene pecuniarie, poteva pignorare i loro beni, poteva perfino metterli in prigione e, nei casi più lievi, trasferirli in una casa di lavoro per un certo periodo di tempo, in quelli più gravi, deferirli al re per la punizione oppure, se questi era assente, al Giustiziere. Non sembra dunque che questo personale giudiziario di livello locale godesse di particolare dignità inerente alla carica o di autonomia, il che peraltro non stupisce se si considera quanto difficile fosse stato ancora nel XVIII secolo estirpare inerzia e ignoranza, arbitrio tirannico e corruzione in questi strati bassi della burocrazia.

Nei territori dei conti, baroni e altri grandi signori feudali, i Magistri Camerarii non avevano alcuna competenza; là figuravano come giudici ordinari, in luogo [50] dei cosiddetti giudici "jurati" tratti dai residenti con cariche simili alla loro.

I Magistri Camerarii erano tuttavia allo stesso tempo anche funzionari provinciali di finanza di grande importanza. Avevano sotto la loro responsabilità soprattutto le accise, una imposta sulle attività economiche (fatturato) e sul consumo che veniva da loro fissata di tempo in tempo e normalmente appaltata nelle diverse località con la collaborazione dei Bajuli e delle altre autorità in un modo adatto alle condizioni locali. Similmente avveniva per le dogane; solo le più importanti di queste, le dogane portuali delle città marittime, ricadevano dai tempi di Federico II sotto speciali Magistri portulani. Anche i magazzini collegati con questi avevano i loro particolari funzionari provinciali di sorveglianza nei Magistri fundiciarii. L'amministrazione demaniale che un tempo – come sembra – era appartenuta alla cerchia d'affari del Camerario, era stata posta da Federico II, allo stesso modo, sotto speciali ufficiali, i "procuratores rerum nostrarum", il cui distretto burocratico era il medesimo del Giustiziere e del Camerario; essi devono essere distinti dagli speciali procuratori di un determinato complesso demaniale [51] e, allo stesso modo, dai Magistri massarii, che amministravano i singoli beni aziendali o masserie in affitto o in gestione diretta.

I controlli sui rendiconti dei funzionari provinciali avvenivano presso le camere dei conti regionali, delle quali si è parlato sopra; tre di queste spettavano al territorio continentale, due all'isola di Sicilia. Questi uffici rappresen-

Behörden stellten ein Mittelglied zwischen den Amtsbezirken der Justiciarien und Kämmerer und dem königlichen Hofe, insbesondere der Kammer als Centralstelle der Finanzverwaltung dar. Hier scheint also ein Ansatz zur Bildung einer Mittelbehörde und eines entsprechendes Gebiets, etwa einer Provinz über den Regierungsbezirken vorhanden zu sein. Er hat sich aber nicht in diesem Sinne ausgestaltet. In der Anjou-Zeit sind diese Bezirke, wenigstens auf dem Festland, die "secretiae", als Amtssprengel der an die Stelle der Kämmerer getretenen "secreti" erhalten geblieben, aber sie haben keine weitergreifende Bedeutung erlangt.

[52] Noch deutlicher tritt die Neigung zur Bildung von Mittelbehörden unter Friedrich II. hervor in der Einsetzung der Capitanei et Magistri justiciarii, die, wie es scheint, im April 1235 stattgefunden hat, unmittelbar vor der Abreise des Kaisers nach Deutschland, wo es galt, die Umtriebe König Heinrichs zu unterdrücken und den Landfrieden auf breiter Grundlage herzustellen. Es handelte sich bei diesen Beamten nicht um die gewöhnlichen Capitanei, die wir als eine etwas höherstehende Art von Ortsbehörden (neben den Bajuli) in Ortschaften mit stärkerer militärischer Besatzung kennen gelernt haben, auch nicht um die gewöhnlichen justiciarii regionum, oder um den Magister justiciarius der Magna Curia, sondern um besondere Statthalter in den beiden grossen Reichsteilen, wie es scheint mit [53] Verbindung von Militär- und Civilgewalt, zugleich aber als organisches Mittelglied zwischen der Curia und den Regierungsbezirken der Justitiari und Kämmerer (die übrigens hier bereits als "Secreti Camere" bezeichnet wurden). Wir kennen die Namen der beiden Beamten, die 1240 diesen Posten innehatten (Andreas de Cicala und Rogerius de Amicis); die Grenze bildete das Castell Porta Roseti, das Calabrien von Apulien trennte. Die alte Zweiteilung des Reiches tritt also hier wieder hervor: die Nordhälfte bis an die Grenze Calabriens rückend, die Südhälfte Calabrien selbst und die Insel Sizilien umfassend. Sie sollten für die Zeit der Abwesenheit des Kaisers als wirksam durchgreifende Aufsichtsorgane dienen. Im Lande umherreisend sollten sie in den verschiedenen Gebieten grosse Gerichtstage abhalten, bei denen alle gegen die Justitiarien, die Secreti, die Kastellane der Burgen, die Domänenprocuratoren und andere Beamten vorge-

tavano un anello di congiunzione tra i distretti amministrativi degli Justiciarii e dei Camerari e la Corte regia, in particolar modo la Camera come organo centrale dell'amministrazione finanziaria. Qui sembra dunque esserci stato un accenno alla formazione di una istituzione intermedia e di un territorio corrispondente, forse una provincia al di sopra dei distretti governativi. Tale accenno tuttavia non si sviluppò in tal senso. Nel periodo degli Anjou questi distretti, almeno sul continente, le "secretiae" si conservarono come diocesi amministrative dei "secreti" istituiti al posto dei Camerari, ma non raggiunsero alcuna importanza significativa.

[52] Si manifestò ancor più chiaramente la tendenza alla formazione di istituzioni intermedie sotto Federico II con l'insediamento dei Capitanei et Magistri Justiciarii che, come sembra, ebbe luogo nell'aprile 1235, immediatamente prima della partenza dell'imperatore per la Germania, dove si trattò di reprimere gli intrighi del re Enrico e di fissare la pace territoriale su larghe fondamenta. A proposito di questi funzionari si trattò non dei comuni Capitanei che noi abbiamo imparato a conoscere come una categoria superiore di funzionari periferici (accanto ai Bajuli) nelle località con rilevanti guarnigioni militari, e neppure dei comuni justiciarii regionum oppure del Magister justiciarius della Magna Curia, bensì di particolari governatori nelle due grandi parti del regno, come sembra [53] in collegamento con il potere militare e civile, allo stesso tempo però quale organico anello di congiunzione tra la Curia e i distretti di governo del Giustiziere e del Camerario (che peraltro qui già erano denominati "Secreti Camere"). Noi conosciamo i nomi di entrambi i funzionari che nel 1240 ricoprirono questi posti: (Andreas De Cicala[24] e Rogerius de Amicis[25]); il castello di Porta Roseti[26] formava il confine che separava la Calabria dalla Puglia. Veniva dunque fuori anche qui l'antica divisione del regno in due parti: la parte nord giù fino ai confini e alle spalle della Calabria, la parte sud comprendente la Calabria stessa e l'isola di Sicilia. Durante il periodo di assenza dell'imperatore, questi funzionari dovevano operare come efficaci organi di controllo con poteri drastici. In viaggio per il territorio, dovevano tenere nelle diverse regioni le più importanti diete di giustizia, nelle quali erano da esaminare e da decidere tutte le querele, le cause formulate contro i Giustizieri, i Secreti, i Castellani dei borghi, i Procuratori demaniali e altri uffi-

24. Andrea Di Cicala (?-1246), appartenente a una famiglia di nobili feudatari siciliani, ricevette da Federico II nel 1236 il feudo di Polizzi. La nomina di Andrea a capitano della parte settentrionale del regno siciliano, dal Tronto al castello di Porta Roseti risale al 1239. Nel 1240 fu nominato anche capitano e maestro giustiziere delle province situate nella parte sottoposta alla sua giurisdizione. Su questo funzionario si veda Houben, *Andrea Cicala*; Kamp, *Cicala, Andrea di*.
25. Rogerius de Amicis. Manca purtroppo uno studio storico su questo funzionario.
26. Oggi Rocca Imperiale, in provincia di Cosenza, ove si trova un castello fatto costruire da Federico II.

brachten [54] Klagen zu untersuchen und zu entscheiden waren. Die schuldigen Beamten sollten bestraft und entfernt werden, allerdings nicht ohne dass darüber erst an den Hof berichtet wurde. Es scheint, dass die Gerichtskontrolle der Magistri Camerarii damals ein Ende gefunden hat, womit ihre Umwandlung in blos finanzielle Organe, die Secreti Camere, zusammenhängen könnte. Von den Ortsgerichten soll fortan die Berufung (Appellation) an diese Capitanei et Magistri justiciarii gehen, von ihnen geht der Instanzenzug weiter an die Curia. Sie verbinden Gericht und Verwaltung; sie haben auch executive Gewalt. Vor allem sollen sie bei den "magna maleficia" als Richter auftreten, das heisst: wenn ganze Universitates locorum oder Grafen und Barone etwas Strafwürdiges begangen haben. Man sieht: es handelt sich um Hochverratsprozesse und in Verbindung damit um eine politische Polizei. In gewöhnlichen Fällen bleibt den Justitiarii Regionum die Strafverfolgung überlassen. Aber gegen alle Corruption der Beamten soll mit unnachsichtiger Schärfe eingegriffen werden. [55] Die Institution ist nicht von Dauer gewesen. Nur die Umwandlung der Kämmerer in die Secreti hat Bestand gehabt; sie scheint dort nicht erst eine Neuerung Karls von Anjou gewesen zu sein. Sie zeigt das tiefe Misstrauen des Kaisers gegen das bisherige Beamtenregiment, das einer noch schärferen und umfassenderen Aufsicht als bisher unterworfen werden sollte.

[56] An vernünftige amtsrechtlichen Normen und Kontrollen hat es, wie wir gesehen haben, der sizilischen Büreaukratie auch vorher schon unter der Regierung Friedrichs II. nicht gefehlt. Ob aber die Massregeln ihren Zweck erreicht haben, eine integre, unparteiische, prompt arbeitende Verwaltung herzustellen ist eine Frage, die man nicht ohne weiteres wird bejahen dürfen. Wir haben Zeugnisse über Willkür und Bestechlichkeit der Provinzialbeamten, namentlich auch der Justitiarien, die weitgehenden Zweifel daran begründen; und wenn wir sehen, dass selbst ein Mann wie Petrus de Vinea aus dessen Feder so salbungsvolle Gemeinplätze über Pflicht und Tugenden eines Beamten und so scharfe Reprimenden gegen Nachlässige und Ungetreue geflossen sind, in der unmittelbaren Nähe des Monarchen, an der Spitze der ganzen büreaukratischen Hierarchie, doch der Versuchung erlegen ist, die Vorteile seiner Stellung zu pflichtwidriger Bereicherung zu missbrauchen, so dürfen wir uns nicht wundern, wenn in den tieferen Regionen der Provinz, wo der König fern und die Gelegenheit leicht war, das ganze ausgeklügelte System der Amtskontrollen vor Willkür und Corruption nur unzureichenden Schutz gewährte. Auch das war typisch für die kommende Büreaukratie in West und Mitteleuropa.

[57][q] Die Verwaltung trägt einen stark fiscalischen Charakter. Ausser den sonst üblichen Einnahmequellen finden wir hier Ein- und Ausfuhrzölle,

q. Ibid., f. 57 è occupata nella prima metà da un testo cancellato a matita da Hintze. «[…] Man nahm die Beamten aus Juristen, Schreibern und einfachen Rittern; man sah darauf, dass sie nicht aus der Provinz stammten, in der sie ein Amt bekleiden sollten. Die Provin-

ciali. [54] I funzionari colpevoli dovevano essere puniti e rimossi, non prima di averne fatto rapporto alla corte. Sembra che il controllo giudiziario dei Magistri Camerarii avesse ormai trovato una fine collegabile alla loro trasformazione in organi puramente finanziari, i Secreti Camere. D'ora innanzi, dai tribunali locali si dovette ricorrere in appello (*Appellation*) a questi Capitanei et Magistri justitiarii, per i quali si ricorreva ulteriormente per via di istanza alla Curia regia. Essi univano giustizia e amministrazione; avevano anche il potere esecutivo. Dovevano soprattutto erigersi a giudici davanti ai "magna maleficia", il che significò: nel caso in cui tutte le Universitates locorum o i conti e baroni avessero compiuto atti perseguibili come reati. Si vede: si trattava di processi di alto tradimento e in relazione con ciò di una polizia politica. Nei casi ordinari l'azione penale restò affidata agli Justiciarii Regionum. Ma contro ogni forma di corruzione dei funzionari si doveva essere intervenuti con implacabile durezza. [55] L'istituzione non durò nel tempo. Solo la trasformazione dei Camerarii nei Secreti fu stabile; sembra che non fosse ancora stata una innovazione di Carlo d'Angiò. Essa mostrò la profonda sfiducia dell'imperatore nei confronti dell'ordinamento amministrativo allora in vigore, ordinamento che doveva essere sottoposto a un controllo più severo ed esteso che nel passato.

[56] La burocrazia siciliana anche prima, sotto il governo di Federico II, come abbiamo visto, non mancò sul piano amministrativo di norme e controlli razionali. Se tuttavia le disposizioni avessero raggiunto il loro scopo, di produrre un'amministrazione integra, imparziale, immediatamente operante, è una domanda cui non si potrebbe rispondere affermativamente senza problemi. Noi abbiamo testimonianze dell'arbitrio e corruttibilità dei funzionari provinciali, soprattutto anche dei Giustizieri, che giustificano ampi dubbi su questo; e se noi vediamo che anche un uomo come Pier delle Vigne – dalla cui penna colarono tanti untuosi luoghi comuni sul dovere e le virtù di un funzionario e tante dure reprimende contro i negligenti e gli infedeli – nelle immediate vicinanze del monarca, al vertice dell'intera gerarchia burocratica, cedette alla tentazione di abusare dei vantaggi della sua carica per un arricchimento contrario al suo dovere, così non possiamo meravigliarci se nei più remoti angoli della provincia, dove il re era lontano e l'occasione facile, l'intero sofisticato sistema dei controlli burocratici avesse recato una difesa inadeguata di fronte all'arbitrio e alla corruzione. Anche questo fu tipico della burocrazia che era in formazione nell'Europa centro-occidentale.

[57] L'amministrazione rivelava un forte carattere fiscale. Oltre alle altre consuete fonti di entrata noi troviamo qui dazi di importazione ed esportazio-

die zum Teil verpachtet waren, Liege- und Hafengelder, eine scharfe Zollcontrolle mit grossen Lagerhäusern, vor allem auch Handelsmonopole auf Salz, Eisen, Kupfer und Rohseide. Die grossen Einkünfte, die der Fiscus an Getreide aus den Domänen bezog, machten ihn zum grössten Getreidehändler im Reiche; durch den Erlass von Ausfuhrverboten beherrschte er den Markt vollkommen, so dass, wenn nicht rechtlich so doch thatsächlich eine Art von Getreidemonopol bestand. In dieser Getreide[58]handelspolitik wie in manchen anderen Dingen scheint sich der deutsche Ordensstaat in Preussen das fridericianische Sicilien zum Muster genommen zu haben.[r] Ausserdem bestand eine Consumtionssteuer (Accise) und im Laufe der Regierung Friedrichs II. bildete sich eine schliesslich regelmässig erhobene allgemeine Grundsteuer (collecta) heraus, von der auch Adel und Geistlichkeit nicht frei waren. Daneben spielten in Zeiten dringenden Geldbedarfs ausserordentliche Contributionen und vor allem Zwangsanleihen bei den begüterten Personen eine wichtige Rolle.

Der Feudalismus ist auch auf dem militärischen Gebiet früh überwunden worden. Neben dem Lehnsaufgebot der Ritter gibt es eine geworbene Söldnertruppe, meist aus den aufs Festland verpflanzten Sarazenen von Luceria und Noceria recrutirt, die, unbedingt zuverlässig, beständig zur Verfügung des Königs stand, ausserdem eine nicht unbedeutende Flotte. Das Rechtsleben ist durch die Ausdehnung des schriftlichen Verfahrens und des Zeugenbeweises auf Kosten von Folter und Zweikampf und durch die Abschaffung des von Friedrich II. als unvernünftig empfundenen Gottesurteile charakterisiert. Die 1224 begründete Universität Neapel, die erste eigentliche Staatsuniversität, sollte zur Ausbildung einheimischer Juristen und Beamten dienen und den politisch unbequemen Einfluss der freiheitsdurstigen oberitalienischen Städte und ihrer Rechtsschulen abschneiden. Der Besuch von Bologna wurde bei Strafe verboten. [59] Es ist ein Staatswesen, das bereits von der Staatsräson, von dem Streben nach Macht und Wohlfahrt, nicht mehr bloss von überlieferten Rechtsvorstellungen und noch weniger von der Anbequemung an die geistlichen Tendenzen des Mittelalters beherrscht ist; die Anfänge einer inneren

zialämter tragen einen halb auch commissarischen Charakter: man lässt die Beamten nur kurze Zeit an ein- und derselben Stelle und unterwirft sie einer freilich nicht ganz ausreichenden Controle, die namentlich durch die reisenden Finanz-Controllcommissare, die rationales ausgeübt wurde» (Si reclutavano i funzionari dai giuristi, scrittori e modesti cavalieri; si vedeva così che non provenivano dalla provincia dove dovevano rivestire l'ufficio. Gli impieghi provinciali rivelano anche un carattere quasi commissariale: si lasciano i funzionari solo per breve tempo in uno stesso luogo e si sottopongono però a un controllo non del tutto sufficiente, che veniva esercitato soprattutto dai commissari itineranti di finanza e di controllo, i rationales).

r. A matita è scritto «Folgen!», trad. «seguire»! Hintze intendeva forse proseguire in questa pista di ricerca con uno studio specifico.

ne, che venivano in parte appaltati, diritti sui porti e diritti di rada, un incisivo controllo doganale con grandi magazzini, soprattutto anche monopoli commerciali sul sale, ghiaccio, rame e seta grezza. Le maggiori entrate, che il fisco incassava dal demanio sui cereali, lo resero il più grande commerciante di cereali del regno; attraverso il decreto sul divieto di esportazione, dominò il mercato in modo completo cosicché, se non legalmente, certamente nei fatti esisteva una forma di monopolio dei cereali. [58] In questa politica sul commercio dei cereali come in alcuni altri settori, lo Stato monastico dei Cavalieri Teutonici in Prussia mostrò di aver preso a modello la Sicilia federiciana. Inoltre esisteva una tassa di consumo (Accise) e nel corso del governo di Federico II si formò un'imposta fondiaria (collecta) comune riscossa alla fine in modo regolare, dalla quale non era esentata né la nobiltà né il clero. Accanto a ciò, in tempi di urgenti richieste di denaro, giocarono un ruolo importante le contribuzioni straordinarie e soprattutto prestiti forzosi a carico delle persone abbienti.

Il feudalesimo fu presto superato anche in campo militare. Accanto allo spiegamento feudale dei cavalieri esisteva una truppa di mercenari, per lo più reclutati da saraceni trapiantati sul continente di Lucera e Nocera, che si trovavano a disposizione del Re in modo incondizionato, fidato, durevole; c'era inoltre una flotta non irrilevante. La vita giuridica fu caratterizzata dall'estensione del procedimento scritto e delle prove testimoniali a scapito della tortura e del duello e dall'abolizione del giudizio di Dio considerato irrazionale da Federico II. L'Università di Napoli fondata nel 1224, la prima autentica università di Stato, doveva servire alla formazione di giuristi e funzionari del luogo e fu obbligata a troncare lo scomodo influsso politico delle città dell'Italia settentrionale assetate di libertà e delle loro scuole di diritto. La partecipazione alla scuola di Bologna fu proibita e punita. [59] Fu un tipo di ordinamento già dominato dalla ragion di Stato, dall'aspirazione alla potenza e al benessere, non più solo dalle idee di diritto tramandate e ancor meno dall'adattarsi alle tendenze ecclesiastiche del Medioevo; si mostrarono gli inizi di un'ammi-

Verwaltung zeigen sich, die nach vernünftigen Gesichtspunkten, wenn auch nicht ohne Härte und Willkür, das gesamte wirtschaftlich- soziales Leben der Staatsunterthanen, die lediglich als Object der Herrschaft erscheinen, zu regeln und zu leiten sucht; religiöse Toleranz gegenüber dem Islam, die nicht mehr bloss als Staatsnotwendigkeit, sondern auch als Ausfluss religiöser Indifferenz des Staatsoberhaupts erscheint; die aber doch, wie die Ketzerinquisition zeigt, unter Umständen dem veränderten Gebot der Staatsräson weichen muss; im ganzen eine innere Politik, die die Grossen und Starken herabzudrücken sucht, aber der Masse wenigstens in ihren wirtschaftlich-sozialen Interessen doch wohl förderlich war – kurz eine Art des Regiments, die sehr lebhaft an den aufgeklärten Absolutismus des 18. Jahrhunderts und seine grossen gleichnamigen Träger erinnert, in der mittelalterlichen Welt des Abendlandes aber, trotz vieler und starker Beimischungen, die aus ihr stammen, fremd und seltsam anmutet. Es war doch mehr als eine Nachblüte der byzantinisch-arabischen Kultur; es war der Vorbote einer neuen Richtung im abendländischen Staats- und Völkerleben. Unmittel[60]bare Wirkungen sind von diesem Staatswesen und seiner Verwaltung in einzelnen gewiss nach manchen Seiten hin ausgegangen, auch über Italien hinaus; aber als Ganzes hat es eigentlich dort keine stetige Fortbildung erfahren,[s] wenngleich die Herrschaft Karls von Anjou, die nach der Absicht der päpstlichen Curie dieses Staatswesen zertrümmern sollte, den vorgefundenen Regierungsmechanismus erhalten und weiter ausgebildet hat.

Aber durch die Folgen der sicilianischen Vesper sind die beiden Hälften der Monarchie auseinandergerissen worden und keine von ihnen hat wieder auf lange Zeit hin die Einwirkungen eines wirklich starken monarchischen Regiments erfahren. In den dynastischen Wirren der anjovinischen Zeit in Neapel (bis 1435) und unter den verschiedenen aragonesischen Linien in Sicilien haben sich mehr die ständischen als die monarchischen Institutionen ausgebildet; Alfons V. von Aragonien brachte durch die Eroberung Neapels die beiden Länder wieder zusammen und machte seinen Hof zu einem der frühesten [61] und glänzendsten Mittelpunkte der italienischen Renaissancekultur, wo die aus Konstantinopel vor den Türken geflüchteten griechischen Gelehrten grossmutig aufgenommen wurden und Laurentius Valla lebte, der die Legende von der Schenkung des Kaisers Konstantin an den Papst kritisch vernichtet hat.

s. Seguono alcune parole cancellate da Hintze: «Die beiden Hälften der Monarchie wurden durch die Folgen der siciliani» (Le due parti della monarchia furono per le conseguenze dei siciliani).

nistrazione interna che, da un punto di vista razionale, anche se non senza durezza e dispotismo, cercò di regolare e guidare l'intera vita economica e sociale dei sudditi dello Stato, che apparivano soltanto come oggetti della signoria; la tolleranza religiosa nei confronti dell'Islam si presentò non più soltanto come una necessità politica, ma anche come frutto di indifferenza in materia religiosa del capo dello Stato; la quale però certamente, come mostra l'inquisizione contro gli eretici, in alcune circostanze dovette cedere al mutevole obbligo della ragion di Stato; nel complesso una politica interna che cercò di abbassare i più grandi e i più forti, ma che almeno fu utile alla massa nei suoi interessi economico-sociali – in breve un tipo di reggimento che ricorda in modo assai vivo l'assolutismo illuminato del XVIII secolo e il suo grande omonimo propugnatore, tuttavia nel mondo medievale dell'Occidente sembrò estraneo e bizzarro nonostante le molte e forti mescolanze che da esso discendevano. Esso fu piuttosto come una tarda fioritura della cultura arabo-bizantina; fu precursore di una nuova tendenza nella vita degli Stati e dei popoli occidentali. [60] Effetti diretti si irradiarono certamente da questo tipo di regime e dalla sua amministrazione in varie direzioni e anche fuori d'Italia; ma come assieme non sperimentò colà in effetti alcun continuo perfezionamento, sebbene la signoria di Carlo d'Angiò, che nelle intenzioni della Curia romana doveva mandare in frantumi questo tipo di Stato, avesse conservato e rafforzato ulteriormente quel meccanismo di governo.

Tuttavia, in seguito ai Vespri Siciliani,[27] le due metà della monarchia furono separate l'una dall'altra e nessuna di loro visse per lungo tempo gli effetti di un vero, autentico governo monarchico. Nei disordini dinastici del periodo angioino a Napoli (fino al 1435) e sotto i diversi rami aragonesi in Sicilia, si svilupparono più le istituzioni cetuali che quelle monarchiche; con la conquista di Napoli, Alfonso V di Aragona[28] riunì nuovamente le due parti del territorio meridionale e fece della sua corte uno dei primi in assoluto, [61] più splendidi centri della cultura italiana rinascimentale, dove venivano accolti generosamente gli eruditi greci fuggiti da Costantinopoli davanti ai Turchi e dove visse Lorenzo Valla,[29] che distrusse criticamente la leggenda della donazione dell'imperatore Costantino al Papa.

27. Vespri Siciliani: insurrezione avvenuta il 30 marzo 1282 contro il dominio angioino dell'isola. Il successo della rivolta consentì al re di Aragona Pietro III di conquistare l'isola.
28. Alfonso V di Aragona (1396-1458), fu re di Aragona, di Sicilia, di Sardegna. Adottato dalla regina di Napoli Giovanna II di Angiò, poi rinnegato, accampò diritti sul trono di Napoli. Alfonso riuscì a unire nuovamente il Sud Italia: parte continentale e insulare. Cfr. Moscati, *Alfonso V d'Aragona*.
29. Lorenzo Valla (1407-1457), umanista italiano. Soggiornò per alcuni anni alla corte del re di Napoli Alfonso V. Hintze si riferisce all'opera «Della falsa donazione di Costantino» (pubblicata nel 1440), con cui Valla dimostrò la falsità del documento cui i papi si erano richiamati nel corso del Medioevo per legittimare il dominio temperale sull'Italia centrale. Si veda Cantimori, *Valla, Lorenzo*.

Mit der Eroberung Neapels war der Rivalitätskampf zwischen den Häusern Aragon und Anjou, den Pedro III. von Aragon, der Schwiegersohn des letzten staufischen Königs von Sizilien, Manfred, durch die Eroberung der Insel 1282 begonnen hatte, auf die ganze alte Monarchia Sicula ausgedehnt und zu einem Kampf mit der Krone Frankreich geworden, der immer wieder auflebend, über zwei Jahrhunderte erfüllte und die Gestaltung des europäischen Staatensystems aufs stärkste beeinflusst hat. In diesem Kampf hat Ferdinand von Aragonien die [62] Herrschaft über Neapel und Sizilien behauptet und dieses Zentrum des staufischen Imperialismus zu einem Nebenland der grossen spanischen Monarchie gemacht, welche die Traditionen der staufischen Universalherrschaft im christlichen Abendlande übernahm und fortführte, aber nicht in Rivalität, sondern im Einverständnis mit dem Papsttum und nicht mehr in Sinne einer abend- und morgenländischen Mischkultur, sondern in dem strengen und starren Geiste eines jesuitisch regenerierten Katholizismus und eines konfessionellen Absolutismus, der das regionale Eigenleben dieser Länder zwar nicht zerstörte, aber doch nicht zu kräftiger Entfaltung kommen liess.

[63][t] Im Gegensatz zu der früher herrschenden feudalen Anarchie hat Roger II. bald nach der Eroberung des Festlandes 1129 einen allgemeinen Landfrieden errichtet, den er schliesslich auch zur wirksamen Durchführung brachte.

t Testo scritto a matita da Hintze, presenta un'analisi dell'amministrazione e costituzione del regno siciliano sotto Ruggero II. Lo si riporta qui, anche se alcune parole non sono del tutto comprendibili.

Con la conquista di Napoli la guerra che vide rivali la casa di Aragona e di Anjou – guerra che Pedro III di Aragona,[30] il genero dell'ultimo re di Sicilia, Manfredi,[31] aveva iniziato con la conquista dell'isola nel 1282 – fu estesa a tutta quanta l'antica Monarchia Sicula e si risolse in una lotta con la corona di Francia che, sempre riaffiorante nel tempo, occupò più di due secoli e condizionò al massimo grado la struttura del sistema degli Stati europei. In questa guerra Ferdinando d'Aragona[32] consolidò [62] la signoria su Napoli e Sicilia e fece di questo centro dell'imperialismo Staufen una terra finitima della grandissima monarchia spagnola, la quale prese su di sé e proseguì le tradizioni di signoria universale degli Staufer nell'Occidente cristiano, ma non in contrapposizione, bensì in accordo con il Papato e non più in direzione di un sincretismo culturale tra Occidente ed Oriente, bensì nello spirito forte ed inflessibile di un cattolicesimo rigenerato in senso gesuitico e di un assolutismo confessionale che, seppure non distrusse l'autentica vita regionale di questi territori, di certo non consentì loro di pervenire a un più forte sviluppo.[33]

[63] A differenza dell'anarchia feudale dominante anticamente, Ruggero II fondò con la conquista della Terraferma nel 1129 una generale pace territoriale che portò anche a un'efficace realizzazione. Le cruciali assise proclamate in una

30. Pietro III di Aragona (1235-1285), re di Aragona. Nel 1282, in seguito alla rivolta dei Vespri, fu re di Sicilia come Pietro I. Figlio di Giacomo I, si unì in matrimonio nel 1262 con Costanza di Hohenstaufen, primogenita del re di Sicilia Manfredi. La particolare vicinanza tra questi due casati contribuì a legittimare il potere di Pietro sull'isola siciliana.
31. Manfredi (1232-1266), figlio naturale di Federico II Hohenstaufen, successe al padre sul trono del regno di Sicilia dopo la morte del fratello Corrado IV, avvenuta nel 1254. La sua successione fu riconosciuta dai baroni nel 1258. Gli fu fatale l'ostilità dei guelfi fiorentini e di papa Clemente IV, che chiamarono in Italia Carlo d'Angiò offrendogli il regno meridionale. Cadde nella battaglia di Benevento del 1266. Su Manfredi si veda Koller, *Manfredi re di Sicilia.*
32. Hintze si riferisce probabilmente a Ferdinando I di Napoli, noto come Ferrante, figlio di Alfonso V (1431-1494). Nonostante le minacce degli Angioini, determinati a riconquistare il regno con l'aiuto dei baroni meridionali ostili alle sue politiche di accentramento, Ferrante riuscì a conservare il potere grazie a un'accorta diplomazia. Sotto il suo governo, Napoli divenne una delle capitali del Rinascimento italiano.
33. Qui il riferimento è soprattutto a Ferdinando II d'Aragona (1452-1516), re di Sicilia, di Castiglia, di Aragona e, dal 1503, di Napoli. A Ferdinando si deve l'unione politica dello Stato spagnolo, resa possibile attraverso il suo matrimonio con la regina Isabella di Castiglia nel 1469. Portò a termine la *Reconquista* abbattendo nel 1492 l'ultimo avamposto arabo in terra iberica, Granada. La difesa e la diffusione del cattolicesimo venne compiuta fornendo pieno supporto alle spedizioni nel Nuovo Mondo (concepite anche come mezzi per diffondere la religione cattolica), ma anche all'interno dei loro domini mediante provvedimenti che portarono all'espulsione degli ebrei e dei musulmani non convertiti. Nel 1503 Ferdinando riuscì ad acquisire il Regno di Napoli, sul quale gli Aragonesi avevano cessato di regnare dal 1494, anno della morte di Ferrante d'Aragona, figlio naturale di Alfonso V.

Die entscheidenden 1140 gleich nach dem Friedenschluss mit dem Papst, auf einem Hoftag zu Ariano verkündeten "Assisen" legten den dauerhaften Grund einer wirksamen Rechtspflege und für die Verfassung und Verwaltung des Reiches überhaupt, die von seinen Nachfolgern nur noch anders ausgestattet zu werden brauchten. Charakteristisch für diese Gesetzgebung ist der starke Einfluss römischen Rechts, der aber nicht, wie man früher wohl meinte, sich aus alten Traditionen der byzantinischen Zeit erklärte, sondern vielmehr unverkennbar schon die Züge der Glossatorenschule von Bologna trägt. Daneben ist aber auch der Einfluss normannisch-französischen Rechts, namentlich im Lehns wesen, sehr bedeutend; auch arabische Überbleibsel namentlich in dem System der Finanzverwaltung finden sich, während vom eigentlichen griechisch-byzantinischen nur wenige Spuren geblieben sind

[64][u] Diese Kämpfe wurden nicht nur mit den selbstherrlichen einheimischen Gewalten[v] – geführt, sondern vor allem mit der päpstlichen Curie, die in der Bildung eines apulisch-sizilischen Einheitsstaates durch seine alten sizilischen Vasallen, die Normannen, eine Gefahr für ihre eigene Selbständigkeit und Machtentfaltung in Italien sah. Durch das Schisma von 1130 verflochten sie sich mit dem grossen Gegensatz, der das ganze christliche Abendland spaltete. Gestützt auf den Gegenpapst Anaklet II. (aus dem römischen Haus der Pierleoni, die von Bernhard von Clairvaux beschimpten "diaboli judaion"), gelang es Roger II. 1130 die Königskrone für das neue sizilisch-apulische Reich zu erwerben, während Kaiser Lothar auf Seiten des Papstes Innozenz II. den Usurpator bekämpfte und vorübergehend von Boden des Festlandes vertrieb (1137). Selbstverständlich beherrschte jetzt aber Roger II. Reich und Krone, wenn er sich noch im dem Friedenschluss mit dem Papst Innozenz II. (1139) das Compromiss gefallen lassen musste, dass ihm die Belastung dieser 3 besonderen Fahnen, für Sizilien als Königreich, daneben für das Herzogtum Apulien und das Fürstentum Capua erteilt wurde, so dass eine collektive Herrschaft an der Stelle des Einheitsstaates trat, der sich aber beträchtlich in der Folge doch […][w] befestigte. Roger hat […].[y]

u. Testo scritto a matita da Hintze, si riferisce anch'esso al periodo del regno di Ruggero II. Purtroppo non è stato possibile capire il testo in molti punti.

v. Cancellate le parole: Barone und Ritter

w. Non si capiscono due parole.

y. Testo incompiuto.

dieta ad Ariano nel 1140, dopo la conclusione della pace con il Papa, posero basi durevoli, istituirono una efficace amministrazione della giustizia, soprattutto per la costituzione e l'amministrazione del regno che doveva essere perfezionata dai suoi successori. Caratteristico di questa legislazione è il forte influsso del diritto romano, che tuttavia non derivò – come si credeva prima – dalle antiche tradizioni del periodo bizantino, piuttosto porta in modo inconfondibile i tratti della scuola dei Glossatori di Bologna. Accanto a questo è molto importante anche l'influsso del diritto normanno-francese, soprattutto nel sistema dei feudi; si trovano anche avanzi arabi, in particolar modo nell'amministrazione finanziaria, mentre solo poche tracce sono lasciate dall'autentica tradizione greco-bizantina

[64] Queste guerre non furono condotte soltanto contro gli autonomi poteri locali, ma soprattutto contro la Curia papale, che vedeva nella formazione di uno Stato unitario apulo-siciliano per opera dei suoi antichi vassalli siciliani, i normanni, un pericolo per la sua indipendenza e potenza in sviluppo in Italia. Con lo scisma del 1130 esse si intrecciano con il grande dissidio che spaccò tutto l'occidente cristiano. Sostenuto dall'antipapa Anacleto II (della casa romana dei Pierleoni, insultato da Bernardo di Clairveaux come «diabolus» o «suboles Judaica»), Ruggero II riuscì ad acquisire nel 1130 il trono reale per il nuovo regno apulo-siciliano, mentre l'imperatore Lotario II combatté l'usurpatore al fianco del papa Innocenzo II e lo cacciò provvisoriamente dal territorio continentale (1137). Alla fine tuttavia Ruggero II ottenne regno e corona, sebbene nella conclusione della pace con papa Innocenzo II (1139) dovette ingoiare il compromesso nel quale gli era fatto carico di conferire tre distinti vessilli: uno per la Sicilia come regno, uno per la Puglia come ducato, uno per Capua come principato, cosicché una signoria collettiva subentrò ad una unitaria, che tuttavia ebbe modo in seguito di venir sensibilmente sviluppata e rafforzata. Ruggero ha [...].

Abstract

This volume draws attention to the university lectures on Italian constitutional and administrative history from the Middle Ages to the Modern Age held by the German historian Otto Hintze between the end of the nineteenth century and 1920. The manuscript is published in the original German and translated into Italian. It is kept in the Berlin State Archives (GStPK) together with the writings of Hintze containing his lessons on other European public powers. These texts constituted the preparatory material for a volume on the general constitutional and administrative history of modern states («Allgemeine Verfassungs- und Verwaltungsgeschichte der Neueren Staaten») that the author intended to publish; the project remained unfinished because of the dramatic events that took place in Germany with the advent of the Nazi dictatorship. These events marked him deeply.

Hintze – who belonged to the movement of "Kulturgeschichte" which included historians such as Karl Lamprecht, Gustav Schmoller and Kurt Breysig – examined the Italian public powers with references to economic dynamics, psycho-social factors and external political conditions (in terms of foreign policy relations between states) which influenced the internal constitutional structure of the public powers.

The focus of the analysis – here as for the other lessons on European public powers – is on the formation of the state based on the typology of constitutional and administrative history developed by said state.

The most original element for the history of historiography lies in Hintze's particular critical analysis of the Italian reality determined by the term-concept "Ständestaat". This public power existed in Europe between the Middle Ages and the Modern Age (in Spain, France, England, German states, Bohemia, Hungary and Poland). It was based on the coexistence of the lordship pole ("herrschaftlich") and the consociative pole ("genossenschaftlich") in the exercise of public functions. In the constitution of the European public powers of that period, there was on the one hand the bureaucratic administration concentrated in the prince's court and on the other there was an administration of Estates present in some institutions of the court. The latter was endowed with political-administrative autonomy in various places and it culminated at the top in an assembly of "representatives" or constituent elements (nobles, clergy and cities) of the various communities, districts or municipal unions located within the borders of the kingdom.

With the exception of the Duchy of Savoy (later, Kingdom of Sardinia) – where there were institutions of some Estates that actually operated with the prince between the 15th and the first half of the 16th century in a similar way to France – Hintze does not identify a "Ständestaat" in the other Italian territories between the Middle Ages and Early Modern Age, similar to the European model as described above. The numerous institutions examined in the different areas of the peninsula were very different from one another, but according to Hintze none of them underwent the constitutional and administrative evolution which was typical of the European "Ständestaat".

In some territories Hintze identifies a State centered around the existence of the unique power of a prince with his bureaucratic administration. This is the case of the Cities of Upper Italy after they broke their political-constitutional link with the Germanic Empire following the Peace of Constance (1183). Power was first divided between the representatives of the city estates; however, the political instability caused by the struggles between city factions (high and low nobility, bourgeoisie of merchants and artisans) ended up concentrating the political functions in the hands of the "Podestà". The supreme power was then taken by a Lord who, protected by an apparatus of bodyguards, established an authoritarian regime based on a bureaucracy operated by officials subject to his wishes.

Another example – which according to Hintze probably served as a model for the Lordships of Upper Italy – is the Kingdom of Sicily where the Prussian historian sees the development of a powerful bureaucratic administration of Byzantine Arab origin which, preserved by the Norman kings, was strengthened and perfected by Frederick II Hohenstaufen. In this sovereign's reign, Hintze even recognized "in a nutshell" the foundations of the absolute state with elements of an extraordinary similarity, in some administrative rules, to the eighteenth-century enlightened monarchies. An example in this regard are the prohibition on the sale of public offices introduced by Frederick II with the Constitutions of 1231 and the Prussian reforms of the XVIII century with reference to the work of the jurist von Cocceji, active at the court of Frederick II Hohenzollern.

The Staufer held diets or assemblies in the kingdom of Sicily but these had no constitutional weight and only served for consultative purposes since, as Hintze points out, all power was concentrated in the king and in the extremely ramified bureaucratic administration that depended on him. The kingdom of Sicily is described as a precursor of the 18th century absolute state.

The constitutional and administrative history of the republic of Venice is completely different, as Hintze outlines with considerable acumen: here the birth of the Municipality led to the progressive limitation of the powers of the doge, whose institution however was not suppressed. One characterizing element of the Municipality was its rigid closure towards any enlargement or proposal of sharing power with social classes other than the Venetian "patriziato". The strong commercial and mercantile targets of the Venetians in the Mediterranean favored the establishment of a municipality managed by an elite of patricians interested in the maritime affairs of their city but simultaneously endowed with a strong sense of state. The expansion of the Republic of Venice into the mainland subsequently led to the conquest of multiple cities and territories, whose autonomy was safeguarded and regulated in a variety of

ways. Here too, however, it is not possible to identify a "Ständestaat" since the constitution of the state was based on political and administrative institutions, the members of which came exclusively from the Venetian "patriziato". There was no assembly composed of nobility, clergy and cities representing the territories that were part of the republic.

In Florence, the formation of the Municipality led to continuous revolutions in the 13th, 14th and 15th centuries, which marked the entry of the representatives of the bourgeois and popular classes into the city institutions. Here Hintze uses 20th century terms-concepts to describe the constant changes in the city's constitution: this is the case, for example, of "democracy" and "proletariat". He argues that the Municipality's government became "democratic" too quickly and almost in an uncontrollable way so: a democratic constitution which in Florence first saw the bourgeois and then – during the fourteenth century – the "proletariat" (sic!) of city factory workers enter the republican institutions. The Medici's conquest of power is described according to its difference with that of contemporary Italian lords: it was the work of a rich family of bankers whose huge financial resources were used to favor the election of their men to the high offices of the republic. Hintze identifies in the international politics of Charles V the origins of a Tuscan state when – by the will of the emperor – the republic of Florence was transformed into a grand duchy, a territorial princely state still governed by the Medici family, but even here without a European style Estate constitution. Rather it was a «conglomerate of different political formations having a predominantly municipal character, with different jurisdictions and forms of government [...] held together only by the common sovereign».

Another completely distinct development in the historical constitution of the Italian states is the case of Rome. In Rome the presence of the temporal and universal power of the Papacy hindered the formation of municipal institutions on the model of central-northern Italian cities, which were of a "democratic nature" (as in Florence before the Medici came to power) or of an "oligarchic" one (as was the case in Venice). During the late Middle Ages, between the 12th, 13th and 14th centuries, the city of Rome oscillated between a noble constitution and a popular constitution based on Florence's model, both influenced from time to time by papal power. The transfer of the papal seat to Avignon seemed to favor the popular form of government. The formation of a particular urban State on the model of Florence was also prevented in Rome during the government of Cola di Rienzo, who acquired power as a tribune representative of the popular party. His unrealistic program for an imperial Rome at the head of an Italian confederation of cities showed the impossibility of founding a solid and credible regime. Only the Pope – who returned to Rome at the end of the 14th century after the long Avignon period – was successful in forming a lordship State, even in this case without a significant existence of institutions of Estates; as Hintze recalls, there was a fleeting union of baronies and municipalities which were kept together by the cruel and unscrupulous leadership of papal ecclesiastical officials.

Another characteristic of Hintze's historiography in these lectures on Italy lies in the description of some administrative institutions which he considers according to their historical developments. He carries out a brief analysis of the original characteristics and the different functions they assumed over time. This is innovative in

late 19th and early 20th century European historiography if we consider that Max Weber, in his work «Wirtschaft und Gesellschaft», described the institutions with a comparative method but didn't go so far as to analyze their historical evolutions over the centuries. See, for example, Hintze's analyses of the establishment of the Sicilian "Amiratus", an office that the Norman kings had inherited from the Arab administration (the Emir of Palermo) in its broad civil and military functions of governing the island; it was progressively limited in its powers and restricted to the command of the fleet under the Staufer until it was suppressed by Frederick II (from 1221). Another case, also in medieval Sicily, is linked to the institution of "Dohana", also introduced under Arab rule and even present in the Byzantine period with the name of "Secretum". It was a central institution of the Sicilian kingdom, divided into two offices, preserved in the Norman period in its broad function of financial administration and unified into a single department under Frederick II. Before 1282, under the Anjou this central administration office disappeared completely and the word "Dohana" was restricted to the narrow meaning it has today: "border customs".

Another indicative example is the institution of the "prefect of Rome" in the papal state: it was an imperial office which was then passed on to the popes. He exercised functions in criminal jurisdiction and civil justice in Rome between the 10th and 11th centuries. The prefect was suppressed in the popular revolutions that took place in the 12th century; however, this office was promptly reintroduced when the pope or the emperor took over power. Furthermore, the functions of the prefect of the city completely changed during the 13th century; this was caused by the introduction in Rome of the Senator's office on the model of the "podestà" of northern Italy. The office, made hereditary by the Vico family, was only exercised in the Tuscan fiefs connected to it; it led to the formation of small noble powers in Roman Tuscia.

Another case of great analytical interest for the history of institutions is the office of the secretary of state: a senior official reporting directly to the prince who was widely present in Europe in the late Middle Ages. He was often the concrete drafter of laws, he was the conjunction between the real will of the sovereign and the bureaucratic machine. Hintze believes that the office's origins can be traced back to the kingdom of Sicily at the time of Frederick II Hohenstaufen, when in the chancellery at the king's court the offices of the "Protonotarius" and the "Logotheta" were unified in 1247 into the person of Pier delle Vigne: a notary, a man of letters and a jurist employed by the monarch. As the German historian specifies elsewhere in his lectures, the secretary of state was at the papal court in the 14th century and was introduced throughout Western Europe between the end of the Middle Ages and the beginning of the Modern Age. Hintze's reflections are very informative about the secretary of state in the duchy of Milan in the 15th century or of the namesake figure in the duchy of Savoy in the same period. The secretary of state is a leading secretary who constitutes – as Hintze writes in the part on Piedmont – «the connection between prince and council» as a "cabinet minister". This office is mentioned in the duchy of Savoy even under the reign of Emanuele Filiberto, where the main secretary Giovanni Fabri is the link between the monarch and the other councilors. Still in the duchy of Savoy, under the reign of Vittorio Amedeo II, the Marquis of San Tommaso is mentioned as the first secretary of state until the office of first secretary of state is divided in 1717

into secretary of state for foreign affairs and secretary of state for the interior. In the section of the manuscript regarding the kingdom of Sardinia, Hintze believes that the sovereign preferred to relate to a cabinet government in which the secretaries were received separately rather than a government by council, as was the case in other European public powers.

As in the analysis of the Secretary of State it is possible to identify another element of originality in Hintze's historiographic method: the comparative analysis of the institutions and their comparison with similar offices in geographically distant European public powers. Hintze's reflections on the strong elements of similarity between the institution of the "Dohana" in the Norman kingdom of Sicily and the Anglo-Norman "Scaccarium" in the 12th century are of considerable interest; his hypothesis concerning a Sicilian influence on the financial institutions of the English kingdom is linked to his interest in the career path of the official Thomas Brown. The latter worked for some years as a kaid in the Sicilian Dohana under King Roger II, then he returned to London where he held important positions of power in the administration of the English treasury.

The comparative method allows Hintze to make reflections of considerable historiographical importance on the reasons behind the diversity in the evolution of medieval constitutional systems between Sicily and England despite their common Norman domination. While the insular nature of the conquered territory was a reality common to both cases, variations immediately emerge in the different societies with which the new rulers came into contact: in England there was a large German population accustomed to living in freedom and to independently managing the villages' administrations; on the other hand, in Sicily there was a population governed for centuries by highly bureaucratic systems (the Byzantine Empire and then the Arab Empire), who was excluded from any kind of participation in the political government of the community and subject to regular taxations by specialized officials. These different past legacies explain, according to Hintze, why over the course of the 13th century in England the constitution developed in the form of the "Ständestaat" and parliamentarism, while in Sicily it conformed to a centralized monarchical order.

Fonti e bibliografia*

1. Fonti

Archivi

BERLIN

Geheimes Staatsarchiv Preußischer Kulturbesitz (GStA PK)

VI. Hauptabteilung (HA), *Familienarchive und Nachlässe* (NL), Otto Hintze, Nr. 2.

Bd. 1, *Sardinien*;
Bd. 2, *Oberitalien*,
Bd. 3, *Venedig*,
Bd. 4, *Florenz*,
Bd. 5, *Rom*,
Bd. 6, *Sizilien*,
Bd. 7, *Savoyen-Piemont*.

Fonti edite

Alighieri, Dante, *La Divina Commedia*, a cura di Enrico Malato, Roma 2018.
Amt, Emilie, Church, Stephen (a cura di), *Dialogus de Scaccario, and Constitutio Domus Regis / The Dialogue of the Exchequer, and The Establishment of the Royal Household*, Oxford, 2007.

* Caggese, Romolo, *Statuti della Repubblica Fiorentina*, a cura del Comune di Firenze, 2 voll., Firenze 1910-1921.
* Contarini, Gasparo, *De magistratibus et Republica Venetorum libri V*, Paris 1543.

* Dandolo, Andrea, *Chronicon Venetum, a pontificatu S. Marci ad annum usque MCCCXXXIX. Succedit Raphaini Carefini continuatio usque ad annum*

* Preceduti da asterisco (*) i testi che Hintze probabilmente consultò per la stesura del manoscritto.

MCCCLXXXVIII, Mediolani 1738 (Muratori, Rerum Italicarum scriptores, 12), pp. 1-524.
* Davidsohn, Robert, *Forschungen zur älteren Geschichte von Florenz*, 4 voll., Berlin 1896-1908.
* Del Lungo Isidoro, *Dino Compagni e la sua Cronica*, 3 voll., Firenze 1879-1887.
* de' Medici Cosimo, *Ricordi*, in Fabroni, Angelo, *Magni Cosmi Medicei vita*, Pisa 1789, pp. 97-101.

* Ficker, Julius von, *Forschungen zur Reichs- und Rechtsgeschichte Italiens*, Innsbruck 1864-1874.

* Hintze, Otto, *Storia, sociologia, istituzioni*, a cura di Giuseppe Di Costanzo, Napoli 1990.
* Hintze, Otto, *Antrittsrede des Hrn. Hintze*, in *Sitzungsberichte der königlich preussischen Akademie der Wissenschaften*, Berlin 1914, in Id., *Staat und Verfassung*, pp. 563-566.
Hintze, Otto, *Discorso di presentazione all'Accademia prussiana delle Scienze* in Id., *Storia, sociologia, istituzioni*, pp. 37-41.

Meinecke, Friedrich, *Esperienze 1862-1919*, a cura di Fulvio Tessitore, Napoli 1971.
* Monticolo, Giovanni Battista, *Il testo del patto giurato dal doge Domenico Michiel al Comune di Bari*, in *Nuovo Archivio Veneto* 18 (1899), pp. 96-156.

* Simonsfeld, Henry (a cura di), *Annales Venetici breves*, in *Monumenta Germaniae Historica* [MGH] SS 14, Hannover 1883, pp. 69-72.

* Tafel, Gottlieb Lukas Friedrich, Thomas, Georg Martin (a cura di), *Diplomataria et Acta*, in *Fontes Rerum Austriacarum. Österreichische Geschichts-Quellen,* herausgegeben von der Historischen Commission der Kaiserlichen Akademie der Wissenschaften in Wien, voll. 12-14, Wien 1856-1857.
* Theiner, Augustin (a cura di), *Codex dominii temporalis S. Sedis*, 3 voll., Roma 1861-1862 (rist. Frankfurt am Main 1964).
Tosi, Giovanni, *Della vita d'Emmanuel Filiberto*, a cura di Gabriella Olivero, 2 voll., Torino 2014.

Villani, Giovanni, *Nuova Cronica*, a cura di Giuseppe Porta, 3 voll., Milano 2007.
Villani, Matteo, *Cronica, con la continuazione di Filippo Villani*, a cura di Giuseppe Porta, 2 voll., Milano 2007.
* Villani, Giovanni, Matteo, Filippo, *Storie*, tomo I, Milano 1729.

2. Studi

Aimé, Richard, *Colbert et le colbertisme*, Paris 1997.
Allegrezza, Franca, *Niccolò III*, in *DBI*, vol. 78, Roma 2013, pp. 351-357.
Althoff, Gerd, *Die Ottonen. Königsherrschaft ohne Staat*, Stuttgart 2000.

Althoff, Gerd, *Otto III.*, Darmstadt 1996.
Ambrosioni, Annamaria, Lucioni, Alfredo, *Niccolò II*, in *DBI*, vol. 78, Roma 2013, pp. 347-351.
Annoni, Ada (a cura di), *Stato di Milano e Lombardia austriaca 1535-1796*, Milano 1966.
Arnaldi, Girolamo, *Alberico*, in *DBI*, vol. 1, Roma 1960, pp. 647-656.
Arrighi, Vanna, *Per una biografia di Luca Pitti*, in Arrighi, Romby (a cura di), *La fabbrica di Pitti*, pp. 6-14.
Arrighi, Vanna, Romby, Giuseppina Carla (a cura di), *La fabbrica di Pitti. Strategie familiari, committenza e architettura da Luca Pitti a Cosimo I de' Medici*, Firenze 2006 (Opus Incertum 1).

Barbero, Alessandro, *Dante*, Bari-Roma 2020.
Barbero, Alessandro, *Il ducato di Savoia. Amministrazione e corte di uno Stato franco italiano*, Bari 2018.
Becher, Matthias, *Otto der Grosse*, München 2012.
Benzoni, Gino, *Medici, Lorenzo de'*, in *DBI*, vol. 66, Roma 2006, pp. 77-82.
Bertolini, Margherita Giuliana, *Candiano Pietro*, in *DBI*, vol. 17, Roma 1974, pp. 764-772.
Bertolini, Ottorino, *Adriano I*, in *DBI*, vol. 1, Roma 1960, pp. 312-323.
Bertolini, Ottorino, *Alberico II*, in *Enciclopedia Italiana*, vol. 2, Roma 1929, pp. 162-163.
* Besta, Enrico, *Intorno a due opere recenti sulla costituzione e sulla politica veneziana nel Medio Evo. Appunti critici*, in *Nuovo Archivio Veneto*, n.s., 14 (1897), pp. 193-245.
Bianca, Concetta, *Martino V*, in *DBI*, vol. 71, Roma 2008, pp. 277-287.
Bianchi, Paola, Merlotti, Andrea, *Storia degli Stati sabaudi (1416-1848)*, Brescia 2017.
Bianchi, Paola, *Vittorio Amedeo III*, in *DBI*, vol. 99, Roma 2020 (URL: www.treccani.it/enciclopedia/vittorio-amedeo-iii-di-savoia_%28Dizionario-Biografico%29/; 30/12/2021).
Bianchi, Paola, *Truchi, Giambattista*, in *DBI*, vol. 64, Roma 2005, pp. 728-731.
Böninger, Lorenz, *Pitti, Luca*, in *DBI*, vol. 84, Roma 2015, pp. 309-310.
Bougard, François, *Niccolò I*, in *DBI*, vol. 78, Roma 2013, pp. 342-347.
Brunner, Otto, *Terra e potere*, a cura di Pierangelo Schiera, Milano 1983.
Busino, Giovanni, *Balbo, Niccolò*, in *DBI*, vol. 5, Roma 1963, pp. 407-416.

Cantarella, Glauco Maria, *Ruggero II*, Roma 2020.
Cantimori, Delio, *Valla, Lorenzo*, in *Enciclopedia Italiana*, Roma 1937, pp. 923-924.
Capitani, Ovidio, *Gregorio VII*, in *DBI*, vol. 59, Roma 2002, pp. 146-160.
Capitani, Ovidio, *Gregorio IX*, in *DBI*, vol. 59, Roma 2002, pp. 166-178.
Carbonetti, Cristina, *Pace di San Germano*, in *Enciclopedia Fridericiana*, Roma 2005 (URL: https://www.treccani.it/enciclopedia/san-germano-pace-di_%28Federiciana%29; 23.8.2021).
Cardini, Franco, *Il Barbarossa: vita, trionfi e illusioni di Federico I imperatore*, Milano 2009.

Castelnuovo, Guido, *Quels offices, quels officiers? L'administration en Savoye au milieu du XVe siècle*, in *Etudes Savoisiennes* 2 (1993), pp. 3-43.
Castronovo, Valerio, *Carlo Emanuele I*, in *DBI*, vol. 20, Roma 1977, pp. 326-340.
Castronovo, Valerio, *Carlo Emanuele II*, in *DBI*, vol. 20, Roma 1977, pp. 340-345.
Castronovo, Valerio, *Carlo Emanuele III*, in *DBI*, vol. 20, Roma 1977, pp. 345-357.
Casula, Francesco Cesare, *Eleonora d'Arborea. Vita di una regina*, Sassari 2020.
Cessi, Roberto, *Bocconio, Marin*, in *Enciclopedia Italiana*, Roma 1930, p. 237.
Chittolini, Giorgio (a cura di), *La crisi degli ordinamenti comunali e le origini dello Stato del Rinascimento*, Bologna 1979.
* Cibrario, Luigi, *Origini e progresso delle istituzioni della monarchia di Savoia*, Torino 1854.
Cognasso, Francesco, *Amedeo VIII*, Torino 1930.
Cracco, Giorgio, *Dandolo, Enrico*, in *DBI*, vol. 32, Roma 1986, pp. 450-458.
Cristiani, Emilio, *Andalò, Brancaleone*, in *DBI*, vol. 3, Roma 1961, pp. 45-48.
Cuozzo, Errico, *Drengot, Rainulfo*, in *DBI*, vol. 41, Roma 1992 (URL: https://www.treccani.it/enciclopedia/rainulfo-drengot_%28Dizionario-Biografico%29/; 09/01/2022).

d'Addario, Arnaldo, *Albizzi, Maso*, in *DBI*, vol. 2, Roma 1960, pp. 27-28.
d'Addario, Arnaldo, *Albizzi, Rinaldo*, in *DBI*, vol. 2, Roma 1960, pp. 29-32.
* Davidsohn, Robert, *Geschichte von Florenz*, 4 voll., Berlin 1896-1927.
Delle Donne, Fulvio, *Federico II: la condanna della memoria. Metamorfosi di un mito*, Roma 2012.
Delle Piane, Mario, *La disputa di Filippo il Bello e Bonifacio VIII*, Torino 1971.
Delogu, Paolo, *Leone III*, in *DBI*, vol. 64, Roma 2005, pp. 487-496.
De Vincentiis, Amedeo, *Innocenzo VII*, in *DBI*, vol. 62, Roma 2004, pp. 447-450.
Di Costanzo, Giuseppe, *Lo storicismo realistico di Otto Hintze*, Bari 2000.
Döhring, Erich, *Cocceji, Samuel Freiherr von*, in *Neue Deutsche Biographie* 3 (1957), pp. 301-302.
Dupré, Theseider Eugenio, *Albornoz, Gil*, in *DBI*, vol. 2, Roma 1960, pp. 45-53.
Dupré, Theseider Eugenio, *Bonifacio VIII*, in *DBI*, vol. 12, Roma 1970, pp. 146-170.
Dupré, Theseider Eugenio, *Otto Santi, Guerra degli*, in *Enciclopedia Italiana*, Roma 1935 (URL: https://www.treccani.it/enciclopedia/otto-santi-guerra-degli_%28Enciclopedia-Italiana%29/; 01/07/2022).

Esch, Arnold, *Bonifacio IX*, in *DBI*, vol. 12, Roma 1970, pp. 170-183.

Fabroni, Angelo, *Magni Cosmi Medicei vita*, Pisa 1789.
Falaschi, Pier Luigi, *Fortebracci, Andrea*, in *DBI*, vol. 49, Roma 1997, pp. 117-127.
Falkenhausen, Vera von, *I ceti dirigenti prenormanni al tempo della costituzione degli Stati normanni nell'Italia meridionale e in Sicilia*, in Rossetti (a cura di), *Forme di potere e struttura sociale*, pp. 379-397.
Favier, Jean, *L'enigma di Filippo il Bello: il re di Francia che umiliò il Papato e distrusse i templari*, Milano 2017.
* Ficker, Julius von, *Beiträge zur Urkundenlehre*, 2 voll., Innsbruck 1877-1878.

* Ficker, Julius von, *Deutsches Königtum und Kaisertum*, Innsbruck 1862.
* Ficker, Julius von, *Forschungen zur Reichs- und Rechtsgeschichte Italiens*, 4 voll., Innsbruck 1868-1874.
Fletcher, Catherine, *Il principe maledetto di Firenze: la spettacolare vita e l'infido mondo di Alessandro de' Medici*, Roma 2016.
Fletcher, Stella, Shaw, Christine (a cura di), *The World of Savonarola: Italian Élites and Perceptions of Crisis*, Papers from the Conference held at the University of Warwick, 29-31 May 1998, Aldershot 2000.
Fragnito, Gigliola, *Contarini, Gasparo*, in *DBI*, vol. 28, Roma 1983, pp. 172-192.
Fragnito, Gigliola, Miegge, Mario (a cura di), *Girolamo Savonarola da Ferrara all'Europa*, Firenze 2001.
Frugoni, Arsenio, *Arnaldo da Brescia*, in *DBI*, vol. 4, Roma 1963, pp. 247-250.
Fusco, Laurie, Corti, Gino, *Lorenzo de' Medici Collector and Antiquarian*, Cambridge 2006.

Galasso, Giuseppe, *Il Regno di Napoli. Il Mezzogiorno angioino e aragonese (1266-1494)*, Torino 1992.
Gatto, Ludovico, *La Francia di Filippo IV il Bello: 1284-1314*, Roma 1973.
Girolamo Savonarola: l'uomo e il frate, Atti del 35° convegno storico internazionale (Todi, 11-14 ottobre 1998), Spoleto 1999.
Goldthwaite, Richard, *The Medici Bank and the World of Florentine Capitalism*, in *Past and present* 114 (1987), pp. 3-31.
Golinelli, Paolo, *Matilde di Canossa*, in *DBI*, vol. 72, Roma 2008, pp. 114-126.
Grévin, Benoit, *Tommaso di Capua*, in *Enciclopedia Fridericiana*, Roma 2005 (URL: https://www.treccani.it/enciclopedia/tommaso-da-capua_%28Federiciana%29/; 23/08/2021).

Hartung, Fritz, *Zur Entwicklung der Verfassungsgeschichtsschreibung in Deutschland*, in Id., *Staatsbildende Kräfte der Neuzeit*, pp. 431-469.
Hartung, Fritz, *Staatsbildende Kräfte der Neuzeit. Gesammelte Aufsätze*, Berlin 1961.
Hay, Denys, *Eugenio IV*, in *DBI*, vol. 43, Roma 1993, pp. 496-502.
Hayez, Michel, *Gregorio XI*, in *DBI*, vol. 59, Roma 2002, pp. 186-195.
* Heeren, Arnold Hermann Ludwig, Ukert, Friedrich August, Giesebrecht, Wilhelm von, Lamprecht, Karl, *Geschichte der europäischen Staaten*, Hamburg-Gotha 1829-1914.
* Hegel, Karl Friedrich Wilhelm, *Geschichte der Städteverfassung von Italien*, Leipzig 1847.
Hintze, Otto, *Allgemeine Verfassungs- und Verwaltungsgeschichte der Neueren Staaten. Fragmente*, a cura di Michael Erbe, Giuseppe Di Costanzo, Wolfgang Neugebauer, Napoli 1998.
* Hintze, Otto, *Der Commissarius und seine Bedeutung in der allgemeinen Verwaltungsgeschichte. Eine vergleichende Studie* (1910), in Id., *Staat und Verfassung*, a cura di Oestreich, pp. 242-274.
Hintze, Otto, *Il Commissario e la sua importanza nella storia generale dell'amministrazione: uno studio comparato*, in Id., *Stato e Società*, a cura di Schiera, pp. 1-26.

Hintze, Otto, *Condizioni storiche generali della costituzione rappresentativa*, in Id., *Stato e società*, a cura di Schiera, pp. 102-137.

Hintze, Otto, *Essenza e diffusione del feudalesimo*, in Hintze, *Stato e Società*, pp. 50-76.

Hintze, Otto, *Formazione degli Stati e amministrazione comunale*, in Id., *Stato e Società*, a cura di Schiera, pp. 83-101.

* Hintze, Otto, *Die Hohenzollern und ihr Werk*, Berlin 1915.

* Hintze, Otto, *Staatenbildung und Kommunalverwaltung*, relazione letta alla Preussische Akademie der Wissenschaften, 11 dicembre 1924, in Id., *Staat und Verfassung*, a cura di Gerhard Oestreich, pp. 216-241.

* Hintze, Otto, *Staat und Verfassung. Gesammelte Abhandlungen zur allgemeinen Verfassungsgeschichte*, a cura di Gerhard Oestreich con un'introduzione di Fritz Hartung, Göttingen 1970.

Hintze, Otto, *Stato e Società*, a cura di Pierangelo Schiera, Bologna 1980.

Hintze, Otto, *Storia, sociologia, istituzioni*, a cura di Giuseppe Di Costanzo, Napoli 1990.

Hintze, Otto, *Tipologia delle costituzioni per ceti in Occidente*, in Id., *Stato e Società*, a cura di Schiera, pp. 221-235.

* Hintze, Otto, *Typologie der ständischen Verfassungen des Abendlandes*, in *HZ* 141 (1930), pp. 229-248.

* Hintze, Otto, *Weltgeschichtliche Bedingungen der Repräsentativverfassung*, in *HZ* 143 (1931), pp. 1-47.

* Hintze, Otto, *Wesen und Wandlung des modernen Staats*, in *Sitzungsberichte der preussischen Akademie der Wissenschaften phil-hist. Klasse* (1929), pp. 321-347.

Houben, Hubert, *Andrea Cicala*, in *Enciclopedia Fridericiana*, Roma 2005 (URL: https://www.treccani.it/enciclopedia/andrea-cicala_%28Federiciana%29/; 23/08/2021).

Houben, Hubert, *Federico II. Imperatore, uomo, mito*, Bologna 2009.

Houben, Hubert, *Ruggero II re di Sicilia. Un sovrano tra Oriente e Occidente*, Roma-Bari 1999.

Kamp, Norbert, *Cicala, Andrea di*, in *DBI*, vol. 25, Roma 1981, pp. 290-293.

Kantorowicz, Ernst, *Federico II imperatore*, Milano 2000.

Kent, Dale, *Medici, Cosimo de'*, in *DBI*, vol. 73, Roma 2009, pp. 36-43.

Kent, Dale, *The Patron's Oeuvre: Cosimo de' Medici and the Florentine Renaissance*, London-New Haven 2000.

Kent, Dale, *The Rise of the Medici: Faction in Florence 1426-1434*, Oxford 1978.

Kent, Francis William, *Lorenzo de' Medici and the Art of Magnificence*, Baltimore 2004.

Kiesewetter, Andreas, *Ladislao d'Angiò Durazzo*, in *DBI*, vol. 63, Roma 2004, pp. 39-50.

Kocka, Jürgen, *Otto Hintze*, in Wehler, Hans Ulrich (a cura di), *Deutsche Historiker*, vol. 3, Göttingen 1972, pp. 41-64.

Koller, Walter, *Manfredi re di Sicilia*, in *DBI*, vol. 68, Roma 2007, pp. 633-641.

Kölzer, Theo, *Enrico VI di Svevia*, in *DBI*, vol. 42, Roma 1993, pp. 763-773.

* Kretschmayr, Heinrich, *Geschichte von Venedig*, vol. 1, *Bis zum Tode Enrico Dandolos*, Gotha 1905; vol. 2, *Die Blüte*, Gotha 1920; vol. 3, *Der Niedergang*, Gotha 1934.

* Kuhn, Emil, *Die Enstehung der Städte der Alten. Komenverfassung und Synoikismos*, Leipzig 1878.

Lee, Daniel, *Popular Sovereignty in Early Modern Constitutional Thought*, Oxford 2016.

* Lenel, Walter, *Die Entstehung der Vorherrschaft Venedigs an der Adria mit Beiträgen zur Verfassungsgeschichte*, Straßburg 1897.

* Lenel, Walter, [*recensione*:] *Geschichte von Florenz, von Robert Davidsohn*, in *HZ* 134 (1926), pp. 403-411.

* Leo, Heinrich, *Die Entwicklung der Verfassung der lombardischen Städte*, Hamburg 1824.

* Leo, Heinrich, *Geschichte der italienischen Staaten*, 5 voll., Hamburg 1829-1832; trad. ital. *Storia degli stati italiani dalla caduta dell'impero romano fino all'anno 1840*, 2 voll., Firenze 1842.

* Leo, Heinrich, *Verfassung der freien lombardischen Städte im Mittelalter*, Rudolfstadt 1820.

* Leo, Heinrich, *Zwölf Bücher niederländischer Geschichte*, Halle 1832-1835.

Lethbridge Kingsford, Charles, *Thomas Brown*, in *Dictionary of National Biography*, vol. 19, Oxford [4]1959-1960, p. 653.

Luzzati, Michele, *Castracani degli Antelminelli, Castruccio*, in *DBI*, vol. 22, Roma 1979, pp. 200-210.

Madden, Thomas F., *Enrico Dandolo and the Rise of Venice*, Baltimore-London, 2003.

Maire Vigueur, Jean-Claude, *Cola di Rienzo*, in *DBI*, vol. 26, Roma 1982, pp. 662-675.

Maleczek, Werner, *Innocenzo III*, in *DBI*, vol. 62, Roma 2004, pp. 419-435.

Mallet, Michael, *Capponi, Niccolò*, in *DBI*, vol. 19, Roma 1976, pp. 79-83.

Martines, Lauro, *La congiura dei Pazzi*, Milano 2003.

* Mayer, Ernst, *Italienische Verfassungsgeschichte von der Gothenzeit bis zur Zunftherrschaft*, Leipzig 1909.

Meli, Patrizia, *Medici, Piero de'*, in *DBI*, vol. 73, Roma 2009, pp. 158-161.

Menniti, Ippolito Antonio, *Francesco I Sforza*, in *DBI*, vol. 50, Roma 1998, pp. 1-15.

Milani, Giuliano, *Lucio II*, in *DBI*, vol. 66, Roma 2006, pp. 357-361.

Minard, Philippe, *La fortune du colbertisme. État et industrie dans la France des Lumières*, Paris 1998.

Molho, Anthony, *Cosimo de' Medici: Pater Patriae or Padrino?*, in *Stanford Italian Review* 1 (1979), pp. 5-33.

Moscati, Ruggero, *Alfonso V d'Aragona*, in *DBI*, vol. 2, Roma 1960, pp. 323-331.

Neugebauer, Wolfgang, *Otto Hintze. Denkräume und Sozialwelten eines Historikers in der Globalisierung 1861-1940*, Paderborn 2015.

Neugebauer, Wolfgang, *Otto Hintze und seine Konzeption der «Allgemeine Verfassungsgeschichte der neueren Staaten»*, in *Zeitschrift für Historische Forschung* 20 (1993), pp. 65-96.

* Niese, Benedictus, *Grundriss der römischen Geschichte*, München [3]1905.

Niese, Benedictus, in Killy, Walther, Vierhaus, Rudolf (a cura di), *Deutsche Biographische Enzyklopädie*, vol. 7, München 1998, pp. 411-412.

Oestreich, Gerhard, *Die Fachhistorie und die Anfänge der sozialgeschichtlichen Forschung in Deutschland*, in *HZ* 208 (1969), pp. 320-363.
Oestreich, Gerhard, *Le origini della storia sociale in Germania*, in *Annali dell'Istituto storico italo-germanico in Trento / Jahrbuch des italienisch-deutschen historischen Instituts in Trient* 2 (1976), pp. 295-336.

Paravicini Bagliani, Agostino, *Clemente V*, in *Enciclopedia dei Papi*, vol. 2, Roma 2000, pp. 501-512.
Patriarca, Pier Giorgio, *La riforma legislativa di Carlo II di Savoia. Un tentativo di consolidamento agli albori dello Stato moderno*, Torino 1998.
Piero, Pietro, *Attendolo, Muzio detto Sforza*, in *DBI*, vol. 4, Roma 1962, pp. 543-545.
Plebani, Eleonora, *La 'fuga' da Roma di Eugenio IV e la Repubblica Romana del 1434: questioni economiche, conflitti politici e crisi conciliare*, in Chiabò, Myriam *et al.* (a cura di), *Congiure e conflitti*, Atti del convegno internazionale (Roma, 3-5 dicembre 2013), Roma 2014, pp. 89-108.
Prosperi, Adriano, *Clemente VII*, in *DBI*, vol. 26, Roma 1982, pp. 237-259.

Quaglioni, Diego, Dilcher, Gerhard (a cura di), *Gli inizi del diritto pubblico. L'età di Federico Barbarossa: legislazione e scienza del diritto / Die Anfänge des öffentlichen Rechts. Gesetzgebung im Zeitalter Friedrich Barbarossas und das Gelehrte Recht*, Bologna-Berlin 2007 (Annali dell'Istituto Storico Italo Germanico di Trento. Contributi, 19).

Ragone, Franca, *Michele di Lando*, in *DBI*, vol. 74, Roma 2010, pp. 172-175.
Ravegnani, Giorgio, *Falier, Marino*, in *DBI*, vol. 44, Roma 1994, pp. 429-438.
Ravegnani, Giorgio, *Morosini, Domenico*, in *DBI*, vol. 77, Roma 2012, pp. 110-112.
Romby, Giuseppina Carla, *«Di Luca Pitti ho visto la muraglia». L'impresa costruttiva di Luca Pitti: documenti e testimonianze*, in Arrighi, Romby (a cura di), *La fabbrica di Pitti*, pp. 15-24.
Rosa, Mario, *Benedetto XIV*, in *DBI*, vol. 8, Roma 1966, pp. 393-408.
Rosa, Mario, *Benedetto XIV*, in *Enciclopedia dei papi*, Roma 2000, vol. 3, pp. 446-461.
Rossetti, Gabriella (a cura di), *Forme di potere e struttura sociale in Italia nel Medioevo*, Bologna 1977.
Rossi, Franco, *Gradenigo, Pietro*, in *DBI*, vol. 58, Roma 2002, pp. 344-349.
Rosso, Claudio, *Fabri, Giovanni*, in *DBI*, vol. 43, Roma 1993, pp. 752-754.
Rubinstein, Nicolai, *The Government of Florence under the Medici: 1434-1494*, Oxford 1966.

Salvadori, Patrizia, *Dominio e patronato. Lorenzo de' Medici e la Toscana nel Quattrocento*, Roma 2000.
Sanfilippo, Lori, *La Roma dei romani. Arti, mestieri e professioni nella Roma del Trecento*, Roma 2001, pp. 95-122.
Santoro, Caterina, *Gli offici del Comune di Milano e del dominio visconteo-sforzesco*, Milano 1968.
Schaller, Hans Martin, *Della Vigna, Pietro*, in *DBI*, vol. 37, Roma 1989, pp. 776-784.

* Schiller, Friedrich, *Die Braut von Messina*, Tübingen 1803.

Schiera, Pierangelo, *Costituzione come processo di legittimazione: Otto Hintze fra storia e sociologia*, in *Scienza & Politica* 32/63 (2020), pp. 205-226.

Schiera, Pierangelo, *Otto Hintze*, Napoli 1974.

Schlange-Schöningen, Heinrich, *Niese, Benedictus*, in *Neue Deutsche Biographie*, vol. 19, Berlin 1998, p. 241.

* Schmeidler, Bernhard, *Der dux und das Commune Venetiarum von 1141-1229. Beiträge zur Verfassungsgeschichte Venedigs vornehmlich im 12. Jahrhundert*, Berlin 1902.

Schmiedt, Giulio, *I porti italiani nell'Alto Medioevo*, in *La navigazione mediterranea nell'Alto Medioevo*, Spoleto 1978, vol. 1, pp. 129-254.

Schmitt, Carl, *Dottrina della costituzione*, a cura di Antonio Caracciolo, Milano 1984.

Schmoller, Gustav, Stolze, Wilhelm (a cura di), *Die Behördenorganisation und die allgemeine Staatsverwaltung Preussens im 18. Jahrhundert*, vol. 5/2, *Acten vom 4. Januar 1736 bis 31. Mai 1740*, Berlin 1901 (Acta Borussica, V, 2).

Schulte, Johann Friedrich von, *Theiner, Augustin*, in *Allgemeine Deutsche Biographie*, vol. 37, Monaco 1894, pp. 674-677.

Sella, Domenico, *Sotto il dominio della Spagna*, in Id., Capra, Carlo (a cura di), *Il Ducato di Milano dal 1535 al 1796*, Torino 1984, pp. 3-149.

* Simonsfeld, Henry, *Andrea Dandolo und seine Geschichtswerke*, München 1876.

* Simonsfeld, Henry, *Zur Geschichte Venedigs*, in *HZ* 84 (1900), pp. 430-450.

Smith, Leonard Sandler, *Otto Hintze's Comparative Constitutional History of the West*, Phil. Diss., Washington 1967.

Spini, Giorgio, *Alessandro de' Medici, primo duca di Firenze*, in *DBI*, vol. 2, Roma 1960, pp. 231-233.

* Stahr, Adolf Wilhelm Theodor, *Herbstmonate in Oberitalien*, Oldenburg 1860.

Stumpo, Enrico, *Carron, Giuseppe Gaetano Giacinto, marchese di San Tommaso*, in *DBI*, vol. 20, Roma 1977 (URL: https://www.treccani.it/enciclopedia/carron-giuseppe-gaetano-giacinto-marchese-di-san-tommaso_(Dizionario-Biografico)/; 05/01/2022).

Stumpo, Enrico, *Emanuele Filiberto duca di Savoia*, in *DBI*, vol. 42, Roma 1993, pp. 553-566.

Stumpo, Enrico, *Di Negro, Negrone*, in *DBI*, vol. 40, Roma 1999, pp. 139-141.

Symcox, Geoffrey, *Vittorio Amedeo II: l'assolutismo sabaudo 1675-1730*, Torino 1989.

Tabacco, Giovanni, *Filippo il Bello: un mito multiforme*, Roma 1974.

Tamba, Giorgio, *Isolani Jacopo*, in *DBI*, vol. 62, Roma 2004, pp. 659-663.

Terenzi, Pierluigi, *Medici, Giovanni di Bicci de'*, in *DBI*, vol. 73, Roma 2016 (URL: http://www.treccani.it/enciclopedia/giovanni-di-bicci-de-medici_res-0d7a7119-9b6c-11e6-9e53-00271042e8d9_%28Dizionario-Biografico%29/; 30/07/2021).

Tocco, Francesco Paolo, *Ruggero I conte di Sicilia e di Calabria*, in *DBI*, vol. 89, Roma 2017 (URL: https://www.treccani.it/enciclopedia/ruggero-i-conte-di-sicilia-e-calabria_%28Dizionario-Biografico%29/; 09/01/2022).

Tocco, Francesco Paolo, *Ruggero II re di Sicilia*, in *DBI*, vol. 89, Roma 2017, pp. 212-218.

Uginet, François Charles, *Giovanni XXIII*, in *DBI*, vol. 55, Roma 2000, pp. 621-627.

Vendittelli, Marco, *Pierleoni*, in *DBI*, vol. 83, Roma 2015, pp. 324-328.
Vendittelli, Marco, *Savelli, Luca*, in *DBI*, vol. 90, Roma 2017, pp. 774-776.
Violante, Cinzio, *Gioacchino Volpe medievista*, a cura di Nicolangelo d'Acunto, Mauro Tagliabue, Brescia 2017.
Violante, Cinzio, *Gioacchino Volpe e gli studi storici su Pisa medievale*, in Id., *Gioacchino Volpe medievista*, Brescia 2017, pp. 117-166.
Violante, Cinzio, *Condizioni esterne e processi costituzionali: note sul 'realismo' storiografico del primo Volpe*, in Id., *Gioacchino Volpe medievista*, pp. 167-187.
* Vitale, Francesco Antonio, *Storia diplomatica de' Senatori di Roma dalla decadenza dell'impero romano fino ai nostri tempi*, 2 voll., Roma 1791.
Volpe, Gioacchino, *Studi sulle istituzioni comunali a Pisa (città e contado, consoli e podestà). Sec. XII-XIII.* Pisa 1902.
Volpe, Gioacchino, *Lambardi e Romani nelle campagne e nelle città. Per la storia delle classi sociali, della Nazione e del Rinascimento italiano (Sec. XI-XIV)*, in *Studi storici* 13 (1904), pp. 53-81, 167-182, 241-315, 369-416.
Volpe, Gioacchino, *Questioni fondamentali sull'origine e svolgimento dei Comuni italiani (sec. X-XIV)*, Pisa 1904.
Volpe, Gioacchino, *Bizantinismo e rinascenza. A proposito di uno scritto di Karl Neumann*, in *La Critica* 3 (1905), pp. 57-78.
Volpe, Gioacchino, *Emendazioni ed aggiunte (ai "Lambardi e Romani nelle campagne e nelle città")*, in *Studi storici* 14 (1905), pp. 123-143.

Walter, Ingeborg, *Baroncelli, Francesco*, in *DBI*, vol. 6, Roma 1964, pp. 436-438.
Walter, Ingeborg, *Medici, Lorenzo de'*, in *DBI*, vol. 73, Roma 2009, pp. 113-124.
Walter, Ingeborg, *Medici, Giuliano de'*, in *DBI*, vol. 73, Roma 2009, pp. 81-84.
Walter, Ingeborg, *Medici, Piero de'*, in *DBI*, vol. 73, Roma 2009, pp. 151-158.

Zanetti, Dante, *La demografia del patriziato milanese nei secoli XVII, XVIII e XIX*, con un'appendice genealogica di Franco Arese Lucini, Pavia 1972.
Zimmermann, Hans, *Eugenio III*, in *DBI*, vol. 43, Roma 1993, pp. 490-496.

Indice dei nomi di persona*

* A causa dell'alta frequenza con cui ricorre nel testo, non è stata indicizzata la voce "Otto Hintze".

Indice dei nomi di luogo*

* A causa dell'alta frequenza con cui ricorre nel testo, non è stata indicizzata la voce "Italia".

Finito di stampare
nel mese di novembre 2022
da The Factory
Roma